Rechnungswesen und Unternehmensüberwachung

Herausgegeben von

H.-J. Böcking, Frankfurt am Main
M. Hommel, Frankfurt am Main
J. Wüstemann, Mannheim

Die Schriftenreihe präsentiert Ergebnisse der betriebswirtschaftlichen Forschung zu den Themengebieten Financial Accounting, Business Reporting, Business Audit, Business Valuation und Corporate Governance. Die Beiträge dieser Reihe verfolgen das Ziel, Vorgaben der Gesetzgebung, der nationalen und internationalen Standardsetter sowie Empfehlungen der Wirtschaftspraxis mittels des Instrumentariums der betriebswirtschaftlichen Theorie zu beschreiben, zu analysieren und insbesondere vor dem Hintergrund der Anforderungen des Kapitalmarktes weiterzuentwickeln.

Herausgegeben von

Professor Dr. Hans-Joachim Böcking
Frankfurt am Main

Professor Dr. Jens Wüstemann
Mannheim

Professor Dr. Michael Hommel
Frankfurt am Main

Stefanie Schmitz

Bilanztheorie in der US-amerikanischen und internationalen Standardsetzung

Eine historische und wissenschafts-theoretische Analyse

Mit einem Geleitwort von Prof. Dr. Michael Hommel

Springer Gabler

RESEARCH

Stefanie Schmitz
Frankfurt am Main, Deutschland

Dissertation Goethe-Universität Frankfurt am Main, 2011

ISBN 978-3-8349-2992-1 ISBN 978-3-8349-6762-6 (eBook)
DOI 10.1007/978-3-8349-6762-6

Die Deutsche Nationalbibliothek verzeichnet diese Publikation in der Deutschen Nationalbibliografie; detaillierte bibliografische Daten sind im Internet über http://dnb.d-nb.de abrufbar.

Springer Gabler

Einbandentwurf: KünkelLopka GmbH, Heidelberg

Gedruckt auf säurefreiem und chlorfrei gebleichtem Papier

Springer Gabler ist eine Marke von Springer DE. Springer DE ist Teil der Fachverlagsgruppe Springer Science+Business Media
www.springer-gabler.de

Geleitwort

Die International Financial Reporting Standards (IFRS) gelten als Fixsterne der Rechnungslegung. Nationale Standardsetzer kommen an ihnen nicht mehr vorbei. Sie orientieren sich, wie jüngst der deutsche Gesetzgeber bei der Erarbeitung des Bilanzrechtsmodernisierungsgesetzes, an den IFRS. Dabei ist das IFRS-Regelwerk alles andere als ausgereift. Sämtliche seiner zentralen Bestimmungen stehen derzeit auf dem Prüfstand. Das IASB arbeitet – mehr oder weniger zielstrebig und erfolgreich – parallel am Conceptual Framework, an den Grundfesten der Rückstellungsbilanzierung, an der Gewinnrealisierung und der Berichterstattung über finanzielle Vermögenswerte. Dabei zeichnen sich seine Reformvorschläge bisher nicht durch systematische Geschlossenheit aus. Sie sind geprägt von einem unsteten (und mitunter hilflos anmutenden) Ringen um das richtige Maß einer marktorientierten Fair-Value-Bewertung.

Die Ausgangslage könnte für den ambitionierten Forscher nicht besser sein. Er ist dazu aufgerufen, dem IASB überzeugende, wissenschaftlich fundierte Lösungen zur Harmonisierung der Rechnungslegungsvorschriften zu präsentieren. Aber die internationale Rechnungslegungsforschung nimmt diese Chance überraschenderweise überwiegend distanziert zur Kenntnis.

In den internationalen A-Journals dominieren empirische Forschungsergebnisse. Publikationen, die sich kritisch mit den Fragen der Normsetzung beschäftigen, finden hier selten Aufnahme. Arbeiten auf diesem Gebiet versprechen nach jüngsten Forschungen einen geringeren Reputationsertrag in der Community. Aber auch aus wissenschaftlicher Sicht bestehen ernsthafte Zweifel an der Seriosität der bilanztheoretischen Wissenschaft, denn bilanztheoretische Arbeiten kommen nicht ohne (angreifbare und unwissenschaftlich anmutende) Werturteile aus. Die Entscheidung für die eine oder die andere Bilanzierungsart erfordert regelmäßig ein nicht selten gefühlvolles Abwägen der damit verbundenen Vor- und Nachteile, das sich einer wissenschaftlichen Verifizierung oder Falsifizierung entzieht. Rechnungslegungsvorschriften sind zudem häufig das Resultat eines schwer durchschaubaren politischen Kompromisses, in dem wissenschaftlich überzeugende Denkmodelle in ihrer Reinform regelmäßig keine Mehrheit finden. Der Wissenschaftler kann also nicht damit rechnen, dass die Praxis seine Erkenntnisse in gebotenem Umfang adaptiert. Auch die Forschungen der Wohlfahrtsökonomie sorgen für Gegenwind. Sie haben den Nachweis erbracht, dass es grundsätzlich keine Bilanzierungsregel gibt, die für die Entscheidungssituation aller Marktteilnehmer besser ist als eine andere. Regeln, die dem einen Kapitalmarktteilnehmer nutzen, beeinträchtigen den Informationswert (oder Nutzen) für mindestens einen anderen Rechnungslegungsadressaten. Die Suche nach der in diesem Sinne richtigen Rechnungslegung entspricht der Suche nach dem Heiligen Gral. Internationale Spitzenforscher begegnen diesem Problem regelmäßig durch Distanzierung und der Verlagerung ihrer Forschung in Richtung Empirie.

Frau Schmitz geht mit ihrer Arbeit einen anderen Weg. Sie untersucht am Beispiel der Umsatzrealisation, welchen Beitrag die moderne Bilanzforschung für Theorie und Praxis leisten kann, ohne sich wissenschaftlich auf ein fragwürdiges Terrain zu begeben. Dem Selbstverständnis der Verfasserin folgend sucht der Leser zu Beginn der Abhandlung vergeblich nach einem (werturteilsbehafteten) Bilanzzweck, mit dessen Hilfe die Autorin anschließend tragfähige Lösungsansätze entwickelt. Sie begreift ihren Beitrag stattdessen als (vorurteilsfreie) Grundlagenforschung.

Im ersten Hauptteil ihrer Arbeit setzt sich Frau Schmitz ebenso intensiv wie kenntnisreich mit der Entwicklung der US-amerikanischen Rechnungslegung auseinander. Die Autorin seziert das nationale Rechnungslegungssystem, das noch heute die (Fort-)Entwicklung der IFRS maßgeblich beeinflusst. Der Leser lernt bei seiner Lektüre die zentralen Thesen der führenden US-amerikanischen Bilanzforscher des letzten Jahrhunderts kennen und erfährt, vor welchem gesellschaftspolitischen und wirtschaftlichen Hintergrund sie ihre Ideen und Reformvorschläge entwickelten. Dabei enthält sich die Verfasserin einer bilanztheoretischen Wertung und ergreift weder Partei für eine statische noch für eine dynamische Denkrichtung. Dennoch – oder gerade deshalb – ist der damit verbundene Erkenntnisgewinn enorm. Wissenschaftler und Praktiker erfahren zwar nicht, welche Bilanztheorie (nach Auffassung der Verfasserin) die beste ist, und bekommen damit auch kein Werturteil serviert, mit dem sie sich mehr oder weniger identifizieren können und wollen. Stattdessen erfährt der Leser, welche Denkschulen und welche Erfahrungen die US-amerikanischen Standardsetzer prägen und auf welchen Wurzeln ihre Werturteile basieren. Er versteht damit besser die Positionen von FASB und IASB sowie deren Protagonisten und kann sich im (unvermeidlichen) Werturteilsstreit gut gewappnet mit ihnen auseinandersetzen. Die von Frau Schmitz identifizierten Einflüsse bieten Denkanstöße und Ansätze für zahlreiche Nachfolgearbeiten.

Ob solche Nachfolgearbeiten aber wissenschaftlich überhaupt erwünscht sind, damit setzt sich die Autorin im zweiten Hauptteil ihrer Arbeit auseinander. In dessen Mittelpunkt stehen der Wissenschaftsbegriff und seine zentralen Wesensmerkmale. Die Verfasserin geht der Frage nach, ob eine werturteilsbehaftete Disziplin, wie sie die Bilanztheorie darstellt, überhaupt zur seriösen Wissenschaft zählt. Lohnt sich eine theoriegeleitete Auseinandersetzung mit Zielen und Normen der Rechnungslegung oder ist es ratsam, dieses Feld der Bilanzierungspraxis zu überlassen? Die Autorin verlässt auf der Suche nach dem Weg zu einer wissenschaftlich fundierten Normsetzung in der Rechnungslegung die festgefahrenen innerdisziplinären Debatten mit ihren sattsam bekannten Argumenten und entwickelt in der Auseinandersetzung mit interdisziplinären Forschungsarbeiten und mit erkenntnistheoretischen Werken der Philosophie erfolgversprechende Ansätze für den Normfindungs- und -setzungsprozess. Die gewonnenen Ergebnisse rehabilitieren nicht nur die Bilanztheorie, sie können auch einen Perspektivenwechsel bei Wirtschaftswissenschaftlern und Standardsetzern bewirken.

Ich wünsche den innovativen Ideen der Verfasserin eine weite Verbreitung und intensive Aufnahme.

Prof. Dr. Michael Hommel

Vorwort

Diese Abhandlung entstand während meiner Tätigkeit als wissenschaftliche Mitarbeiterin an der Professur für Betriebswirtschaftslehre, insbesondere Wirtschaftsprüfung und Rechnungslegung an der Goethe-Universität Frankfurt am Main. Sie wurde vom Fachbereich Wirtschaftswissenschaften im Dezember 2011 in leicht veränderter Form als Dissertation angenommen.

Mein erster und herzlichster Dank gilt meinem akademischen Lehrer und Doktorvater Herrn Prof. Dr. Michael Hommel für die Ermöglichung der Promotion an seiner Professur und das in mich gesetzte Vertrauen. Seine immer vorhandene Diskussionsbereitschaft und seine Aufgeschlossenheit gegenüber meinem Promotionsthema haben mich sehr motiviert und mir in entscheidender Weise geholfen, diese große Herausforderung zu meistern. Ich werde seine weit über die Betreuung meiner Doktorarbeit hinausgehende fachliche Unterstützung und auch seine persönliche Förderung stets zu schätzen wissen. Ein großer Dank gebührt ferner Herrn Prof. Dr. Hans-Joachim Böcking für seine fachliche Motivation und die engagierte Übernahme des Zweitgutachtens. Ich bedanke mich auch bei Herrn Prof. Dr. Winfried Mellwig und Prof. Dr. Dres. h.c. Bertram Schefold für ihre Mitwirkung in der Prüfungskommission. Der Interessengemeinschaft Frankfurter Kreditinstitute bin ich für die großzügige finanzielle Unterstützung der Drucklegung meiner Dissertation zu Dank verpflichtet.

Der Abschluss meiner Promotion wäre sicherlich nicht möglich gewesen ohne die fachliche und moralische Unterstützung meiner Kollegen an der Professur für Wirtschaftsprüfung und Rechnungslegung und in der Abteilung Rechnungswesen. Unsere vertraute und fröhliche Zusammenarbeit war einfach unglaublich – bessere Weggefährten konnte ich mir nicht wünschen. Unsere gemeinsame Zeit wird mir immer in guter Erinnerung bleiben und uns hoffentlich lange in Freundschaft verbinden. Einen großen Anteil daran hat Frau Uta Halwas-Bruckner, die unseren Lehrstuhl, egal in welcher Besetzung, zusammenhält. Dafür danke ich ihr. Ein ganz besonderer Dank geht auch an Herrn Dipl.-Pol. MA of Political Sociology Johannes Glaeser, Herrn Dipl.-Kfm. Stefan Laas und Frau Dr. Muriel Schulte, die mit ihren wertvollen inhaltlichen Anmerkungen meine Dissertation vorangetrieben haben und mir halfen, den Glauben an mein Promotionsprojekt aufrechtzuerhalten. Schließlich bedanke ich mich bei Frau Monika Hommel, die durch ihre unentwegte Hilfsbereitschaft nicht nur mir manche Stunde der Literaturrecherche erspart hat.

Die grenzenlose Dankbarkeit, die ich gegenüber meiner Familie und meinen engsten Freunden empfinde, kann ich kaum in Worte fassen. Sie waren insbesondere in den letzten fünf Jahren mein Rückhalt, mein Ansporn, meine Burg. Allen voran hat mein Freund Dipl.-Wirt.-Ing. Christopher Schmidt mir die Kraft zum Schreiben gegeben und durch seine liebevolle Rücksicht einen großen Teil der Arbeitslast mitgetragen. Meine Eltern Silvia und Klaus Schmitz haben mir nicht nur meine Ausbildung ermöglicht, sondern mich auf meinem bisherigen Lebensweg in jeder erdenklichen Hinsicht bedingungslos unterstützt. Für ihre Liebe bin ich von ganzem Herzen dankbar. Ihnen ist diese Arbeit gewidmet.

Stefanie Schmitz

Inhaltsverzeichnis

Abbildungsverzeichnis

Tabellenverzeichnis

Abkürzungsverzeichnis

a.A.	anderer Ansicht
AAA	American Accounting Association
AAPA	American Association of Public Accountants
ABl.	Amtsblatt
Abs.	Absatz
AIA	American Institute of Accountants
AICPA	American Institute of Certified Public Accountants
AktG	Aktiengesetz
APB	Accounting Principles Board
ARS	Accounting Research Study
Art.	Artikel
ASC	Accounting Standards Codification
ASOBAT	A Statement of Basic Accounting Theory
ASR	Accounting Series Release
BAnz.	Bundesanzeiger (Zeitschrift)
BC	Basis for Conclusions
BGB	Bürgerliches Gesetzbuch
BGBl.	Bundesgesetzblatt
BRD	Bundesrepublik Deutschland
BT	Bundestag
bzw.	beziehungsweise
CA	California
ca.	circa
CAP	Committee on Accounting Procedure
CFR	Code of Federal Regulations
Co.	Company
CON	Statement of Financial Accounting Concepts
CoNAM	Conditional-Normative Accounting Methodology
CPA	Certified Public Accountant
CT	Connecticut
D.C.	District of Columbia
DCF	Discounted Cashflow
d.h.	das heißt
Dipl.-Kffr.	Diplom-Kauffrau
DRSC	Deutsches Rechnungslegungs Standards Committee e.V.

EAA	European Accounting Association
ED	Exposure Draft
EG	Europäische Gemeinschaft
et al.	et alii
etc.	et cetera
EU	Europäische Union
EWG	Europäische Wirtschaftsgemeinschaft
F.	Framework
f.	folgende Seite/Randnummer
FAS	Statement of Financial Accounting Standards
FASB	Financial Accounting Standards Board
FL	Florida
Fn.	Fußnote
GAAP	Generally Accepted Accounting Principles
GoB	Grundsätze ordnungsmäßiger Buchführung
HGB	Handelsgesetzbuch
Hrsg.	Herausgeber
hrsg. v.	herausgegeben von
IAS	International Accounting Standard(s)
IASB	International Accounting Standards Board
IASC	International Accounting Standards Committee
i. Br.	im Breisgau
IDW	Institut der Wirtschaftsprüfer in Deutschland e.V.
IFRS	International Financial Reporting Standard(s)
IL	Illinois
IN	Indiana, Introduction
IOSCO	International Organization of Securities Commissions
IT	Informationstechnik
i.V.m.	in Verbindung mit
Jg.	Jahrgang
KPMG	K(lynveld) P(eat) M(arwick) G(oerdeler) AG Wirtschaftsprüfungsgesellschaft
KS	Kansas
MA	Massachusetts
MI	Michigan
m.w.N.	mit weiteren Nachweisen

NJ	New Jersey
No.	Number
Nr.	Nummer
NY	New York
o.	ohne
OB	Objective
OH	Ohio
ON	Ontario
PA	Pennsylvania
Prof.	Professor
Q&A	Questions & Answers
QC	Qualitative Characteristics
rev.	revised
Rn.	Randnummer
S.	Seite
SA	Securities Act
SEA	Securities Exchange Act
SEC	U.S. Securities and Exchange Commission
SFAC	Statement of Financial Accounting Concepts
Sp.	Spalte
TX	Texas
u.a.	und andere
US	United States
USA	United States of America
U.S.C.	United States Code
usf.	und so fort
US-GAAP	United States Generally Accepted Accounting Principles
VA	Virginia
vgl.	vergleiche
VOB/B	Vergabe- und Vertragsordnung für Bauleistungen, Teil B: Allgemeine Vertragsbedingungen für die Ausführung von Bauleistungen
vs.	versus
WI	Wisconsin
z.B.	zum Beispiel

I Problemstellung

Wer in klassischer Weise an den Fortschritt glaubt, glaubt an eine Verbesserung des Zustands in einzelnen Lebensbereichen über die Zeit, wobei die Wissenserweiterung und -anwendung eine entscheidende Rolle spielen.[1] Die vorliegende Arbeit beleuchtet den Fortschritt in der internationalen und der sie prägenden US-amerikanischen (angewandten) Bilanztheorie. Denn die internationale Rechnungslegung spielt seit 2005 für die Europäische Union und damit auch für Deutschland eine tragende Rolle, zumal kapitalmarktorientierte Unternehmen durch Art. 4 der IAS-Verordnung[2] verpflichtet sind, ihren Konzernabschluss nach IFRS zu erstellen. Zudem wirken die internationalen Standards seit dem Bilanzrechtsmodernisierungsgesetz von 2009 auch auf den deutschen handelsrechtlichen Einzelabschluss. Bekanntlich ist das gesetzgeberische Ziel der HGB-Änderung „eine maßvolle Annäherung der handelsrechtlichen Rechnungslegungsvorschriften an die IFRS“[3].

Die statische Bilanztheorie ist bei den Standardsetzern FASB und IASB sowie deren Projektmitarbeitern in aller Munde.[4] Dies belegen verschiedene Standardentwürfe (Exposure Drafts), die im Laufe des Jahres 2010 erschienen sind. Die Bilanzierung sowohl von Leasingverträgen (gemäß ED/2010/9[5]) als auch von Versicherungsverträgen (gemäß ED/2010/8[6]) soll die Abbildung der entstandenen Ansprüche und Verpflichtungen sowie deren Veränderungen in der Bilanz gewährleisten. Diese Vorgaben sind keine branchenspezifischen Besonderheiten: Auch der allgemeinere ED/2010/6 zur Bilanzierung von Umsatzerlösen aus Kundenverträgen folgt dem statischen Modell. Dort bestimmt sich der Ausweis der Umsatzerlöse ebenfalls nach der Veränderung der vertraglichen Ansprüche und Verpflichtungen.[7] Dennoch wird in keinem der Entwürfe das bilanztheoretische Grundkonzept durchgehalten. Keiner der Exposure Drafts nimmt eine Bewertung zum Fair Value vor,[8] obwohl sie oft als Charakteristikum der Statik angesehen wird[9] und für andere bilanzielle Sachverhalte, insbesondere Finanzinstrumente, zugelassen oder verpflichtend ist. Daneben zeigen die Entwürfe im Detail Unterschiede bei der Abbildung des bilanztheoretischen Grundkonzepts. Beispielsweise werden die Ansprüche

---

1 Vgl. Rapp (1992), S. 10 13; Heilbron (2003), Stichwort: *progress*; Blackburn (2008), Stichwort: *progress*. Dieser Gedanke einer kontinuierlichen Verbesserung der menschlichen Verhältnisse über die Zeit hinweg entspringt dem Zeitalter der Aufklärung im 18. Jahrhundert, vgl. Rapp (1992), S. 12.

2 Vgl. Europäische Gemeinschaft (2002).

3 Bundestag (2008), S. 34.

4 Vgl. Bullen/Crook (2005), S. 8 f.

5 Vgl. Laubach/Findeisen/Murer (2010), S. 2402; Kroner/Leuchtenstern/Ranker (2010), S. 532 f.; Lorenz (2010), S. 2556.

6 Vgl. Schweinberger/Horstkötter (2010), S. 546; Ellenbürger/Kölschbach (2010), S. 1231.

7 Vgl. Erchinger/Melcher (2010a), S. 441; Wüstemann/Wüstemann (2010a), S. 2036; Hommel/Schmitz (2011), S. 17.

8 Vgl. Hommel/Schmitz (2011), S. 21; Schweinberger/Horstkötter (2010), S. 546 f.; Laubach/Findeisen/Murer (2010), S. 2404 f.

9 Vgl. beispielhaft Schildbach (2009b), S. 581.

und Verpflichtungen aus Kunden- und Versicherungsverträgen saldiert;[10] der Entwurf zu Leasingverträgen fordert dagegen die Bruttobilanzierung in der Bilanz des Leasingnehmers.[11]

Der Bilanztheoretiker ist grundsätzlich für solche Widersprüche zwischen den Rechnungslegungsvorschriften sensibel, denn die Bilanztheorie beleuchtet die inhaltliche und zweckadäquate Gestaltung sowie die Aufgaben der Vermögens- und Gewinnermittlung in Bilanz und Gewinn- und Verlustrechnung.[12] Sein Ideal liegt in der internen Konsistenz des Rechnungslegungssystems, d.h. der vollständigen Durchsetzung einer Bilanztheorie, sodass sich die Einzelvorschriften inhaltlich nicht widersprechen und einem gemeinsamen Ziel dienen.[13] Die Erhöhung der internen Konsistenz der Vorschriften ist demnach mit einem bilanztheoretischen Fortschritt gleichzusetzen.[14]

Betrachtet man die US-GAAP und IFRS sowie die aktuellen Exposure Drafts, ist das Ziel der internen Konsistenz trotz der „statische[n] Wende"[15] und der vorhandenen Intention zur Reduktion von Inkonsistenzen[16] bis zum heutigen Tage nicht erreicht.[17] Gegenspieler der statischen Bilanztheorie ist, in den USA seit Beginn des 20. Jahrhunderts, die Dynamik. Die an dieser Stelle mit den deutschen Titeln[18] gekennzeichneten Bilanztheorien sind in den USA mit

---

10 Vgl. ED/2010/6, Rn. 64; Erchinger/Melcher (2010a), S. 441; Wüstemann/Wüstemann (2010a), S. 2036; Hommel/Schmitz (2011), S. 17 f. zu Kundenverträgen. Vgl. ED/2010/8, Rn. 69; Schweinberger/Horstkötter (2010), S. 546; Ellenbürger/Kölschbach (2010), S. 1231 zu Versicherungsverträgen.

11 Vgl. ED/2010/9, Rn. 25; Laubach/Findeisen/Murer (2010), S. 2406; Lorenz (2010), S. 2556.

12 Diese Arbeit wendet ein enges Verständnis des Begriffs „Bilanztheorie" an, vgl. Moxter (1977), S. 670 f.; Moxter (1984a), S. 1; Moxter (2007a), S. 409. Im weiteren Sinne ist die Bilanztheorie als Lehre vom Jahresabschluss gekennzeichnet, die sich beispielsweise auch mit der formalen Gestaltung der Konten oder der empirischen Wirkung von Bilanzierungsregeln auseinandersetzt, vgl. Rückle (1993), Sp. 250 f.; Schneider (2002), Sp. 427 f.

13 Vgl. beispielhaft Moxter (2004), S. 278; Hommel (2009), S. 83; Hommel/Schmidt/Wüstemann (2010), S. 561. Eng verbunden mit dem Begriff der Bilanztheorie und interner Konsistenz ist die Verwendung prinzipienorientierter Rechnungslegungsvorschriften. Prinzipien (*principles*) der Rechnungslegung sind zunächst „broad guidelines", die über einen geringen Detaillierungsgrad verfügen. Oftmals wird ihnen aber auch die Eigenschaft der internen Konsistenz zugeschrieben, vgl. Wüstemann/Wüstemann (2010b), S. 14 f. m.w.N. (Zitat S. 14). In der vorliegenden Abhandlung bilden Prinzipien einen Teil einer Bilanztheorie. Die Bilanztheorie enthält zur Konkretisierung aber auch detailliertere konsistente Einzelvorschriften (*rules*). Hierdurch werden Ermessensspielräume, die die vagen Prinzipien bieten, eingeschränkt, vgl. Alexander/Jermakowicz (2006), S. 151; Bennett/Bradbury/Prangnell (2006), S. 198; Wüstemann/Wüstemann (2010b), S. 1 und 16.

14 Die Ansteuerung eines bestimmten Ziels tritt oftmals als ergänzende Definition des Fortschritts auf, vgl. Honderich (2005), Stichwort: *progress*.

15 Schildbach (2009a), S. 371. Vgl. auch Schildbach (2009b), S. 581.

16 Vgl. beispielhaft ED/2010/6, Rn. IN1 und BC3 f.; Schipper et al. (2009), S. 57 f.

17 Vgl. Wüstemann/Wüstemann (2010b), S. 9 12.

18 Die dynamische Bilanztheorie ist in Deutschland im Wesentlichen mit dem Namen „Schmalenbach" verbunden, vgl. Schmalenbach (1919, 1962); Moxter (1984a), S. 29–56; Böcking (1988), S. 72 f.; Küpper/Mattessich (2005), S. 354–357. Für die Statik wird in Deutschland präzise zwischen einer zerschlagungsstatischen und einer fortführungsstatischen Sichtweise unterschieden. Erstere wird anhand eines Urteils des Reichsoberhandelsgerichts aus dem Jahr 1873 definiert, vgl. hierzu Moxter (1982), S. 140 f.; Oberbrinkmann (1990), S. 84–87; Richard (2005), S. 837. Letztere geht auf Simon (1886, 1899) zurück, vgl. hierzu Moxter (1984a), S. 5–32; Böcking (1988), S. 61–66. Die deutsche Literatur kennt als dritte umfassende Bilanztheorie die Organik, welche auf Schmidt (1921, 1929) zurückgeführt werden kann, vgl. hierzu Moxter (1982), S. 121–124; Moxter (1984a), S. 57–79; Küpper/Mattessich (2005), S. 357–359. Die organische Bilanztheorie würde jedoch in der US-amerikanischen Literatur der *asset and liability view* zugeordnet werden.

der *asset and liability view* und der *revenue and expense view*[19] vergleichbar. Vereinfachend werden die deutschen und englischen Bezeichnungen synonym verwendet.

In den USA und in der internationalen Rechnungslegung gelingt weder die Trennung vom statischen oder dynamischen Ansatz noch die Überwindung oder Kombination beider Ansätze zugunsten einer neuen Bilanztheorie. Dies glückte nach Moxter beispielsweise für den Einzelabschluss des deutschen Handelsrechts, welcher heute durch die sogenannte Ausschüttungsstatik gekennzeichnet ist.[20] Fraglos bieten die USA und auch die internationale Rechnungslegung andere Voraussetzungen in Bezug auf das der Bilanzierung zugrunde liegende gesellschaftsrechtliche System als Deutschland. Ein (konsolidierter) US-GAAP- sowie ein (konsolidierter) IFRS-Abschluss sind der Kapitalmarktorientierung des jeweiligen Unternehmens geschuldet,[21] sodass zusätzliche Informationsinstrumente, wie z.B. der Lagebericht im deutschen Bilanzrecht, neben den Abschluss treten und innerhalb des Abschlusses Instrumente wie der Anhang oder die Segmentberichterstattung gegenüber Bilanz und Gewinn- und Verlustrechnung aufgewertet werden. Dennoch ist es grundsätzlich sinnvoll, auch für diese Systeme nach der internen Konsistenz und damit einhergehend nach der bilanztheoretischen Fundierung der Vermögens- und Gewinnermittlungsvorschriften zu fragen.

Nur auf diese Weise sind eine aussagekräftige, entscheidungsnützliche Bilanzanalyse anhand von Kennzahlen, die, wie *earnings per share*, auf den Jahresüberschuss zurückgreifen, und ein intertemporaler sowie firmenübergreifender Vergleich[22] der Jahresabschlüsse möglich. Die bilanztheoretischen Arbeiten beispielsweise der American Accounting Association (AAA), von Paton/Littleton (1940) oder Sprouse/Moonitz (1962) aus den USA belegen sehr früh den Wunsch nach interner Konsistenz. Die AAA schreibt 1936: „The basic assumption made here is that a corporation's periodic financial statements should be continuously in accord with a single coordinated body of accounting theory“[23]. Paton/Littleton ergänzen: „The

[19] Die beiden Begriffe wurden nach meinem Kenntnisstand erstmals vom FASB einander gegenübergestellt, vgl. FASB (1976a), Rn. 34–42. Seitdem variieren die Bezeichnungen leicht. Beispielsweise ist die *asset and liability view* auch als *balance sheet-based model* (Dichev (2008), S. 453), *balance sheet approach* (Whittington (2008), S. 149), *asset/liability model* (Benston/Bromwich/Wagenhofer (2006), S. 171), *asset/liability theory* (Miller/Bahnson (2010), S. 419), *asset and liability approach* (Schipper et al. (2009), S. 66) bekannt. Dieser Beitrag orientiert sich an den ursprünglichen Bezeichnungen des FASB, die z.B. auch Schildbach (2009b, S. 581) verwendet.

[20] Vgl. Moxter (1987), S. 368.

[21] Vgl. die ausführliche Erläuterung der Kapitalmarktorientierung der US-GAAP in Abschnitt II.B.1.2 (S. 29 32).

[22] „The ideal of comparability has been promoted in the last decades, on an ongoing basis, by various accounting standard setters around the world“ (Durocher/Gendron (2011), S. 236). Vgl. Durocher/Gendron (2011), S. 233 f. und 241 246 zu Beispielen der Proklamierung der (internationalen) Vergleichbarkeit in Verlautbarungen der Standardsetzer und der Literatur. Während die vergleichbare Abbildung identischer Sachverhalte firmenübergreifend auch mit inkonsistenten Einzelregelungen möglich ist, bietet eine Bilanztheorie den Vorteil, auch ähnliche Sachverhalte vergleichbar wiederzugeben, vgl. Wüstemann/Wüstemann (2010b), S. 8. Vgl. zur Forderung nach Stetigkeit Moonitz (1961), S. 53; Sprouse/Moonitz (1962), S. 7.

[23] AAA (1936), S. 188. Die AAA spricht sich in diesem Aufsatz für die Dynamik aus.

intention has been to build a framework [...] [,] a coherent, coordinated, consistent body of doctrine“[24].

Aktuelle Beiträge bestätigen den Wunsch der internen Widerspruchslosigkeit. Sutton/van Zijl/Cordery argumentieren: „Consistent with the motivation of normative accounting theories of the 1950s and 1960s, this paper argues for theoretical coherence as a basis to formalize twenty first century accounting regulation.“[25] Ähnlich formulieren Miller/Bahnson: „[O]ur goal is revitalization of normative theorizing in financial accounting and an expanded dialog among academics and between academics and standard setters that will serve the ultimate purpose of improving financial reporting in the three arenas of policy making, practice, and education.“[26] Wüstemann/Wüstemann stellen fest: „[A] consistent application of accounting standards can only be ensured if the accounting standards themselves are internally consistent.“[27] Staubus drückt es allgemeiner aus: „[T]heories can contribute much more to the advancement of accounting than they have to date. Theories in many domains within or relevant to accounting are needed. Theories are needed not for the benefit of theorists, but for the benefit of students and users of financial reports. Theories are needed to guide research, not for the benefit of researchers but to produce research that contributes to teaching, standards setting, and the preparation of financial reports.“[28]

Auch die Standardsetzer FASB und IASB verfolgen nach eigenem Bekunden die interne Widerspruchslosigkeit der US-GAAP und IFRS mit dem Ziel der Vergleichbarkeit der Jahresabschlüsse (CON 8.QC22; IASB-Framework 2010, Rn. QC22) – ein Ziel, das auch die IAS-Verordnung in Art. 1 für den europäischen Kapitalmarkt verfolgt[29]. Nach Dichev hat das FASB bereits in den 1970er Jahren erkannt, „that if one wants to ensure conceptual clarity and internal consistency, one has to choose an alternative and avoid some sort of a muddled compromise between [asset and liability view and revenue and expense view]“[30].

Die vorliegende Abhandlung untersucht den zu konstatierenden mangelnden bilanztheoretischen Fortschritt und geht der Frage nach, warum die interne Konsistenz mithilfe einer bilanztheoretischen Fundierung für die IFRS und die US-GAAP noch immer nicht erreicht ist, aus zwei unterschiedlichen Blickwinkeln: Sie unterscheidet zwischen Anwendungsebene und Forschungsebene.

---

24 Paton/Littleton (1940), S. ix. Ebenso später Littleton: „To understand practice fully, we need to understand theory as well“ (Littleton (1953), S. 1). Vgl. Bedford/Ziegler (1975), S. 436 mit Bezug zu Littleton.

25 Sutton/van Zijl/Cordery (2010), S. 2, vgl. auch S. 13 und 21. Sie begrüßen dabei „the greater degree of logical precision“ (Sutton/van Zijl/Cordery (2010), S. 21). Vgl. auch Ohlson et al. (2011), S. 578 und 579.

26 Miller/Bahnson (2010), S. 420.

27 Wüstemann/Wüstemann (2010b), S. 1.

28 Staubus (2010b), S. 14. Barth fordert dazu auf in Vorlesungen das Conceptual Framework als Basis der Lehre zu verwenden, vgl. Barth (2008), S. 1163 f.

29 Vgl. Europäische Gemeinschaft (2002), S. 5; Durocher/Gendron (2011), S. 242.

30 Dichev (2008), S. 456. Dichev befürwortet in seinem Essay die *revenue and expense view*.

Die Ausarbeitung begibt sich zum einen auf eine Spurensuche in der US-amerikanischen bilanztheoretischen Literatur,[31] die neben der nationalen Historie auch die internationale Standardsetzung prägt, und setzt diese Literatur in ihren historischen Kontext. Dieser Teil der Arbeit untersucht, welche historischen Prozesse (bis heute) auf die internationale und US-amerikanische Rechnungslegung wirken und inwiefern bilanztheoretische Ansätze in der internationalen und US-amerikanischen Standardsetzung (bis heute) berücksichtigt werden. Abschließend unterzieht dieser Textteil die (aus deutscher Sicht in der Vergangenheit gemeinhin anerkannte[32]) Existenzberechtigung der bilanztheoretischen Forschung zur internationalen und US-amerikanischen Rechnungslegung einer kritischen Überprüfung.

Überdies entfernt sich die vorliegende Darstellung von der angewandten Rechnungslegung und wendet sich ihren wissenschaftstheoretischen Grundlagen zu. Sie enthält die Frage, warum die bilanztheoretische Wissenschaft nicht dazu in der Lage ist, ein überlegenes bilanztheoretisches Konzept vorzugeben. Hierzu sind ein Blick auf die methodischen Grundlagen des bilanztheoretischen Forschungsansatzes und eine Abgrenzung zu anderen Forschungsrichtungen, wie den Naturwissenschaften, nötig. Erneut wird die Frage nach der Positionierung der bilanztheoretischen Forschung gestellt und es werden Rückwirkungen auf den Standardsetzungsprozess aufgezeigt, sodass der Leser an den historisch-praktischen Teil gedanklich anknüpfen kann: Wie können Rechnungslegungsnormen gefunden und begründet werden? (Wie) können die Standardsetzer durch den Bilanztheoretiker unterstützt werden? Wie adäquat ist seine Forderung nach interner Konsistenz? Hier bietet sich die gemeinsame Betrachtung von IASB und FASB an, weil beide ähnlich strukturierte privatrechtliche Standardsetzungsgremien sind.[33]

Hintergrund dieser Auseinandersetzung mit den Grundlagen des Fachs ist die Abwanderung zahlreicher Rechnungslegungsforscher in die Empirie. Jenen Aufbruch demonstriert stellvertretend die weitgehende Ausgrenzung bilanztheoretischer Fragestellungen in der internationalen Forschungsgemeinschaft auf dem Gebiet der Rechnungslegung. Dies zeigt sich beispielsweise auf Konferenzen wie der Jahrestagung der European Accounting Association, die die kaum genutzte Kategorie *accounting theory* seit 2009 abgeschafft hat.[34] Bilanztheoretische Beiträge werden nur vereinzelt wenn auch hartnäckig in angesehenen Fachzeitschriften veröffentlicht (z.B. Wüstemann/Kierzek (2005); Benston/Bromwich/Wagenhofer (2006);

31 Die Auswahl der betrachteten Bilanztheoretiker richtet sich nach ihrem Bekanntheitsgrad, der beispielsweise durch Referenzen bei der AAA (1966), Chatfield (1977) oder Haller (1989) belegt ist, und erhebt keinen Anspruch auf Vollständigkeit. Chambers stammt zwar aus Australien, wurde aber aufgrund seines Einflusses auf die US-amerikanische Bilanztheorie trotzdem in dieser Arbeit aufgenommen.

32 Die bilanztheoretische Forschung war in Deutschland traditionell sehr stark und wird international entsprechend wahrgenommen, vgl. Mattessich/Küpper (2003), S. 106 und 112; Evans (2005), S. 230.

33 Vgl. Wüstemann/Wüstemann (2010b), S. 4.

34 Vgl. EAA (2009), S. 30 f.; EAA (2010), S. 28. 2006 fanden 5 von 752 Präsentationen im Bereich *accounting theory* statt, 2007 waren es 9 von 859, 2008 waren es 10 von 626, vgl. EAA (2007), S. 37 f.; EAA (2008), S. 36 f.

Dichev (2008); Wüstemann/Wüstemann (2010b); Miller/Bahnson (2010); Murray (2010); Basu/Waymire (2010)).

Die immer größer werdende Diskrepanz zwischen empirisch ausgerichteten Top-Forschungsergebnissen einerseits und Fragen der stetig an Bedeutung wachsenden Standardsetzung andererseits wird nicht nur von den Standardsetzern kritisiert.[35] Miller/Bahnson konstatieren beispielsweise, „[that] the lack of attention to and development of normative theories has left a hole in the fabric of the academy's responsibilities to society because it has not served policy makers' needs for independent input"[36]. Die Folge der Ausgrenzung ist die Aufgabe früher vorhandenen Expertenwissens und somit die Verlagerung aller bilanztheoretischen Fragestellungen, welche die vorhandenen empirischen Forschungsergebnisse nicht zu beantworten vermögen, auf die Standardsetzer. Singleton-Green benennt dieses Problem sehr präzise: „Why Doesn't Accounting Research Make a Greater Contribution to Debates on Accounting Policy? [...] On many important accounting problems there seems to be a gap in knowledge and understanding between the academic world and those whose views are most prominent in public debate."[37]

Somit liegt der Beitrag dieser Arbeit auf der einen Seite – in Fortführung von und Ergänzung zu Haller (1989) und Wüstemann (1999) – in der historischen Aufarbeitung der Entwicklung der Bilanztheorie im US-amerikanischen Raum. Hierdurch werden insbesondere ihr Inhalt, ihre Methodik, ihre Beeinflussung durch den historischen Kontext und ihr Einfluss auf die Standardsetzung des FASB und IASB bis zur Gegenwart deutlich. Die Ausarbeitung greift beispielhaft die Regelungen des ED/2010/6 zur Erfassung von Umsatzerlösen aus Kundenverträgen, als Jahresabschlussposition von hervorgehobener Bedeutung,[38] heraus, um die Weiterentwicklung der statischen Bilanztheorie zu erörtern. Auf der anderen Seite positioniert die vorliegende Abhandlung, ähnlich zu Miller/Bahnson (2010), Fülbier/Hitz/Sellhorn (2009) oder Fülbier/Weller (2009), die bilanztheoretische Forschung in der Gegenwart. Sie beleuchtet ihre methodischen Möglichkeiten und Grenzen, die sich jeder Bilanztheoretiker bewusst machen muss, wenn er gegen den (natur)wissenschaftlich geprägten Forschungstrend bestehen möchte.

Die vorliegende Arbeit gliedert sich wie folgt: Der erste Hauptteil beinhaltet die inhaltliche Auseinandersetzung mit der Bilanztheorie im Zeitablauf. Die Bearbeitung beginnt mit der Betrachtung der nach der Jahrhundertwende entstandenen *proprietary theory*, die als Vorläu-

---

35 Vgl. Fülbier/Hitz/Sellhorn (2009), S. 456.

36 Miller/Bahnson (2010), S. 423. Vgl. auch Schipper (1994); Staubus (2010b), S. 15.

37 Singleton-Green (2010), S. 129. Singleton-Green beantwortet die Frage nicht nur mit der zunehmenden Konzentration auf (natur)wissenschaftliche Forschungsmethoden, sondern beleuchtet weitere Aspekte, die in der vorliegenden Abhandlung ausgeklammert werden. Vgl. auch Mattessich (1995b), S. 3 f.; Mattessich (2002), S. 186 i.V.m. S. 196 m.w.N.; Wüstemann/Kierzek (2007), S. 883 f.; Barth (2010), S. 120.

38 Vgl. Schipper et al. (2009), S. 57; Colson et al. (2010), S. 691. Der hohe Stellenwert der Umsatzerlöse wird auch durch 971 auf der Website des FASB veröffentlichte *comment letters*, die FASB und IASB zu ED/2010/6 erhielten, belegt.

fer der statischen Bilanztheorie interpretiert werden kann, sowie ihres Gegenspielers, der *entity theory*, die als Vorläufer der Dynamik aufgefasst werden kann. Es schließt sich die Erläuterung der langen Phase der dynamischen Standardsetzung an, während der bemerkenswerterweise die wesentlichen Werke der statischen Bilanztheorie geschrieben wurden. Die beiden Ausprägungen *true income theories* und *decision usefulness approach* sind voneinander separiert. Der letzte Abschnitt des ersten Hauptteils widmet sich der zunehmend statischen Standardsetzung, wie sie seit Gründung des FASB 1973 und später international verfolgt wird. Jeder der drei Abschnitte enthält neben den Ausführungen zur Theorie auch den historischen Kontext. Im zweiten Hauptteil erfolgt der Übergang zu den möglichen wissenschaftstheoretischen Grundlagen der Bilanztheorie. Hierbei werden zunächst empirische und normative Forschung gegeneinander abgegrenzt, wobei die Bilanztheorie Letzterer angehört. Es folgt die Beleuchtung der (fehlenden) Akzeptanz von normativen Aussagen in der Wissenschaft. Nach der Überprüfung der Übertragung der Kuhn'schen Paradigmentheorie primär auf die US-amerikanische Rechnungslegung geht die Arbeit letztlich auf philosophische Ansätze zur Objektivierung von Normen und ihre Anwendungsmöglichkeiten in der Rechnungslegung ein. In diesem Rahmen identifiziert sie die aus der Anwendung folgenden möglichen Implikationen für den Standardsetzer und den Bilanztheoretiker. Die Abhandlung schließt mit einer thesenförmigen Zusammenfassung.

II Die Entwicklung der Bilanztheorie in den USA und ihre Auswirkungen auf die US-amerikanische und internationale Standardsetzung

A *Proprietary theory* und *entity theory* als Vorläufer bilanztheoretischer Entwicklungen

1 Historischer Kontext

1.1 Trennung zwischen Gewinn- und Vermögensermittlung nach Einführung der doppelten Buchführung

Vor Einführung der doppelten Buchführung war die Buchführung auf die Vermögensermittlung, auf das Inventar, fokussiert.[39] „Stewards kept accounts not for the entity's sake but for their own, to control assets for which they were responsible."[40] Die heutigen Gründe für die Gewinnermittlung waren nicht vorhanden. Somit entfiel die klare Unterscheidung zwischen Kapital und Gewinn. Erst mit dem Aufblühen des Handels wurde die Gewinnermittlung interessant und die doppelte Buchführung entwickelte sich als ihre Berechnungsgrundlage.[41] Die bereitstehende Methode wurde jedoch zunächst kaum umfassend genutzt, da Handelsgeschäfte von begrenzter Dauer, d.h. projektartig, waren (z.B. die Entsendung eines Schiffs zum Kauf von Waren aus der Neuen Welt). Man ermittelte den Erfolg (nebenbei) erst nach Beendigung des Geschäfts auf Kassenbasis.[42]

Der Umschwung auf die Periodenabgrenzung erfolgte erst zu Zeiten der industriellen Revolution zum Ende des 18. Jahrhunderts mit der Etablierung von dauerhaften Unternehmungen, deren Haftung unter Umständen begrenzt war. „It was now the use of goods and services, not merely their purchase, which created expense, and sales rather than cash collections which signalled that income had been earned."[43] Die Fortführung der Geschäfte erzwang eine systematische Festlegung von Berichtsperioden und förderte eine dauerhafte Berichterstattung; sie machte die Kapitalerhaltung in der Unternehmung nötig. Weiterhin führte die Industrialisierung zur Bildung von Anlagevermögen, für das adäquate Bilanzierungsregeln im Rahmen der Gewinnermittlung gefunden werden mussten. Heute selbstverständliche Periodisierungsvorgänge, wie der Vorgang der Abschreibung, mussten zunächst erlernt werden.[44]

---

[39] Vgl. Chatfield (1977), S. 256.
[40] Chatfield (1977), S. 256.
[41] Vgl. Chatfield (1977), S. 256. Die doppelte Buchführung wurde zum Ende des 15. Jahrhunderts von Fra Luca Pacioli inhaltlich zusammengeführt, vgl. MacNeal (1939), S. 61 f.; Carey (1969), S. 14.
[42] Vgl. Hatfield (1927), S. 3 f.; Gilman (1939), S. 66 f. und 98; Chatfield (1977), S. 257; Glautier (1983), S. 63; Macintosh et al. (2000), S. 20.
[43] Vgl. Chatfield (1977), S. 257 (auch Zitat).
[44] Vgl. Hatfield (1909), S. 124; Chatfield (1977), S. 92 und 234; Watts/Zimmerman (1979), S. 290.

Seit dieser Zeit stellte sich auch die Frage der Ausschüttungsbemessung. Im 19. Jahrhundert begrenzten Gerichte den auszuzahlenden Eigentümeranteil am Unternehmenserfolg auf den Jahresüberschuss und die Gewinnrücklagen. Dies führte erneut zur Auseinandersetzung der Unternehmen mit der separaten Ermittlung von Gewinn und Vermögen und schließlich auch zur Akzeptanz der Priorität der Gewinnermittlung in der Rechnungslegung.[45] Die Unternehmer blieben jedoch bei der historisch gewachsenen Konzentration auf das Vermögen und ermittelten den Gewinn statisch als (Netto-)Vermögensänderung; der Gewinn blieb eine abgeleitete Größe.[46]

1.2 Rechnungslegung für Fremdkapitalgeber im Ermessen der Unternehmer

Zu Beginn des 20. Jahrhunderts war die Veröffentlichung von Jahresabschlüssen (und ihre Prüfung) in den USA aus Sicht der Unternehmen nicht selbstverständlich, geschweige denn verpflichtend. Die ersten freiwillig veröffentlichten Jahresabschlüsse um die Jahrhundertwende variierten sehr stark in Umfang, Qualität und Bilanzierungs- sowie Bewertungsmethoden.[47] Die Rechnungslegung lag traditionell im Ermessen des Unternehmers, was durch die fehlende Kodifizierung von Bilanzierungsvorschriften und die freiwillige Prüfung des Jahresabschlusses begünstigt wurde.[48] Der Unternehmer war in der veralteten Sichtweise verankert, dass an kleinen, fremdfinanzierten Unternehmen kein öffentliches Interesse bestehe, und wollte in der Folge verhindern, dass Konkurrenten zu viele wertvolle Informationen erhielten.[49] Die Rechenschaft des Kaufmanns gegenüber sich selbst stand vielerorts noch im Vergleich zur externen Rechenschaft über die effiziente Kapitalverwendung (*stewardship*[50]) im Vordergrund.

---

45 Vgl. ausführlich Chatfield (1977), S. 82, 83 f. und 256 f.

46 Vgl. Gilman (1939), S. 26 f.; Carey (1969), S. 16. Für eine ausführliche Besprechung der Entwicklung der Rechnungslegung bis zum Ende des 19. Jahrhunderts vgl. MacNeal (1939), S. 58–84; Chatfield (1977), S. 3–124; Previts/Merino (1998), S. 11–174.

47 Vgl. Brief (1987), S. 147, 148 und 149. Die U.S. Steel Corporation veröffentlichte als größte Unternehmung in der Neuen Welt bereits 1903 einen geprüften Jahresabschluss zugunsten ihrer Investoren mit überraschend detailliertem Bestätigungsvermerk, vgl. Davidson/Anderson (1987), S. 113; King/Case (2003), S. 5. Weitere Beispiele bei Brief (1987), S. 151–155. Eine Bilanz war in fast allen Fällen vorhanden, der Einsatz der übrigen Instrumente variierte aber stark in Form und Inhalt, vgl. Hatfield (1909), S. 41; Brief (1987), S. 151. Zu den Motiven des Managements vgl. Chambers (1966), S. 344.

48 Vgl. Chambers (1966), S. 343; Chatfield (1977), S. 83, 232 und 272; Brief (1987), S. 142 und 144; Blaufus (2005), S. 123. „The early industrial firm may be seen as a laboratory in which accounting experiments were conducted without the noneconomic constraints we take for granted" (Chatfield (1977), S. 91 mit Bezug zu England). Vgl. Hatfield (1909), S. 110 für ein Beispiel zum überhöhten Goodwill-Ausweis. Eine frühe Veröffentlichung von Bilanzierungsregeln entstand auf Initiierung der Federal Trade Commission und des Federal Reserve Board 1917. Sie sind Teil des Texts „Uniform Accounts", der vom Federal Reserve Board veröffentlicht wurde und schwerpunktmäßig Prüfprozesse und die Form von Jahresabschlüssen festlegte. Der Text erhielt Signifikanz aufgrund der Verteilung durch die Banken, vgl. Moonitz (1970), S. 145–147; Zeff (1972), S. 113–115; Moonitz (1978), S. 1–19.

49 Vgl. Chatfield (1977), S. 273; Staunton (2008), S. 112. Individuelle Methoden des aus heutiger Sicht internen Rechnungswesens waren in den USA bereits zu Beginn des 19. Jahrhunderts ausgeprägt, wobei damals nicht zwischen internem und externem Rechnungswesen unterschieden wurde, vgl. Ikäheimo/Taipaleenmäki (2010), S. 354.

50 Vgl. Glautier/Underdown/Morris (2011), S. 12 zum Begriff des *stewardship accounting*.

Auch die verschiedenen Institutionen mit der Möglichkeit zum Erlass von Rechnungslegungsvorschriften agierten unkoordiniert, da der Bedarf an vergleichbaren Jahresabschlüssen noch nicht erkannt wurde. Es fehlte z.B. an komplexen Vertragsstrukturen und der Erfahrung der Inflation nach dem Ersten Weltkrieg, die erst Fragen bezüglich der über die reine Buchungstechnik hinausgehenden Abbildung im Jahresabschluss aufwarfen. So verhielten sich die Gerichte (bei Ausschüttungsfragen) sehr zurückhaltend und die sich noch formierende Berufsgruppe der Wirtschaftsprüfer – repräsentiert durch das AICPA[51] – hatte keine Durchsetzungskraft gegenüber ihren Mandanten.[52] Beispielsweise stellte Dicksee die Legung von stillen Reserven in das Ermessen der Unternehmer. Der Prüfer sei lediglich für die Feststellung der Gutgläubigkeit der Unternehmer verantwortlich.[53] Gerichte und Rechnungslegungspraxis fragten sich auch gegenseitig um Rat, was ebenfalls zu keiner Ergebnisverbesserung führen konnte.[54]

Ohnehin war der Rückgriff auf unternehmensexterne Experten bei der Buchführung neu.[55] Anders ausgedrückt: „[W]hile the art of accounting is ancient, the profession of accounting […] is very young."[56] Zum Ende des 19. Jahrhunderts war die Verbreitung des Berufs des Wirtschaftsprüfers[57] im Wesentlichen eine Antwort auf die sich ändernde gesellschaftliche und wirtschaftliche Struktur der USA von einem landwirtschaftlich zu einem industriell geprägten Staat, in dem sich das Wissen und damit die Berufe zunehmend spezialisierten.[58] Gleichzeitig stieg die Größe der Unternehmen und damit der Kapitalbedarf, welcher zunächst

---

51 1887 wurde die Organisation als American Association of Public Accountants (AAPA) auf Initiierung des Engländers Guthrie gegründet, vgl. Edwards/Miranti (1987), S. 22. In den Jahren 1916/1917 wurde die Vereinigung aufgrund der Forderung nach faireren Aufnahmebedingungen in Verbindung mit einer stärkeren Repräsentation aller Bundesstaaten in das American Institute of Accountants (AIA) umgewandelt, vgl. Roberts (1987), S. 41 f.; Zeff (1987), S. 48; Previts/Merino (1998), S. 196. 1936 folgte der Zusammenschluss mit der American Society of CPAs aus Angst vor einem Einflussverlust nach der Einmischung der Regierung in die Rechnungslegung, vgl. Roberts (1987), S. 42; Zeff (1987), S. 48 f.; Previts/Merino (1998), S. 274. Die Society stand für föderale Regelungen und repräsentierte den selbstständigen Wirtschaftsprüfer, der mithilfe von Beratungsleistungen um sein Überleben kämpfte. Das Institut dagegen setzte sich für nationale Vereinheitlichung ein und repräsentierte die großen Wirtschaftsprüfungsgesellschaften der Ostküste, vgl. Previts/Merino (1998), S. 243 f. Seit 1957 ist die Organisation schließlich unter dem Namen American Institute of Certified Public Accountants (AICPA) bekannt. Die Mitgliedschaft ist für Wirtschaftsprüfer freiwillig, vgl. Moonitz (1974), S. 56.

52 Vgl. Chatfield (1977), S. 128, 232 und 273.

53 Vgl. Dicksee (1905), S. 194 f.

54 Vgl. Arthur Andersen & Co. (1972), S. 26.

55 Vgl. Chambers (1966), S. 343.

56 Carey (1969), S. 5, im Original mit Hervorhebungen.

57 Das Berufsbild des *accountant* ist insbesondere in der Entstehungsphase weit gefasst und bezieht sich nicht nur auf Wirtschaftsprüfer nach deutschem Verständnis. So traten *accountants* um die Jahrhundertwende als Berater in der staatlichen Administration auf, vgl. Previts/Merino (1998), S. 177–179. In der Privatwirtschaft waren sie für die Prüfung, Analyse und Interpretation von Jahresabschlüssen zuständig, vgl. Previts/Merino (1998), S. 209. Darüber hinaus sorgte die Einführung des Income-Tax Law von 1913 für einen höheren Bedarf an Steuerberatern (*tax accountants*), vgl. Cook (1987), S. 372; Previts/Merino (1998), S. 181 f. Man versuchte aber bereits zu dieser Zeit, sich beispielsweise von Angestellten im Bereich der Kostenrechnung abzugrenzen, vgl. Previts/Merino (1998), S. 180 und 181.

58 Vgl. Edwards/Miranti (1987), S. 24; Davidson/Anderson (1987), S. 110; Previts/Merino (1998), S. 175.

aus Großbritannien gedeckt wurde.[59] Die englischen Investoren sandten erfahrene englische Prüfer nach Amerika, um die dortigen Investitionsmöglichkeiten zu evaluieren.[60] Die Bilanz mit einem Testat zu versehen, ersetzte gewissermaßen die schwächer werdenden persönlichen Bindungen der (Fremd-)Kapitalgeber zum Unternehmen und linderte Informationsasymmetrien. Die Kapitalgeber intendierten, aus diesem Instrument die Liquidität der Unternehmen abzulesen (sogenannter *balance sheet audit*).[61] So spielte das Vorsichtsprinzip, mitunter im Sinne einer willkürlichen Unterbewertung, eine entscheidende Rolle und erhielt später aufgrund der Deflation nach dem Ersten Weltkrieg eine weitere Rechtfertigung.[62]

2 *Die Negierung der Eigenständigkeit der Unternehmung als Kennzeichen der proprietary theory*

2.1 Konzentration auf das Unternehmervermögen

Der Ursprung der *proprietary theory* liegt im 18. Jahrhundert. Doch erst Sprague (einer der ersten CPAs) und Hatfield (der erste Vollzeit-Professor im Bereich der Rechnungslegung) formulierten sie erstmals umfassend zu Beginn des 20. Jahrhunderts.[63] Die Theorie wurde als Erklärungsansatz für die Technik der doppelten Buchführung entwickelt[64] und beschäftigt sich nicht direkt mit dem Sinn und Zweck sowie der Ausgestaltung des kaum etablierten Jahresabschlusses.

---

59 Die Fremdfinanzierung wurde bis dahin gegenüber der Eigenkapitalfinanzierung präferiert, da die Kapitalmärkte noch nicht ausgebaut waren, vgl. MacNeal (1939), S. 72–81; Chatfield (1977), S. 126 f., 233 und 239. Der hohe Stellenwert der Fremdkapitalfinanzierung zeigt sich auch in der Kooperation zwischen Bänkern und Wirtschaftsprüfern in Form eines gemeinsamen Komitees, vgl. Zeff (1972), S. 117 f. und 127 f.

60 Vgl. Chatfield (1977), S. 125 und 150 f.; Davidson/Anderson (1987), S. 110 f.; Brief (1987), S. 142; Previts/Merino (1998), S. 187 f.

61 Vgl. Gilman (1939), S. 31–37; Chatfield (1977), S. 127 f.; Saito (1983), S. 4; Whittington (2010), S. 104. Die englischen Wirtschaftsprüfer missachteten zunächst, dass eine vollständige Übernahme der englischen Prüfprozesse, die sehr umfassend und transaktionsorientiert waren, überwiegend aus Kostengründen nicht zur Situation in den USA passte und aufgrund der zunehmenden Transaktionszahl nicht mehr realisierbar war. So führte man schließlich Stichproben ein. Ziel war es, anhand der Überprüfung weniger zentraler Sachverhalte und der Ausgestaltung des internen Kontrollsystems Rückschlüsse auf den Gesamtzustand der Buchhaltung zu ziehen, vgl. Chatfield (1977), S. 125 f.; King/Case (2003), S. 6. Die Unterschiede zwischen den USA und Großbritannien in Bezug auf die Wirtschaftsprüfung erkannte beispielsweise Montgomery im Rahmen der Überarbeitung von Dicksees „Auditing“ für den US-amerikanischen Markt, vgl. Dicksee (1905), S. 8.

62 Vgl. MacNeal (1939), S. 72–81; Chatfield (1977), S. 126 f., 233 und 239.

63 Vgl. Chatfield (1977), S. 223. Zur Biographie Spragues vgl. Flesher/Previts/Flesher (1996), S. 259 f. Zur akademischen Position Hatfields vgl. Previts/Merino (1998), S. 152 und 156; Fisher College of Business (2011b).

64 Vgl. Chatfield (1977), S. 220. Der Autor nennt einige der ersten Vertreter der *proprietary theory*, vgl. Chatfield (1977), S. 221–223. Vgl. auch Haller (1989), S. 108, Fn. 10.

Ziel des Buchs von Sprague war die wissenschaftliche Begründung der Buchführung.[65] In seinem Anspruch war er Anhänger der Deduktion.[66] Hatfield baut auf dem Werk von Sprague auf. Sein Schwerpunkt liegt nicht mehr vollständig auf der (Technik der) doppelten Buchführung, sondern er bespricht bereits (Bewertungs-)Konzepte für die Bilanzierung. Er beklagt sich über die pragmatische und unzuverlässige US-amerikanische Rechnungslegungspraxis.[67] So sieht Hatfield sein Ziel in der Formulierung von *accounting principles*,[68] die er abweichend zu Sprague oft induktiv, mit Unterstützung von Literatur, Gerichtsurteilen, internationalen Vergleichen und Praxisfällen, herleitet. Die Formulierung seiner *accounting principles* ist aber nicht mit der umfassenden Herausarbeitung einer Bilanztheorie aus der Bilanzierungspraxis gleichzusetzen. Hatfield tritt vielmehr als Kommentator auf, der „endeavor[ed] to identify gaps and [...] to distinguish doctrine from principle"[69]. Er verbleibt damit oft im deskriptiven Bereich.

Anhänger der *proprietary theory* begreifen die Unternehmung als Mittel, welches es dem Unternehmer ermöglicht Geschäfte zu tätigen. Die Vertreter sind damit in der klassischen Nationalökonomie nach Adam Smith verwurzelt, die den Unternehmer als treibende Kraft – angespornt durch seine Gewinnerwartungen zur Vermögenssteigerung – im freien wirtschaftlichen Wettbewerb sieht.[70] Dem Unternehmen wird keine eigene Daseinsberechtigung zugesprochen. Der/Die Eigentümer steht/stehen im Mittelpunkt des Interesses. Dementsprechend werden die Vermögenswerte und Schulden, die in der Unternehmung gehalten werden, direkt dem Unternehmer zugerechnet, sodass zwischen Unternehmen und Eigentümer keine zweiseitigen Transaktionen möglich sind.[71] Diese Ansicht ändern Sprague und Hatfield auch nicht bei der Ausgabe von Aktien.[72] Sie machen keinen qualitativen Unterschied zwischen dem klassischen Unternehmer und dem Aktionär.[73] Die Möglichkeit der Betrachtung des Vorzugsaktionärs als Fremdkapitalgeber aus Sicht des Stammaktionärs zeigt aber Hatfields Problembewusstsein.[74] Die Konsequenz der Betonung der umfassenden und uneingeschränkten Eigen-

---

[65] Der Buchhalter „will desire at a proper stage of his development to know the scientific basis of all systems, the wherefore as well as the how. [...] [T]he best work is done by those who understand the theory and the reason of what they are doing" (Sprague (1907), S. ix).

[66] „[T]he principles of accountancy may be determined by a priori reasoning, and do not depend upon the customs and traditions which surround the art" (Sprague (1907), S. ix). Eine deduktive Argumentation leitet aus allgemeinen Rechnungslegungsprinzipien speziellere Regeln ab, während eine induktive Argumentation aus den Einzelfällen der (besten) Bilanzierungspraxis auf allgemeine Rechnungslegungsprinzipien schließt, vgl. Hendriksen/van Breda (1992), S. 15 17.

[67] Vgl. Hatfield (1909), S. vii.

[68] Vgl. Hatfield (1909), S. v.

[69] AAA (1977), S. 9, vgl. auch S. 5 f.

[70] Vgl. Gynther (1967), S. 279; Haller (1989), S. 108; Previts/Merino (1998), S. 215.

[71] Die Zurechnung der Vermögenswerte und Schulden zum Unternehmer zeigt sich in der Wortwahl von Sprague: „What Belongs to me + What is Owing to me = What is Claimed from me + What is Unclaimed" oder „What I Owe + What I am Worth = What I Have + What I Claim" (Sprague (1907), S. 36, vgl. auch S. 34, 38 und 57). Mit den Worten Hatfields: „The value of the various Goods one owns = The amount one is worth" (Hatfield (1909), S. 1). Vgl. auch van Mourik (2010), S. 195 f.

[72] Vgl. Sprague (1907), S. 40.

[73] Vgl. Hatfield (1909), S. 78 und 145 f.

[74] Vgl. Hatfield (1909), S. 193.

tumsrechte der Investoren ist die Ablehnung von Gewinnrücklagen zugunsten von Ausschüttungen.[75] Die Ausschüttungsobergrenze ist dabei durch die Erhaltung des Nominalkapitals vorgegeben.[76]

Ziel der doppelten Buchführung in der *proprietary theory* sind die Bestimmung und Analyse des (Netto-)Unternehmervermögens (Eigenkapital) und dessen Veränderung oder vielmehr dessen Steigerung.[77] Es ergibt sich bilanzorientiert als Differenz[78] aus Vermögenswerten und Schulden.[79] Erträge und Aufwendungen werden im statischen Sinne als Zu- und Abnahmen des Unternehmervermögens (und nicht als Stromgröße[80]) angesehen, die nicht aus Einlagen, Entnahmen oder Dividenden resultieren.[81] Es besteht kein Bedarf einer detaillierten Gliederung der Gewinn- und Verlustrechnung, da alle Positionen gleichermaßen das Eigenkapital beeinflussen.[82] Die Nachrangigkeit der Gewinn- und Verlustrechnung im Vergleich zur Bilanz, welche in erster Linie die Liquidität des Unternehmens widerspiegelt,[83] wird durch folgendes Sprague-Zitat deutlich: „The balance sheet may be considered as the groundwork of all accountancy, the origin and the terminus of every account. [...] The balance sheet of proprietorship is a summing-up at some particular time of all the elements which constitute the wealth of some person or collection of persons."[84] Mit dieser Auffassung stimmten Sprague und Hatfield mit der Mehrheit der Theoretiker vor dem Ersten Weltkrieg überein.[85] Sprague erkennt zwar, dass in einer industriellen Unternehmung Informationen über die Produktivität zentraler sind als über die Liquidität,[86] schließt daraus aber nicht auf die Wichtigkeit der Gewinngröße. Bei Hatfield emanzipiert sich der Gewinnbegriff zumindest begrifflich, da er ihn öfter benutzt und nicht nur von einer (Netto-)Vermögensänderung spricht. Weiterhin macht er

---

75 Vgl. Previts/Merino (1998), S. 210.

76 Vgl. Gynther (1967), S. 286.

77 Vgl. Sprague (1907), S. 67 f.; Hatfield (1909), S. v, 145 und 195; Previts/Merino (1998), S. 211 und 214.

78 Sprague und Hatfield befürworten grundsätzlich die Bruttodarstellung in der Bilanz, vgl. Sprague (1907), S. 30; Hatfield (1909), S. 15, 144 und 184. Sprague weist aber darauf hin, dass manche Vermögenswerte und Schulden paarweise zusammengehören, und nennt als Beispiel ein Haus, das mit einer Hypothek belastet ist. Er stellt die Saldierung in Aussicht, wobei sich für gewöhnlich ein Nettovermögenswert ergebe, vgl. Sprague (1907), S. 50 f. und 59.

79 Vgl. Sprague (1907), S. 32; Gynther (1967), S. 275; Riahi-Belkaoui (2004), S. 215. Sprague macht den qualitativen Unterschied zwischen Eigen- und Fremdkapitalgebern deutlich, indem er die Bilanzgleichung als „Vermögenswerte = Eigenkapital + Schulden" formuliert, vgl. Sprague (1907), S. 23 und 30. Hatfield schreibt „Goods = Proprietorship" (Hatfield (1909), S. 1). An dieser Stelle wird ein unverschuldetes Unternehmen betrachtet. *Goods* umfassen aber nach Hatfield auch Schulden als negative Bestandteile, vgl. Hatfield (1909), S. 184 f.

80 Vgl. Previts/Merino (1998), S. 215.

81 Vgl. Riahi-Belkaoui (2004), S. 215.

82 Vgl. Chatfield (1977), S. 223.

83 Vgl. Hatfield (1909), S. 54.

84 Sprague (1907), S. 30. Hatfield bezeichnet die Gewinn- und Verlustrechnung als „adjunct to the Balance Sheet" (Hatfield (1909), S. 196).

85 Vgl. May (1950), S. 316.

86 Vgl. Sprague (1907), S. 37.

deutlich, dass sowohl Eigen- als auch Fremdkapitalgeber auf beide Jahresabschlussinstrumente angewiesen sind, wenn sie eine fundierte Investitionsentscheidung treffen möchten.[87]

Darüber hinaus ist sich Hatfield bereits der Grenzen der Vermögensermittlung mithilfe der Bilanzierung bewusst. Er weiß, dass sie stets nur eine Approximation des umfassenden Effektivvermögens wiedergeben kann. Beispielhaft nennt er Eventualverbindlichkeiten, die nicht passiviert werden,[88] und er interpretiert die gesamte Rechnungslegung als Schätzverfahren, sodass keine absolut korrekten Zahlen abgebildet werden können.[89]

2.2 Erste Konkretisierungsversuche für Jahresabschlusspositionen

Da die *proprietary theory* im Wesentlichen auf die Technik der doppelten Buchführung ausgerichtet ist, enthält sie wenige konzeptionelle Ideen für die Jahresabschlusspositionen, was ihre Fortbildung zur umfassenden Bilanztheorie verhindert. Die fehlende oder bruchstückhafte Auseinandersetzung der *proprietary theory* mit Definition, Ansatz und Bewertung der Positionen des Jahresabschlusses ist vor dem Hintergrund des damaligen Stellenwerts der Jahresabschlüsse aber verständlich.

Die Definition von Vermögenswerten war zu Beginn des 20. Jahrhunderts recht vage, sodass, aus heutiger Sicht kaum nachvollziehbar, Produkte wie (fließendes) Wasser bilanziert wurden.[90] Sowohl Sprague als auch Hatfield strebten nach Eingrenzung des Vermögenswertansatzes, ohne jedoch ein geschlossenes Konzept vorlegen zu können. Nach Sprague sind nur vorhandene materielle Vermögenswerte (*things*) und Rechte gegenüber Dritten (*rights*) als zukünftige materielle Vermögenswerte anzusetzen.[91] Er charakterisiert sie alternativ unter anderem als Servicepotenziale oder als Ausdruck bereits erbrachter Serviceleistungen.[92] Es scheint das rechtliche Eigentum des Unternehmers an den (materiellen) Vermögenswerten entscheidend zu sein.[93] Hatfield stellt dagegen klar, dass ein (Eigentums-)Recht keine Aktivierungsbedingung ist.[94] Seine Definition der Aktiva ist tendenziell weiter gefasst.[95] Er charakterisiert sie vage als „valuable possessions“[96] oder „Resources“[97] und bezieht beispielhaft

---

87 Vgl. Hatfield (1909), S. 196 f.

88 Vgl. Hatfield (1909), S. 32.

89 Vgl. Hatfield (1909), S. 55.

90 Vgl. Previts/Merino (1998), S. 216.

91 Vgl. Sprague (1907), S. 36 und 44.

92 Vgl. Sprague (1907), S. 47, vgl. auch seine Übersicht auf S. 56.

93 Vgl. Sprague (1907), S. 30. An anderer Stelle werden eher das Recht zur Nutzung und die Kontrolle am Vermögenswert betont: „Possession of a thing is merely the right to use it and control it“ (Sprague (1907), S. 44, im Original mit Hervorhebung).

94 Vgl. Hatfield (1909), S. 75. Beispielhaft wird der nicht zu einem Recht führende Beitrag eines Eisenbahnunternehmens zum Straßenbau genannt, um die Zufahrtswege zur Bahnstation zu verbessern, vgl. Hatfield (1909), S. 75.

95 Vgl. Hatfield (1909), S. 1.

96 Hatfield (1909), S. 2.

97 Hatfield (1909), S. 70.

den derivativen Goodwill mit ein.[98] Er tendiert zur Aktivierung von (Forschungs- und) Entwicklungskosten[99] sowie auch von Ingangsetzungsausgaben[100]. Die Unreife seiner Vermögenswertdefinition zeigt sich insbesondere an der Besprechung von Vorauszahlungen (*deferred assets*). Die Aussage, dass diese Posten zwar keine Vermögenswerte sind, aber analog zu diesen behandelt werden sollten, ist unbefriedigend. Er erklärt sie zudem teilweise dynamisch mit der Zuordnung von Aufwendungen zu korrespondierenden Erträgen.[101] Fraglich bleibt schließlich die Aktivierung von Posten zur reinen Gewinnglättung.[102] Der unsichere Umgang mit der Unterscheidung zwischen Aufwand und (Teil eines) Vermögenswert(s) resultiert (wohl) aus der Praxis, die sich anscheinend willkürlich für eine Alternative entschied oder vielmehr eine Tendenz zur Gewinnglättung hatte.[103]

Die Bilanzierung von schwebenden Geschäften wird kaum thematisiert. Sie sind zumindest nach Sprague nicht anzusetzen. Erst die Leistung eines Vertragspartners führt zur Existenz eines Anspruchs oder einer Verpflichtung, der oder die zu bilanzieren ist. Sprague nimmt allerdings keine Konkretisierung des Ausmaßes der Leistung vor, die den Ansatz rechtfertigt.[104]

Entsprechend dem Fokus auf die Vermögensdarstellung des Unternehmers standen die *proprietary theorists* – entgegen der Bilanzierungspraxis – einer vorsichtigen Bewertung und der Legung stiller Reserven eher kritisch gegenüber.[105] Allerdings wurden Bewertungskonzepte nicht umfassend diskutiert, da der Eigentümer die Bewertung aufgrund seiner engen Beziehung zum Unternehmen annahmegemäß selbst vornehmen konnte.[106] Sowohl Sprague als auch Hatfield folgen aber bereits dem Fortführungsgedanken, der von Dicksee eingeführt wurde,[107] sodass zumindest Liquidationspreise bei beiden grundsätzlich als Bewertungsgrundlage ausscheiden.[108]

Während bei Sprague kaum Anmerkungen zur Bewertung zu finden sind, spricht sich Hatfield für eine Zugangsbewertung zu Anschaffungs- oder Herstellungskosten aus.[109] Er bestimmt die

---

98 Vgl. Hatfield (1909), S. 75 und 108.

99 Vgl. Hatfield (1909), S. 77.

100 Vgl. Hatfield (1909), S. 78.

101 Vgl. Hatfield (1909), S. 118 f., wo Hatfield Zinsvorauszahlungen als Beispiel anführt. Ähnlich wird die Behandlung von Agi und Disagi begründet, vgl. Hatfield (1909), S. 93–97 und 187–190.

102 Ein Beispiel ist die Aktivierung eines hohen Verlusts aus einer Naturkatastrophe, vgl. Hatfield (1909), S. 120. Hier äußert sich der Autor nur feststellend in Bezug auf die Praxis, aber nicht kritisch.

103 Vgl. Chatfield (1977), S. 233.

104 Vgl. Sprague (1907), S. 46 und 47. Vermögenswerte können beschrieben werden als „incomplete contracts, whereof our part has been performed in whole or in part; or contractual assets" (Sprague (1907), S. 47). „Rights always arise from uncompleted contracts. [...] If one of you has fulfilled his part of the contract, that one has acquired a right and the other has incurred an obligation" (Sprague (1907), S. 46).

105 Vgl. Hatfield (1909), S. 83–85; Chatfield (1977), S. 236; Previts/Merino (1998), S. 219 und 227. Stille Reserven wurden nur toleriert, sofern sie dem Investor bekannt gemacht wurden, vgl. Previts/Merino (1998), S. 227 f.

106 Vgl. Haller (1989), S. 109 f.

107 Vgl. Dicksee (1905), S. 160; Storey (1959), S. 233 und 235.

108 Vgl. Sprague (1907), S. 73; Hatfield (1909), S. 81.

109 Vgl. Hatfield (1909), S. 75. Zur Problematik der Zusammensetzung von Herstellungskosten vgl. Hatfield (1909), S. 75–77.

Folgebewertung grundsätzlich durch die individuellen Annahmen des/der Eigentümer(s), d.h. anhand des Nutzungswerts.[110] Für das Anlagevermögen vereinfacht Hatfield die Folgebewertung, indem er den individuellen Barwert über die fortgeführten Anschaffungskosten approximiert[111] und unter Berufung auf die Unternehmensfortführung auf die Anpassung an Marktpreisschwankungen verzichtet.[112] Abschreibungen werden durch ein sich änderndes Urteil der Eigentümer über den Nutzwert begründet.[113] Im Gegensatz dazu sind für das Umlaufvermögen Marktpreisänderungen konzeptionell zu berücksichtigen („'going concern' in strict logic demands that merchandise for sale be valued at the present selling price"). Hatfield wendet sich damit zugunsten des Fortführungsgedankens von der vielmals praktizierten konservativen, d.h. aus dem Vorsichtsprinzip abgeleiteten, Bewertung zu historischen Kosten und zum niedrigeren Verkaufspreis ab.[114]

Schulden werden als negative Vermögenswerte oder Ansprüche auf einen Teil der (positiven) Vermögenswerte bezeichnet und ihnen damit qualitativ gleichgestellt.[115] Die knappen Ausführungen Spragues belegen, dass Schulden für ihn auf rechtlichen Verpflichtungen basieren.[116] Neben rechtlichen finanziellen Verbindlichkeiten diskutiert Hatfield Eventualverpflichtungen, für deren Ausweis in der Bilanz oder im Anhang er plädiert. Er fasst beispielsweise Garantieverpflichtungen unter diese Kategorie und fordert ihre Berücksichtigung als *reserve*, wobei es nicht eindeutig ist, ob er diese dem Eigen- oder Fremdkapital zuordnet.[117]

Aussagen zur Bewertung der Schulden finden sich wiederum nur bei Hatfield. Sie gestaltet sich für Hatfield weniger problematisch als für Vermögenswerte, da kein Wertverzehr zu verzeichnen ist.[118] Hatfield beschränkt seine Ausführungen im Wesentlichen auf finanzielle Verbindlichkeiten, für die er unter anderem die Anpassungen aufgrund von Zinszahlungen bespricht,[119] sodass die Bewertung von Eventualverpflichtungen unklar bleibt.

Entsprechend der Konzentration auf die Vermögensveränderung setzen sich Sprague und Hatfield nur bedingt mit dem Gewinnbegriff und dem Zeitpunkt der Gewinnrealisation ausei-

---

110 Vgl. Hatfield (1909), S. 81; Chatfield (1977), S. 236.

111 Vgl. Hatfield (1909), S. 81, 82 und 83, siehe auch 121; Chatfield (1977), S. 236. Für Beispiele vgl. Hatfield (1909), S. 86–91. Die strikte Anschaffungskostenbewertung beim Goodwill (dessen entgeltlicher Erwerb) besteht aus Vorsichtsgründen, sodass sich Hatfield dem Vorsichtsprinzip aufgrund seiner breiten Anwendung in der Praxis nicht vollständig entziehen konnte, vgl. Hatfield (1909), S. 108 f.

112 Vgl. Storey (1959), S. 234.

113 Verwirrend wirkt die dynamische Erklärung der Abschreibung, welche neben den Wertverzehr rückt, vgl. Hatfield (1909), S. 133 f.

114 Vgl. Hatfield (1909), S. 91 f. und 101 f. (Zitat S. 101 f.); Storey (1959), S. 236; Chatfield (1977), S. 233, 236 und 238; van Mourik (2010), S. 197. Vorübergehende Wertschwankungen brauchen allerdings nicht berücksichtigt zu werden, vgl. Hatfield (1909), S. 82 f.

115 Vgl. Sprague (1907), S. 49 i.V.m. S. 56 (siehe auch seine Übersicht auf S. 56); Hatfield (1909), S. 10, 14 und 184. Vgl. auch Riahi-Belkaoui (2004), S. 215.

116 Vgl. Sprague (1907), S. 30.

117 Vgl. Hatfield (1909), S. 192.

118 Vgl. Hatfield (1909), S. 185 f.

119 Vgl. Hatfield (1909), S. 187–190.

nander. Zwar existierten die Begriffe *realized* und *unrealized*,[120] aber das Realisationsprinzip mit seiner Konzentration auf den Lieferungs- und Leistungszeitpunkt war zu dieser Zeit noch nicht etabliert.[121] Einige Unternehmen erfassten durchaus (unrealisierte) Gewinne aufgrund von Marktpreisänderungen, da der Eigentümer über die (Netto-)Vermögensänderung informiert werden sollte.[122] Andere setzten die Gewinnrealisation mit dem Zahlungseingang gleich.[123] Hatfield selbst forderte jedoch keinen Zahlungseingang für die Realisation: „[T]he distinction between unrealized and realized profits is by no means the same as that between profits which have been received in cash and those otherwise represented. Profits are in fact realized when once the transaction is completed.“[124] Entsprechend wendet sich Hatfield auch gegen einen Gewinnausweis im Vertragsabschlusszeitpunkt.[125] Fertigungsaufträge scheinen eine Ausnahme darzustellen. Für diese befürwortet er die Bewertung des unfertigen Erzeugnisses zum Verkaufspreis und erlaubt (mit dynamischer Begründung) damit einen Umsatzausweis mit dem Fertigungsfortschritt.[126]

Hatfield bespricht auch die Clean-Surplus-Konzeption im engeren Sinne.[127] Er wirft die Frage auf, ob alle Vermögensänderungen in der Gewinn- und Verlustrechnung zu erfassen sind oder ob sie auch direkt im Eigenkapital verzeichnet werden können,[128] was belegt, dass seine Überlegungen über die Vermögensermittlung hinausgehen. Eine allgemeingültige Regel formuliert er allerdings nicht. Zwar sieht er die Erfassung der Vermögensänderungen in der Gewinn- und Verlustrechnung als die Regel an,[129] er lässt aber beispielsweise eine Ausnahme für die Erfassung von Wertminderungen im Anlagevermögen zu. Hier scheint ihm die grundsätzliche Berücksichtigung im Jahresabschluss zentraler zu sein als die erfolgswirksame Erfassung.[130] Die Berücksichtigung des *clean surplus* zeigt sich eher bei der Erfassung von realisierten

---

120 Vgl. Sprague (1907), S. 68; Hatfield (1909), S. 223 und 224.

121 Vgl. Storey (1959), S. 232 m.w.N.

122 Vgl. Gynther (1967), S. 286 f.; Chatfield (1977), S. 236.

123 Vgl. Hatfield (1909), S. 224 f.

124 Hatfield (1909), S. 227. Hatfield stellt den Profitbegriff der Gerichte dar. Er differenziert zwischen Gerichtsurteilen, die einen Zahlungseingang vor der Dividendenausschüttung verlangen, und dem eigentlichen Gehalt des Jahresüberschusses, der keinen Zahlungseingang bedingt. Die Frage, ob der Jahresüberschuss in liquider Form vorliegt, könne ohnehin nicht beantwortet werden, weil sich die Vermögenswerte nicht einzelnen Eigen- oder Fremdkapitalkomponenten zurechnen lassen, vgl. Hatfield (1909), S. 227 und 228. Eine Konkretisierung des Realisationszeitpunkts erfolgt jedoch nicht. Vgl. auch Sprague (1907), S. 76.

125 Vgl. Hatfield (1909), S. 11.

126 Vgl. Hatfield (1909), S. 104 f.

127 Die Clean-Surplus-Konzeption im engeren Sinne oder All-inclusive-Income-Konzeption besagt, dass der Gewinn als Veränderung des Reinvermögens korrigiert um Transaktionen mit Eigenkapitalgebern zu ermitteln ist, und trägt daher statische Züge. Die Konzeption wirkt sich insbesondere bei der Erfassung von Wertänderungen am ruhenden Vermögen aus, vgl. Hitz (2005), S. 17 f. Hinter der Entscheidung für einen erfolgsneutralen oder -wirksamen Ausweis von unrealisierten Gewinnen/Verlusten steckt die Entscheidung, eine Substanz- oder Kapitalerhaltung zu verfolgen, vgl. sehr übersichtlich FASB (1976a), S. 14 f. und 131.

128 Vgl. Hatfield (1909), S. 199.

129 Vgl. Hatfield (1909), S. 197. Spragues Ausführungen lassen nur erahnen, dass er dem Clean-Surplus-Konzept folgt, vgl. Sprague (1907), S. 67 f. i.V.m. S. 79.

130 Vgl. Hatfield (1909), S. 218–221.

Werterhöhungen im Anlagevermögen.[131] Für ein wertgesteigertes Umlaufvermögen zeigt Hatfield nur die Sichtweise der Praxis, die die Bewertung des Umlaufvermögens zu Marktpreisen aus Vorsichtsgründen ablehnt und für die sich daher eine Erfassung in der Gewinn- und Verlustrechnung erübrigt.[132] Dies gilt offenbar nicht für Fertigungsaufträge, bei denen das unfertige Erzeugnis zum Verkaufspreis bewertet und diese Wertsteigerung in der Gewinn- und Verlustrechnung gezeigt werden soll.[133]

2.3 Die Realitätsferne der *proprietary theory* als deren Durchsetzungshindernis

Die vorstehenden Ausführungen machen deutlich, dass die Formulierung der *proprietary theory* durch Sprague und Hatfield sehr oder sogar zu spät geschah. Das folgende Zitat beschreibt das Dilemma der Theorie: „Realistic in the economic context in which it originated, far superior to the methodologies it replaced, the proprietary theory was already obsolete at the time of its first widespread acceptance."[134] Das Wachstum der Unternehmen und schließlich die Etablierung der Kapitalmärkte förderten die Trennung von Eigentum und Kontrolle am Unternehmen, was aus Aktionärssicht zunächst als Eingriff in die privaten Eigentumsrechte begriffen wurde, die in den USA traditionell einen hohen Stellenwert haben. Die unternehmerische Kapitalmarktorientierung erforderte somit ein Umdenken in Bezug auf die Wahrnehmung privater Eigentumsrechte und führte zu Rufen nach umfassender Berichterstattung für Investoren, da Finanzierung und Management nicht mehr aus einer Hand kamen. Die Öffentlichkeit misstraute Unternehmen, die auf Offenlegung verzichteten. Diese Meinung wurde bereits in den 1890ern durch die Formierung einiger Großunternehmen und Trusts bestärkt.[135] Jenen klassischen Grund für die Jahresabschlusserstellung, wie er zu Beginn des 20. Jahrhunderts aufkam, d.h. die Mitteilung von Finanzinformationen an externe Adressaten, kann die *proprietary theory* kaum erklären, da sie im Wesentlichen auf den Unternehmer gerichtet ist. Nach der *proprietary theory* erfolgt die Jahresabschlusserstellung streng genommen nur zur Rechenschaft des Kaufmanns gegenüber sich selbst.

Diese Schieflage ignorierten die Anhänger der Theorie oder sie betrachteten anstelle des Einzelunternehmers den Aktionär und verfolgten weiter das Ziel der Vermögensmaximierung.[136]

---

131 Vgl. Hatfield (1909), S. 195 und 223. Da unrealisierte Wertsteigerungen im Anlagevermögen grundsätzlich nicht berücksichtigt werden, erübrigt sich auch die Frage nach der Gegenbuchung, vgl. Hatfield (1909), S. 224.

132 Vgl. Hatfield (1909), S. 224; Chatfield (1977), S. 236.

133 Vgl. Hatfield (1909), S. 104 f.

134 Chatfield (1977), S. 223.

135 Vgl. Chatfield (1977), S. 273; Previts/Merino (1998), S. 183 f.; King/Case (2003), S. 6 f.; Staunton (2008), S. 114 f. Zwar sollte der Sherman Antitrust Act 1890 für mehr Wettbewerb sorgen, aber er wurde erst unter Roosevelt (ab 1901) tatsächlich angewandt, vgl. Previts/Merino (1998), S. 176; Moran (2010), S. 217.

136 Vgl. Previts/Merino (1998), S. 222 und 261. Staubus prägte den Begriff der *residual equity theory*, die den Einzelunternehmer durch Stammaktionäre ersetzt, vgl. Staubus (1961), S. 19; Chatfield (1977), S. 226 f.; Haller (1989), S. 110–112; van Mourik (2010), S. 198. Andere Vertreter der Theorie beziehen aber auch die übrigen Aktionärsgruppen oder sogar Langzeitinvestoren in die Eigentümergruppe ein, vgl. Gynther (1967), S. 275 f.

Die Verfechter der *proprietary theory* erkannten die Notwendigkeit der Auseinandersetzung mit der (korrekten) Gewinnermittlung nicht an, da der Gewinn im freien Wettbewerb durch Angebot und Nachfrage im Sinne eines Gesetzes bestimmt werde.[137] Diese Ansicht widersprach aber dem aufkeimenden Selbstverständnis der Wirtschaftsprüfer, die Beurteilungsfreiräume bei der Prüfung einforderten, und idealisierte die reale Preisfindung. Ihre Vertreter konnten sich weiterhin nicht mit einer selbstständiger werdenden Unternehmung identifizieren.[138] Somit kam es zur Verdrängung der Theorie und einem vorläufigen Abbruch der statischen Entwicklungstendenzen.

Heute sind dennoch einzelne Aspekte der Theorie, insbesondere die Konzentration auf den Eigenkapitalgeber, in der Rechnungslegung verankert. Beispielsweise werden Fremdkapitalzinsen und Steuern als Aufwand und nicht als Gewinnverteilung behandelt. Und auch die Berechnung der *earnings per share* lässt sich auf sie zurückführen.[139] Andere Beispiele sind der *equity approach* im Rahmen der DCF-Verfahren[140] oder auch die Forderung eines Minderheitsaktionärs nach Auskunft über die stillen Reserven des Unternehmens entgegen § 131 Abs. 3 Satz 1 Nr. 3 AktG[141]. Die Vertreter der *proprietary theory* machten letztlich darauf aufmerksam, dass die Interessen der Eigentümer schützenswert sind, gerade wenn sie keine Kontrolle über die Aktivitäten des Unternehmens haben.[142]

3 Die Betonung der Eigenständigkeit der Unternehmung als Kennzeichen der entity theory

3.1 Konzentration auf den Gewinn des Unternehmens

Als Gegenstück zur *proprietary theory* und Wegbereiter der Dynamik gilt die Denkschule der *entity theory*, welche erstmals durch den Akademiker Paton[143] im Jahr 1922 in den USA explizit formuliert wurde.[144] „It is the opinion of the writer that these doctrines of proprietorship [...] are not an entirely adequate statement of the theory of accounts under the conditions of modern business organization."[145] „[A]ccounting theory requires restatement in terms of this development."[146] Seine Ausführungen gehen somit über die Begründung der doppelten Buchführung hinaus. Methodisch ist Paton zwischen Deduktion[147] und Induktion angesiedelt. Er

---

137 Vgl. Previts/Merino (1998), S. 213 f.
138 Vgl. Chatfield (1977), S. 223 f.
139 Vgl. Riahi-Belkaoui (2004), S. 215 und 216.
140 Vgl. statt vieler Hommel/Dehmel (2011), S. 220 222 und 251 f.
141 Vgl. Siegel et al. (1999), S. 2081 und 2083.
142 Vgl. Previts/Merino (1998), S. 210 und 214.
143 Vgl. Fisher College of Business (2011c) zur akademischen Laufbahn Patons auf dem Gebiet der Rechnungslegung.
144 Vgl. Previts/Merino (1998), S. 221. Vgl. zu den Ursprüngen der Theorie Chatfield (1977), S. 224.
145 Paton (1922), S. iii, vgl. auch S. 11.
146 Paton (1922), S. 68.
147 Vgl. AAA (1977), S. 5.

formuliert die in der Bilanzierungspraxis angewandten *postulates of accounting*,[148] überprüft sie und definiert sie gegebenenfalls neu im Lichte seiner Unternehmensvorstellung.[149] Es erfolgt an vielen Stellen jedoch keine fundierte Begründung für die betrachteten Prinzipien. „They are largely assumptions of expediency, without which it would be impossible for the accountant to proceed."[150] So betont Paton an einigen Stellen die Unterschiede zwischen Rechnungslegung und Ökonomik, insbesondere die globale Sichtweise der Volkswirtschaftslehre.[151] Schließlich erfolgt keine intensive Besprechung der Zielsetzung des Jahresabschlusses, obwohl sich Paton bewusst ist, dass der Jahresabschluss Mittel zum Zweck ist.[152] Insofern kann sich Paton nicht von der grundsätzlichen Neudefinition des Unternehmens als Dreh- und Angelpunkt seines Buchs lösen.

Das Unternehmen wird bei Paton, passend zu kapitalmarktorientierten Unternehmen, unabhängig von seinen Kapitalgebern betrachtet: „The business enterprise is a reality"[153]. Somit gelten die Vermögenswerte im Unternehmen als diesem zugehörig. „[T]he books and accounts are the records of 'the business'"[154]. Paton erkennt die (faktische) Eigenständigkeit auch bei Einzelunternehmen an.[155] Er möchte aber keine „blind insistence on the independence of the business entity", sodass für einzelne Transaktionen auf die hinter dem Unternehmen stehenden Personen geschaut werden muss.[156]

Eigen- und Fremdkapitalgeber behandelt Paton insofern gleichberechtigt, als das Unternehmen beide Kapitalgeber bedienen muss. In der Bilanzgleichung werden die Vermögenswerte mit dem Gesamtkapital gleichgesetzt („properties and equities"), sodass die Dreiteilung in Vermögenswerte, Schulden und Eigenkapital entfällt.[157] Aktiva und Passiva stellen sich als zwei Seiten einer Medaille dar, wobei die Aktivposten die Art der Besitztümer anzeigen und die Passivposten deren Finanzierung erklären.[158] „An equity [...] is then a value representation of a right in property"[159], wodurch er die Vermögenswerte rechtlich abgrenzt. Die Gleichberechtigung von Eigen- und Fremdkapital zieht Paton aus der Erkenntnis, dass beide Kategorien in wirtschaftlicher Betrachtungsweise ähnliche Rechte und Pflichten haben oder vielmehr ein Spektrum mit fließenden Übergängen abbilden.[160] Niemand ist mehr Unterneh-

---

148 Siehe Paton (1922), Kapitel XX.
149 Vgl. Paton (1922), S. vi und 472; Chatfield (1977), S. 287; Zeff (1999), S. 89 f.
150 Paton (1922), S. 499. Vgl. auch Wüstemann (1999), S. 19.
151 Vgl. Paton (1922), S. 255–259.
152 Vgl. Paton (1922), S. 472.
153 Paton (1922), S. iv, im Original mit Hervorhebung. Vgl. Gynther (1967), S. 276; Riahi-Belkaoui (2004), S. 215.
154 Paton (1922), S. 473, vgl. auch S. 474. Vgl. van Mourik (2010), S. 201.
155 Vgl. Paton (1922), S. 476 f.
156 Vgl. Paton (1922), S. 476 f. (Zitat S. 477).
157 Vgl. Paton (1922), S. iv (auch Zitat, im Original mit Hervorhebungen).
158 Vgl. Paton (1922), S. 44 f. und 481. Paton betont, dass die Verbindung von Vermögenswerten und *equities* nur über das Unternehmen hergestellt wird, vgl. Paton (1922), S. 38 f.
159 Paton (1922), S. 38, im Original mit Hervorhebungen. Den Stammaktionären steht das *residual equity* zu, vgl. Paton (1922), S. 89.
160 Vgl. Paton (1922), S. 55–61, 72 f. und 75.

mer, d.h. Eigentümer im klassischen Sinne.[161] Die Bewertung des Gesamtkapitals anhand der Aktivseite[162] begreift Paton als Konvention der doppelten Buchführung. Sie führt nicht zu einer marktgerechten Bewertung des Eigenkapitals.[163]

Der Ansatz gilt als gewinnorientiert und auf die Gewinn- und Verlustrechnung fokussiert, weil es das Ziel des Unternehmens ist, mithilfe des Gewinns die Ansprüche der Kapitalgeber zu decken.[164] Das Ziel der Gewinnermittlung in der *entity theory* liegt in der Information über die effiziente Kapitalverwaltungstätigkeit des Unternehmens, damit dieses seinen Fortbestand sichern kann.[165] „Accounting, by making price data available in a systematic and intelligible manner, is perhaps the principal instrument by which the directors of business are enabled to conduct their affairs rationally.“[166] Die Theorie verlässt somit den Boden der rein rechtlichen Kapitalbetrachtung und wendet sich einer wirtschaftlicheren Gewinnbetrachtung zu. Gewinne sind nach Paton der Lohn für Unternehmensleistungen.[167] Der Gewinn selbst gehört dem Unternehmen, solange er nicht ausgeschüttet wird, wobei sich die maximale Ausschüttung an der Erhaltung der operativen Tätigkeit orientiert.[168] So sind die Ansprüche aller Kapitalgeber (und des Fiskus) als Gewinnverteilung zu sehen, da kein fundamentaler Unterschied zwischen ihnen gegeben ist.[169] Dies sichert die Offenlegung des operativen Gewinns zur Messung der Managementleistung.[170] Vertreter der *entity theory*, die den im Unternehmen verbleibenden Gewinn betrachten, interpretieren dagegen Dividenden, Steuern und Fremdkapitalzinsen gemeinsam als Aufwand.[171]

Die *entity theory* bildet grundsätzlich den Vorläufer der dynamischen Bilanztheorie. Paton konnte sich 1922, wie die Bilanzierungspraxis auch, allerdings noch nicht von der Vorrangigkeit der Bilanz lösen.[172] Er beginnt die Erklärung des Buchführungssystems mit der Bilanz und stellt die Konten der Gewinn- und Verlustrechnung als Zwischenschritte im Rahmen der Bilanzerstellung dar. Paton zitiert sogar Sprague in Bezug auf die Wichtigkeit der Bilanz.[173]

---

161 Vgl. Paton (1922), S. 77.
162 Dies gilt nicht für einzelne Posten der *equities*, vgl. Paton (1922), S. 41 f. und 45.
163 Vgl. Paton (1922), S. 482–485.
164 Vgl. AAA (1977), S. 8; Riahi-Belkaoui (2004), S. 215 f.
165 Vgl. Paton (1922), S. 20; Haller (1989), S. 114.
166 Paton (1922), S. 7. Paton leitet daraus auch eine soziale Funktion der Rechnungslegung ab, da sie die Maximierung der Wertschöpfung fördert, vgl. Paton (1922), S. 9.
167 Vgl. Chatfield (1977), S. 225.
168 Vgl. Gynther (1967), S. 286.
169 Vgl. Paton (1922), S. 52 f., 88, 168–170 und 265–267; Chatfield (1977), S. 225. Davon ausgenommen sind beispielsweise Mitarbeiter, die auf ihren Lohn warten, Lieferanten, die auf Zahlung der Verbindlichkeiten warten, sowie die Begleichung von Mietverbindlichkeiten, da diesen Zahlungen, anders als der reinen Bereitstellung von Kapital, Serviceleistungen entgegenstehen, vgl. Paton (1922), S. 261–264. Insgesamt wird diese Forderung Patons aber nicht einheitlich in der *entity theory* umgesetzt, vgl. Gynther (1967), S. 277; Previts/Merino (1998), S. 222; Riahi-Belkaoui (2004), S. 216.
170 Vgl. Paton (1922), S. 169 und 253.
171 Vgl. Gynther (1967), S. 277; van Mourik (2010), S. 203.
172 Vgl. Paton (1922), S. 20; Previts/Merino (1998), S. 259, 260 und 263–267.
173 Vgl. Paton (1922), S. 44.

Es gelang ihm nicht, den Gewinn unabhängig von der Vermögensbewertung zu definieren.[174] „The income statement['s] […] most vital significance for the theory of accounting arises in that it exhibits net income, the change in the status of the equities."[175] Deshalb zog er schließlich zusammen mit Littleton 1940 die Konzentration auf den Realisations- und Matching-Prozess vor.[176] Allerdings ordnet er bereits 1922 Aufwendungen den Erträgen zu[177] und äußert: „Perhaps the most important single purpose of accounting is the determination of net revenue."[178]

3.2 Konkretisierung der Jahresabschlusspositionen

Die Auseinandersetzung mit der Vermögenswertdefinition zeigt erneut, dass sich Paton nicht vollständig von der Bilanz abwendet.[179] „[A] property is any consideration, material or otherwise, owned by a specific business enterprise and of value to that enterprise."[180] Patons Definition beruht auf Eigentumsrechten, wird aber durch die Forderung nach einem ökonomischen Wert (Preis) ergänzt.[181] So lehnt er die Aktivierung des originären Goodwills ab. Hier ist die Intention zunächst die Aufrechterhaltung der Gewinnmarge des Unternehmens. Gleichzeitig ist er sich der unsicheren Bewertung des Geschäfts- und Firmenwerts bewusst.[182] Im Gegensatz dazu wird der derivative Goodwill als immaterieller Vermögenswert akzeptiert.[183] Die Aktivierung folgt dem ökonomischen Gedanken, dass der Wert nicht durch den physischen Gegenstand selbst, sondern durch sein Servicepotenzial gegeben ist.[184] Mit der primär rechtlichen und objektivierten Vermögenswertdefinition stellt Paton allerdings klar: „A list of properties as of a given date is a very imperfect representation of the true economic strength of a business enterprise."[185] Paton kennt andererseits noch keine dynamischen Abgrenzungsposten, denn er untersucht die Aktivierung stets auf Basis des Vermögenswerts. So lehnt er die

---

174 Vgl. Paton (1922), S. 254 und 464 f.

175 Paton (1922), S. 20.

176 Vgl. Previts/Merino (1998), S. 261 f.

177 Vgl. Paton (1922), S. 445.

178 Paton (1922), S. 153.

179 Die Definition der Schulden erübrigt sich, da sie in der *entity theory* keine eigene Bilanzkategorie mehr darstellen. Sie sind Teil der *equities*, die Paton rechtlich abgrenzt, vgl. Paton (1922), S. 38.

180 Paton (1922), S. 30. Paton behandelt die Begriffe *property*, *resource* und *asset* synonym, vgl. Paton (1922), S. 30.

181 Ein Marktpreis muss nicht vorhanden sein, denn es ist nach dem unternehmensindividuellen Wert gefragt, vgl. Paton (1922), S. 32.

182 Vgl. Paton (1922), S. 317–321.

183 Vgl. Paton (1922), S. 321–326.

184 Vgl. Chatfield (1977), S. 225.

185 Paton (1922), S. 37, vgl. auch S. 36 und 486 f. Das Problem der Unsicherheit besteht nach Paton immerzu: „The accountant, it must be remembered, is dealing primarily with economic data, with values, not with physical certainties; and values are highly uncertain and unstable aspects of structures, commodities, rights, services, and situations" (Paton (1922), S. 471).

Aktivierung von anfänglichen Verlusten (*going value*) ab;[186] Ingangsetzungsausgaben (*organization costs*) erfüllen dagegen in seinen Augen die Vermögenswertdefinition.[187]

In Patons Werk erfolgt keine detaillierte Besprechung der Bewertung, obwohl er sie als Kernproblem der Rechnungslegung erkennt.[188] Seiner Ansicht nach approximieren die Anschaffungskosten im Zugangszeitpunkt den Wert des Guts, wenn grundsätzlich eine rationale Transaktion unterstellt wird.[189] Paton befürwortet bei Vorräten das Erfolgsneutralitätsprinzip vor Verkauf, um die Gewinnmargen der einzelnen Unternehmen vergleichen zu können.[190] Die Aktualisierung der historischen Kosten auf Wiederbeschaffungskosten schließt er allerdings nicht aus.[191] Die Ausführungen Patons basieren auf der Unternehmensfortführungsprämisse, da er die Weiterführung des Unternehmens als Normalfall ansieht.[192] Für die Passivseite finden sich nur Hinweise, dass das Fremdkapital nach rechtlichen Gesichtspunkten zu bewerten ist, sodass sich das Eigenkapital als Residualgröße ergibt.[193]

Mit der Konzentration auf den Gewinn geht im Vergleich zur *proprietary theory* eine detailliertere Erläuterung des Zeitpunkts der Gewinnerfassung einher, ohne jedoch das Realisationsprinzip explizit zu nennen. Die Realisierung der Gewinne bedeutet für Paton „[to] reach a condition where they are capable of definite statistical expression in terms of current properties“[194]. Er lehnt den Zahlungseingang als maßgebliches Kriterium in erster Linie ab, weil bereits mit der Forderung ein zu bilanzierender Vermögenswert entsteht.[195] Deshalb ist für ihn der Realisationszeitpunkt auch bei Zielverkäufen erreicht. Er konkretisiert ihn über die Versendung der Ware, um eine Vereinfachung gegenüber der Bestimmung des Eigentumsübergangs zu erreichen. Dabei kommt es ihm auf den entstehenden Gegenleistungsanspruch an. In Ausnahmefällen sei daher vom Versendungszeitpunkt abzuweichen und beispielsweise auf den Zahlungseingang zurückzugreifen.[196] Paton begnügt sich jedoch nicht allein mit dem Lieferzeitpunkt: „Sale is only one test of realization; there may be others having some validi-

---

186 Vgl. Paton (1922), S. 326–332.

187 Vgl. Paton (1922), S. 333–340.

188 Vgl. Paton (1922), S. vii.

189 Vgl. Paton (1922), S. 489 f. Weiterhin nimmt er an, dass dieser Wert bei der Bemessung von Herstellungskosten erhalten bleibt, vgl. Paton (1922), S. 490–493. Paton ist sich bewusst, dass seine Prämissen angreifbar sind.

190 Vgl. Paton (1922), S. 283–296, 452 f. und 493.

191 Vgl. Paton (1922), S. 291 und 433–442; AAA (1977), S. 8; Yamaji (2005), S. 147 f. Im Sinne der Substanzerhaltung befürwortet er eine erfolgsneutrale Erfassung der Bewertungsänderung, vgl. Paton (1922), S. 440–442; AAA (1977), S. 8. Bewertungsanpassungen aufgrund der Änderung des allgemeinen Preislevels lehnt Paton aber ab, da es die Aufgabe des Jahresabschlusses sei, aktuelle Daten zu liefern. Dafür nimmt er die reduzierte intertemporale Vergleichbarkeit der Jahresabschlüsse in Kauf, vgl. Paton (1922), S. 424–433 und 488. Für Gegenstände des Anlagevermögens lässt Paton offen, ob eine Bewertungsanpassung sinnvoll ist, vgl. Paton (1922), S. 442.

192 Vgl. Paton (1922), S. 478. Damit erübrigt sich der Ansatz von Liquidationspreisen im Anlagevermögen und die Abzinsung von Verbindlichkeiten wird ermöglicht, vgl. Paton (1922), S. 479.

193 Vgl. Paton (1922), S. 84–89.

194 Paton (1922), S. 42, im Original hervorgehoben.

195 Vgl. Paton (1922), S. 444–449.

196 Vgl. Paton (1922), S. 449–452.

ty."[197] So ist der frühere Gewinnausweis möglich, wenn die Ware verbindlich bestellt und auf Lager ist.[198] Gleiches gilt für marktgängige Waren, insbesondere natürliche Ressourcen, bei denen die Fertigstellung den kritischen Punkt im Produktionsprozess darstellt.[199] Dieser Gedanke ist auch heute noch für Agrarprodukte in IAS 41.12 und 41.13 oder FASB ASC 905-330-30 und -35 sowie 905-360-30 und -35 verankert.

Dies bedeutet aber nicht, dass Paton in dynamischer Denkweise den Gewinnausweis mit dem Fertigungsfortschritt grundsätzlich befürwortet. Sein Gewinnverständnis bleibt von der Liquidität und dem Erhalt der Gegenleistung geprägt. Er scheint den Realisationszeitpunkt als Gewinnentstehungszeitpunkt zu interpretieren. Dies wird anhand der Erläuterungen zum Gewinnausweis nach dem Fertigstellungsgrad deutlich: „The expense of doing business and the net return are quite distinct from the standpoint of the owners. Expenses are actually incurred; there is no assurance that income is thereby accruing."[200] So sieht Paton den Gewinnausweis mit dem Fertigungsfortschritt als Ausnahme im Rahmen der Langfristfertigung zur Darstellung der Ertragslage.[201] „To accrue profit in general on the basis of completion percentages would be entirely unsound. Only where sale is assured, and the process long, should any such accounting be attempted."[202]

Da die Kernaufgabe von Unternehmen in der Durchführung von Transaktionen liegt, sieht Paton in gleicher Weise Wertsteigerungen des ruhenden Vermögens nicht als zentrales Kriterium für den Gewinnausweis, aber „appreciation is one evidence of income, an evidence which has some validity in certain connections".[203] Paton stellt sogar klar: „The liberal view that, ideally, all bona fide value changes in either direction, from whatever cause, should be reflected in the accounts has been adopted without argument."[204] Der Autor legt in diesen Fällen aber auf den getrennten Ausweis von den regelmäßigen Umsatzerlösen Wert.[205] Der operative Gewinn wird anstelle der Gesamtvermögensänderung somit zur zentralen Informationsgröße für die Kapitalgeber, die neben der Managementeffizienz auch die zukünftigen zu erwartenden Vergütungen wiedergibt.[206]

---

197 Paton (1922), S. 457.
198 Vgl. Paton (1922), S. 453–455.
199 Vgl. Paton (1922), S. 455–458.
200 Paton (1922), S. 462, vgl. auch S. 458 und 494.
201 Vgl. Paton (1922), S. 291 f. und 458–464.
202 Paton (1922), S. 462.
203 Vgl. Paton (1922), S. 464–468 (Zitat S. 468). Wenn durch die höhere Bewertung die Substanz des Unternehmens erhalten werden soll, ist die erfolgswirksame Erfassung offenbar nicht gewollt.
204 Paton (1922), S. vii. Vgl. auch Chatfield (1977), S. 224.
205 Vgl. Paton (1922), S. 467 f. Andere Autoren der *entity theory* stehen der Erfassung von Bewertungsänderungen bei Vermögenswerten und Schulden in der Gewinn- und Verlustrechnung allerdings kritisch gegenüber. Sie verhindern die Ausschüttung von Beträgen, die die operative Geschäftstätigkeit beeinflussen, indem sie an der historischen Bewertung festhalten, vgl. Gilman (1939), S. 55 f.; Gynther (1967), S. 286 f.
206 Vgl. Previts/Merino (1998), S. 261.

Letztlich gibt Paton kein Realisationskriterium vor, sondern überlässt die Entscheidung den Unternehmen, welche auf die stetige Anwendung eines Realisationskriteriums achten sollen.[207] „The accountant, manager, or owner, on whom rests the responsibility for the adoption of a plan for calculating gross revenue and determining net income, should make his decision with a full knowledge of what any given base involves or implies, and should adopt that device which, all things considered, gives the most reasonable results."[208] Diese Aussage beruht auf dem damals aufkeimenden Vertrauen gegenüber den Unternehmen nach dem Ersten Weltkrieg und entspricht dem damaligen Selbstverständnis der Wirtschaftsprüfer.[209]

3.3 Vernachlässigung der Eigentumsrechte als Durchsetzungshindernis der *entity theory*

Heute sind Elemente der *entity theory* in der Rechnungslegung zu finden. Der Ausweis der nicht beherrschenden Anteile unter dem Eigenkapital (IFRS 10.22 oder FASB ASC 810-10-45-16) ist beispielsweise Ausfluss der *entity theory*.[210] Ebenso entspricht die Möglichkeit des Ausweises des *full* Goodwill der *entity theory* (IFRS 3.19 oder FASB ASC 805-20-30-7), da auf diese Weise die Ressourcen der Einheit „Konzern" vollständig hervortreten.[211] Auch der *entity approach* im Rahmen der DCF-Verfahren lässt sich auf die Theorie zurückführen.[212] Dennoch konnte auch sie sich nicht vollständig durchsetzen, weil die Eigentumsrechte der Eigenkapitalgeber, die in der *proprietary theory* gerade betont wurden, negiert werden.[213] Im Ergebnis stellten sich die Grundsätze der *entity theory*, analog zu denen der *proprietary theory*, als zu extrem für eine vollständige Durchsetzung dar.

4 Zwischenergebnis

Mit der Formulierung der *proprietary theory* und der *entity theory* in der noch jungen Betriebswirtschaftslehre ist keine Bilanztheorie im engeren Sinne gegeben. Beide Theorien beleuchten den Charakter des Unternehmens zur Erklärung der Technik der doppelten Buchfüh-

---

207 Vgl. Paton (1922), S. 469.
208 Paton (1922), S. 470.
209 Vgl. zum Selbstverständnis der Wirtschaftsprüfer auch Abschnitt II.B.1.1 (S. 27 29).
210 Vgl. Nobes (1986), S. 94; Kubin (1989), S. 100; van Mourik (2010), S. 199 und 205 f.
211 Vgl. Hommel/Franke/Rößler (2008), S. 159.
212 Vgl. statt vieler Hommel/Dehmel (2011), S. 222.
213 Vgl. Previts/Merino (1998), S. 213 und 260. Die *entity theory* wurde zwar in den 1950er und 1960er Jahren noch einmal in Anbetracht der mächtigen Großkonzerne diskutiert, aber letztendlich nicht vollständig akzeptiert, vgl. Previts/Merino (1998), S. 281, 317 und 320. Es blieb beim Gedankengut der *proprietary theory*, die die Eigentumsrechte schützte, vgl. Previts/Merino (1998), S. 346. Van Mourik benennt als Mischform der beiden Theorien die *equity view*, vgl. van Mourik (2010), S. 194 f. und 200 f. Nach Gynther ist die Befürwortung der *proprietary* oder *entity theory* vom individuellen Blickwinkel auf das Unternehmen abhängig, der durch Kultur und persönliches Umfeld geprägt ist, vgl. Gynther (1967), S. 280–282. So beobachtete Gynther z.B., dass sich der Blickwinkel der Hauptaktionäre (*proprietary theory*) auf die Wirtschaftsprüfer überträgt. Die *entity theory* wird nach Gynther eher von Angestellten des Unternehmens vertreten. Je mehr Verantwortung sie tragen, desto stärker ausgeprägt ist die Sichtweise, vgl. Gynther (1967), S. 282–285.

rung und weniger den Sinn und Zweck des Jahresabschlusses. Der Übergang von der *proprietary theory* zur *entity theory* beschreibt die stetig wachsende Industrialisierung, die zu einer Veränderung der Produktionseinheit „Unternehmen“ führte. Konsequenterweise werden in den Theorien Ansatz- und Bewertungskonzeptionen für den Jahresabschluss nur angedeutet und kaum problematisiert oder fortentwickelt. Gleichzeitig war die öffentlich-rechtliche Verpflichtung zur Erstellung, Veröffentlichung und Prüfung des Jahresabschlusses   trotz des wachsenden Kapitalbedarfs   in den USA (noch) nicht umfassend gegeben. Abschlüsse wurden eher freiwillig veröffentlicht und ein Standardsetzer war nicht vorhanden. Dies entsprach dem Freiheitsdenken des Unternehmers. Der auf Entscheidungsspielräume wertlegende neue Berufsstand der Wirtschaftsprüfer bekräftigte die uneinheitliche Bilanzierung. Diese Aspekte zusammengenommen verdeutlichen, dass zu Beginn des 20. Jahrhunderts in den USA nicht von einer bilanztheoretischen Fundierung der Rechnungslegung gesprochen werden kann, die auf eine Vereinheitlichung der Bilanzierung hätte hinwirken können. Intern konsistente Bilanzierungsvorschriften gab es nicht.

Dessen ungeachtet konnte sich die von der *entity theory* geprägte Gewinnorientierung bei der Jahresabschlusserstellung behaupten. Das folgende Kapitel macht deutlich, dass dabei die Wahrnehmung des Unternehmens in der Bilanztheorie zugunsten des Sinn und Zwecks des Jahresabschlusses zurücktrat. Durch diese Verschiebung ergab sich die Möglichkeit der Durchsetzung der Dynamik.

B Vorherrschaft der *revenue and expense view*

1 Historischer Kontext

1.1 Die Goldenen 1920er Jahre als Hemmnis der Rechnungslegungsregulierung

Mit dem Ausbau der Kapitalmärkte in den 1920er Jahren wurde die Eigenkapitalfinanzierung mit Aktien in den USA (noch) populärer.[214] Dies hatte verstärkt die Trennung von Eigentum und Kontrolle am Unternehmen zur Folge, zumal nun die breite Öffentlichkeit und mithin unerfahrene Personen als Aktionäre auftraten. Seit Anfang der 1920er Jahre verpflichtete die New Yorker Börse deshalb gelistete Unternehmen zur Einreichung von Jahresabschlüssen mit der Empfehlung, sie prüfen zu lassen.[215] Nach dem Ersten Weltkrieg sank jedoch zunächst der Bedarf an Jahresabschlussprüfungen, denn das Ansehen der großen US-amerikanischen Unternehmen wuchs durch die gelungene Kooperation mit Regierung und Angestellten im Krieg.

---

214 Vgl. Carey (1969), S. 144.

215 Vgl. Chatfield (1977), S. 132. Aber auch die New Yorker Börse konnte nicht unbegrenzt für strenge Vorschriften zur Veröffentlichung von Jahresabschlussdaten eintreten, da sie in Konkurrenz mit anderen Börsen stand und mit hohen Auflagen gerade die Firmen an Konkurrenten verlor, die den größten Nachbesserungsbedarf hatten, vgl. Chatfield (1977), S. 276.

Man vertraute den zuständigen Managern und stand der Trust-Bildung nicht mehr kritisch gegenüber.[216] „The belief that business had reached a new plateau and would operate to preserve 'social justice' significantly reduced the importance of external monitoring devices"[217]. So war bis 1930 die Veröffentlichung von Finanzdaten auch nicht für jeden Manager selbstverständlich[218] und die vorzufindenden Jahresabschlüsse waren von mangelnder Qualität.[219]

Das AICPA unterstützte zwar in den 1920er Jahren die Offenlegung von Finanzdaten, insbesondere von gelisteten Unternehmen,[220] befürwortete aber nach dem Ersten Weltkrieg insgesamt eine flexible Rechnungslegung und Prüfung. Man wehrte sich gegen staatliche Einflussnahme, die auf die Standardisierung der Rechnungslegung und Prüfung ausgerichtet war, aus Angst vor Starrheit und politischem Druck. Aus Sicht der AICPA-Mitglieder war „the expert and honest judgment of the seasoned practitioner [...] the best mechanism to assure fair accounting".[221] Außerdem fasste man die Vereinheitlichung der Rechnungslegung und Prüfung als Degradierung des Berufsstands zum einfachen Buchhalter auf und befürchtete gar seine Redundanz.[222] So war der Gehalt eines Testats in diesen Zeiten mehr als fraglich. Zwar wurde die *true and correct view of the company's affairs* testiert, doch war diese britische Wendung in den USA noch nicht konkretisiert oder besser gesagt wichen US-amerikanische Prüfprozesse vom britischen Vorbild ab.[223] Zusätzlich war die Haftung der Wirtschaftsprüfer gegenüber ihren Mandanten für Prüfungsfehler, wie die mangelnde Aufdeckung von Veruntreuungen,

---

216 Vgl. Previts/Merino (1998), S. 237–242 und 249–251. Der Rückgang der Wirtschaftsprüfungen erhöhte die Anzahl der Beratungstätigkeiten in den Bereichen Controlling und Steuern, vgl. Previts/Merino (1998), S. 251–253 und 254–256. Dem AICPA war daran gelegen, Dilettanten in diesem Bereich das Handwerk zu legen, vgl. Chatfield (1977), S. 128; Brief (1987), S. 144; Previts/Merino (1998), S. 246–249; Zeff (2005a), S. 19.

217 Previts/Merino (1998), S. 236. Vgl. auch Chatfield (1977), S. 130. Zum Stichwort „kooperativer Kapitalismus" vgl. Previts/Merino (1998), S. 237–242.

218 Vgl. Chambers (1966), S. 346 f.; Chatfield (1977), S. 273 f.

219 Vgl. Zeff (1972), S. 119 f.; Sonnemann (1989), S. 20. Konsequenz der mangelhaften externen Rechnungslegung war die Verselbstständigung des internen Rechnungswesens, vgl. Ikäheimo/Taipaleenmäki (2010), S. 356.

220 Vgl. Carey (1969), S. 162–164.

221 Vgl. Edwards/Miranti (1987), S. 25 (auch Zitat); Wüstemann (1999), S. 18. Zum Umgang mit den Forderungen des Federal Reserve Board und der Federal Trade Commission nach Standardisierung der Rechnungslegung bereits im Jahr 1917 vgl. Chatfield (1977), S. 128 f.; Tucker (1987); Davidson/Anderson (1987), S. 113 f.; Brief (1987), S. 149; Previts/Merino (1998), S. 230–234. Aus der Forderung nach „Uniform Accounts" wurden Prüfungsstandards mit Empfehlungscharakter, vgl. Carey (1969), S. 133. Die Regeln waren so schwammig, dass es de facto bei der Urteilsfreiheit der Wirtschaftsprüfer blieb und die Prüfung sich noch unzuverlässiger gestaltete. So profitierten in erster Linie die großen, angesehenen Wirtschaftsprüfungsgesellschaften von „Uniform Accounts", da man nur ihnen eine befriedigende Prüfung zutraute. Die Kehrseite der Medaille lag in der Betonung von Verhaltensregeln für Wirtschaftsprüfer zum Schutz des öffentlichen Interesses, vgl. Previts/Merino (1998), S. 202–206.

222 Vgl. Chambers (1966), S. 357. Zumindest unterstützte das AICPA seine Mitglieder mit Ressourcen wie dem Journal of Accountancy (seit 1905), Dicksees „Auditing" (1905) oder Montgomerys Monographie „Auditing Theory and Practice" (1912), die eine gewisse interne Standardisierung bewirkten, vgl. Zeff (1987), S. 49. Das Committee on Procedure beantwortete seit 1919 Fragen zur „generally accepted practice" (Edwards/Miranti (1987), S. 25), vgl. Zeff (1972), S. 115 f. und 126; Brief (1987), S. 149. Schließlich gab die Bibliothek des AICPA von 1920 bis 1929 33 Bekanntmachungen (Special Bulletins) im Q&A-Format heraus, vgl. Moonitz (1970), S. 149–155.

223 Vgl. Chatfield (1977), S. 129.

bis zum Ende der 1920er Jahre sehr begrenzt.[224] Diese fehlende Verantwortlichkeit senkte den Anreiz des Berufsstands, die Jahresabschlusserstellung und -prüfung zu verbessern.

1.2 Das Ende der liberalen Einstellung gegenüber der externen Rechnungslegung aufgrund der Weltwirtschaftskrise

Durch die positive wirtschaftliche Entwicklung standen Öffentlichkeit und Regierung dem Spekulationswahn der 1920er Jahre unkritisch gegenüber.[225] Erst die Weltwirtschaftskrise im Jahr 1929 brachte eine Wende in der Einstellung aller an der Veröffentlichung von Jahresabschlussdaten beteiligten Personen und Institutionen. Die Öffentlichkeit forderte wieder die Publikation und Prüfung von Finanzdaten.[226] Dieser Forderung kam die Regierung, die nun mit einem Bündel von Wirtschafts- und Sozialreformen (dem sogenannten New Deal) stärker in das Wirtschaftsgeschehen eingriff,[227] mit dem Securities Act im Jahr 1933 (SA 1933) und dem Securities Exchange Act im Jahr 1934 (SEA 1934) nach. Die Krise änderte auch die negative Haltung der Wirtschaftsprüfer gegenüber der Standardisierung von Rechnungslegung und Prüfung, da die wenigen veröffentlichten Regelungen widersprüchlich, nicht adäquat oder unvollständig waren.[228] Das AICPA trug schließlich zur Pflichtveröffentlichung von geprüften Finanzdaten, zur Einführung verpflichtend zu beachtender Rechnungslegungsvorschriften (SA 1933) und auch zur Gründung der SEC (SEA 1934) bei. Es arbeitete nach der Krise in Kooperation mit der New York Stock Exchange an Verbesserungsmöglichkeiten für das externe Berichtswesen der Unternehmen,[229] um das Vertrauen in den Kapitalmarkt wiederherzustellen, das Berichtswesen für Laien zu vereinfachen und eine zweite Krise zu verhindern.[230] Die SEC ist ihrem Selbstverständnis nach bis heute „The Investor's Advocate"[231].

---

224 Stärker als heute lag damals der Prüfungsfokus auf der Entdeckung von Betrugsfällen in den Unternehmen, vgl. Brief (1987), S. 149. Solange man dem Wirtschaftsprüfer aber keine Fahrlässigkeit vorwerfen konnte, was aufgrund der mangelnden Festlegung von Prüfungs- und Rechnungslegungsstandards schwierig war, wurde er nicht zur Verantwortung gezogen, vgl. Carey (1969), S. 248–259; Chatfield (1977), S. 130 f.

225 Vgl. Carey (1969), S. 156 f. und 161.

226 Vgl. Previts/Merino (1998), S. 235 f.; Chatfield (1977), S. 130; Staunton (2008), S. 119.

227 Vgl. Carey (1969), S. 181 f.; Brockhaus (2006), Stichwort: New Deal; Moran (2010), S. 217 f.

228 Vgl. Sanders/Hatfield/Moore (1938), S. xi f., 2 und 6.

229 Vgl. Zeff (1972), S. 119–126.

230 Vgl. Carey (1969), S. 172–180, 182 und 194; Chatfield (1977), S. 132, 238, 274, 276 und 278; Zeff (1987), S. 50 f.; Davidson/Anderson (1987), S. 114 f.; Brief (1987), S. 147; Haller (1989), S. 37; KPMG (2006), S. 7. Ergebnis der Zusammenarbeit war 1934 das Dokument „Audits of Corporate Accounts", das Zeff als „first tangible sign that the Institute, as a corporate body, was willing and able to play a leadership role in the shaping of accounting principles" (Zeff (1972), S. 125) bezeichnet. Für eine Übersicht der fünf finalen progressiven Empfehlungen siehe Chatfield (1977), S. 289. Sie wurden später nicht vollständig vom ersten Standardsetzer umgesetzt, vgl. Chatfield (1977), S. 289 f.

231 SEC (2011). Für eine übersichtliche Darstellung der Aufgaben und der Struktur der SEC vgl. Carcello (2007), S. 1.10–1.15. Vor Gründung der SEC oblag die Umsetzung des SA 1933 der Federal Trade Commission, die mit dem AICPA zusammenarbeitete, vgl. Carey (1969), S. 193.

Hier liegen auch die Ursprünge des US-amerikanischen Corporate-Governance-Systems[232] für kapitalmarktorientierte Unternehmen. Für dieses System ist die Finanzierung durch Eigenkapital kennzeichnend. Kleinaktionäre stehen gegenüber Großaktionären im Vordergrund, sodass der Kapitalmarkt sehr liquide ist.[233] Man beschreibt es als Outsider-System,[234] da Informationsasymmetrien bestehen und die Kontrolle der Unternehmen durch die Eigentümer mittels persönlicher Beziehungen oder mithilfe von Netzwerken kaum möglich sind.[235] Stattdessen erfolgt die Kontrolle der Unternehmen – ohne nähere gesetzliche oder vertragliche Regelungen – in transparenter Weise anhand der Beobachtung der Börsenkurse. Die Kapitalmarktteilnehmer haben (nur) die Möglichkeit, einen Druck auf die Manager über Angebot und Nachfrage der Aktien auszuüben. So besteht durch den jederzeit möglichen Anteilsverkauf und den Kauf von Aktien in Grenzen die Chance, ein nachlässiges Managementteam zu disziplinieren oder schließlich zu ersetzen.[236] Die Weltwirtschaftskrise verstärkte die Erkenntnis, dass die Anteilseigner auf hochwertige und umfassende Unternehmensinformationen angewiesen sind, wenn die Kontrolle der Unternehmen über den Kapitalmarkt funktionieren soll. Somit ist die bundeseinheitliche Publikation von Rechnungslegungsdaten in den USA, d.h. die Bilanzierung nach US-GAAP, traditionell der Börsennotierung geschuldet.[237] Für Unternehmen, die nicht dem SEA 1934 unterliegen, besteht bis heute keine bundeseinheitliche Pflicht zur Veröffentlichung von Rechnungslegungsdaten.[238]

Die Holding-Struktur vieler US-amerikanischer Unternehmen begünstigte auch die Erstellung von Konzernabschlüssen, sodass diese bereits seit der Wende zum 20. Jahrhundert veröffentlicht werden und seit den 1920er Jahren die Bedeutung des Einzelabschlusses als Informati-

---

232 Zu unterschiedlichen Definitionen des Begriffs der Corporate Governance vgl. Dutzi (2005), S. 9–12; Gros (2010), S. 18. Hier ist ein weites Verständnis gemeint, wie es auch Dutzi und Gros ihren Arbeiten zugrunde legen. Danach umfasst ein Corporate-Governance-System alle Bestimmungen innerhalb des Unternehmens sowie des bestehenden finanziellen, rechtlichen und sozialen Rahmens, die die Art der Unternehmensleitung und Unternehmensüberwachung prägen. Ziel ist es dabei, „die Ansprüche einer oder mehrerer Interessengruppen möglichst optimal zu wahren“ (Böcking/Dutzi/Müßig (2004), S. 421 f.). Für eine Erklärung der Definitionsunterschiede vgl. Böcking/Dutzi (2003), S. 215 f.

233 Vgl. Böcking (1998), S. 19–21; Böcking/Gros (2010), S. 414 f.

234 Vgl. zur Einführung der Unterscheidung in Insider- und Outsider-Systeme Franks/Mayer (1995), S. 184.

235 Vgl. Böckem (2000), S. 9–11; Dutzi (2005), S. 19; Böcking/Gros (2010), S. 416–418. Teilweise sind in den USA aber auch Elemente des konträren Insider-Systems zu finden, vgl. Böcking (2003), S. 253; Gros (2010), S. 27. Es lässt sich grundsätzlich kein überlegenes Corporate-Governance-System ausmachen, weil die Ausgestaltung eines solchen Systems von den sozioökonomischen Rahmenbedingungen abhängig ist, vgl. Böcking (2003), S. 253–255.

236 Vgl. Watrin (2001), S. 20 und 23 f.; Dutzi (2005), S. 15–17.

237 Vgl. Ballwieser (1993), S. 119; Böckem (2000), S. 103 f.; Blaufus (2005), S. 124. Böcking macht auf die Abhängigkeit der Publizitätspflichten von der Kapitalmarktstruktur aufmerksam, vgl. Böcking (1998), S. 53; Böcking/Dutzi (2003), S. 218. Die von da an streng regulierte externe Rechnungslegung kapitalmarktorientierter Unternehmen beeinflusste schließlich das interne Rechnungswesen dieser Firmen, welches sich an den US-GAAP orientierte, vgl. Ikäheimo/Taipaleenmäki (2010), S. 359 und 360.

238 Vgl. Wüstemann (1999), S. 69 f.; Gros (2010), S. 64 f. und 121. Oftmals besteht jedoch aufgrund der Geschäftsbeziehungen ein faktischer Druck zur Anwendung der US-GAAP, vgl. Fischer/Iannaconi/Lechner (2001), S. 2874; Nobes/Parker (2010), S. 171.

onsinstrument zurückdrängten.[239] Die steuerliche Gewinnermittlung und die Ausschüttungsbemessung erfolgen dagegen in der Regel nicht auf Basis der US-GAAP. Die Regulierung der Ausschüttungen ist zwar gegenüber der Information des Kapitalmarkts die ältere Rechnungslegungsfunktion,[240] sie ist aber grundsätzlich unabhängig von den US-GAAP im Gesellschaftsrecht der Einzelstaaten normiert und orientiert sich an Ausschüttungstests (*solvency tests*).[241] Auch für die steuerliche Gewinnermittlung besteht grundsätzlich keine formale Verbindung zur Rechnungslegung nach US-GAAP. Die zuständigen Gerichte begründen dies mit der zu geringen Objektivierungskraft der US-GAAP.[242] Die nachstehenden Ausführungen zur Rechnungslegung in den USA und zu den US-GAAP (sowie zu den IFRS) sind vor diesem Hintergrund zu sehen. Der Begriff „Jahresabschluss" beschreibt hier grundsätzlich konsolidierte Abschlüsse.

Nach der Weltwirtschaftskrise war zunächst eine inhaltliche Verlagerung der Rechnungslegung und Prüfung notwendig, da beide Bereiche bis zur Krise in erster Linie dem Gläubigerschutz dienten und weniger als Informationsquelle für Aktionäre zu gebrauchen waren. Die Gewinnermittlung wurde zugunsten der Bilanz vernachlässigt.[243] Zwar trieben der SA 1933 und der SEA 1934 die Unabhängigkeit der Wirtschaftsprüfer voran.[244] Die Prüfer hatten sich allerdings noch nicht so weit von ihren Mandanten emanzipiert, dass sie uneingeschränkt für die Veröffentlichung von Gewinndaten (im Sinne der Dynamik) eintraten, obwohl bereits zum Ende der 1930er Jahre das Interesse der Investoren für (zukünftige) Gewinne und damit auch die Schwerpunktverlagerung der Rechnungslegung akzeptiert wurden.[245] Die Zurückhaltung der Wirtschaftsprüfer schwand erst nach dem McKesson-Robbins-Bilanzskandal aus dem Jahr 1939, bei dem die Ineffizienz der Prüfung zutage trat und die Mandantenabhängigkeit der Prüfer angeklagt wurde.[246]

---

239 Vgl. Nobes (1986), S. 86; Kubin (1989), S. 97 und 104 f.; Siebert (1996), S. 325 f.; Luttermann (1999), S. 102; Watrin (2001), S. 119; Fischer et al. (2001), S. 2996; Nobes/Parker (2010), S. 394. Hatfield (1927) beschreibt in Kapitel 22 bereits Konsolidierungsmethoden. Die SEC hatte gemäß Section 19 (a) des SA 1933 von Beginn an die Befugnis, konsolidierte Abschlüsse zu verlangen, vgl. Luttermann (1999), S. 34. Die Kommission machte jedoch keinen Gebrauch von dieser Berechtigung. So ergibt sich die Verpflichtung zur Erstellung konsolidierter Abschlüsse seit den 1950ern direkt aus den US-GAAP, vgl. Kubin (1989), S. 97; Fischer et al. (2001), S. 2998.

240 Vgl. Weiner (1929), S. 206.

241 Vgl. Wüstemann (1999), S. 48–68 und 116–118; Watrin (2001), S. 184–195; Blaufus (2005), S. 141–143; Gros (2010), S. 115–118 und 125–133; Nobes/Parker (2010), S. 170.

242 Vgl. Wüstemann (1999), S. 9–15; Fischer/Iannaconi/Lechner (2001), S. 2883; Blaufus (2005), S. 143 f.; Gros (2010), S. 134–140.

243 Vgl. Gilman (1939), S. 28 und 37; Chatfield (1977), S. 129 und 277; Davidson/Anderson (1987), S. 114. Auch aus Sicht der New Yorker Börse galt die Gewinnermittlung als Problembereich, vgl. Carey (1969), S. 165.

244 Vgl. Carey (1969), S. 197 f. Zur (Un-)Abhängigkeit der Wirtschaftsprüfer und zur Selbstdisziplin des Berufsstands vgl. Chambers (1966), S. 357–359; Carey (1970), S. 175–203.

245 Vgl. Gilman (1939), S. 23 und 36; Chambers (1966), S. 345; Carey (1969), S. 196 f.; Previts/Merino (1998), S. 278 f.

246 Vgl. Carey (1970), S. 20–41 und 146; Previts/Merino (1998), S. 294–296.

Nach der Einführung der Pflicht für Unternehmen zur Veröffentlichung von geprüften Finanzdaten weitete sich auch die Haftung der Wirtschaftsprüfer gegenüber Dritten neben Betrug auf grobe Fahrlässigkeitsfälle aus.[247] Der Berufsstand weigerte sich im Anschluss, die Verantwortung für die absolute Korrektheit der Jahresabschlussdaten zu übernehmen, um eine Erwartungslücke zu verhindern, zumal Stichprobenprüfungen den Normalfall darstellten.[248] Die Prüfer wehrten sich auch gegen die Forderung der SEC, für den Mandanten die Entscheidung über die adäquate Bilanzierungsalternative zu treffen.[249] Diese Verschiebung in der Verantwortlichkeit der Prüfer spiegelt sich in der Formulierung ihrer Bestätigungsvermerke wider.[250] Mit ihrer negativen Grundhaltung erklärten die Prüfer tendenziell, was sie nicht bieten konnten, und ließen offen, was sinnvoll machbar war.[251] Aus Sicht der Wirtschaftsprüfer lag der Fokus, ähnlich wie in der Vergangenheit, auf *full disclosure* und nicht auf *uniformity* der veröffentlichten Jahresabschlussdaten, was wiederum Ermessensspielräume für Unternehmen und Prüfer mit sich brachte.[252] Dementsprechend gering waren das Niveau und das Ansehen der Berichte noch immer in den 1930er Jahren.[253] In ähnlicher Weise wenden heute IFRS 8 oder FASB ASC 280-50 einen *management approach*[254] an und fordern die Berichterstattung bezüglich der operativen Segmente anhand der internen Steuerungs- und Berichtsstruktur und der Daten der Unternehmen.

1.3 Bilanzierungsvorschriften und Prüfung aus einer Hand – Prüfungsfreundliche Rechnungslegung

Die Kritik an den Jahresabschlüssen ist neben der Infragestellung der Unabhängigkeit der Wirtschaftsprüfer auch auf die bis in die 1930er Jahre fehlende Standardisierung der Bilanzierungsmethoden zurückzuführen.[255] Der Einführung der SEC folgte die kuriose Situation, dass eine Behörde zur Prüfung der Einhaltung der US-GAAP geschaffen wurde, bevor eine Institu-

---

[247] Vgl. Carey (1969), S. 192 f.; Chatfield (1977), S. 131 f., 133 und 279; Gore (1992), S. 17.

[248] Vgl. Previts/Merino (1998), S. 272 f.; King/Case (2003), S. 9 f.

[249] Vgl. Previts/Merino (1998), S. 276–278.

[250] Bestätigungsvermerk 1917 aus „Uniform Accounts“: „I *certify* that the above balance sheet and statement of profit and loss have been made in accordance with the plan suggested and advised by the Federal Reserve Board and in my opinion *set forth* the financial condition of the firm [...] and the results of its operations for the period“ (zitiert nach Moonitz (1978), S. 14, im Original ohne Hervorhebungen). Bestätigungsvermerk 1934 aus „Audits of Corporate Accounts“: „*In our opinion*, based upon such *examination*, the accompanying balance sheet and related statements of income and surplus *fairly present, in accordance with accepted principles of accounting* consistently maintained by the company during the year under review, its position at December 31, 1933, and the results of its operations for the year“ (zitiert nach King/Case (2003), S. 10, im Original ohne Hervorhebungen). Vgl. hierzu auch MacNeal (1939), S. 21 f.; Grady (1965), S. 47.

[251] Vgl. Previts/Merino (1998), S. 293.

[252] Vgl. Bedford/Ziegler (1975), S. 438; Previts/Merino (1998), S. 275; Zeff (2005a), S. 20.

[253] Vgl. MacNeal (1939), S. 20 f.; Chatfield (1977), S. 134; Previts/Merino (1998), S. 290–296.

[254] Vgl. Hütten/Fink (2011), Rn. 2–4 und 15–19.

[255] Vgl. Chatfield (1977), S. 132 und 260.

tion zur Formulierung der US-GAAP existierte.[256] Die Handlungsfreiheit der Manager wurde zunächst nicht wesentlich durch die SEC angegriffen, da diese nicht von ihrer materiellen Standardsetzungskompetenz Gebrauch machte, sondern auf die Prüfung der Jahresabschlüsse setzte.[257] Die Kommission verfügte nicht über adäquate Ressourcen und baute auf die Regulierung der New Yorker Börse in Zusammenarbeit mit dem AICPA. Die SEC formulierte lediglich objektivierende Mindeststandards (z.B. Bewertung zu historischen Kosten) aufgrund der Erfahrung der Betrugsfälle in den 1920er Jahren[258] und beurteilte Einzelfälle.[259]

Die inhaltliche Ausgestaltung der Rechnungslegung blieb in den Händen des Privatsektors.[260] Das dynamisch geprägte „Tentative Statement of Accounting Principles Affecting Corporate Reports" der American Accounting Association (AAA)[261] in der Ausgabe von 1936 „was the first effort by a United States accounting organization to publish a consistent, coordinated statement of accounting principles and practices"[262]. Es folgte dem Bedürfnis der SEC nach Einheitlichkeit der Rechnungslegung, dem das AICPA zunächst nicht nachkommen wollte, da es sich gegenüber seinen Mandanten loyaler zeigte als gegenüber Investoren.[263] Das Ergebnis war allerdings eher eine Mischung aus generellen Konzepten und Detailregelungen, welche nicht konsequent deduziert wurden.[264] Die behandelten Problembereiche der Rechnungslegung wurden induktiv anhand von vorliegenden Jahresabschlüssen identifiziert.[265] Das 5-

---

256 Vgl. Zeff (2005a), S. 20. So zweifelte MacNeal den Erfolg des SA 1933 und SEA 1934 an, solange keine Anpassung der Bilanzierungsvorschriften erfolgte, vgl. MacNeal (1939), S. 15–18.

257 Vgl. Carey (1970), S. 6.

258 Vgl. Carey (1969), S. 195; Chatfield (1977), S. 279; Zeff (2005a), S. 20.

259 Vgl. Carey (1970), S. 7 f. Inhaltliche Vorschriften für den Jahresabschluss finden sich z.B. in Regulation S-X (SEC (2011)) oder in Accounting Series Releases (ASR), vgl. Sonnemann (1989), S. 21; Fischer/Iannaconi/Lechner (2001), S. 2873.

260 Vgl. Carey (1969), S. 212; KPMG (2006), S. 8. Die Schnittstelle zwischen Rechnungslegung und Prüfung stellt formal das Prüfungsergebnis der Wirtschaftsprüfer dar. Das Testat muss seit 1934 als Folge der Zusammenarbeit zwischen AICPA und New Yorker Börse bestätigen, dass der Jahresabschluss in Übereinstimmung mit den *accepted principles of accounting* (seit 1939 in Übereinstimmung mit den US-GAAP, vgl. King/Case (2003), S. 10) erstellt wurde – ein Begriff, der damals aufgrund nicht kodifizierter Vorschriften noch nicht zu greifen war. Diese Referenz ist der Grund für die Auseinandersetzung der Wirtschaftsprüfer mit der inhaltlichen Ausgestaltung der US-GAAP, vgl. Moonitz (1974), S. 8 und 76; Chatfield (1977), S. 290.

261 Wissenschaftliche Bestrebungen im Rechnungslegungsbereich in den USA werden seit 1916 repräsentiert durch die AAA (ursprünglich American Association of University Instructors in Accounting), dem Interessenverband der US-amerikanischen Hochschullehrer im Bereich der Rechnungslegung. Ihre zentrale Aufgabe zur Gründungszeit bestand in der Erstellung und Vereinheitlichung der Lehrpläne durch einen intensiveren Austausch der Dozenten. Denn die universitäre Ausbildung der Wirtschaftsprüfer entwickelte sich erst parallel zum Berufsstand, vgl. Zeff (1966), S. 6 f., 8 f., 35–37 und 85 f.; Previts/Merino (1998), S. 257–259. Erst seit 1924 erfolgte mit einer Satzungsänderung die Verlagerung des Schwerpunkts der Vereinigung hin zu Forschung und Bilanztheorie, vgl. Zeff (1966), S. 30–32.

262 Zeff (1966), S. 45. Vgl. Bedford/Ziegler (1975), S. 438; Zeff (1999), S. 90. Das Statement wurde in späteren Jahren noch dreimal überarbeitet und erweitert, vgl. Storey (1964), S. 48 f. und 50 f.

263 Vgl. Zeff (1966), S. 43 f.; Zeff (1972), S. 131.

264 Vgl. Chatfield (1977), S. 291 und 296; Storey (2007), S. 2.19; Sutton/van Zijl/Cordery (2010), S. 5.

265 Vgl. AAA (1936), S. 187.

seitige Schriftstück war als Denkanstoß für die umfassendere Formulierung von Rechnungslegungsstandards gedacht;[266] erhielt allerdings wenig bis gar keine Resonanz.[267]

Die Antwort der Praxis auf das Statement der AAA war die Studie von Sanders/Hatfield/Moore. Die Autoren wurden Mitte der 1930er Jahre vom AICPA beauftragt „to formulate a code of accounting principles which would be useful in the clarification and improvement of corporate accounting and of financial reports issued to the public"[268]. Resultat war das 1938 veröffentlichte und ebenfalls der Dynamik zugehörige „Statement of Accounting Principles". Was sich aufgrund der Verwendung des Begriffs „Prinzip" nach einer konzeptionellen Arbeit anhört, ist tatsächlich eine Zusammenstellung der „best practices of the day"[269]. Somit diente die Studie kaum der Verbesserung der Rechnungslegung.[270]

Es bedurfte schließlich der Warnung der SEC, die Standardsetzung an sich zu reißen, bevor das Committee on Accounting Procedure (CAP) des AICPA ausgebaut wurde, um die Standardsetzung nach den Vorstellungen der SEC zu organisieren.[271] In der Zeit von 1938 bis 1959 war das (ehrenamtliche[272]) CAP als Standardsetzer[273] innerhalb des AICPA mit der Verlautbarung von Rechnungslegungsvorschriften betraut.[274] Somit war zu Beginn der 1940er

---

266 Vgl. AAA (1936), S. 187; Storey (1964), S. 48.

267 Vgl. Zeff (1966), S. 45 f.

268 Sanders/Hatfield/Moore (1938), S. xiii.

269 Moonitz (1974), S. 13. Vgl. auch Zeff (1999), S. 91; Wüstemann (1999), S. 24. In der Studie wird konstatiert: „There is, it is believed, a corpus of principles of accounting which are generally accepted. It is true that they are not 'written law'; they have not been codified; they must be sought in accounts and financial statements, in treatises, and in other evidences of professional opinion. [...] So fully is the experience of a body of accepted accounting principles recognized that accountants commonly state in their reports and certificates that the statements presented have been prepared 'in accordance with accepted principles of accounting'" (Sanders/Hatfield/Moore (1938), S. 5).

270 Vgl. Chatfield (1977), S. 291.

271 Vgl. Davidson/Anderson (1987), S. 116; Edwards/Miranti (1987), S. 25; Haller (1989), S. 34 und 37; Gore (1992), S. 9 und 12. Die SEC akzeptiert seit 1938 alle Jahresabschlüsse, die anhand von Standards erstellt wurden, für welche *substantial authoritative support* besteht (Accounting Series Release No. 4 (SEC (1938)). ASR No. 4 war als Warnung der SEC an das AICPA zu verstehen, da das Institut solche Standards (noch) nicht bieten konnte, vgl. Zeff (1972), S. 132–134; Flamholtz (1979), S. 132. Die Standardsetzungsbefugnis des AICPA ist jedoch nicht als formale Kompetenzübertragung von der SEC auf das AICPA zu verstehen. Im Zweifel konnte sich die SEC gegenüber dem AICPA durchsetzen, vgl. Zeff (2005a), S. 20. Seit der faktischen Übertragung der materiellen Standardsetzung auf das AICPA konzentriert sich die SEC aber grundsätzlich auf formale Vorschriften für die Einreichung der Jahresabschlüsse, vgl. Haller (1989), S. 34; Starbatty (2005), S. 7 f.

272 Vgl. Haller (1989), S. 37.

273 Der Begriff „Standardsetzer" und sein englisches Pendant *standard setter* werden eigentlich erst seit den 1970er Jahren im Zusammenhang mit der Gründung des FASB verwendet. In dieser Arbeit wird der Begriff vereinfacht auch für Gremien des AICPA gebraucht, die vor dem FASB mit der Formulierung von Bilanzierungsregeln betraut waren, vgl. Zeff (2005b), S. 20.

274 Bis dahin orientierte man sich an den Arbeitsergebnissen des Austauschs zwischen New York Stock Exchange und AICPA („Audits of Corporate Accounts") und am vom AICPA gestalteten und mehrmals überarbeiteten Text „Uniform Accounts", vgl. Carey (1969), S. 132–135, 159 f. und 205; Chatfield (1977), S. 135; Flamholtz (1979), S. 131. Diese Ergebnisse fanden Eingang in das erste Bulletin des CAP, vgl. Flamholtz (1979), S. 133. Parallel zum CAP wurde 1939 auch das Committee on Auditing Procedure als Reaktion auf den McKesson-Robbins-Bilanzskandal gegründet, das für die Erstellung von Prüfungsstandards verantwortlich war. Die Prüfungsstandards sahen sich mit den gleichen Startschwierigkeiten wie die Rechnungslegungsstandards konfrontiert, vgl. Chatfield (1977), S. 138 und 139.

Jahre die Formulierung von *accounting principles* aufgrund des schlechten Rufes der Jahresabschlüsse in der Öffentlichkeit, bedingt durch ihre mangelnde Vergleichbarkeit, endgültig die selbst gestellte Aufgabe des AICPA.[275] Das Institut hatte sich dem Druck der Öffentlichkeit gefügt, um einen Machtverlust an die AAA oder SEC zu verhindern.[276]

Das CAP unternahm zwar zu Beginn den Versuch, allgemeingültige Rechnungslegungsgrundsätze zu veröffentlichen, bald zog man es jedoch vor, sich mit aktuellen Detailproblemen zu beschäftigen, um unter anderem zu vermeiden, dass die SEC eigene Verlautbarungen erlässt.[277] Auslöser für die Beschäftigung mit einem Bilanzierungssachverhalt war meist die parallele Anwendung mehrerer Bilanzierungsalternativen. Diese Wahlrechte wollte man reduzieren, um die Vergleichbarkeit des Jahresabschlusses zu erhöhen.[278] „The mission of the committee on accounting procedure might have been described in 1939 as that of bringing order out of chaos. Its members struggled manfully to deal with the multitude of questions raised by the SEC and others to which no authoritative answers had, as yet, been provided."[279] Das Resultat waren Veröffentlichungen des CAP (sogenannte Accounting Research Bulletins) mit engem Geltungsbereich und keinerlei Zusammenhang oder sogar widersprüchlichen Aussagen untereinander. Dieser „piecemeal approach"[280] führte seither zur Kennzeichnung der US-GAAP als regelbasiertes Rechnungslegungssystem.[281] Er erinnert tendenziell an die aus Großbritannien stammende Tradition des einzelfallbezogenen (Richter-)Rechts (Common Law).[282] Schließlich waren die Bulletins zwar von der SEC akzeptiert, hatten aber innerhalb des AICPA und für Jahresabschlussersteller lediglich Empfehlungscharakter.[283]

Die Veröffentlichungen des CAP beruhten auf der „general acceptability of the expressed opinion"[284]. Was (Rechnungslegungs-)Prinzip[285] oder US-GAAP genannt wurde, kennzeich-

---

275 Vgl. Storey (1964), S. 51; Flamholtz (1979), S. 132. Beispielsweise war nach dem Zweiten Weltkrieg insbesondere die Kennzahl *earnings per share* für Kleinaktionäre und ihre Investitionsentscheidung relevant. Dies erforderte eine Vereinheitlichung der Berechnung des Jahresüberschusses, vgl. Carey (1970), S. 58 f. und 71 f.

276 Vgl. Carey (1970), S. 7–12, 60–64 und 70; Flamholtz (1979), S. 132.

277 Vgl. Storey (1964), S. 49; Moonitz (1974), S. 13 f.; Flamholtz (1979), S. 133; Davidson/Anderson (1987), S. 116; Sprouse (1988), S. 121; Previts/Merino (1998), S. 269.

278 Vgl. Storey (1964), S. 49; Edwards/Miranti (1987), S. 24.

279 Carey (1970), S. 84.

280 Chatfield (1977), S. 295.

281 Vgl. Schipper (2003), S. 61 f. und 66 f.; Alexander/Jermakowicz (2006), S. 133; Benston/Bromwich/Wagenhofer (2006), S. 165 f.; Bennett/Bradbury/Prangnell (2006), S. 189 f.; Barth (2008), S. 1161; Wüstemann/Wüstemann (2010b), S. 2.

282 Vgl. Kuhlewind (1997), S. 8 f. m.w.N. Zum Begriff „Common Law" vgl. Crane/Conaghan (2009), Stichwort: Common Law. Interessanterweise erhielten US-amerikanische Bilanzierungspraktiken vor Einführung des CAP teilweise sogar eine gerichtliche Legitimation über die fallgebundene Rechtsprechung, die für die US-GAAP nicht weiter verfolgt wurde, vgl. Wüstemann (1999), S. 20–22 und 100.

283 Vgl. Zeff (1972), S. 138 und 160–162; Moonitz (1974), S. 16; Haller (1989), S. 38. Für Beispiele, in denen die Meinungen des CAP und der SEC auseinandergingen, vgl. Zeff (1972), S. 153–160.

284 Davidson/Anderson (1987), S. 116. Vgl. auch Moonitz (1974), S. 23; Chatfield (1977), S. 294 f. und 299; Previts/Merino (1998), S. 284–287.

285 Gilman nahm vor dem Arbeitsbeginn des CAP den Verweis auf *accounting principles* im Bestätigungsvermerk zum Anlass eines Definitionsversuchs. Er stieß auf die unterschiedlichsten Konkretisierungen in der Literatur, die die Prinzipien teilweise induktiv, teilweise deduktiv ableitete, vgl. Gilman (1939),

nete letztendlich nur die Kodifikation, war als Konvention zu verstehen und nicht, wie z.B. die Bewertung zu historischen Kosten, theoretisch begründet, obwohl wissenschaftliches Potenzial vorhanden war. Normative Forschungsarbeit mit konzeptioneller Ausrichtung fand innerhalb dieser Organisation insbesondere bis Ende der 1950er Jahre nicht statt oder wurde als unmögliche Zielvorgabe unterdrückt.[286] Hier kommt die Sichtweise zum Ausdruck „that no single theory or set of procedures could be evolved to handle all situations equally well“[287]. Eine solche Begründung verwenden die Standardsetzer noch heute, um Anwendungsbereiche einzelner Standards abzugrenzen. Der aktuelle Exposure Draft zur Leasingbilanzierung gibt beispielsweise der Fair-Value-Bewertung nach IAS 40 den Vorzug, sofern eine als Finanzinvestition gehaltene Immobilie Teil eines Leasinggeschäfts werden soll.[288]

Es wird deutlich, dass sich AICPA und AAA nicht so sehr in ihren Zielen unterschieden, sondern lediglich einen anderen Weg wählten, um es zu erreichen. Beide Organisationen versuchten Bilanzierungsalternativen zu reduzieren und folgten, wie die kommenden Abschnitte zeigen, der *revenue and expense view*. Was sie unterschied, war die Methode: Das AICPA präferierte einen stückweisen Ansatz, während die AAA zur Vereinheitlichung der Rechnungslegung eine ganzheitliche (theoretische) Konzeption bevorzugte, wobei beide Institutionen ihre Ergebnisse als *accounting principles* bezeichneten.[289] Zugegebenermaßen hatte es die AAA leichter, frei und experimentell zu formulieren, da sie nicht in der Verantwortung für die Standardsetzung war.[290] Das Ziel der AAA lag in der Veröffentlichung eines Conceptual Framework, welches gegebenenfalls auch der aktuellen Rechnungslegungspraxis widersprechen sollte.[291] So fanden die Ideen und Forderungen der AAA allenfalls in den Universitäten, d.h. bei Studenten des Rechnungswesens oder bei führenden Praktikern, die das Bedürfnis

S. 179–183. Die synonyme Verwendung der Begriffe *accounting practice* und *accounting principles* schien aber der damaligen herrschenden Meinung zu entsprechen, vgl. Grady (1965), S. 49 f. Diese induktive Ableitung der Prinzipien kann durch den Verweis auf *substantial authoritative support* erklärt werden, vgl. Wüstemann (1999), S. 26.

286 Vgl. Storey (1964), S. 50 f.; Moonitz (1974), S. 16; Zeff (2005a), S. 21; Alexander/Jermakowicz (2006), S. 142. Insgesamt war man „more concerned with prescribing rules than with discovering pertinent rules“ (Chambers (1966), S. 344).

287 Previts/Merino (1998), S. 223. Doch das Problem der Konzeptionslosigkeit kam immer wieder an die Oberfläche, auch innerhalb des CAP: „The work of the committee on accounting procedure has made it more and more evident that differences of opinion as to the treatment of specific items commonly have their origin in differences of viewpoint as to the objectives to be sought, and these in turn are rooted in different conceptions of the basic purposes of accounting. The difficulties are enhanced by the fact that these underlying conceptions are often not expressly stated, but only implicit in the argument“ (Subcommittees of the Committee on Accounting Procedure of the American Institute of Accountants (1941), S. 48). Vgl. auch Zeff (1972), S. 141–143.

288 Vgl. ED/2010/9, Rn. 7 und BC56 f.

289 Vgl. Storey (1964), S. 48 und 49; Zeff (1966), S. 49; Zeff (1972), S. 139; Bedford/Ziegler (1975), S. 438; Chatfield (1977), S. 294; Storey (2007), S. 2.19.

290 Vgl. Chatfield (1977), S. 295.

291 Vgl. Zeff (1966), S. 38–41; Chambers (1966), S. 347; Moonitz (1974), S. 10; Previts/Merino (1998), S. 280. Ein erster Hinweis auf dieses Ziel findet sich bereits 1917, vgl. Zeff (1966), S. 10, verstärkt wurde es ca. zehn Jahre später, vgl. Zeff (1966), S. 33. Die Tendenz in Richtung konzeptioneller Standardsetzung wurde unter anderem durch die Gründung der SEC getrieben, der man die Standardsetzung nicht überlassen wollte, vgl. Zeff (1966), S. 37.

nach einem tieferen Verständnis der Rechnungslegungskonventionen hatten, Gehör, sodass eher ein langfristiger Einfluss gegeben war.[292] Letztendlich verhinderte der rein regelbasierte Ansatz des CAP die Ausdifferenzierung der US-GAAP zu einem intern konsistenten dynamischen Rechnungslegungssystem.

Der Kompetenzbereich des CAP blieb grundsätzlich unklar.[293] Es gelang zwar, viele Wahlrechte einzuschränken, sobald diese Einschränkung aber in einen Konflikt mit der bestehenden Praxis mündete, zögerte das AICPA, die Vorschriften weiter zu verengen.[294] Es zog sich noch immer ein „philosophical split" durch den Berufsstand: „uniformity versus flexibility".[295] Storey bezeichnet die Vorgehensweise des AICPA mit „live-and-let-live"[296], die nur nichtkontroverse Veröffentlichungen hervorbrachte[297]. Gleichzeitig führte der kasuistische Ansatz dazu, dass ein Problembereich selten abschließend beurteilt wurde, sondern wiederholt auf der Agenda stand.[298] In den Augen vieler enthielten Jahresabschlüsse noch immer irreführende Ergebnisse.[299] So wurden immer mehr Rufe nach einer Restrukturierung der bestehenden Vorschriften und der sie veröffentlichenden Institution laut. Unter Einfluss von Jennings wurde Ende der 1950er Jahre das Committee on Research Programs gegründet, welches die Möglichkeiten einer prinzipienorientierten[300] Standardsetzung ausloten sollte. Der Ergebnisbericht des Komitees, welcher eine hierarchische Ordnung von *accounting postulates*, *principles* und *rules* vorsah, ebnete den Weg für die Gründung des Accounting Principles Board (APB) und die Accounting Research Division des AICPA.[301]

Das ebenfalls auf ehrenamtlicher Basis[302] arbeitende APB war der Nachfolger des CAP und somit neues Organ des AICPA für die Normsetzung.[303] Es sah sich nicht mehr mit der erstmaligen Kodifizierung von Rechnungslegungsvorschriften, sondern mit deren Verfeinerung kon-

---

292 Vgl. Storey (1964), S. 51 und 52; Moonitz (1974), S. 11 und 12; Gerbaulet (1999), S. 37. Vgl. auch Ballwieser (1993), S. 136. Einigen Wissenschaftlern gelang dennoch der Spagat zwischen Wissenschaft und Praxis, indem sie Positionen im AICPA oder in Wirtschaftsprüfungsgesellschaften übernahmen, vgl. Previts/Merino (1998), S. 418.

293 Vgl. Zeff (2005a), S. 22.

294 Vgl. Storey (1964), S. 51; Jaedicke/Sprouse (1965), S. 31; Moonitz (1974), S. 15; Chatfield (1977), S. 295.

295 Vgl. Zeff (2005a), S. 22 (auch beide Zitate). Noch in den 1940er Jahren argumentierten einige Wirtschaftsprüfungsgesellschaften, dass Vergleichbarkeit gerade durch eine flexible Rechnungslegung zu erreichen sei, und sprachen dem CAP die Kompetenz ab, von weiten Teilen der Unternehmen akzeptierte Bilanzierungsmethoden abzuschaffen, vgl. Zeff (2005a), S. 21 f.

296 Storey (1964), S. 52.

297 Vgl. Davidson/Anderson (1987), S. 116; Sprouse (1988), S. 122.

298 Vgl. Chatfield (1977), S. 295.

299 Vgl. Previts/Merino (1998), S. 310 f.; Zeff (1999), S. 92.

300 Damit war nicht nur eine Reduktion der Einzelvorschriften, sondern auch die Reduzierung von Widersprüchen zwischen den Vorschriften mithilfe der Konzentration auf fundamentale Konzepte gemeint, vgl. analog Bullen/Crook (2005), S. 1.

301 Vgl. Storey (1964); Zeff (1972), S. 167–172; Moonitz (1974), S. 17; Davidson/Anderson (1987), S. 116; Gore (1992), S. 10; Previts/Merino (1998), S. 311; Zeff (1999), S. 92 f.

302 Vgl. Haller (1989), S. 39.

303 Vgl. Sprouse (1978), S. 65. Das APB übernahm die Bulletins des CAP, bis sie von einer neuen Verlautbarung des APB ersetzt wurden, vgl. Moonitz (1974), S. 18.

frontiert.[304] Mit der Einführung des APB erlangte die Zusammenarbeit zwischen der Rechnungslegungswissenschaft und der Praxis eine neue Dimension, die durch einen allgemeinen Forschungstrieb in den USA gefördert wurde.[305] Die Accounting Research Division des AICPA hatte den Auftrag, unabhängige Forschungsstudien (Accounting Research Studies) zu bestimmten Themenkomplexen durchzuführen, bevor das APB eine Verlautbarung erließ. Die Ergebnisse wurden vom APB zur Kenntnis genommen und flossen bei Einverständnis des Boards in seine Verlautbarungen (APB Opinions) ein,[306] die seit 1965 bindende Wirkung für alle Wirtschaftsprüfer bei der Testierung besaßen.[307] Die Division wurde in Anlehnung an die Naturwissenschaften begriffen als „laboratory in which the new may be examined and tested against the old“[308]. Hierbei stand die Formulierung von übergeordneten Rechnungslegungsprinzipien im Vordergrund. Damit sollte die Deduktion als Ableitungsmethode von Rechnungslegungsvorschriften Einzug in das AICPA halten.[309] Das Board hatte somit die Chance, einen Wandel in der Standardsetzung herbeizuführen, und die Gelegenheit, die Erkenntnis zu überwinden, „that 'principles' distilled from practice are capable of leading so far, and no further“[310].

Aber die Accounting Research Studies der ersten Stunde erhielten wenig Unterstützung aus den Reihen der Unternehmen und vom Standardsetzer selbst, sobald sie sich inhaltlich von der grundsätzlich dynamischen und detailliert geregelten Bilanzierungspraxis entfernten.[311] Man begriff den neuen Forschungsansatz im Wesentlichen als Mittel zur Stärkung der bestehenden Vorschriften, ähnlich der Paton/Littleton-Monographie, die in den folgenden Abschnitten thematisiert wird.[312] Die Wirtschaftsprüfer sahen sich insbesondere der Gefahr einer

---

304 Vgl. Chatfield (1977), S. 297.

305 Vgl. Sonnemann (1989), S. 25. Der Forschungstrieb wurde ausgelöst durch die Niederlage gegen die Sowjetunion im Raumfahrtwettstreit, vgl. Zeff (2005a), S. 23. Bei Praktikern war die wissenschaftliche Ausrichtung des Boards aber von Anfang an umstritten, vgl. Previts/Merino (1998), S. 312.

306 Vgl. Chatfield (1977), S. 298.

307 Vgl. Haller (1989), S. 39 m.w.N. Im Rahmen der 1965 veröffentlichten APB Opinion No. 6 wurde auch erstmalig die Definition des seit 1936 bekannten (vgl. Zeff (2005a), S. 20) Begriffs „US-GAAP“ festgelegt. Sie basiert auf einem Special Bulletin aus dem Jahr 1964. Gemäß den *notes* und Appendix A der APB Opinion No. 6 sind „Generally accepted accounting principles [...] those principles that have substantial authoritative support“, vgl. Davidson/Anderson (1987), S. 118; Starbatty (2005), S. 8 f. Die Opinions erreichten zwar nicht den Status alleine anzuwendender Vorschriften, denn neben ihnen konnten auch andere Verlautbarungen, beispielsweise von der SEC selbst, *substantial authoritative support* haben, vgl. Grady (1965), S. 52 f.; Gore (1992), S. 12 f. Abweichungen von den Opinions waren aber seit 1965 im Prüfungsbericht offenzulegen, vgl. Carey (1970), S. 110–122; Zeff (1972), S. 180–183.

308 Jennings, Alvin R. auf dem Annual Meeting des AICPA 1957, zitiert nach Carey (1970), S. 91.

309 Im Einklang damit steht die Hinwendung zur Veröffentlichung der Basis for Conclusions, vgl. Storey (1964), S. 54.

310 Storey (1964), S. 55. Ebenso prägnant formuliert Wüstemann (1999), S. 36: „Die Orientierung an der vorherrschenden Bilanzierungspraxis birgt [...] in ausgeprägtem Maße die Gefahr, daß Normsetzung auch in einer Bestätigung des Faktischen endet.“

311 Vgl. Zeff (1972), S. 175–178; Sprouse (1988), S. 122; Gerbaulet (1999), S. 37. Daraus folgte für die Bilanztheoretiker ein Dilemma: „If their codifications are derived from practice they cannot improve it in any major way or anticipate new developments. If they are ahead of practice they fail to win professional acceptance“ (Chatfield (1977), S. 300).

312 Vgl. Zeff (1999), S. 94.

stärkeren Haftung ausgesetzt, wenn sie sich nicht mehr durch eine sehr objektivierte Rechnungslegung absichern konnten.[313]

Die Konsequenz war, dass vom APB keine wesentlichen konzeptionellen Grundsätze mehr veröffentlicht wurden.[314] Gradys ARS No. 7[315] aus dem Jahr 1965 sollte zwar die Prinzipienorientierung der Bilanzierungsvorschriften wiederbeleben, wurde aber von ihm induktiv als Inventar der (dynamischen) Rechnungslegungsnormen angekündigt und umgesetzt.[316] Auch war das 1970 verabschiedete und nicht obligatorisch[317] anzuwendende APB Statement No. 4 „Basic Concepts and Accounting Principles Underlying Financial Statements of Business Enterprises“ in weiten Teilen eher eine Zusammenfassung der aktuellen Bilanzierungspraxis als eine Deduktionsgrundlage für zukünftige Rechnungslegungsstandards. Und selbst die vorhandenen prinzipienorientierten Ansätze wurden vom Board als unbedeutend dargestellt.[318] Daneben wurden die Anfragen, welche an das APB herangetragen wurden, immer zahlreicher und dringlicher, sodass das APB pragmatischerweise auf die Erstellung von Accounting Research Studies verzichtete und sofort APB Opinions erließ. Hierbei mag auch die Angst vor einem Kompetenzverlust an die SEC eine Rolle gespielt haben. Das APB musste sich gelegentlich der SEC beugen, insbesondere das 1964 verabschiedete Bilanzierungswahlrecht zur Behandlung von Investitionsfreibeträgen ist Resultat der Druckausübung durch die SEC.[319] Damit griff das Board auf die gleiche Standardsetzungsmethodik zurück wie das CAP und erntete Kritik von der Öffentlichkeit und der SEC.[320]

Dank der mit größerer Autorität ausgestatteten Opinions konnte das Board in der zweiten Hälfte der 1960er Jahre dennoch Fortschritte in Bezug auf die Vereinheitlichung der Rechnungslegung erzielen und erhielt dafür Anerkennung.[321] Erst gegen Ende der 1960er Jahre wandelte sich schließlich das Meinungsbild. Innerhalb des AICPA war man sich einmal mehr uneinig, worin die Zielsetzung des APB liegt: in der Verabschiedung von Leitlinien zur Auf-

---

313 Vgl. Chatfield (1977), S. 299. Auch die SEC sah die Gefahr eines Anstiegs von Bilanzbetrugsfällen, sobald von der historischen Bewertung abgewichen wird, vgl. Zeff (1999), S. 94.

314 Vgl. Carey (1970), S. 97; Davidson/Anderson (1987), S. 117; Sutton/van Zijl/Cordery (2010), S. 6; Swieringa (2011), S. 211.

315 Vgl. Grady (1965).

316 Vgl. Previts/Merino (1998), S. 314; Zeff (1999), S. 95.

317 Vgl. Zeff (2005a), S. 26. APB Statements rangierten innerhalb des ehemaligen House of GAAP wesentlich niedriger als die APB Opinions, vgl. KPMG (2006), S. 3 f. „[A] statement of the board is not binding on anyone; although its opinions are“ (Moonitz (1974), S. 1).

318 Vgl. Zeff (1972), S. 197 f.; Sprouse (1978), S. 65; Sprouse (1979), S. 59; Carcello (2007), S. 1.26; Storey (2007), S. 2.28–2.30. Das Statement entstand auf Druck des Seidman Committee und auf der Basis von Grady (1965) (ARS No. 7), vgl. Sprouse (1988), S. 122 f.; Storey (2007), S. 2.27. Vgl. kritisch zur Umsetzung Moonitz (1974), S. 20 f. Zur Person Grady vgl. Zeff (1987), S. 60 f.

319 Vgl. Carey (1970), S. 98–104; Zeff (1972), S. 178–180; Previts/Merino (1998), S. 315 f.

320 Vgl. Zeff (1972), S. 186–192; Haller (1989), S. 39 m.w.N.

321 Vgl. Davidson/Anderson (1987), S. 118; Storey (2007), S. 2.31. Mit Bezug zu Pressestimmen der Zeit vgl. Carey (1970), S. 135–139. Einen Überblick über die Leistungen des APB in dieser Zeit liefert Carey (1970), S. 139–142. Zu den erlassenen signifikanten Opinions zu Themenkomplexen wie Leasing oder Pensionen vgl. Zeff (1972), S. 199 f.; Davidson (1987), S. 130–133. Trotzdem war eine vollständige inhaltliche Durchsetzung der Opinions mit Einfluss auf den Jahresüberschuss in der Praxis nicht gegeben, vgl. Moonitz (1974), S. 28.

rechterhaltung der Eigenständigkeit der Prüfer oder in der Eingrenzung der Bilanzierungsalternativen, wie sie von Aktionären und Analysten gefordert wurde.[322] Weiterhin hatte man Anlass zur Annahme einer Untergrabung des APB durch die SEC. Zudem erforderte die Kritik an der Rechnungslegung infolge zahlreicher Unternehmenszusammenschlüsse in den 1960er Jahren wiederum Anpassungen der Bilanzierungspraxis und Prüfung.[323] Auch vorhandener Lobbyismus senkte das Vertrauen in das APB[324] und Bilanzbetrugsfälle waren immer noch zugegen.[325] Die kontroverse Veröffentlichung zweier APB Opinions zu „Business Combinations" (No. 16) und „Intangible Assets" (No. 17) brachte schließlich die grundsätzliche Infragestellung des APB in Gang.[326]

Gore beschreibt die Lage des Berufsstands zum Ende der 1960er Jahre treffend als Krise, die durch folgende Punkte getrieben ist: Standardsetzungsprozess; Übermaß an Bilanzierungswahlrechten; Bilanzbetrug und die Rolle des Wirtschaftsprüfers.[327] Moonitz betont die Abhängigkeit des Wirtschaftsprüfers und Standardsetzers von den Unternehmen: „[T]he party to be judged plays a key role in selecting the criteria by which it will be judged."[328] Chambers beschreibt die Ausweglosigkeit der Situation: „The process of development appears to have been circular and self-defeating. In the absence of a uniform guiding principle, businessmen were obliged to decide what practices should be adopted. In the absence of any means of focusing their dissatisfaction, because they knew not who was responsible, the investing public was obliged to accept what information they were given. In the absence of any feedback of a substantial kind, from the public or from the management group itself, the accounting processes became habitual but open to accretion. No particular group may be held responsible for this state of affairs; but every group suffers from its consequences."[329] Die Krise führte schließlich zur in Abschnitt II.C1.1 beschriebenen FASB-Gründung (S. 114 116).

---

322 Vgl. Carey (1970), S. 144. Dabei ist zu beachten, dass diese Forderung nicht zwingend mit dem Anlegen eines Korsetts zu vergleichen war. Befürwortet wurde oft (nur) die Vereinheitlichung der Basisprinzipien, vgl. Carey (1970), S. 127–130.

323 Vgl. Edwards/Miranti (1987), S. 26; Davidson/Anderson (1987), S. 117 f. und 122. Das APB versuchte schließlich, im Lichte wachsender Unternehmen und damit zunehmender Relevanz von Jahresabschlüssen, externe Personen(gruppen) in den Standardisierungsprozess einzubinden, vgl. Zeff (1972), S. 229.

324 Vgl. Zeff (2005a), S. 26; Carcello (2007), S. 1.21.

325 Vgl. Gore (1992), S. 18; Alexander/Jermakowicz (2006), S. 143.

326 Vgl. Zeff (1972), S. 216. Zeff bezeichnet die Opinions als „Vesuvius erupts" (Zeff (1972), S. 212, im Original hervorgehoben). Nach der Auseinandersetzung um Unternehmenszusammenschlüsse und immaterielle Vermögenswerte wurden zunehmend nichtkontroverse Themen behandelt oder Opinions überarbeitet, vgl. Moonitz (1974), S. 28.

327 Vgl. Gore (1992), S. 8. Im Unterschied zur Entwicklung der Rechnungslegungsstandards war die Entwicklung der Prüfungsstandards durch folgende Merkmale charakterisiert: allgemein akzeptierte Prüfungsstandards (vgl. Moonitz (1974), S. 6, 8 und 56 f.), alleiniger Verantwortungsbereich des Berufsstands, geringer Einfluss externer Interessengruppen (vgl. Carey (1970), S. 145; Moonitz (1974), S. 8 und 60–63), klare Zielvorgabe (vgl. Moonitz (1974), S. 57 f.), Expertenwissen (vgl. Moonitz (1974), S. 4 f., 8 und 55). Vgl. auch Staubus (2010a), S. 708.

328 Vgl. Moonitz (1974), S. 63–66 und 78 (Zitat S. 64).

329 Chambers (1966), S. 360.

2 *Die revenue and expense view als Ausdruck des Wunsches nach objektivierter Rechnungslegung*

2.1 Begründung der Dynamik durch Paton/Littleton

Spätestens seit der Weltwirtschaftskrise und bis in die Krise des Berufsstands der Wirtschaftsprüfer hinein dominierte in der Rechnungslegungspraxis ein dynamisches Gedankengut die Jahresabschlusserstellung,[330] das in den folgenden Abschnitten erläutert wird. Doch die Praxis berief sich mit Sanders/Hatfield/Moore (1938) sowie in den Anfangsjahren der Standardsetzung weder explizit auf die Bilanztheorie noch begründete sie ihre Vorgehensweise. Dies blieb Aufgabe der Wissenschaft: Paton/Littleton[331] versuchten 1940, in Fortführung von Patons Monographie aus dem Jahr 1922, in ihrem Werk „An Introduction to Corporate Accounting Standards", welches im Auftrag der AAA erstellt wurde,[332] erstmals die bestehende Rechnungslegungspraxis zu systematisieren und deren Zielvorgabe theoretisch zu begründen.[333] Der Arbeit lag ein deduktiver Anspruch zugrunde,[334] sie wurde von Teilen der Literatur aber auch als erste umfassende induktive Arbeit im Bereich der Rechnungslegung dargestellt, welche die Bilanzierungspraxis erklärt.[335] Da Paton/Littleton sehr geschickt abstrahiert formulierten und teilweise von der herrschenden Praxis abwichen, bewegten sie sich in einem Graubereich.[336] Gilman induzierte bereits 1939 dynamisch-objektivierte Rech-

---

330 Vgl. Gilman (1939), S. 25; Arthur Andersen & Co. (1974), S. 17; Dichev (2008), S. 455; Staubus (2010b), S. 8. Sowohl Dicksee als auch Hatfield können neben Paton als Vorläufer der dynamischen Theorie bezeichnet werden. Der Engländer Dicksee erläutert in seinem Werk „Auditing", welches von Montgomery 1905 auf den US-amerikanischen Markt gebracht wurde, Durchführungsgrundsätze für die Wirtschaftsprüfung. Dabei betont er die (zu ermittelnde) Ausschüttungsfähigkeit des Gewinns und begrenzt somit das Unternehmensfortführungsprinzip, vgl. Dicksee (1905), S. 244; Chatfield (1977), S. 259. Seine Ausführungen sind allerdings auf die Wirtschaftsprüfung fokussiert, sodass er keine umfassende Bilanztheorie formuliert. Hatfield löste sich, getrieben durch wirtschaftliche Veränderungen, bilanzierungspraktische Anpassungen und neue Forschungsergebnisse, bereits 1927 etwas von der kritisierten *proprietary theory*. Seine Ausführungen fügen sich ebenfalls noch nicht zu einem Gesamtbild zusammen. Dies entspricht dem fehlenden Vorhandensein eines Standardsetzers. Er hatte nicht den Anspruch, die grundlegenden Konzepte der Rechnungslegung vorzutragen, da die Disziplin noch zu jung sei, vgl. Hatfield (1927), S. vii f.

331 Vgl. für ein Porträt der beiden Akademiker Zeff (1987), S. 53 und 62.

332 Mit der Hinwendung der AAA zur Forschung unterstützte sie aktiv die Veröffentlichung wissenschaftlicher Monographien in einer Serie, vgl. Storey (1964), S. 53; Zeff (1966), S. 55–58. Die Monographie von Paton/Littleton ist im Zusammenhang mit den früheren Bemühungen der Organisation um die Formulierung von Rechnungslegungsprinzipien aus dem Jahr 1936 zu sehen, zu welchen die Arbeit eine theoretische Grundlage lieferte, vgl. Paton/Littleton (1940), S. ix; Zeff (1966), S. 56 f.

333 Vgl. Paton/Littleton (1940), S. ix; Previts/Merino (1998), S. 281; Swieringa (2011), S. 208. Die dynamische Bilanztheorie, genauer die Bewertung zu historischen Kosten, wurde beispielsweise von Ijiri fortgeführt, vgl. Ijiri (1975).

334 Vgl. Paton/Littleton (1940), S. 7; Wüstemann (1999), S. 25 f.

335 Vgl. Sterling (1970), S. 292 f. und 304; AAA (1977), S. 5 f.

336 Dies mag an der Zusammenarbeit eines deduktiv ausgerichteten Autors (Paton) mit einem (auch) induktiv orientierten Verfasser (Littleton) liegen, vgl. Bedford/Ziegler (1975), S. 440; AAA (1977), S. 9 und 28. Vgl. auch Sterling (1970), S. 304 f.; Chatfield (1977), S. 292; Haller (1989), S. 129 f. Littletons spätere Monographie aus dem Jahr 1953 ist vollständig induktiv ausgerichtet, vgl. Bedford/Ziegler (1975), S. 441 f.

nungslegungsprinzipien.[337] Er suchte nach Lücken in der Praxis und arbeitete kommentarartig.[338] Deshalb zeichnen sich seine Ausführungen durch einen, im Vergleich zu Sanders/Hatfield/Moore (1938), geringen Abstraktionsgrad aus.[339]

Wie die AAA (1936) betonen Paton/Littleton die nötige Standardisierung der Rechnungslegung.[340] Sie kritisieren, „[that] [a]ccountants have been asked and have been willing to certify to the correctness and adequacy of accounting statements when no satisfactory standards of correctness and adequacy have been established“[341]. Die Forderung nach Standardisierung ist bei Paton/Littleton aber nicht als Festlegung detaillierter und starrer Bilanzierungsregeln misszuverstehen. Es geht um die Festlegung von Grundsätzen. „Standards […] should not prescribe procedures or rigidly confine practices; rather standards should serve as guideposts to the best in accounting reports.“[342] „The intention has been to build a framework within which a subsequent statement of corporate accounting standards could be erected.“[343] Auch Sanders/Hatfield/Moore betonten, dass die Formulierung von Prinzipien nicht gleichbedeutend mit der Einschränkung auf nur eine Handlungsalternative für jeden Geschäftsvorfall ist. Vielmehr sei es ebenfalls als Prinzip anzusehen, dass die richtige Alternative durch den ordentlichen Kaufmann/Wirtschaftsprüfer gefunden werden kann.[344] So stehen Beurteilungsspielräume noch relativ stark im Vordergrund.[345] Dies ist auf das Selbstverständnis der damaligen Wirtschaftsprüfer zurückzuführen.

Aufgrund seiner Vorreiterrolle in Bezug auf die dynamische Bilanztheorie und der induktiven Züge erlangte das Werk von Paton/Littleton zwar den Status eines Referenzwerks, das (auch) die Rechnungslegungspraxis zur Hand nahm.[346] Die Umsetzung in eine verpflichtend anzuwendende Verlautbarung erfolgte, im Gegensatz z.B. zur Sanders/Hatfield/Moore-Studie,[347] dennoch nicht.

---

337 Vgl. Gilman (1939), S. iii. „[C]onventions are the foundations upon which the superstructure of accounting doctrine, principle, and rule is raised“ (Gilman (1939), S. 245). Vgl. auch AAA (1977), S. 5 f.

338 Vgl. AAA (1977), S. 9.

339 Vgl. AAA (1977), S. 6.

340 Vgl. Paton/Littleton (1940), S. 2.

341 Paton/Littleton (1940), S. 4.

342 Vgl. Paton/Littleton (1940), S. 4–6 (Zitat S. 6).

343 Paton/Littleton (1940), S. ix. Vgl. auch AAA (1977), S. 29.

344 Vgl. Sanders/Hatfield/Moore (1938), S. 5 f.; Storey (2007), S. 2.12.

345 Vgl. Sanders/Hatfield/Moore (1938), S. 3.

346 Vgl. Zeff (1999), S. 90 f. Die im Vergleich zum „Tentative Statement of Accounting Principles Affecting Corporate Reports“ wesentlich größere Anerkennung durch die Praxis ist auf die zu jener Zeit verbesserten Beziehungen zwischen AAA und AICPA zurückzuführen, da man einsah, mit einer Kooperation mehr erreichen zu können als durch Konkurrenzkampf, vgl. Zeff (1966), S. 47–49 und 57; AAA (1977), S. 29.

347 Vgl. Previts/Merino (1998), S. 283 f.

2.2 Performancemessung als Sinn und Zweck der *revenue and expense view*

Die *revenue and expense view* ist durch die Anpassung der Rechnungslegung an die Verselbstständigung der Unternehmung gekennzeichnet. Die Einflüsse der *entity theory* sind als Antwort auf die Infragestellung der traditionellen Gewinnermittlung (als (Netto-)Vermögensänderung) infolge der Separierung von Eigentum und Kontrolle in den Unternehmen zu sehen. Paton/Littleton und Gilman folgen der *entity theory*, indem sie dem Unternehmen eine eigene Existenz zusprechen und ihm Vermögenswerte sowie den erwirtschafteten Gewinn zuordnen.[348] Paton/Littleton erläutern, dass Manager nun zum Vorteil des Unternehmens und nicht zwingend auch zum Vorteil der Investoren handeln.[349] Den Eigenkapitalinvestoren wird in Theorie und Praxis schließlich ihre Vorreiterstellung gegenüber anderen Adressaten abgesprochen. Vielmehr bestehe an großen Unternehmen ein öffentliches Interesse (z.B. durch Kunden, Fremdkapitalgeber, Mitarbeiter oder Fiskus), dem der Jahresabschluss gerecht werden solle.[350]

Mit der *entity theory* steht weiterhin die Unternehmensfortführungsprämisse im Einklang. Während sie die Praxis in erster Linie zur Ablehnung von Liquidationspreisen nutzte,[351] machen Paton/Littleton anhand dieser Prämisse deutlich, dass der Jahresabschluss nur vorläufigen Charakter haben kann.[352] Die Aktivitäten des Unternehmens, d.h. die daraus resultierenden Ein- und Auszahlungen, werden periodisiert, ohne dass der finale Ausgang der Geschäftstätigkeit bekannt ist. Die Fortführungsprämisse führt also bei Paton/Littleton zu einer Konzentration auf die betriebswirtschaftlichen Vorgänge im Unternehmen und dadurch zu einer Vernachlässigung der (zeitpunktbezogenen) rechtlichen Ansprüche und Verpflichtungen. „[A]ccounting theory [...] is oriented first to the enterprise as a productive economic unit and only secondly to the investor as a legal claimant to assets."[353] In die gleiche Richtung weist die vorrangige Aufzeichnung von Transaktionen und der ihnen zugrunde liegenden Preise (*price-aggregates*). Letztere sind die einzigen definitiven Größen im Leistungsprozess, die in Abhängigkeit der Art der Transaktion einem Jahresabschlusselement (z.B. Aktiva, Umsatzerlöse) zugewiesen werden. Es ist nach Paton/Littleton nicht Ziel der Rechnungslegung, sich ändernde ökonomische Werte festzuhalten. Zwar betonen die Autoren, dass sich hinter den Jahresabschlusspositionen ökonomisch gesehen Serviceleistungen verbergen, aber die „objectives [of accounting] are different and its medium of expression, price-aggregates, falls short of being a suitable medium for economic reasoning"[354].

---

348 Vgl. Paton/Littleton (1940), S. 8; Gilman (1939), S. 25 f. und 48–54.
349 Vgl. Paton/Littleton (1940), S. 1 f.
350 Vgl. AAA (1936), S. 187 und 188; Sanders/Hatfield/Moore (1938), S. 3; Paton/Littleton (1940), S. 2 f.; AAA (1977), S. 28.
351 Vgl. Sanders/Hatfield/Moore (1938), S. 3.
352 Vgl. Paton/Littleton (1940), S. 10; so auch bereits Dicksee (1905), S. 232.
353 Vgl. Paton/Littleton (1940), S. 10 f. (Zitat S. 11).
354 Paton/Littleton (1940), S. 13.

Paton/Littleton versuchten, eine ausführliche theoretische Begründung der Matching-Philosophie zu vermitteln. Sie sehen die Rechnungslegung durch die quantitative Nachverfolgung der Transaktionen als Hilfsmittel im Entscheidungsprozess von Management, Investoren und Staat.[355] Die Konzentration auf die Gewinnermittlung innerhalb des Jahresabschlusses wird mit der Bestimmung der Rentabilität des Unternehmens (*earning power*) begründet, die im Rahmen der sinnvollen Ressourcenallokation herangezogen wird.[356] Die Befürworter dieser Bilanztheorie bestimmen direkt anhand des Jahresüberschusses die (prognosefähige[357]) Performance des Unternehmens im Sinne einer Effizienzüberprüfung (Rechenschaftsfunktion, *stewardship*)[358] und Entscheidungshilfe für Investoren[359]. Dieses Ziel sei allerdings nicht mit einer pauschalen Gewinnglättung zu verwechseln.[360] Paton/Littleton heben somit die entscheidende Rolle der externen Rechnungslegung bei der Reduzierung der asymmetrischen Informationsverteilung hervor.[361] Auch Sanders/Hatfield/Moore befürworteten Jahresabschlüsse, um die Informationsbedürfnisse insbesondere des Managements, der Eigen- und Fremdkapitalgeber sowie des Staats zu befriedigen.[362]

2.3 Dominanz des Realisationsprinzips

2.3.1 Entstehung des Realisationsprinzips

Mit der Begründung der Matching-Philosophie durch Paton/Littleton ging ihre Begründung des Realisationsprinzips einher. Das Prinzip selbst entwickelte sich jedoch unabhängig von den beiden Autoren. Vor dem Ersten Weltkrieg war das Realisationsprinzip kaum geläufig.[363] Zwar war die Bewertung zu Anschaffungs- und Herstellungskosten bekannt, und man könnte somit auf ein vorhandenes Realisationsprinzip schließen, aber die Begründung der Bewertung war eine andere: „Essentially, asset valuation and income determination were based on an

---

355 Vgl. Paton/Littleton (1940), S. 11–13. Auch die Bilanzierungspraxis sprach sich für die korrekte Aufteilung der Aufwendungen und Erträge auf die einzelnen Berichtsperioden aus, vgl. Sanders/Hatfield/Moore (1938), S. 25.

356 Vgl. Paton/Littleton (1940), S. 3, 14 f. und 16; Littleton (1953), S. 20 24. Diese Grundidee war bereits in „Audits of Corporate Accounts" formuliert, vgl. Storey (2007), S. 2.37. Vgl. auch Schildbach (2009b), S. 583.

357 Vgl. Gerbaulet (1999), S. 20. Die Prognosefähigkeit des Gewinns wird nicht von allen Dynamikern gefordert, vgl. FASB (1976a), Rn. 63. Zur Prognosequalität des statisch ermittelten Gewinns vgl. Hitz (2005), S. 285–314.

358 Vgl. Paton/Littleton (1940), S. 1 f. und 97; FASB (1976a), Rn. 38. Ijiri setzt ausschließlich auf die Rechenschaftsfunktion, vgl. Ijiri (1975), S. ix und 32 f. Er betont jedoch auch, dass historische Kosten im Entscheidungsprozess relevant sind, vgl. Ijiri (1975), S. 46 und 88–90.

359 Vgl. Previts/Merino (1998), S. 281; Blaufus (2005), S. 128 f. Gilman betont (lediglich) die Vergleichbarkeit der Umsatzerlöse ohne konkrete Darlegung der Verwendung der vergleichbaren Daten, vgl. Gilman (1939), S. 564.

360 Vgl. Sanders/Hatfield/Moore (1938), S. 15 f.; Paton/Littleton (1940), S. 77.

361 Vgl. Paton/Littleton (1940), S. 1 f.

362 Vgl. Sanders/Hatfield/Moore (1938), S. 4. Die Autoren schließen jedoch nicht aus, dass für Spezialfälle angepasste Jahresabschlüsse gebraucht werden, vgl. Sanders/Hatfield/Moore (1938), S. 26 und 55.

363 Vgl. Storey (1959), S. 232.

incomplete application of the going concern convention tempered by conservatism.“[364] Die Unternehmensfortführungsprämisse ist der Einrichtung dauerhafter Unternehmungen geschuldet. Sie fordert eigentlich die Bewertung des Umlaufvermögens zu aktuellen Verkaufspreisen. Der Vorsichtsgedanke, wohl durch die Fremdkapitalfinanzierung der Unternehmen, die Ausschüttungsbemessung, die damit im Zusammenhang stehende Liquiditätsmessung und durch Überbewertungen beeinflusst, überlagerte jedoch diese Forderung.[365] Es erfolgte zu dieser Zeit noch kein expliziter Hinweis auf Objektivierung oder das *matching principle*,[366] aber die Lücke war da: „The failure to carry the going concern assumption to its logical conclusion left a gap in accounting theory which was filled by the realization convention.“[367]

Die Konvention, den Umsatzzeitpunkt auf den Zeitpunkt der Lieferung und Leistung zu legen, kommt historisch gesehen aus dem Steuerrecht.[368] Das Steuerrecht zog als objektivierte Bemessungsgrundlage ursprünglich die Nettoeinzahlungen heran. Da die Bilanzierung im 20. Jahrhundert aber durch Periodisierung und nicht durch die Gegenüberstellung von Einzahlungen und Auszahlungen charakterisiert war, versuchte man auf Drängen der Wirtschaftsprüfer beide Bereiche einander anzupassen. Steuerbemessungsgrundlage wurde zwischen 1910 und 1920 allmählich der periodisierte Gewinn.[369] Die (Wieder-)Einführung der Ertragsteuern war somit sowohl auf der Seite des Staates als auch auf der Seite der Privatwirtschaft förderlich für die Auseinandersetzung mit dem korrekten Gewinn.[370] Über die Steuerrechtsprechung entstand dann das Realisationsprinzip in der bekannten Form, das die Liquiditätsnähe des Gewinns betont und Erfolgswirksamkeits- und Erfolgsneutralitätsprinzip miteinander auf Basis der Objektivierung verknüpft.[371] Die Vorschriften galten zwar nur für den Steuerbereich,[372] die Besteuerung systematisierte jedoch die Bewertungsvorschriften im Handelsbereich und bestärkte die konservative Grundhaltung in der Rechnungslegung.[373] Dieser juristische Einfluss der Besteuerung sorgte gleichzeitig für eine Verfestigung der Bilanzierungspraktiken und verhinderte eine Neuorientierung der Rechnungslegung: „[A]s rules of law are

---

364 Storey (1959), S. 236 f.
365 Vgl. Sterling (1970), S. 256; Arthur Andersen & Co. (1972), S. 26; Chatfield (1977), S. 233 und 238. So wurde beispielsweise auch eine umfassende Rückstellungsbildung oder die rasche Abschreibung eines Goodwills gefordert, vgl. Sanders/Hatfield/Moore (1938), S. 13–15.
366 Vgl. Storey (1959), S. 236.
367 Storey (1959), S. 237.
368 Vgl. Gilman (1939), S. 31; Storey (1959), S. 232 f.; Bedford/Ziegler (1975), S. 437. In der Folgezeit stellte die Beeinflussung der US-GAAP durch das Steuerbilanzrecht die Ausnahme dar, vgl. Zeff (2005a), S. 21.
369 Vgl. Carey (1969), S. 64–71 für die entscheidende Entwicklung vom Corporation Excise Tax Law 1909 zum Income-Tax Law 1913.
370 Vgl. Chatfield (1977), S. 128.
371 Vgl. Storey (1959), S. 236 f. i.V.m. S. 232 f. Im Handelsbereich war die Periodisierung der Einführung dauerhafter Unternehmungen und schließlich der Ermittlung der Ausschüttung geschuldet. So befürwortete Dicksee bereits 1905 einen ausschüttungsfähigen, liquiden Gewinn und damit die Gewinnerfassung im Lieferungs- und Leistungszeitpunkt, ohne jedoch vom Realisationsprinzip zu sprechen, vgl. Dicksee (1905), S. 162 f., 172 f. und 249 f.
372 Vgl. Hatfield (1927), S. 100 f.; AAA (1965), S. 313 f.; Chatfield (1977), S. 257–259.
373 Vgl. Chatfield (1977), S. 238.

demonstrably slow to change, accounting practice tended to be constrained by the rigidities of the law."[374]

Nur zwischen den Weltkriegen rief die Praxis nach einer aktuellen Bewertung des Vermögens unter dem Eindruck steigender Preise und der einseitigen Ausrichtung auf den Gläubigerschutz,[375] denn die Unternehmen wollten die Wiederbeschaffung der Vermögenswerte sichern.[376] Schließlich machte die Ausgestaltung der Unternehmensteuer schon während des Ersten Weltkriegs die Bilanzierung zu Anschaffungs- und Herstellungskosten unattraktiv, da die Steuerpflicht erst oberhalb einer Gewinngrenze eintrat (*excess profits tax*).[377] Bänker forderten auch nicht mehr eine streng konservative Rechnungslegung, da sie selbst Geschäfte am Kapitalmarkt tätigten und somit die Sichtweise der Eigenkapitalinvestoren einnahmen.[378] Die Abweichung von den historischen Kosten wurde aber letztlich als einer der Gründe für den Börsencrash von 1929 gesehen.[379] Den aufgeblähten Bilanzen folgten hohe Abschreibungen, die sich negativ auf Dividendenzahlungen und auf den Aktienkurs auswirkten.[380] Die Folge des Zusammenbruchs und des sich anschließenden Preisverfalls war die Erkenntnis, dass Aktienkurse stärker auf die Ertragskraft des Unternehmens als auf den Wert der Vermögenswerte reagieren.[381] Somit erfolgte eine endgültige Verschiebung der Konzentration vom Vermögen in der Bilanz hin zur Gewinn- und Verlustrechnung und zum Jahresüberschuss.[382]

SEC und AICPA schlossen sich nach der Weltwirtschaftskrise der in der Praxis üblichen objektivierten Rechnungslegung und damit der Konzentration auf das Realisationsprinzip an.[383] Für die Institutionen waren die Eindämmung der Manipulationsmöglichkeiten aufgrund der negativen Erfahrungen in der Vergangenheit sowie die Eingrenzung der Haftungsgefahr entscheidend. Diese Entwicklung zeigte sich im Deutschen Reich bereits zum Ende des

374 Chambers (1966), S. 349.

375 Vgl. Previts/Merino (1998), S. 260; Blaufus (2005), S. 126 f.; Nobes/Parker (2010), S. 252 f. Vgl. auch relativierend Saito (1983), S. 2–15.

376 Vgl. Bedford/Ziegler (1975), S. 437. Da man nur von kurzfristigen Preissteigerungen ausging, ergab sich kein wesentlicher Objektivierungskonflikt mit den Wirtschaftsprüfern, vgl. Chatfield (1977), S. 241. Die Diskussion um die Bewertung zu Wiederbeschaffungskosten setzte in der Eisenbahnindustrie bereits vor der Wende zum 20. Jahrhundert ein, vgl. Chatfield (1977), S. 240 f. Hinweise auf Wiederbeschaffungskosten sind schon bei Dicksee (1905), S. 164 zu finden.

377 Vgl. Previts/Merino (1998), S. 259 f. und 263. Die Marktbewertung führte im Idealfall im Vorratsvermögen zu einer Gewinnglättung und im Anlagevermögen zu erhöhten Abschreibungen.

378 Vgl. Previts/Merino (1998), S. 259.

379 Vgl. Sweeney (1936), S. 45; Chambers (1966), S. 352; Previts/Merino (1998), S. 269.

380 Vgl. Chatfield (1977), S. 241 f.

381 Vgl. Chatfield (1977), S. 238.

382 Vgl. Previts/Merino (1998), S. 283.

383 Vgl. Staunton (2008), S. 126; Swieringa (2011), S. 208. Während der Zusammenarbeit zwischen AICPA und New York Stock Exchange zu Beginn der 1930er Jahre formulierte George O. May als AICPA-Vertreter erstmals das Realisationsprinzip für die kapitalmarktorientierte Rechnungslegung als Reaktion auf die immer größer werdenden Unternehmen, vgl. Flamholtz (1979), S. 130 f. Es fand Eingang in das erste der fünf *accounting principles* aus „Audits of Corporate Accounts": „Profit is deemed to be realized when a sale in the ordinary course of business is affected, unless the circumstances are such that the collection of the sale price is not reasonably assured. An exception to the general rule may be made" (Auszug aus „Audits of Corporate Accounts" zitiert nach Storey (2007), S. 2.5).

19. Jahrhunderts. Mit der Aktienrechtsnovelle von 1884 wurde die Anwendung des Realisationsprinzips für Aktiengesellschaften verbindlich, um Dividendenausschüttungen infolge eines überhöhten Vermögensausweises zu verhindern.[384] Dabei wurde in den USA über die exakte theoretische Begründung des Realisationsprinzips großzügig hinweggesehen. „Without being quite sure what it *was*, accountants understood perfectly what it *did*."[385] „[U]niformity was considered more important than precision", soweit eine einheitliche Rechnungslegung begrüßt wurde.[386] Der Einfluss des Realisationsprinzips wurde vor dem Zweiten Weltkrieg so stark, dass das Gros der Befürworter die Realisationsregel sogar als Teil der Gewinndefinition betrachtete. Vor der Realisation konnte per definitionem kein Gewinn entstehen.[387]

Die Theorie der Rechnungslegung folgte dem neuen Gewinnverständnis. Paton war 1922 zwar bereits relativ stark gewinnorientiert, aber er befürwortete, genau wie die Praxis in der Zwischenkriegszeit, die Einbeziehung von Bewertungsänderungen. Bei Hatfield erfährt die Gewinn- und Verlustrechnung 1927 eine Aufwertung und wird als Informationsinstrument mit abweichendem Inhalt gleichberechtigt neben die Bilanz gestellt.[388] Er unterscheidet bereits zwischen einem Jahresüberschuss, welcher als Ausschüttungsbemessungsgrundlage dient, einem Jahresüberschuss im ökonomischen/statischen Sinne, welcher die (Netto-)Vermögensänderung anzeigt, und einem Jahresüberschuss im dynamischen Sinne, der die operative Leistungsfähigkeit des Unternehmens wiedergibt.[389] Er kann sich jedoch noch nicht von der weitesten (statischen) Definition lösen; er bleibt neutral.[390]

Schließlich geben Paton/Littleton, in Fortführung der Gedanken Patons aus dem Jahr 1922, anhand des Realisationsprinzips eine theoretische Begründung für die dynamische Bilanztheorie oder genauer gesagt für die historische Bewertung und den Realisationszeitpunkt. Das Realisationsprinzip ergibt sich nicht mehr aus rein vorsichtigen und objektivierenden Überlegungen,[391] sondern aus dem Matching-Gedanken zur Performancemessung.[392] Dennoch ist der Ansatz von Paton/Littleton pragmatisch geprägt: „The authors do not argue for an idealized notion of income, and they are conscious of institutional boundaries."[393] Sie betonen, wie die Bilanzierungspraxis auch, die Nachprüfbarkeit und Objektivierung der verwendeten

384 Vgl. Moxter (1984b), S. 1780 f.; Ordelheide (1999), S. 101.

385 Chatfield (1977), S. 262, Hervorhebungen auch im Original.

386 Vgl. Chatfield (1977), S. 250, 260 und 262 (Zitat S. 260).

387 Vgl. Windal (1961), S. 251; Chatfield (1977), S. 264 f.

388 Vgl. Hatfield (1927), S. 1 und 21. Bei Dicksee kann man, aufgrund seiner Forderung an den Wirtschaftsprüfer, sich explizit mit der Gewinn- und Verlustrechnung auseinanderzusetzen, darauf schließen, dass auch er der Gewinn- und Verlustrechnung eine eigene Funktion zuweist, vgl. Dicksee (1905), S. 232.

389 Vgl. Hatfield (1927), S. 380 f. und 241–243; Yamaji (2005), S. 141.

390 Vgl. Hatfield (1927), S. 241 f.

391 Vgl. z.B. Hatfield (1927), S. 66; AAA (1936), S. 188 und 189; Previts/Merino (1998), S. 280.

392 Storey beschreibt die Matching-Idee als „giving […] [the periodic income determination process] not only a catchy name but also strong intuitive appeal", vgl. Storey (2007), S. 2.20 f. (Zitat S. 2.20). Vgl. auch Zeff (1999), S. 91. Bei Gilman taucht der Begriff des *matching* schon ein Jahr vor der Veröffentlichung von Paton/Littleton auf. Gilman benutzt ihn zwar im Hinblick auf die Periodisierung, leitet aber nicht auf die Messung der Unternehmensperformance über, vgl. Gilman (1939), S. 125–131.

393 Vgl. AAA (1977), S. 28 (auch Zitat).

Daten, wobei sie klarstellen, dass Verifikation und absolute Objektivität in der Rechnungslegung nicht möglich sind.[394] Interpretationen lassen sich in der Rechnungslegung nicht vermeiden. Deshalb setzen sie sich für umfangreiche Erläuterungen im Jahresabschluss ein.[395]

In den nachfolgenden Jahren entstand trotz des *piecemeal approach* des Standardsetzers ein gefestigtes, anerkanntes System aus Basisgrundsätzen zur Gewinnermittlung, namentlich der Bewertung zu historischen Kosten, dem Vorsichtsprinzip, der Unternehmensfortführung, der Periodisierung und dem Realisationsprinzip. Wesentliche Merkmale der dynamischen Bilanztheorie sind hier umgesetzt.[396] Insbesondere in Zeiten stabiler Preisverhältnisse war es schwierig, dieses gefestigte Gerüst umzustürzen,[397] zumal es aufgrund seiner Praktikabilität Anwendern und Prüfern entgegenkam.[398] Chatfield beschreibt es als „closed and self-justifying system which, like the laws of Newtonian physics at the turn of the century, seemed to leave little to be discovered"[399].

2.3.2 Bewertung zu Anschaffungs- und Herstellungskosten in der Bilanz

Die Konsequenz des Realisationsprinzips ist die Bewertung zu Anschaffungs- und Herstellungskosten. Dicksees und Hatfields Anmerkungen zur Bewertung machen deutlich, dass vor Paton/Littleton keine bilanztheoretische Begründung für die Erfolgsneutralität bekannt war. Dicksee bezieht Wertänderungen am ruhenden Vermögen zur damaligen Zeit zwar nicht in die Gewinn- und Verlustrechnung ein, schließt aber eine zukünftige Bewertung zu Wiederbeschaffungskosten nicht aus und begründet Abschreibungen mit der korrekten Wertangabe der Vermögenswerte.[400] Hatfield akzeptiert aus der Tradition der *proprietary theory* heraus noch die Bewertung zu diskontierten Ertragserwartungen als Idealbild im Rahmen der Effektivvermögensermittlung, für welche die historischen Anschaffungs- und Herstellungskosten (nur) als Ersatzmaßstab dienen.[401]

Erst in der Dynamik nach Paton/Littleton werden Aktiva, unter Weiterführung der Gedanken von Paton aus dem Jahr 1922, endgültig zu „cost accumulations in suspense […] awaiting

---

394 Vgl. Paton/Littleton (1940), S. 18–21.

395 Vgl. Paton/Littleton (1940), S. 118–122.

396 Eine Abweichung zwischen Dynamik und Praxis kann in der stärkeren Gewichtung des Vorsichtsprinzips in der Bilanzierungspraxis gesehen werden, vgl. Sterling (1970), S. 259 f. Das in der Praxis angewandte Niederstwertprinzip ist insofern ein statischer Einfluss.

397 Vgl. Chatfield (1977), S. 262.

398 Vgl. Sterling (1970), S. 260.

399 Chatfield (1977), S. 262.

400 Vgl. Dicksee (1905), S. 160, 162 f. und 246. Als plastisches Beispiel dient die Wertermittlung bei Pferden durch Abschreibung, vgl. Dicksee (1905), S. 180.

401 Hatfield warnt vor einer Heranziehung der historischen Kosten als pauschalem Ersatz für den (schwer zu ermittelnden) Barwert, ohne die Aussage der Bilanz anzupassen, vgl. Hatfield (1927), S. 25. Denn Ersatzwertmaßstäbe vermitteln grundsätzlich andere Informationen: Historische Kosten stehen für eine Vergangenheitsbetrachtung, Wiederbeschaffungskosten als aktueller Wertmaßstab informieren den zukunftsorientierten Investor, wogegen Verkaufspreise für den Fremdkapitalgeber relevant sind, der ausschließlich an der Liquidität interessiert ist, vgl. Hatfield (1927), S. 73 f.

their destiny".[402] Diese Gleichsetzung von Vermögenswerten mit im Unternehmen anfallenden Kosten leiten Paton/Littleton auch aus der *entity theory* ab: „With the entity concept as a basis, there is no difficulty in accepting the proposition that all costs legitimately incurred by the enterprise are properly included, in the first instance, in the total of assets."[403] So ist die Aufzeichnung der Anschaffungs- und Herstellungskosten (nach der Zugangsbewertung) kein Ausdruck des Werts der (zusammengesetzten) Materialien etc., sondern „they express parts of the total effort made to bring about a subsequent advantageous sale"[404].

Andere Wertmaßstäbe als die historischen Kosten werden von den dynamischen Bilanztheoretikern abgelehnt. Die Aktualisierung auf Wiederbeschaffungskosten, wie sie Paton noch 1922 verlangte, ist nicht mehr vorgesehen, kann aber unter Umständen mit stabilen Preisverhältnissen erklärt werden. Auch sind Wertverluste, die in der Praxis über das Imparitätsprinzip erfasst werden, für die bilanzielle Bewertung des Vorratsvermögens irrelevant.[405] Insofern wird der in der Praxis verankerte Grundsatz der Vorsicht zurückgedrängt.[406] Nur in Ausnahmefällen wird das Anlagevermögen neu bewertet. Gilman und Paton/Littleton beziehen sich in erster Linie auf Fehlerkorrekturen für Abschreibungen.[407] Insgesamt verfolgte die Bilanztheorie, vertreten durch die AAA, bei der historischen Bewertung einen strikteren Kurs als das AICPA.[408] Sterling greift Paton/Littleton allerdings für ihre unklare Begründung der Erfolgsneutralität an. Er kann aus der Monographie nur die Objektivierung als Rechtfertigung herauslesen und bezeichnet die beiden Autoren als „apologists for a practice that is conservative".[409]

---

402 Vgl. Paton/Littleton (1940), S. 14 und 62 f. (Zitat S. 14). Gilman erläutert, dass sich die dynamische Sichtweise 1939 noch nicht vollständig durchgesetzt hat: „While it is common to think of some assets as being deferred charges against future profits, it is not generally recognized that all assets except cash may be considered deferred charges" (Gilman (1939), S. 298).

403 Paton/Littleton (1940), S. 9.

404 Paton/Littleton (1940), S. 14. Vgl. Sanders/Hatfield/Moore (1938), S. 59; Gilman (1939), S. 408, 475 und 549; Paton/Littleton (1940), S. 62. Nach Bedford/Ziegler war es Littleton, der hinter dieser Grundidee stand. Paton befürwortete ein ökonomisches Wertkonzept, vgl. Bedford/Ziegler (1975), S. 439 und 440.

405 Vgl. Hatfield (1927), S. 99 f.; Gilman (1939), S. 130 f., 303 und 541; Paton/Littleton (1940), S. 126–128. Vgl. zur Befürwortung des Imparitätsprinzips in der Praxis Dicksee (1905), S. 248; Sanders/Hatfield/Moore (1938), S. 12 f., 40, 70 f. i.V.m. S. 74. Die AAA befürwortet 1936 ebenfalls noch die Praxisvariante, vgl. AAA (1936), S. 188 und 189.

406 Auch die AAA nennt 1936 nicht explizit das Vorsichtsprinzip, vgl. Gilman (1939), S. 202 f. Gilman selbst sieht im Vorsichtsprinzip die zentrale Doktrin der praktischen Rechnungslegung, vgl. Gilman (1939), S. 244.

407 Vgl. Gilman (1939), S. 529–549; Paton/Littleton (1940), S. 65 f. Vgl. auch Hatfield (1927), S. 84, der Grundstücke neu bewertet, auf denen natürliche Ressourcen gefunden werden. Vgl. MacNeal (1939), S. 23 f.

408 Vgl. Storey (1964), S. 50. Beispielsweise befürwortet die AAA den Ausweis anderer Werte nur als „collateral notations for informative purposes" (AAA (1936), S. 189).

409 Vgl. Sterling (1970), S. 291 293 (Zitat S. 293). Auch der spätere Bilanztheoretiker Ijiri begründet die Bewertung zu historischen Kosten anhand ihres Härtegrads (*hardness*). *Hardness* geht nach Ijiri über Objektivität hinaus. Die Härte der Bewertung ist zentral, da Konflikte zwischen Adressat und Unternehmen im Sinne der Rechenschaft vermieden werden sollen, vgl. Ijiri (1975), S. 36–40, 45, 85–87 und 97–99.

Anders als noch bei Dicksee (1905)[410] oder Paton (1922) fungiert die Bilanz bei Paton/Littleton als Auffangbecken für Einnahmen und Ausgaben, die noch nicht in der Gewinn- und Verlustrechnung zu verzeichnen sind. Ob diese Posten tatsächlich Vermögenswerte oder Schulden darstellen, spielt keine Rolle. Paton/Littleton sind sich sogar bewusst, dass der Matching-Gedanke und daraus resultierende Posten wie Rechnungsabgrenzungsposten, Aufwandsrückstellungen oder Abschreibungen als Kostenverteilungen – wie wir sie heute auch kennen (z.B. IAS 16.30 oder FASB ASC 360-10-35) – nicht mit einer rein ökonomischen (Ertragswert-)Argumentation vereinbar sind.[411] Sie entziehen sich dem Problem, indem sie Vermögenswerte und Schulden nicht abschließend definieren.[412] Dementsprechend kann ihre dynamische Bilanz nicht zur Vermögensermittlung herangezogen werden. Die Bilanz ist ein vergangenheitsorientiertes Jahresabschlussinstrument – wie die Gewinn- und Verlustrechnung auch.[413] Bevis beschreibt sie anschaulich als Fußnote zur Gewinn- und Verlustrechnung.[414] Letztendlich entfällt aufgrund der Stellung der Bilanz die Frage, ob auch schwebende Geschäfte auszuweisen sind.

2.3.3 Zeitpunkt der Gewinnrealisierung

Die Erfassung eines Wertsprungs über die Anschaffungs- und Herstellungskosten hinaus ist grundsätzlich erst im Zeitpunkt der Umsatzrealisierung möglich. Dieser Zeitpunkt entfaltet kein wesentliches Konfliktpotenzial. „There is probably no phase of accounting upon which so many accountants are in such complete harmony as the modern realization test for income“[415], erläutert Gilman. „Income is the increment in wealth arising from the use of capital

---

410 Dicksee wendet sich gegen Bilanzposten, die die Vermögenswert- und Schuldeigenschaft nicht erfüllen, vgl. Dicksee (1905), S. 209 und 232. Dabei definiert er Vermögenswerte als „expenditure upon a remunerative object“ und betont ihr Potenzial zur Generierung von Zahlungsströmen. Dicksee stellt auf das rechtliche Eigentum ab, vgl. Dicksee (1905), S. 165 und 206 f. (Zitat S. 206). Umgekehrt berücksichtigt er im Hinblick auf die Ausschüttungsbemessung auf der Passivseite auch Eventualverpflichtungen, die aus heutiger Sicht teilweise als Rückstellungen zu klassifizieren sind, vgl. Dicksee (1905), S. 176 und 224.

411 Vgl. Paton/Littleton (1940), S. 16 f. Vgl. auch Hatfield (1927), S. 16 f. und 127; Sanders/Hatfield/Moore (1938), S. 34–36, 57 f., 75–81 und 83. Ein Beispiel für aktivierte *prepaid expenses* sind Werbekosten, vgl. Sanders/Hatfield/Moore (1938), S. 75. Gilman plädiert beispielsweise für die Aktivierung von Ingangsetzungsaufwendungen, vgl. Gilman (1939), S. 315–318. Abschreibungen sind nicht als Wiederbeschaffungsvorsorge zu verstehen, vgl. Gilman (1939), S. 348; Paton/Littleton (1940), S. 89.

412 Vgl. kritisch hierzu Chambers (1979), S. 765 f. und 773 f. mit Bezug zu Canning. Sanders/Hatfield/Moore nennen lediglich Aktivierungsbedingungen, die Anhaltspunkte geben: „[T]hat the business [...] owns them, [...] has acquired them at cost, and [...] that they are of value to the business“ (Sanders/Hatfield/Moore (1938), S. 58, im Original mit Hervorhebungen). Für Schulden ist z.B. die Grenze zwischen zu passivierender Verpflichtung und nur zu erläuternder Eventualverbindlichkeit fließend und sie zu ziehen obliegt dem Urteil des Bilanzierenden, vgl. Sanders/Hatfield/Moore (1938), S. 82 f.

413 Vgl. Sanders/Hatfield/Moore (1938), S. 56 f.; FASB (1976a), Rn. 39–42; Gerbaulet (1999), S. 17.

414 Vgl. Bevis (1965), S. 94. Im unmittelbaren Vergleich mit Dicksee fällt auf, dass am Anfang des 20. Jahrhunderts noch kein Problembewusstsein für das Konkurrenzverhältnis zwischen Bilanz und Gewinn- und Verlustrechnung vorhanden war. Er schreibt: „It would seem that, if both Balance Sheet and Profit and Loss Account be correct, it matters but little which is called the cause and which the effect“ (Dicksee (1905), S. 159 f.).

415 Gilman (1939), S. 100.

wealth, and from services rendered“[416], definieren Sanders/Hatfield/Moore. Bedenkt man ihre Definition, stellen sich Umsätze und Aufwendungen sowie Gewinne und Verluste buchungstechnisch als (Netto-)Vermögensänderung dar.[417] Obwohl die Anknüpfung an die Vermögenssteigerung ein statischer Hinweis ist, wird der Gewinnbegriff hier doch enger gefasst, weil nicht alle Vermögenssteigerungen als Gewinn anerkannt werden. Es sind nur solche zu berücksichtigen, die aus Transaktionen entstehen.[418] Es ist interessant, dass die Erfassung von Umsatzerlösen explizit eine Vermögenserhöhung durch einen Verkauf im Rahmen der operativen Geschäftstätigkeit bedingt, obwohl sich die Dynamik nicht mehr – anders als die *entity theory* nach Paton (1922) – an der Bilanz orientiert.[419]

Der Zeitpunkt des Verkaufs wird im Falle von Gütern, enger als bei Paton (1922), konkretisiert über „the act of invoicing, together with actual delivery or consignment to a common carrier“.[420] Die Lieferung und Leistung ist für die Realisierung der Umsatzerlöse in der Gewinn- und Verlustrechnung maßgebend,[421] da sie aufgrund der Unternehmensleistung zu diesem Zeitpunkt objektiviert nachweisbar werden. Es tritt der aus dem Steuerrecht und der Ausschüttungsbemessung übernommene Liquiditätsbezug zutage. „Revenue is realized, according to the dominant view, when it is evidenced by cash receipts or receivables, or other new liquid assets. Implicit here are two tests: (1) conversion through legal sale or similar process; (2) validation through the acquisition of liquid assets.“[422] „Revenue is the financial expression of the product of business operation and hence should be gauged in terms of the decisive stage or step in the stream of activity. Revenue [...] should be evidenced and supported by new and dependable assets, preferably cash or near-cash.“[423] Die Lieferung und Leistung wird grundsätzlich als entscheidender Schritt im operativen Prozess angesehen und begründet einen Gegenleistungsanspruch[424] als Ausgleich für die im Produktionsprozess eingesetzten Vermö-

---

416 Sanders/Hatfield/Moore (1938), S. 11.

417 Vgl. Dicksee (1905), S. 232; Paton/Littleton (1940), S. 9 und 47.

418 Vgl. Sanders/Hatfield/Moore (1938), S. 12. Eigenkapitaltransaktionen sind von der Erfassung in der Gewinn- und Verlustrechnung ausgeschlossen, vgl. z.B. AAA (1936), S. 190.

419 Vgl. Sanders/Hatfield/Moore (1938), S. 26; Paton/Littleton (1940), S. 47. Den operativen Bereich fassen Paton/Littleton recht weit, indem sie einen fraglichen Sachverhalt im Zweifel als operativ klassifizieren, vgl. Paton/Littleton (1940), S. 60.

420 Vgl. Paton/Littleton (1940), S. 54 (auch Zitat).

421 Vgl. Sanders/Hatfield/Moore (1938), S. 114.

422 Paton/Littleton (1940), S. 49. Vgl. auch Dicksee (1905), S. 162 f. und 172 f.

423 Paton/Littleton (1940), S. 53. So lehnt Gilman die Realisation beim Tausch ab, vgl. Gilman (1939), S. 103, 104 und 108. Auch (Sach-)Spenden führen nicht zum Gewinnausweis. Der Vermögenswert sei willkürlich zu bewerten und die Gegenbuchung im Eigenkapital zu erfassen, vgl. Gilman (1939), S. 111.

424 Vgl. Sanders/Hatfield/Moore (1938), S. 28 f.; AAA (1941), S. 136. Das Kriterium des Gegenleistungsanspruchs bezeichnen die Autoren sogar als „salutary“ (Sanders/Hatfield/Moore (1938), S. 73). Entsprechend sind Erlösschmälerungen, gleichgültig ob sie aus Rabatten oder einem günstigen Angebot entstehen, nicht als Umsatzerlös zu erfassen, vgl. Sanders/Hatfield/Moore (1938), S. 28 und 29 f.; Paton/Littleton (1940), S. 56 und 64.

genswerte.[425] Bei Dienstleistungen erfolgt der Umsatzausweis entsprechend pro rata temporis oder pro rata parte.[426]

Paton/Littleton und Gilman lehnen einen Umsatzausweis im (späteren) Zeitpunkt des Zahlungseingangs, in Abgrenzung zu älteren Standpunkten,[427] ab.[428] „It matters not whether the amount realized is represented by cash, by the note of the purchaser, or by accounts receivable, provided there is no valid doubt as to the real value of the actually acquired asset."[429] Die rechtliche Eigentumsübertragung ist für Paton/Littleton, im Gegensatz zu anderen Autoren,[430] ebenso wenig relevant: „Title passing, however, is a highly technical matter and in setting up a convenient procedure for booking revenue from day to day it is wise to avoid the stressing of legal niceties."[431] Gilman erläutert ebenfalls, dass die Fokussierung auf den Lieferzeitpunkt letztlich eine betriebswirtschaftliche Vereinfachung darstellt, da der Rechnungslegende im Zweifel nicht beurteilen kann, wann das Eigentum am Verkaufsgegenstand übergeht.[432]

Das Realisationsprinzip macht gleichzeitig deutlich, dass die Existenz von Gewinnen vor dem Realisationszeitpunkt gegeben ist. Schon Hatfield wies 1927 darauf hin, dass ansonsten die Bezeichnung „realisierte Gewinne" zur Tautologie wird.[433] Ihre Entstehung (*process of earning*) im Laufe des Produktionsprozesses, die aus ökonomischer Perspektive berücksichtigt werden müsste, ist für die Umsatzerfassung jedoch grundsätzlich nicht relevant.[434] Der Ausweis schwebender Geschäfte scheidet somit auch aufgrund des Realisationsprinzips aus. Eine Ausnahme besteht für langfristige Fertigungsaufträge, bei denen der Verkaufspreis bei Produktionsbeginn feststeht und die Produktion als entscheidender (Performance-)Vorgang angesehen wird. Hier dürfen die Umsatzerlöse mit dem Fertigungsfortschritt (proportional zu den angefallenen Kosten) grundsätzlich vereinnahmt werden.[435] Diese dynamische Vorgehens-

---

425 Vgl. Paton/Littleton (1940), S. 53 f. May erläutert, dass sich die willkürliche Festlegung des Realisationszeitpunkts im Liefer- und Leistungszeitpunkt zusätzlich rechtfertigen lässt, indem man einen uniformen Leistungsstrom annimmt. In diesem Fall ist es gleichgültig, wann man den Realisationszeitpunkt setzt, denn es ergibt sich stets der gleiche Gewinn, vgl. May (1943), S. 30. Kritisch hierzu Sterling (1970), S. 286–289.

426 Vgl. Gilman (1939), S. 117; Paton/Littleton (1940), S. 54.

427 Vgl. Gilman (1939), S. 98; Chatfield (1977), S. 261.

428 Vgl. Gilman (1939), S. 100; Paton/Littleton (1940), S. 56. Kein Problem ergibt sich, wenn Verkauf und Zahlungseingang zusammenfallen. Liegt der Zahlungseingang vor dem Liefer- und Leistungszeitpunkt, so ist die Vorauszahlung zu passivieren, vgl. Paton/Littleton (1940), S. 57–59.

429 Hatfield (1927), S. 255.

430 Vgl. AAA (1941), S. 136.

431 Paton/Littleton (1940), S. 54. Vgl. auch Hatfield (1927), S. 256.

432 Vgl. Gilman (1939), S. 99 f.

433 Vgl. Hatfield (1927), S. 251; AAA (1941), S. 136.

434 Vgl. Paton/Littleton (1940), S. 48 f.

435 Vgl. Dicksee (1905), S. 173 und 244; Paton/Littleton (1940), S. 50; ähnlich AAA (1941), S. 136. Allerdings geben Paton/Littleton einschränkend zu bedenken, dass der Gewinn bei Fertigungsaufträgen mit festem Verkaufspreis nicht sicher bestimmbar ist, da die Kosten während der Bauzeit variabel sind. Bei sogenannten Cost-plus-Verträgen ist zwar der Gewinn sicher, aber nicht die Höhe des Erlöses, da dieser in Abhängigkeit der Kosten ermittelt wird. Dies spricht für die Gewinnrealisation mit dem Fertigungsfortschritt, vgl. Paton/Littleton (1940), S. 50 f. Die Bilanzierungspraxis verweist bei Unsicherheit über die Gewinnhöhe wiederum auf das sachverständige Urteil der Bilanzierenden, vgl. Sanders/Hatfield/Moore (1938), S. 26.

weise widerspricht allerdings der auf den Abbau von Risiken bedachten Gewinnrealisation bei kurzfristigen Verkaufstransaktionen. Hatfield beschreibt diese Inkonsistenz als „sacrifice of consistency for expediency“[436], die auch heute noch in IAS 11 und IAS 18 oder FASB ASC 605-35 und 605-10 zu finden ist.

Den einzigen prominenten Diskussionspunkt bei der Festlegung des Realisationszeitpunkts bildeten natürliche Ressourcen, für die eine Gewinnrealisierung vor Vertragsschluss infrage steht. Paton/Littleton geben die Gewinnrealisation bei der Gewinnung von Bodenschätzen vor dem Verkauf, mit Ausnahme der Gewinnung von Gold, im Unterschied zu Paton (1922) nicht frei, obwohl Verkaufspreise bestimmbar und erzielbar sind[437] und somit der Vermögenszuwachs nachgewiesen werden kann. Ähnlich verhält es sich bei natürlichen Produkten, die im Laufe der Zeit wachsen. Es sei unstreitig, dass die Vermögenswerte über die Zeit an Wert gewinnen. Dieser (vorsichtig geschätzte) Zugewinn könne in der Bilanz gezeigt werden, wenn dadurch nicht die historischen Kosten verdeckt werden. Es entstehen durch den Wertsprung aber keine Umsatzerlöse oder genauer gesagt die Erträge gelten nicht als realisiert. Dies gilt insbesondere dann, wenn die natürlichen Ressourcen vor dem Verkauf noch weiterverarbeitet werden müssen (z.B. Holz).[438] Hatfield tendiert dagegen zum Gewinnausweis für wachsende Hölzer mit sich anschließender Ausschüttungsfähigkeit des Betrags.[439] Gilman nimmt eine Verzerrung des Jahresüberschusses in Kauf, wenn für die Vorratsbewertung keine andere Möglichkeit als die Orientierung am Markt besteht, wie beispielsweise für landwirtschaftliche Erzeugnisse.[440] Dagegen ist für ihn die jederzeit herbeiführbare Realisierung des Gewinns, z.B. bei Goldreserven, kein Grund zur Antizipation des Gewinns, da die Dynamik Bilanzposten nicht korrekt bewerten will, sondern sie zur Abbildung der unternehmerischen Zahlungsströme nutzt.[441]

---

436 Hatfield (1927), S. 256. Gleicher Ansicht ist Gilman (1939), S. 116.

437 Vgl. Paton/Littleton (1940), S. 51 f.; AAA (1941), S. 136.

438 Vgl. Paton/Littleton (1940), S. 52 f. Der Fokus auf Umsatzerlöse wird auch durch folgendes Zitat deutlich: „There is no serious objection to the reporting of the increase from time to time, if it is carefully estimated and labeled in such fashion as not to be confused with realized income“ (Paton/Littleton (1940), S. 53; ähnlich Sanders/Hatfield/Moore (1938), S. 33–40). Paton/Littleton erörtern, dass sich das Problem der Gewinnentstehung während des Produktionsprozesses lösen ließe, wenn anstelle einer Periodisierung auf Basis des Kalenderjahres z.B. eine Periodisierung auf Basis des Projekts stattfände, vgl. Paton/Littleton (1940), S. 51 und 53.

439 Auch für das Umlaufvermögen scheint Hatfield Ausnahmen zu kennen, vgl. Hatfield (1927), S. 252 f. Hatfield erwähnt auch die in der Praxis vorgenommene erfolgswirksame Erfassung von Wertsteigerungen bei Finanzinstrumenten, obwohl der Verkaufszeitpunkt noch nicht erreicht ist, vgl. Hatfield (1927), S. 257. Im Übrigen verneint Hatfield grundsätzlich die Gewinnrealisierung vor Vertragsschluss, vgl. Hatfield (1927), S. 252 und 256 f. Er erklärt die Nichteinbeziehung des Anlagevermögens einschränkend aus Sicht der Ausschüttungsbemessung. So sei die Wertsteigerung eines wachsenden Obstgartens nicht über die Aufwertung der aktivierten Obstbäume, sondern über den gesteigerten Obstverkauf zu erfassen, da nur der Verkauf Dividenden sichere. Hatfield fürchtet hier eine Doppelzählung im Gewinn, wenn die Wertsteigerung der Obstbäume und der Obstverkauf erfasst werden, vgl. Hatfield (1927), S. 252.

440 Vgl. Gilman (1939), S. 114, 120–122 und 414.

441 Vgl. Gilman (1939), S. 359 f. und 416–418. „Since, from the entity viewpoint, there is no advantage to be gained by valuation at other than cost when cost is readily determinable, the cost basis for the gold inventory seems to be indicated“ (Gilman (1939), S. 418).

Auch die Behandlung der Aufwendungen wird in der Dynamik anhand der Leistungsfähigkeit des Unternehmens begründet. Ihre Erfassung geschieht im Vergleich zu den Erträgen nachrangig, indem sie den Erträgen zuzuordnen sind. Alle Ausgaben, die zur Erzielung der Umsätze nötig waren, sind in derselben Periode erfolgswirksam zu erfassen. „Costs are considered as measuring effort, revenues as measuring accomplishment."[442] Im Anschluss an den Verkaufszeitpunkt noch bestehende Unsicherheiten, wie Rückgaben, Gewährleistungen oder Zahlungsschwierigkeiten des Kunden, sind deshalb anhand von Erfahrungswerten zu berücksichtigen und den (vollständigen) Umsatzerlösen gegenüberzustellen, um den Gewinn der Periode korrekt darzustellen.[443] Im Sinne des *matching* befürwortet auch Gilman Garantierückstellungen in Höhe der geschätzten Kosten.[444] Für Rückgaben und Gewährleistungsfälle gilt dies aber nicht. Sie führen nur bei ihrem Auftreten zu einer Korrektur der Umsatzerlöse.[445]

Hervorzuheben ist an dieser Stelle, dass sich die Art und Weise der Gewinnerfassung in Theorie und Praxis unterschied. Auf konzeptioneller Ebene befürwortete man einen Ansatz, wie ihn auch Hatfield diskutierte, bei dem alle Eigenkapitalveränderungen in der Gewinn- und Verlustrechnung widergespiegelt werden (*all-inclusive income concept* / Clean-Surplus-Konzeption im engeren Sinne). Die AAA wurde 1936 für die Befürwortung der Clean-Surplus-Konzeption kritisiert.[446] Abweichend von der Bilanzierungspraxis tendierten auch Paton/Littleton grundsätzlich zur All-inclusive-Income-Konzeption,[447] die auch Paton (1922) vertrat, obwohl er damals noch vermehrt Bewertungsänderungen im Jahresabschluss berücksichtigte.

Praxis und Standardsetzer waren daran interessiert, außerordentliche (oder unbequeme) Ereignisse und Fehlerkorrekturen von der Gewinn- und Verlustrechnung fernzuhalten und stattdessen direkt im Eigenkapital zu erfassen, um eine Gewinnglättung zu erreichen, d.h. Verzerrungen zu vermeiden, und Investoren, insbesondere nach der Erfahrung des Börsenzusammenbruchs, nicht zu irritieren.[448] Diese Art der Rechnungslegung war eine politische Vorgabe, denn nach dem Ersten Weltkrieg galt es, die Investitionen auf dem Kapitalmarkt zu för-

---

442 Paton/Littleton (1940), S. 15. Kosten, welche nicht unmittelbar einem Verkaufsgegenstand oder einer Dienstleistung zugeordnet werden können, sind zeitanteilig zu erfassen, vgl. Paton/Littleton (1940), S. 15. Vgl. auch Gilman (1939), S. 128 f.

443 Vgl. Paton/Littleton (1940), S. 55 f.

444 Vgl. Gilman (1939), S. 340 f.

445 Vgl. Gilman (1939), S. 554 f.

446 Vgl. AAA (1936), S. 189; Zeff (1966), S. 45; Previts/Merino (1998), S. 280. Die AAA fordert allerdings die Anpassung vergangener Jahresabschlüsse, vgl. AAA (1936), S. 190; Gilman (1939), S. 586 f. Gilman tendiert beispielsweise auch bei einer Zuschreibung im Anlagevermögen als Fehlerkorrektur zum erfolgswirksamen Ausweis, vgl. Gilman (1939), S. 540.

447 Vgl. Paton/Littleton (1940), S. 18 und 98 f. Sie lassen indessen Ausnahmen zu. Dies ergibt sich beispielsweise aus der vorgesehenen Behandlung von Geschenken, vgl. Paton/Littleton (1940), S. 61.

448 Vgl. Sanders/Hatfield/Moore (1938), S. 114; Gilman (1939), S. 132–146 und 586. Vgl. auch MacNeal (1939), S. 23 f. Auch Dicksee und Hatfield fordern nicht den *clean surplus*, vgl. Dicksee (1905), S. 246; Hatfield (1927), S. 84, 283 f. und 245–251. Unrealisierte Verluste aus dem Umlaufvermögen gemäß Imparitätsprinzip wurden jedoch erfolgswirksam erfasst, vgl. MacNeal (1939), S. 23.

dern. Dabei war es unstreitig, dass der operative Gewinn die beste Approximation der zukünftigen Gewinne darstellt. Es ging in der Diskussion vielmehr um die Wahrnehmung der *bottom line* in der Gewinn- und Verlustrechnung seitens der Adressaten. Das APB wandte erst 1966 die von der SEC präferierte All-inclusive-Income-Konzeption an.[449]

2.4 Zwischenergebnis

Die nationale Standardsetzung befindet sich zum Ende der 1930er Jahre in ihren Anfängen. Sie entsteht als Reaktion auf die Weltwirtschaftskrise durch die Verabschiedung des SA 1933 und SEA 1934. Das mit der Standardsetzung beauftragte Gremium CAP zielte auf eine Vereinheitlichung der Rechnungslegung, da als Grund für die Weltwirtschaftskrise auch eine unübersichtliche und unzulängliche Rechnungslegung identifiziert wurde. Die in der Bilanzierungspraxis vorzufindenden Wahlrechte sollten eingeschränkt werden, um das Vertrauen der Anleger in den Kapitalmarkt wiederherzustellen. Dabei entschied man sich oftmals für die einfache, die prüfbare Alternative, denn man fürchtete die Sanktionen der SEC. Die Standardsetzung erhob somit (noch) keinen Anspruch auf eine bilanztheoretisch begründete und intern konsistente Normsetzung.

Während ihrer Etablierungsphase war die Betriebswirtschaftslehre in den USA im Wesentlichen eine beschreibende Wissenschaft. Ähnliches gilt auch für die *revenue and expense view* als erste Bilanztheorie, die in den USA zu finden ist. Auch für diese Theorie gab die praktische Bilanzierung letztendlich den Antrieb. Man beobachtete, ordnete und systematisierte die Praxis und fügte den gefundenen Regeln eine Erklärung hinzu. Im Ergebnis reagierte die Wissenschaft auf die Praxis; sie entwickelte keine originär eigene Theorie, sondern bemühte sich darum, die (akzeptierten) Gepflogenheiten der Unternehmer wissenschaftlich zu untermauern.

Dabei ist insbesondere das Realisationsprinzip zu nennen. Paton/Littleton begründeten es nicht, wie die Praxis, ausschließlich anhand der Objektivierung und des Vorsichtsprinzips, sondern lieferten eine neue Begründung für die Gewinnorientierung mithilfe des Matching-Prozesses. Sie verallgemeinerten die induktiv gewonnenen Bilanzierungsregeln und entwickelten sie zu einer ersten Bilanztheorie mit einem zweckorientierten Prinzipiengefüge fort. Durch die Periodisierung sollte schließlich die Performance des Unternehmens gemessen werden. Daraus ergab sich ein sehr weites Verständnis der Bilanzposten. Sie dienten als bloße Verrechnungsposten.

Das Problem der *revenue and expense view* blieb aber dennoch ihre mangelnde theoretische Fundierung. Die Begründungsarbeit von Paton/Littleton wurde nicht als ausreichend empfunden. Die Standardsetzung machte sich ihre Ergebnisse nicht explizit zueigen. Zwar war der dynamische Grundgedanke in der Bilanzierungspraxis vorhanden, die Verabschiedung immer

---

449 Vgl. Zeff (2005a), S. 22 und 24; Storey (2007), S. 2.20.

neuer Einzelregelungen durch den Standardsetzer, ohne Beachtung des Sinn und Zwecks der dynamischen Rechnungslegung, schleuste aber Inkonsistenzen in das System. Eine bilanztheoretische Fundierung der Rechnungslegung in den USA war somit nicht gegeben. Intern konsistente Bilanzierungsregeln müssen somit eher als Zufallsprodukt und weniger als systematischer Ausbau der Rechnungslegung angesehen werden.

3 Die asset and liability view als Ausdruck des Wunsches nach theoretischer Fundierung der Rechnungslegung

3.1 Die Herausforderung der *revenue and expense view*

Es fand im Anschluss an Paton/Littleton kaum eine weitere Durchdringung der dynamischen Bilanztheorie statt.[450] Ihre Grenzen zeigen sich im Wesentlichen in ihrer mangelnden theoretischen Fundierung, dem schwer greifbaren Begriff der Realisation sowie in der fehlenden Anpassung an Preislevelschwankungen. Das Übermaß an Einzelregelungen in der Standardsetzung trug zur negativen Wahrnehmung bei. Dennoch hielt der Standardsetzer an der dynamischen Richtung fest. Ihr Fortbestand ist auf der einen Seite der Macht des AICPA geschuldet und damit durch den Versuch der Konservierung des Status quo bedingt. Mit den Worten Chambers': „By constant usage and the unconsidered transmission of commercial and financial 'lore,' tests which had significance and an easily discernible meaning in a less complex environment continue to serve; radical changes in the form and milieu of business have had no impact on them, except perhaps to knit them more securely into the fabric of commercial practice."[451] Es ist allerdings zu betonen, dass die Beibehaltung von fortgeführten Anschaffungs- und Herstellungskosten (nur) als kleinster gemeinsamer Nenner galt und nicht konzeptionell präferiert wurde.[452]

Auf der anderen Seite gab es zwar alternative Lösungsansätze von Bilanztheoretikern, aber es gelang nicht, ein einheitliches statisches Konstrukt zu entwickeln, das die Mehrheit der Theo-

---

[450] Spätere Werke sind beispielsweise Littleton (1953) oder Ijiri (1975). Vgl. Yamaji (2005), S. 143 f. mit Bezug zu Littleton.

[451] Chambers (1960), S. 142.

[452] Vgl. Previts/Merino (1998), S. 302 und 305; Hitz (2005), S. 41; Blaufus (2005), S. 129. Beispielhaft wurden die Forschungsergebnisse von Sprouse/Moonitz (ARS No. 3) von ihrem Auftraggeber, dem Accounting Principles Board, im Wesentlichen mit der Begründung abgelehnt, sie würden möglicherweise nicht von der Praxis akzeptiert, da die Vorschläge sehr stark von den damaligen dynamisch geprägten Bilanzierungsregelungen abwichen, vgl. Sprouse (1978), S. 65; Davidson/Anderson (1987), S. 117; Previts/Merino (1998), S. 313. Vgl. auch die Kommentare zur ARS No. 3 am Ende des Dokuments: Sprouse/Moonitz (1962), S. 60–83. Daneben wurde aber auch Kritik an der mangelnden Kompatibilität der Postulates-Studie No. 1 von Moonitz und der Principles-Studie No. 3 geübt, vgl. Chatfield (1977), S. 299. Die negative Meinung des Boards wurde bereits in der ARS No. 3 abgedruckt, vgl. Storey (2007), S. 2.25. Damit wurde dem Vorsatz widersprochen, die Accounting Research Studies zu verbreiten, bevor das Board eine Entscheidung über sie trifft, vgl. Moonitz (1974), S. 18. ARS No. 1 unterlag noch keiner starken inhaltlichen Kritik, da Moonitz' Aussagen als sehr abstrakt und allgemein empfunden wurden, vgl. Zeff (1999), S. 93.

retiker und Praktiker hinter sich vereinen konnte.[453] Die *asset and liability view*, d.h. die statische Bilanztheorie, welche bis in die vordynamische Periode zurückreicht, ist nicht einheitlich definiert. Mit der Außerachtlassung der unternehmerischen Aktivitäten[454] und der Definition des Gewinns als Reinvermögensänderung ist lediglich eine Richtung vorgegeben, die von verschiedenen Autoren unterschiedlich konkretisiert wird.[455] Darüber, welche Vermögensänderungen in die Gewinnbestimmung einbezogen und wie sie bewertet werden sollen, besteht Uneinigkeit.[456] Insofern war die Standhaftigkeit des AICPA verständlich.

3.2 Die Verankerung der statischen Bilanztheorie in der Ökonomik (*true income theories*)

3.2.1 Orientierung an der Ökonomik als gemeinsamer Ausgangspunkt der Theorievertreter

Die Gemeinsamkeit der nachfolgenden Theoretikergruppe besteht in der Zugrundelegung der ökonomischen Theorie für die Definition der Jahresabschlusspositionen. Die Autoren wenden sich von der eher rechtlich dominierten, objektivierten Sichtweise der herrschenden Rechnungslegung ab.[457] Im Zentrum der Überlegungen steht der ökonomische Gewinn, welcher unter Rückgriff auf die Ideen von Fisher und Hicks bestimmt wird. Es war naheliegend, dass wissenschaftliche Impulse für die Rechnungslegung fachfremd aus der Ökonomik stammten, da sich die sehr junge Wissenschaftsdisziplin der Rechnungslegung zu Beginn des 20. Jahrhunderts als Teil der Betriebswirtschaftslehre ihrem wesentlich älteren Verwandten der Volkswirtschaftslehre gegenübersah. Canning nahm sich als einer der ersten und wenigen Wissenschaftler der Aufgabe an, „to venture into the common but uncharted borderland of economics and accountancy“[458], um für ein größeres Verständnis auf beiden Seiten zu werben,[459] da beide Disziplinen voneinander profitieren sollten.[460] Spätere Ansätze versuchten,

---

453 Vgl. Wells (1976), S. 478. Im Ergebnis auch Mouck (1993), S. 40. Der Autor blendet die vorgelagerte dynamische Rechnungslegung jedoch aus.

454 Vgl. FASB (1976a), Rn. 48 f.

455 Vgl. Hitz (2005), S. 126.

456 Vgl. FASB (1976a), Rn. 36.

457 Vgl. Chatfield (1977), S. 263.

458 Chambers (1979), S. 765.

459 Vgl. Canning (1929b), S. 5 und 10; AAA (1977), S. 8. So etablierte Canning auch Rechnungslegungskurse innerhalb seiner volkswirtschaftlichen Fakultät, vgl. (auch zum gesamten Lebenswerk) Zeff (2000). Zu Beginn des 20. Jahrhunderts wurde Rechnungswesen kaum an US-amerikanischen Universitäten gelehrt, vgl. Ryan/Scapens/Theobald (2002), S. 96. Die universitäre Ausbildung der Wirtschaftsprüfer entwickelte sich erst zusammen mit dem Berufsbild, vgl. Zeff (1966), S. 5; Previts/Merino (1998), S. 197–201. Cannings vermittelnder Ansatz war deshalb nicht selbstverständlich. Hochschullehrer aus dem Bereich des Rechnungswesens mussten sich in der Anfangsphase zunächst Anerkennung unter ihren Kollegen verschaffen, da ihr Gebiet nicht als Wissenschaft anerkannt wurde, vgl. Zeff (1966), S. 20–22. Dies ist wiederum dadurch begründet, dass sich die Rechnungslegung aus der Technik der doppelten Buchführung entwickelte und überhaupt erst theoretisiert werden musste, vgl. AAA (1977), S. 6.

460 Canning beschreibt die Beziehung sehr treffend: „Economics, to be sure, has fostered accountancy from its academic advent, but the foster parent has been more influenced by the new relation than has the adopted

die Bilanzierung mithilfe der Ökonomik theoretisch zu unterlegen und sie von der Kaufmannsübung zu distanzieren. Wenn man die Rechnungslegung als Zahlenbasis für die Lösung ökonomischer Probleme, d.h. als Entscheidungshilfe, begreift und gleichzeitig die Ermittlung des Gewinns als zentrale Zielsetzung des Jahresabschlusses akzeptiert, da der Investor als gewinnmaximierendes Wesen gesehen wird, erscheint die Übernahme ökonomischer Gewinnkonzepte in die Rechnungslegung bedenkenswert.[461]

Der Grund für die Auseinandersetzung mit der Ökonomik ist im Wesentlichen externer Natur. Für die dynamische Bilanztheorie nahmen die Theorievertreter als Problembereich wahr, dass sie keine befriedigenden Antworten auf die Inflation nach den beiden Weltkriegen und güterspezifische Preisänderungen geben konnte.[462] Die Steuerbemessung entwickelte sich zum Nachteil der Unternehmen, weil inflationierten Umsätzen historische und damit zu niedrige Aufwendungen gegenübergestellt wurden, worunter die Substanz des Unternehmens litt.[463] Der Ökonom Alexander[464] sieht 1950 vor dem Hintergrund der Inflation und individueller Preisänderungen die Grenzen der vereinfachten Gewinnermittlung auf Basis historischer, d.h. vergangener, Kosten. Die Approximation des (ökonomischen) Gewinns sei in einem solch volatilen Umfeld aufgrund der mangelhaften theoretischen Fundierung des dynamischen Konzepts schwierig. „[I]t is not possible to repair the theoretical structure by superficial adjustments of money values according to changes in price levels.“[465]

---

child. The parent is far from understanding the child, and the latter is often bewildered by the interpretation placed upon its doings“ (Canning (1929b), S. 4). Er spielt darauf an, dass Ökonomen verstärkt auf die Daten der Jahresabschlüsse zurückgreifen möchten, allerdings Verständnisprobleme haben. Mit der Rechnungslegung vertraute Personen sind im Gegenzug überrascht, wenn Volkswirte die Bilanzierungspraktiken mit Theorien hinterlegen, vgl. Canning (1929b), S. 3 f. und 160.

461 Vgl. Schneider (1963), S. 460; Ballwieser (1993), S. 114.

462 Vgl. Yamaji (2005), S. 148. Für eine Übersicht der historischen Inflationsraten der USA vgl. www.inflationdata.com (Stand: 28.02.2012; Abruf: 28.02.2012). Sweeney beschreibt ausführlich das sich für die Rechnungslegung ergebende Problem. Er erläutert, dass die Daten des Jahresabschlusses unter Beibehaltung der historischen Kosten bei Inflation nicht mehr den Gewinn (im Sinne von Kaufkraft) korrekt anzeigen und zudem unvollständige Informationen bieten, vgl. Sweeney (1936), S. 3–6 und 15–23. Zu beachten ist, dass Sweeney nicht unmittelbar als Statiker bezeichnet werden kann, da er den Gewinn nicht explizit als ökonomische Vermögensänderung ermittelt und sich nicht mit der Vermögenswert- und Schuldendefinition auseinandersetzt, vgl. Haller (1989), S. 140.

463 Vgl. ausführlich zum Additionsproblem Sweeney (1936), S. 7–11. Vgl. auch Carey (1970), S. 68–70; Chatfield (1977), S. 243–247 und 262; Previts/Merino (1998), S. 305 f. Seit der zweiten Hälfte der 1950er Jahre wurde die Diskussion um korrekte Bewertungsmaßstäbe und damit um die korrekte Gewinnermittlung im ökonomischen Sinne nur noch auf theoretischer Ebene geführt, da die degressive Abschreibung für die Steuerbemessung akzeptiert wurde, vgl. Chatfield (1977), S. 263; Previts/Merino (1998), S. 306. Man ging davon aus, dass die degressive Abschreibung die Abschreibung auf Basis der (höheren) Wiederbeschaffungskosten in den ersten Jahren approximiert, vgl. Zeff (2005a), S. 22.

464 Vgl. AAA (1977), S. 6.

465 Vgl. Alexander (1962), S. 132 (auch Zitat). Alexander intendiert mit seinem Essay aus dem Jahr 1950 eine theoretische Analyse des ökonomischen Gewinnbegriffs und eine anschließende Gegenüberstellung mit dem dynamischen, in der Rechnungslegung angewandten, Gewinnbegriff, „[in order] to clarify what happens to income as actually measured in periods of changing prices or changing prospects“ (Alexander (1962), S. 132). Vgl. Alexander (1962), S. 139 f. für seine Zusammenfassung der dynamisch-praktischen Bilanzierungsweise.

Um sich schließlich bewusst von dem Vorwurf zu befreien, die Interessen der Unternehmen zu vertreten, wandten sich Bilanztheoretiker endgültig der (wissenschaftlichen) Methode der Deduktion zu.[466] Von den hier besprochenen Veröffentlichungen sind die der AAA[467] sowie von den Rechnungslegungsprofessoren Edwards/Bell[468] und Sprouse/Moonitz[469] im klassischen Sinne deduktiv geprägt. Canning und MacNeal können in dieser Hinsicht als Vorreiter betrachtet werden.[470] Cannings Methode unterscheidet sich von der klassischen Deduktion. „[He was] motivated less by missionary zeal than by a desire to analyze, criticize, and suggest“[471] – ähnlich zu Hatfield zwei Jahrzehnte früher. Der Autor zeigt Schwachstellen der Bilanzierungspraxis auf, stellt sie den vergleichbaren ökonomischen Konzepten gegenüber und überprüft Letztere auf ihre Anwendbarkeit in der Rechnungslegung. So verschwimmen die Ansichten der Bilanzpraktiker stellenweise mit seinen eigenen.[472] Ähnlich geht Alexander vor. Auch er verzichtet auf die Formulierung einer umfassenden eigenständigen Theorie und analysiert, kritisiert, erklärt.[473] Folgerichtiger Ausdruck der deduktiven Ausrichtung der Autoren ist die insbesondere bei Sprouse zu findende Forderung nach der Verwendung eines in sich konsistenten Conceptual Framework für die Standardsetzung, das als verbindliche Richtlinie für Auslegungsfragen und die Bilanzierung neuer Sachverhalte fungiert sowie die Vergleichbarkeit von ähnlichen Bilanzierungssachverhalten sicherstellt.[474]

3.2.2 Vermögen und Gewinn in der Ökonomik

3.2.2.1 Vermögens- und Einkommensdefinition von Fisher

Die Ökonomik ist nicht durch einen einheitlichen Gewinnbegriff gekennzeichnet.[475] Fisher ist in erster Linie der Referenzmaßstab Cannings.[476] Er war an der Rechnungslegung interessiert

---

466 Vgl. Previts/Merino (1998), S. 309 f.

467 Vgl. AAA (1948), S. 339; AAA (1957), S. 537.

468 Vgl. AAA (1977), S. 5; Haller (1989), S. 140. Zur Person Bell vgl. Peasnell/Whittington (2010). Zur Person Edwards vgl. Fisher College of Business (2011a).

469 Vgl. AAA (1977), S. 5; Haller (1989), S. 144. Zur Person Moonitz vgl. Staubus (2010a). Zur Person Sprouse vgl. Swieringa (2011).

470 Vgl. Nelson (1973), S. 15; AAA (1977), S. 5. Haller beschreibt sie als analytisch-normativ, vgl. Haller (1989), S. 144.

471 AAA (1977), S. 5. A.A. Haller (1989), S. 143, der Cannings Schlussfolgerungen als induktiv charakterisiert.

472 Vgl. Chambers (1979), S. 764.

473 Vgl. AAA (1977), S. 5.

474 Vgl. Sprouse/Moonitz (1962), S. 1; Sprouse (1978), S. 71; Sprouse (1979), S. 56–60; Sprouse (1988), S. 121.

475 Vgl. Canning (1929b), S. 143 f.; Alexander (1962), S. 133; Schneider (1963), S. 460 f.; Moxter (1982), S. 151.

476 Canning wählte Fisher als Referenzmaßstab, da dieser das umfassendste Werk lieferte und sich konzeptionell auf die Rechnungslegung übertragen ließ, vgl. Canning (1929b), S. 143–145. Es war jedoch nicht die Intention Cannings, Fishers Ansichten mit den Auffassungen der Ökonomen im Allgemeinen gleichzusetzen, vgl. Chambers (1979), S. 768.

und arbeitete an der Schnittstelle zwischen Ökonomik und Bilanzierung.[477] Hiervon zeugt insbesondere sein Buch „The Nature of Capital and Income“ aus dem Jahr 1906.[478] Er unterscheidet erstmals präzise zwischen Bestands- und Stromgrößen.[479] Den Begriff des Kapitals bestimmt Fisher sehr allgemein. „Kapital beinhaltet alle Bestände von materiellen Objekten, die von Menschen geschätzte Dienste ergeben.“[480] Er wendet sich damit als Ökonom von der klassischen Teilung in Arbeit, Land und Kapital ab. Die angesprochenen Dienste (*services*) sind als Möglichkeit der Bedürfnisbefriedigung, des Konsums zu verstehen.[481] Er setzt seinen Einkommensbegriff (*realized income*[482]) mit diesem Konsum(strom) gleich.[483] Wer (ausschließlich) spart, erzielt nach dieser Definition kein Einkommen.[484] Fisher grenzt diesen eigentlichen Einkommensbegriff vom Standardeinkommen (*earnings / earned income*) ab, das demjenigen Konsumstrom entspricht, der das Kapital unberührt lässt.[485] Er lehnte die Einbeziehung des Sparens in den Einkommensbegriff oft mit der Begründung ab, dass dies zu einer Doppelzählung führe. Tobin erklärt: „Ein Einkommen von einem Dollar wird bei Erhalt gezählt, und seine zukünftigen Erträge, die voraussichtlich den Barwert eines Dollars haben, werden mit den zukünftigen Einkommen gezählt.“ So befürwortete Fisher auch eine Konsumbesteuerung anstelle einer Einkommensbesteuerung.[486] Vermögensänderungen werden dagegen nicht einbezogen: „Value increments are caused by anticipations of income“[487]. Da Fisher das Einkommen mit dem Konsum gleichsetzt, macht er den Begriff zu einer psychischen Größe. Damit wird die Übertragung des Einkommenskonzepts auf Unternehmen sehr schwierig. Der Gewinn des Unternehmens, genauer die Entnahme, wird zum Zwischenschritt im Prozess der Einkommensgenerierung für Individuen.[488]

---

477 Vgl. Mattessich (1972), S. 471; Whittington (1980), S. 237. Fisher war der führende US-amerikanische Ökonom auf dem Weg zur Ablösung des evolutionären Institutionalismus durch die quantitative, anwendungsbezogene Nationalökonomie, vgl. Schefold (1991), S. 6 und 9. „Für Fisher war die mathematische Bestimmung in der Regel schon die Erklärung“ (Schefold (1991), S. 16). Vgl. auch Canning (1929b), S. 160.

478 Vgl. Fisher (1906).

479 Vgl. Tobin (1991), S. 62 f. und 67 f. Das Verständnis des Gewinns als Stromgröße wurde beispielsweise von den Vertretern der *proprietary theory* unter Anknüpfung an die Smith'sche Tradition abgelehnt. Sie begriffen den Gewinn als Bestandsgröße, vgl. Previts/Merino (1998), S. 215.

480 Tobin (1991), S. 64.

481 Vgl. Fisher (1906), S. 51 f.; Canning (1929b), S. 146; Schefold (1991), S. 12; Tobin (1991), S. 64 f. Vgl. auch Schneider (1963), S. 461. Fisher stellte insgesamt nur auf knappe Dienstleistungen ab, wodurch das Zuteilen dieser Dienste auf Personen nötig wird. Dies geschieht anhand der Eigentumsrechte an den Objekten, aus denen die Dienste hervorgehen. Die Summe der zugerechneten Objekte entspricht dem Vermögen oder dem Kapital der Person, vgl. Canning (1929b), S. 146 f.

482 Dieser Begriff ist nicht zu verwechseln mit dem in der Rechnungslegung verwendeten Begriff des realisierten Gewinns, vgl. hierzu auch Canning (1929b), S. 155, Fn. 9; Chambers (1979), S. 769.

483 Vgl. Fisher (1906), S. 52 und 118; Schefold (1991), S. 13 f.; Schneider (1963), S. 461.

484 Vgl. Tobin (1991), S. 65.

485 Vgl. Fisher (1906), S. 110, 234 und 333; Canning (1929b), S. 155; erklärend Chambers (1979), S. 769 f.; Whittington (1980), S. 238; Tobin (1991), S. 66. Abschreibungen werden dem *realized income* zugerechnet, da sie aus dem Verbrauch (Konsum) eines Vermögenswerts erwachsen und nicht aus dem bloßen Eigentum an einem Vermögensobjekt, vgl. Canning (1929b), S. 164 f.

486 Vgl. Tobin (1991), S. 67 (auch Zitat).

487 Sterling (1970), S. 213, im Original mit Hervorhebungen.

488 Vgl. Fisher (1906), S. 159–164; Sterling (1970), S. 9 f. und 211.

Mehr Anerkennung als seine Einkommensdefinition fand seine Berechnung der Kapitalwerte anhand des Ertragswertkalküls.[489] Der Kapitalwert (*capital value / capitalized income*) einer Anlage ist gleich der Summe der diskontierten Werte der von ihr ausgehenden Dienste, d.h. Konsummöglichkeiten.[490]

3.2.2.2 Fortentwicklung des ökonomischen Gewinnbegriffs durch Hicks

Fishers Einkommensbegriff ist – rein semantisch[491] – zu unterscheiden vom Begriff des ökonomischen Gewinns im Sinne von *ideal income* oder *standard income*, wie er bei Lindahl,[492] Hicks[493] oder später bei Hansen[494] zu finden ist. *Standard income* umfasst nicht nur den Konsum, sondern auch die Ersparnis. Der ökonomische Gewinn einer Periode ist die Verzinsung des Kapitals zum Periodenbeginn. Auf diese Weise rückt der Ertragswert in das Zentrum des Interesses; das Einkommen selbst wird, anders als bei Fisher, als zentrale Größe verdrängt.[495]

Hicks charakterisiert Einkommen (ex ante[496]) wie folgt: „[W]e ought to define a man's income as the maximum value which he can consume during a week, and still expect to be as well off at the end of the week as he was at the beginning." Die Größe fungiert als „guide for prudent conduct"[497] und enthält ebenfalls keine unrealisierten Bestandteile[498]. Hicks' Definition lässt sich auf den abstrakten Wunsch nach Bedürfnisbefriedigung (Nutzen) eines jeden Individuums durch Güter oder Serviceleistungen zurückführen. *Well-being* basiert in dieser Sichtweise auf allen Gütern und Dienstleistungen, über welche das Individuum (rechtliche) Kontrolle hat. Entsprechend ist eine Zunahme der Kontrolle als Gewinn zu verstehen. Der Konsum, d.h. die tatsächliche Bedürfnisbefriedigung, verbraucht zunächst den Gewinn und anschließend die übrige kontrollierte Substanz. Die abstrakte Nutzengröße ist allerdings keiner Bewertung/Messung zugänglich.[499] „[T]he purposes for which a measure of income is desired [...] require the measurement of income not as a complex relationship of heterogeneous objects and actions, but as a single measure in a well defined unit."[500] Deshalb begrenzt man die Berechnung des ökonomischen Gewinns in der Regel auf den Teil der Güter und

489 Vgl. Fisher (1906), S. 202; Schneider (1963), S. 461.
490 Vgl. Fisher (1906), S. 248 f.; Canning (1929b), S. 154 f.; Schefold (1991), S. 14 f. und 28; Tobin (1991), S. 65.
491 Vgl. Sterling (1970), S. 211 f.
492 Vgl. Lindahl (1933), S. 399–405.
493 Vgl. Hicks (1946).
494 Vgl. Hansen (1962), S. 15–19.
495 Vgl. Schneider (1963), S. 461; relativierend Canning (1929b), S. 155 f., Fn. 10.
496 Ex post bestimmte Einkommensgrößen sind zwar ermittelbar, aber nicht (entscheidungs)relevant, da sie vergangenheitsorientiert sind. Mithilfe von Anpassungen kann man höchstens auf den ex ante vorhandenen Wert zurückschließen, vgl. Hicks (1946), S. 178–180. Zur Verdeutlichung des Unterschieds zwischen ex ante und ex post vorgenommener Berechnung des Einkommens vgl. Bromwich/Macve/Sunder (2010), S. 351.
497 Hicks (1946), S. 172 (beide Zitate).
498 Vgl. Hicks (1946), S. 179; Basu/Waymire (2010), S. 137.
499 Vgl. Alexander (1962), S. 135–137.
500 Alexander (1962), S. 137.

Dienstleistungen, der einer Messung in Geldeinheiten (Marktwert) zugänglich ist (*wealth*).[501] An dieser Stelle wird deutlich, dass selbst der ökonomische Gewinn unter sicheren Erwartungen nur eine Approximation des nicht messbaren Nutzengewinns darstellt.[502]

Bei sicheren Erwartungen ist die Bestimmung des ökonomischen Gewinns unproblematisch, denn die Einzahlungsüberschüsse und der Zins sind in diesem Fall bekannt. Die Unterscheidung zwischen einer ex ante und einer ex post berechneten Größe entfällt.[503] Ist darüber hinaus der Zins konstant, bleibt auch der ökonomische Gewinn unverändert.[504] In der Praxis lassen sich aber nach Hicks nur Näherungswerte ermitteln.[505] Dies gilt zumindest für dynamische Analyseverfahren in der Ökonomik,[506] bei welchen das Problem der Unsicherheit deutlich wird. Es besteht grundsätzlich darin, dass das berechnete Einkommen vom tatsächlichen Zahlungsstrom abweichen kann.[507] Hicks lehnt daher das Einkommenskonzept für die dynamische Analyse ab. „[W]e shall be well advised to eschew income and saving in economic dynamics. They are bad tools, which break in our hands.“[508] In einem statischen ökonomischen Modell ist die Bestimmung des Einkommens dagegen unproblematisch, da der Zeitaspekt ausgeblendet wird. Es handelt sich dann um eine zeitpunktbezogene Betrachtung, die einen Zustand beschreibt.[509] Das Einkommen einer Person ist in diesem Fall gleich dem tatsächlichen Geld-/Güterzugang.[510] Ebenso unproblematisch ist die Berechnung des Einkommens bei dynamischen Modellen, die einen stationären Zustand annehmen. Dies bedeutet, das Modell geht von im Zeitablauf konstanten Größen aus,[511] sodass das Einkommen wiederum mit dem tatsächlichen Geld-/Gütereingang gleichgesetzt werden kann.[512]

---

501 Vgl. Alexander (1962), S. 137 f.

502 Vgl. Alexander (1962), S. 138.

503 Vgl. Schneider (1963), S. 464; Hitz (2005), S. 278; Bromwich/Macve/Sunder (2010), S. 371.

504 Vgl. Fisher (1906), S. 396 f.; Alexander (1962), S. 151; Bromwich/Macve/Sunder (2010), S. 351.

505 Vgl. Hicks (1946), S. 171. Hicks beschreibt drei Näherungswerte: Die erste Variante (*Income No.* 1) setzt auf nominale Kapitalerhaltung bei konstantem Zins, vgl. Hicks (1946), S. 172 f. Die zweite Variante (*Income No.* 2) berücksichtigt zusätzlich schwankende Zinssätze und ermittelt den standardisierten Einkommensstrom, vgl. Hicks (1946), S. 174. Die dritte Alternative (*Income No.* 3) erfasst darüber hinaus Preisänderungen, sodass sich die Erwartungshaltung für die kommenden Wochen auf reale Größen beziehen muss, vgl. Hicks (1946), S. 174 f.; Basu/Waymire (2010), S. 137.

506 Dynamische Modelle im engeren Sinne beziehen den Zeitaspekt bewusst mit ein. Sie untersuchen den Weg von Zustand A nach Zustand B unter der Prämisse, dass sich die einzubeziehenden Größen im Zeitablauf ändern, vgl. Hicks (1946), S. 115; Fischbach/Wollenberg (2007), S. 59; Altmann (2009), S. 12.

507 Vgl. Hicks (1946), S. 172.

508 Hicks (1946), S. 177, im Original mit Hervorhebungen. Vgl. auch Basu/Waymire (2010), S. 137.

509 Vgl. zur Definition eines statischen Modells Hicks (1946), S. 115; Fischbach/Wollenberg (2007), S. 59; Altmann (2009), S. 12.

510 Vgl. Hicks (1946), S. 172.

511 Vgl. Hicks (1946), S. 117–119; Fischbach/Wollenberg (2007), S. 60.

512 Vgl. Hicks (1946), S. 172.

3.2.2.3 Übertragung des ökonomischen Gewinnbegriffs auf die Rechnungslegung

Alexander greift die (ökonomische) Gewinndefinition von Hicks mit abweichendem Zeithorizont auf: „A year's income is, fundamentally, the amount of wealth that a person, real or corporate, can dispose of over the course of the year and remain as well off at the end of the year as at the beginning."[513] Er überträgt damit die Gewinnkonzeption für Individuen auf Unternehmen.[514] Bei Unternehmen entspricht der ökonomische Gewinn nach Alexander grundsätzlich dem ausschüttbaren Betrag, welcher die Eigenkapitalbasis unangetastet lässt.[515] In diese Berechnung ist grundsätzlich auch der Goodwill als Vermögenswert einzubeziehen, sodass sich die Effektivvermögensänderung ergibt.[516] Werden Entnahmen nur in Höhe des ökonomischen Gewinns getätigt, bleibt der Ertragswert der Unternehmung (real[517]) konstant.[518] Wird mehr entnommen, fällt der Ertragswert der Unternehmung, wird weniger entnommen, wächst das Unternehmen.[519]

Die Übertragung des ökonomischen Gewinnkonzepts auf die Gewinnermittlung des Unternehmens im Sinne eines ausschüttbaren Betrags ist aber, wie bei Fisher, umstritten.[520] Beispielsweise bleibt die Rechnungslegung tendenziell im ex post ermittelten Gewinn verhaftet, obwohl Hicks diesen als irrelevant verwirft.[521] Alexander betont die sich ergebenden Messprobleme. Er stellt das bilanzierungspraktische (dynamische) und das ökonomische Gewinnkonzept als Pole dar, die auch heute noch wahrgenommen werden. Das eine konzentriert sich auf die Operationalität zulasten eines aussagefähigen Ergebnisses; das andere fokussiert ein theoretisch begründetes Konzept, welches aber praktisch schwer durchführbar ist.[522] Sie stimmen z.B. nicht überein, da „revaluations [of certain asset types in accounting] cannot be true capital valuations"[523]. Die Vorschläge der ökonomisch orientierten Autoren sind somit

513 Alexander (1962), S. 127, im Original mit Hervorhebung.

514 Vgl. Alexander (1962), S. 138 f. Unterschiede in der Berechnung der (Netto-)Vermögensänderung bei Individuen und Unternehmen schließt Alexander allerdings nicht aus.

515 Vgl. Alexander (1962), S. 139.

516 Vgl. Alexander (1962), S. 147–150.

517 Vgl. Schneider (1963), S. 466.

518 Vgl. das anschauliche Beispiel bei Jaedicke/Sprouse (1965), S. 19–24.

519 Vgl. Schneider (1963), S. 457 und 461 f.; Lücke/Hautz (1973), S. 4 und 8.

520 Vgl. die Kontroverse zwischen Jaensch und Schneider: Schneider (1963); Jaensch (1972); Schneider (1973); Jaensch (1973). Befürwortend äußern sich Jaedicke/Sprouse (1965), S. 19. Ablehnend Basu/Waymire (2010); Bromwich/Macve/Sunder (2010). Vgl. zur Abweichung vom realen Gewinn Alexander (1962), S. 188 und 192 f. Vgl. auch Fn. 1042.

521 Vgl. Sterling (1970), S. 8; Bromwich/Macve/Sunder (2010), S. 355–357.

522 Vgl. Alexander (1962), S. 134.

523 Canning (1929b), S. 135. Vgl. Chambers (1979), S. 768. Ein Beispiel sind Abschreibungen, die (bei der Dynamik) in Abhängigkeit des Anschaffungspreises nicht zwingend dem erbrachten Dienst des Vermögensobjekts entsprechen müssen, vgl. Canning (1929b), S. 168 f. Canning sieht die Gründe für die Abweichung vom korrekten Earnings-Wert zum einen pragmatisch in mangelnden Budgets sowie der mangelnden statistischen Ausbildung der Bilanzierer und zum anderen in unzuverlässigem Datenmaterial, vgl. Canning (1929b), S. 169; Canning (1929a), S. 6 f. Er ist verwundert über die relativ geringe Auseinandersetzung innerhalb des Rechnungswesens mit dem Einkommensbegriff, was zu widersprüchlichen oder doppelten Begriffsverwendungen führt, obwohl das vorrangige Ziel der Erstellung eines Jahresabschlusses in der Gewinnermittlung liegt, vgl. Canning (1929b), S. 92 f. Er spielt damit auf die fehlende Bezugnahme

als Mittelweg zu verstehen. Denn die Konzentration auf die ökonomische Gewinnermittlung oder besser gesagt auf die Approximation des Effektivvermögens wird bewusst eingeschränkt. Bei Sprouse/Moonitz wird dies beispielsweise durch die Forderung nach Objektivierung im Rahmen des Gesamtkonzepts bestätigt, die insbesondere auf die Bewertung der Jahresabschlusspositionen zielt.[524] Die Autoren lehnen aber eine (über)vorsichtige Bilanzierung ab, die in späteren Perioden zu umgekehrten Effekten führt und damit verzerrend wirkt. Vielmehr sprechen sie sich für eine Hinwendung zu statistischen Methoden aus, die der Willkür des Einzelnen Grenzen setzen.[525]

3.2.3 Pauschale Adressatenorientierung des Jahresabschlusses

Dass die externe Rechnungslegung kein Selbstzweck ist, versteht sich für die statischen Autoren nach Canning von selbst. Sie betonen, dass der Jahresabschluss dem Ziel der Informationsvermittlung dient, insbesondere, wenn Eigentum und Kontrolle am Unternehmen voneinander getrennt sind. Hierbei sind zukunftsorientierte Informationen für Investitionsentscheidungen gemeint.[526] Im Vergleich zur Dynamik tritt die Rechenschaftsfunktion, d.h. die Effizienzüberprüfung des Managements, zurück[527] und die Antizipation zukünftiger Einkommensströme erfolgt nicht mehr indirekt über die Extrapolation des normalisierten vergangenen Gewinns, sondern über die zukunftsorientierte Bewertung der Bilanzposten.

Mit der Berufung auf ökonomische Gewinn- und Kapitalkonzepte nahmen die Vertreter dieser statischen Bilanztheorien für sich in Anspruch, den einzig richtigen, idealen Gewinn zu definieren, welcher alle Adressaten zufriedenstellt. Unterschiedliche Informationsbedürfnisse der Jahresabschlussadressaten wurden kaum thematisiert. So wurde im Gegenteil eher pauschal angenommen, dass die Investoren sowie die übrigen Adressaten auf einen aktuellen Bewertungsmaßstab, wie er in der Ökonomik gefordert wird, (für ihre Entscheidungen) Wert legen.[528] Daher rührt die Bezeichnung *true income theories* für diese Forschungsrichtung. So war z.B. der Anlass für Wirtschaftsprüfer MacNeal zur Verfassung seines Buchs 1939 die Analyse der mangelhaften Bilanzierungspraxis, welche zu nicht aussagekräftigen Jahresabschlüssen führt. Er setzte sich für die Formulierung von neuen Bilanzierungsprinzipien zum

---

der (dynamischen) Bilanzierungspraxis auf den ökonomischen Gewinn an, vgl. Chatfield (1977), S. 261. Vgl. auch Alexander (1962), S. 139 f.

524 Vgl. Moonitz (1961), S. 18 f., 41–43 und 53; Sprouse/Moonitz (1962), S. 12 und 53; Nelson (1973), S. 7.

525 Vgl. Moonitz (1961), S. 47 f.

526 Vgl. Canning (1929b), S. 124; MacNeal (1939), S. 72–84; Chatfield (1977), S. 243. Beispielhaft konstruiert MacNeal drei Fabeln, die die Unzulänglichkeiten der Anschaffungskostenbewertung und des Realisationsprinzips in Bezug auf Investitionsentscheidungen deutlich machen, vgl. MacNeal (1939), S. 2–15; Zeff (1982), S. 530–532. Vgl. auch Gilman (1939), S. 4; AAA (1948), S. 339; AAA (1957), S. 537 und 542; Moonitz (1961), S. 21; Moonitz (1962), S. 175–179; AAA (1965), S. 312.

527 Moonitz sieht in der Berechnung der Rentabilität allerdings auch ein unerlässliches Werkzeug zur Kontrolle des Managements im Sinne der Rechenschaftsfunktion, vgl. Moonitz (1962), S. 179 f. Ähnlich äußern sich Edwards/Bell, vgl. Abschnitt II.B.3.2.4.2 (S. 69 75).

528 Vgl. AAA (1977), S. 6 und 8. Auch Littleton folgte 1953 einer pauschalen Adressatenorientierung, vgl. Bedford/Ziegler (1975), S. 442.

Vorteil aller Adressaten ein, die logisch und ökonomisch begründet sind, um idealerweise Wahrheit in der Rechnungslegung zu finden.[529] Die Konsequenz der Wahrheitssuche ist die allgemeine Zurückdrängung des Vorsichtsprinzips, sofern es die Realität verzerrt.[530] Bei MacNeal ist schließlich die Idee zentral, sich auf die Gegenwart zu konzentrieren. Solche aktuellen Informationen seien für Manager, für Fremdkapitalgeber und für Aktionäre gleichermaßen relevant.[531] Auch Sprouse/Moonitz gelangen zu der pauschalierenden Schlussfolgerung, dass ihre aufgestellten Bilanzierungsprinzipien für alle Adressatengruppen von Nutzen seien.[532] Somit sind die von ihnen aufgestellten Bilanzierungsprinzipien auch nicht als Rechtfertigung oder Bestätigung für eine konkrete Funktion des Jahresabschlusses (z.B. Besteuerung) zu sehen.[533] Diese pauschale Sichtweise ergab sich, da die theoretischen Ergebnisse der Arbeiten nicht auf den (tatsächlichen) Informationsbedürfnissen der Adressaten basierten.[534]

Nur Alexander erkennt bereits 1950 explizit und ausführlich, dass die unterschiedlichen Verwendungszwecke des Unternehmensgewinns (z.B. Besteuerung, Ausschüttungsbemessung, interne Steuerung) unterschiedliche Ermittlungsmethoden hervorgebracht haben.[535] Er verfolgt somit nicht die pauschale Annahme, dass ein einziger idealer Gewinnbegriff allen Informationsbedürfnissen gerecht werden kann. Vielmehr ist die Definition des Gewinns an seinem Ermittlungszweck auszurichten.[536] „Each [income concept] has certain advantages and disadvantages. Furthermore, even the advantages and disadvantages cannot be clearly identified because that which is good for one purpose may be bad for another. We want to use a measure of income for several different purposes, and it should not surprise us to find that a measure which is good for one purpose is not good for another."[537] Ähnliche Gedanken formulieren Edwards/Bell. Sie stellen die Gewinnkonzeption in den Mittelpunkt, da Ausprägungen des Gewinns sowohl intern der Unternehmenssteuerung dienen als auch extern zum Beurteilungsmaßstab und zur Entscheidungshilfe für Eigen- und Fremdkapitalgeber sowie für Behörden werden. Gleichzeitig dient der Gewinn der Steuerbemessung.[538] In ihrer Arbeit fokus-

---

529 Vgl. MacNeal (1939), S. vii. Damit intendierte er, die Diskreditierung des Berufsstands, welchem er selbst angehörte (vgl. AAA (1977), S. 8; Zeff (1982), S. 529 f.) zu verhindern, vgl. MacNeal (1939), S. x f. und 315–324. Auch Littleton kennt für Rechnungslegungsprinzipien einen Wahrheitsanspruch, vgl. Littleton (1953), S. 147. Ebenso Sweeney (1936), S. xliii; Edwards/Bell (1961), S. 25.

530 Vgl. Sterling (1970), S. 258 und 278. MacNeal formuliert: „Conservatism will not appeal to intelligent individuals as a valid argument when it is used in defense of untruths which may cause widespread injustice" (MacNeal (1939), S. 52). Vgl. auch Zeff (1982), S. 544.

531 Vgl. MacNeal (1939), S. 167 und 180; AAA (1977), S. 27.

532 Vgl. Sprouse/Moonitz (1962), S. 1.

533 Vgl. Sprouse/Moonitz (1962), S. 55.

534 Vgl. AAA (1977), S. 11.

535 Vgl. Alexander (1962), S. 131.

536 Vgl. Alexander (1962), S. 127 und 129 f.; AAA (1977), S. 6, 8 f. und 29.

537 Alexander (1962), S. 146. Dabei geht es insbesondere um die Erfassung von Wertänderungen am ruhenden Vermögen, die Entscheidung zwischen Real- und Nominalrechnung und die Gewinnerfassung bei Entstehung oder Realisierung. Vgl. die Beispiele bei Alexander (1962), S. 140–146 sowie 199.

538 Vgl. Edwards/Bell (1961), S. vii f. und 1.

sieren Edwards/Bell jedoch die interne Entscheidungsnützlichkeit des Gewinns[539] und vermischen daher internes und externes Rechnungswesen.[540] Mit ihrer Ausrichtung machen sie deutlich, dass die Gewinnkonzeption stets im Zusammenhang mit der Zielsetzung der Rechnungslegung gesehen werden muss.[541] Deshalb sprechen sie sich für eine umfassende Berichterstattung aus, die mehrere Bausteine enthält, aus welchen die passende Gewinngröße zusammengesetzt werden kann. Durch die Konstruktion der Gewinn- und Verlustrechnung als Setzkasten unterscheiden sich Edwards/Bell von früheren Theoretikern.[542] Letztendlich wendet aber keiner der Autoren spezifische Entscheidungsmodelle an.[543]

Als Widerspruch zum Wahrheitsanspruch und zur pauschalen Adressatenorientierung stellen sich schließlich die unterschiedlichen Gewinnkonzepte dar. Ihre Entstehung wurde möglich, da Hicks' Gewinnkonzept nicht abschließend definiert ist. Es verkörpert einen Rahmen, der mit unterschiedlichen Regelungen ausgefüllt werden kann. Denn es ist nicht eindeutig, was „as well off at the end of the year as at the beginning" bedeutet, d.h., wie das Nettovermögen zu bemessen ist.[544] So unterscheiden sich die nachfolgend vorgestellten Ansätze, trotz ihres Anspruchs, den wahren Gewinn zu ermitteln, bei der Umsetzung der ökonomischen Idealvorstellung, insbesondere bei der Bewertung der Vermögenswerte.

3.2.4 Ansatz- und Bewertungskonzeptionen für die Bilanz

3.2.4.1 Definition und Ansatz der Vermögenswerte im Sinne der ökonomischen Theorie

Der Charakter der Vermögenswerte bestimmt sich einheitlich bei allen Autoren nach der ökonomischen Theorie. Der noch an der *proprietary theory* orientierte[545] Canning kristallisiert anhand seiner Recherchen bereits 1929 folgende Vermögenswertdefinition für die Rechnungslegung heraus: „An asset is any future service in money or any future service convertible into money [...] the beneficial interest in which is legally or equitably secured to some person [...]. Such a service is an asset only to that person [...] to whom it runs."[546] Dreißig Jahre später definieren Sprouse/Moonitz Vermögenswerte sehr ähnlich: „Assets represent expected future economic benefits, rights to which have been acquired by the enterprise as a result of some current or past transaction."[547]

---

539 Vgl. Edwards/Bell (1961), S. 5. Allerdings räumen sie ein, dass externe Adressaten von einem ähnlichen Gewinnkonzept profitieren, vgl. z.B. Edwards/Bell (1961), S. 222.
540 Vgl. Peasnell/Whittington (2010), S. 512.
541 Vgl. Edwards/Bell (1961), S. 110 f.
542 Vgl. Chatfield (1977), S. 267.
543 Vgl. AAA (1977), S. 28.
544 Vgl. Alexander (1962), S. 127 (auch Zitat).
545 Vgl. Canning (1929b), S. 22 f. und 48.
546 Canning (1929b), S. 22, im Original hervorgehoben. An anderer Stelle beschreibt Canning Vermögenswerte als zukünftige „fund procurements" (Canning (1929b), S. 191).
547 Sprouse/Moonitz (1962), S. 20.

Die Autoren der *true income theories* charakterisieren Vermögenswerte im Allgemeinen als *service potentials*.[548] Entscheidend ist dabei das Vorhandensein eines zukünftigen Nutzens für eine bestimmte Person (*proprietary theory*) oder ein bestimmtes Unternehmen (*entity theory*), der sich letztendlich in einem Geldzufluss konkretisiert.[549] Der Begriff „wirtschaftlich" steht bei Sprouse/Moonitz explizit für die Knappheit des zukünftigen Nutzens, sodass der Vermögenswert einen Tauschwert erhält.[550] Das Adjektiv „erwartet" drückt die Unsicherheit aus, mit welcher der Nutzen eintreten wird. Die vorausgegangene Transaktion beschreibt den Zugang des Vermögenswerts zum Unternehmen. Dabei muss es sich um eine vergangene oder aktuell stattfindende Transaktion handeln. Zukünftige Transaktionen begründen keine Vermögenswerte.[551] Die Art des Erwerbs ist gleichgültig. So ist der Ausdruck *acquired* sehr weit auszulegen und nicht auf den klassischen Kauf zu beschränken.[552]

Den Umfang der Vermögenswerte limitieren die meisten Autoren aus Objektivierungsgründen auf diejenigen Servicepotenziale, auf die ein rechtlicher Anspruch besteht.[553] Einzig bei der Vermögenswertdefinition der AAA 1957 kann kein direkter rechtlicher Bezug festgestellt werden.[554] Sprouse/Moonitz verwenden zwar den Begriff *rights* in der Vermögenswertdefinition, erkennen aber beispielsweise explizit Forschungs- und Entwicklungskosten sowie Gründungskosten (*organization costs*) aufgrund der von ihnen ausgehenden Nutzenstiftung als Vermögenswerte an.[555]

Neben diesen definitorischen Merkmalen fordern insbesondere Sprouse/Moonitz die Einhaltung weiterer objektivierender[556] Bedingungen für den Ansatz von Vermögenswerten, wie sie heute z.B. auch in IAS 38.12 oder 38.21 oder FASB ASC 350-20-25 zu finden sind. Zunächst muss deren Übertragbarkeit auf ein anderes Unternehmen gegeben sein. Dabei ist es gleichgültig, ob die Übertragung separat oder nur im Verbund mit anderen Vermögenswerten geschehen kann. Weiterhin muss die klare Zuordnung zu einem Unternehmen möglich sein.

---

548 Vgl. MacNeal (1939), S. 271; AAA (1948), S. 340; AAA (1957), S. 538; Edwards/Bell (1961), S. 33 f. und 223; Sprouse/Moonitz (1962), S. 19 f.

549 Der Vermögenswert ist nicht zu verwechseln mit der Quelle der Zuflüsse. Beispielsweise sei nicht das Auto der Vermögenswert, sondern die Transportleistung, welche zur Umsatzgenerierung beiträgt, vgl. Canning (1929b), S. 14 f. und 20 f.; Sprouse/Moonitz (1962), S. 32; Whittington (1980), S. 238. Vgl. auch AAA (1957), S. 538. Insofern charakterisieren Sprouse/Moonitz immaterielle Vermögenswerte als Vermögenswerte „in their 'purest' form", da bei ihnen kein Sachgegenstand den Blick auf die Serviceleistung verstellt, vgl. Sprouse/Moonitz (1962), S. 36 (auch Zitat); Nelson (1973), S. 6.

550 Vgl. auch AAA (1948), S. 340; AAA (1957), S. 538.

551 Vgl. Sprouse/Moonitz (1962), S. 20 f.; Sprouse (1978), S. 68 f. Vgl. auch MacNeal (1939), S. 271 f.

552 Vgl. Sprouse/Moonitz (1962), S. 26. Die AAA nennt 1957 eine Transaktion oder „its equivalent" als Ansatzkriterium für Vermögenswerte und gibt als Beispiel Entdeckungen oder Spenden, vgl. AAA (1957), S. 538 f. (Zitat S. 539).

553 Vgl. Canning (1929b), S. 17 f. und 19 f.; MacNeal (1939), S. 237; AAA (1948), S. 340.

554 „Assets are economic resources devoted to business purposes within a specific accounting entity; they are aggregates of service-potentials available for or beneficial to expected operations." Allerdings erfordert der bilanzielle Ansatz eines Vermögenswerts eine vorausgegangene Markttransaktion, vgl. AAA (1957), S. 538 (auch Zitat).

555 Vgl. Sprouse/Moonitz (1962), S. 22 und 36; kritisch hierzu Schreiber (2007), S. 573.

556 Vgl. Schreiber (2007), S. 573.

Letztlich kommt eine Bilanzierung als Vermögenswert nur infrage, wenn die Bewertbarkeit in Geldeinheiten gegeben ist.[557]

Die Limitierung der Vermögenswerte grenzt die bilanzielle Vermögenswertdefinition von der rein ökonomischen ab. Die Forderung nach einem Servicepotenzial stimmt zwar mit Fishers Verständnis von Kapital überein, allerdings ist dem Ökonomen die begrenzte Betrachtung ausschließlich der rechtlich begründeten und objektivierten Servicepotenziale eines Unternehmens fremd. Der Ökonom vertritt eine globale Sichtweise, analysiert das (Gesamt-)-Einkommen und das (Gesamt-)Kapital von Individuen und der Gesellschaft.[558] Fisher war sich bewusst, dass ein einzelner Vermögenswert immer nur eine Chance auf ein zukünftiges Leistungspotenzial verkörpert, da erst im Zusammenspiel mit anderen Ressourcen die Leistungen (eventuell) tatsächlich entstehen. Bereits Canning scheint aber das konkrete Vorhandensein eines Servicepotenzials zu fordern.[559] Der teilweise noch im Sinne der *proprietary theory* denkende[560] MacNeal konkretisiert: „The wealth owned by a business can consist only of material goods, or of legally enforceable claims for goods or services not yet received. The cost of a mere expectation, or of a favorable outlook, does not constitute a balance sheet asset. Accountants cannot undertake to value expectations, outlooks, or strategic positions, because this would imply the ability to determine the value of a business as a whole."[561] Trotz statischer Grundausrichtung erliegen die Autoren daher nicht der Illusion der Möglichkeit des Ausweises eines Effektivvermögens,[562] zumal die statische Theorie auch aus der Kritik am willkürlichen Realisationsprozess geboren ist.

Den Autoren der *true income theories* ist gemein, dass sie für die Aktivseite ausschließlich Posten dulden, die ihrer Vermögenswertdefinition entsprechen. Bereits Canning kritisiert die Aktivierung von Posten, welche die Vermögenswertdefinition nicht erfüllen, wie z.B. Aufwendungen für die Gründung eines Unternehmens (hier ist Canning anderer Ansicht als Sprouse/Moonitz), ein Disagio oder gar der Goodwill.[563] Gewinnglättende Maßnahmen akzeptiert auch MacNeal nicht.[564] Andere Autoren, wie Edwards/Bell, nennen zumindest keine Aktivposten neben den Vermögenswerten.[565] Im Gegenzug sind die Vermögenswerte voll-

---

557 Vgl. Sprouse/Moonitz (1962), S. 19. Bewertbarkeit wird auch 1957 von der AAA gefordert, vgl. AAA (1957), S. 539.

558 Vgl. Canning (1929b), S. 15 f. i.V.m. S. 14, Fn. 2 und S. 159.

559 Vgl. Chambers (1979), S. 766 f.

560 Vgl. MacNeal (1939), S. 297 f. Zur *entity theory* tendiert die gleichrangige Behandlung von Eigen- und Fremdkapital auf der Passivseite der Bilanz, vgl. MacNeal (1939), S. 274.

561 MacNeal (1939), S. 271 f. Diese Aussage wird mit der Ablehnung der Aktivierung des Goodwills bestätigt, vgl. MacNeal (1939), S. 230–237 und 273.

562 Vgl. Canning (1929b), S. 40 f., 54 und 191; Canning (1929a), S. 3; vgl. kritisch Chambers (1979), S. 771. Vgl. auch Alexander (1962), S. 147–150.

563 Vgl. Canning (1929b), S. 30–36 und 42 f. Vgl. auch MacNeal (1939), S. 230–237 und 238–242; Nelson (1973), S. 5 f.; Zeff (1982), S. 538. Mit Bezug zu aktiven latenten Steuern aufgrund der unsicheren Entwicklung der Steuervorschriften vgl. AAA (1957), S. 541 f.

564 Vgl. MacNeal (1939), S. 300. Dies wird durch die Ablehnung von Abgrenzungsposten bestätigt, vgl. MacNeal (1939), S. 238–242.

565 Vgl. AAA (1977), S. 8.

ständig auszuweisen.[566] Canning scheint aber der einzige Bilanztheoretiker dieser Gruppe zu sein, der den Ausweis von schwebenden Geschäften problematisiert. Er kritisiert die fehlende Berücksichtigung schwebender Geschäfte in der Bilanz, da auch sie gemäß seiner Definition (vertragliche) Vermögenswerte beinhalten.[567]

3.2.4.2 (Folge-)Bewertung der Vermögenswerte als zentraler Streitpunkt

Während die Zugangsbewertung nicht explizit thematisiert oder unproblematisch mit dem Transaktionspreis beschrieben wird,[568] diskutieren die einzelnen Autoren die Folgebewertung intensiv und unterschiedlich. In der Änderung der Blickrichtung, d.h. von der Vergangenheit in die Zukunft, liegt Cannings wesentlicher Beitrag zur Fortentwicklung der Bilanztheorie.[569] So gehen auch die (nachfolgenden) Bilanztheoretiker bei der Bewertung der Vermögenswerte zukunftsorientiert oder – in Abweichung von Fisher und Hicks – gegenwartsorientiert vor. Es unterscheiden sich dementsprechend die herangezogenen (Markt-)Wertmaßstäbe. Eine Ausnahme bildet die AAA, die noch bis 1948 die Bewertung zu historischen Kosten beibehält,[570] obwohl sie eine ökonomische Vermögenswertdefinition vertritt.

Als Ideal fordert insbesondere Canning eine Bewertung anhand individueller diskontierter Einkommensströme im Sinne Fishers, um so einen anteiligen Ertragswert zu ermitteln. Canning, der Fishers Schüler war,[571] hält eine solche Bewertung beispielsweise für Vorräte und Forderungen für möglich, da für diese Vermögenswerte die Zahlungsströme abschätzbar seien.[572] Sofern zukünftige Zahlungsströme nicht bestimmbar sind – dies gilt in erster Linie für das Anlagevermögen, da hier mehrere Vermögenswerte gemeinsam für die Umsatzgenerierung verantwortlich sind –, befürwortet Canning eine pragmatische[573] indirekte Bewertung.[574] Die Leistungspotenziale der Vermögenswerte sind zu minimalen Wiederbeschaffungskosten zu bewerten, solange sie für den Produktionsprozess essenziell sind. Dies bedeutet eine Bewertung „at the cost of [the asset's] […] cheapest adequate substitute". Diese indirekte Bewertung firmiert unter dem Begriff „'opportunity difference' principle".[575] Nach Alexander ist

---

566 Vgl. Sprouse/Moonitz (1962), S. 55.

567 Vgl. Canning (1929b), S. 18 f., 22 und 56 f. Die z.B. bei Sprouse/Moonitz vorgesehene Aktivierung von Forderungen aus Lieferungen und Leistungen spricht gegen einen Ausweis von schwebenden Geschäften, vgl. Sprouse/Moonitz (1962), S. 46; Jaedicke/Sprouse (1965), S. 40. Ähnlich Moonitz mit Bezug zu Teilabrechnungen, vgl. Moonitz (1960), S. 46.

568 Vgl. etwa MacNeal (1939), S. 160; AAA (1948), S. 340; AAA (1957), S. 539; AAA (1965), S. 318.

569 Vgl. Whittington (1980), S. 237; Zeff (1999), S. 90; Yamaji (2005), S. 147.

570 Vgl. AAA (1948), S. 340. Das Komitee scheint nur bei andauernder Hochinflation einer Bewertungsanpassung zuzustimmen.

571 Vgl. Whittington (1980), S. 237.

572 Vgl. Canning (1929b), S. 182–185, Kapitel 11 zur direkten Bewertung.

573 Vgl. Whittington (1980), S. 237; Yamaji (2005), S. 147.

574 Vgl. Canning (1929b), S. 182–185, Kapitel 12 zur indirekten Bewertung; AAA (1977), S. 8.

575 Vgl. Whittington (1980), S. 238 f. (beide Zitate S. 238); AAA (1977), S. 8; teilweise kritisch Chambers (1979), S. 771 f.; Haller (1989), S. 143 f.; Zeff (2000), S. 7.

eine zukunftsgerichtete Bewertung nur bei sicheren Erwartungen durchzuführen.[576] Ebenso ist die Diskontierung für die AAA 1957 konzeptionell richtig, aber letztlich nur ein Idealbild.[577]

Die übrigen Autoren fordern eine aktuelle Bewertung mithilfe von Marktpreisen. Für Alexander ist dies selbstverständlich: „It is probably obvious to most people that market value is the appropriate measure of well-being associated with each item of wealth in a man's possession."[578] Die Autoren sind sich indessen uneinig über den adäquaten Referenzmarkt.

Edwards/Bell setzen sich insbesondere mit der Korrektur des Fehlers aus der Nichtberücksichtigung der individuellen Marktpreisveränderungen in der Rechnungslegungspraxis auseinander, da das allgemeine Preislevel nicht die Entscheidung des Managements ändert, sondern nur die Höhe des (realen) Gewinns betrifft.[579] Sie werfen der Bilanzierungspraxis vor, dass deren Regeln nur bei konstantem Preislevel, Identität zwischen Anschaffungskosten und individuellem Marktpreis sowie sicheren Erwartungen zu aussagekräftigen Jahresabschlüssen führen.[580] Diese Forderungen entsprechen dem stationären Zustand nach Hicks. Aber anstatt diese ökonomische Restriktion zu betonen, haben Bilanzierer Konventionen wie das Realisationsprinzip entwickelt, die die Bilanzierungsvorschriften erklären.[581]

Nach Edwards/Bell trifft das Management aus ökonomischer Sicht Entscheidungen, die den (ökonomischen) Gewinn des Unternehmens maximieren. Diese Entscheidungen basieren auf der Unsicherheit der Zukunft und betreffen die (langfristige) Zusammensetzung und Menge der Vermögenswerte sowie deren Finanzierung, d.h. das Aussehen der Bilanz.[582] Gesucht ist diejenige Zusammensetzung, welche den originären Goodwill maximiert.[583] Die Rechnungslegung soll dank der Aufzeichnung der tatsächlichen Geschäftsvorfälle helfen, diese Entscheidungen (intern) zu beurteilen und anzupassen.[584] Dazu darf der Jahresabschluss ausschließlich (alle) aktuelle(n) Positionen enthalten.[585] So setzen sich Edwards/Bell zwar grundsätzlich mit der Rechenschaftsfunktion des Jahresabschlusses (*stewardship*) auseinander, nehmen ihr aber den Vergangenheitsbezug.[586]

Aufgrund der aufgezeigten Funktion der Rechnungslegung setzen Edwards/Bell den Jahresüberschuss nicht mit einem ökonomischen, aber ex post ermittelten Gewinn gleich, wie er von Ökonomen oftmals als Ideal der Rechnungslegung formuliert wird. „If the objective of accounting is to aid in the decision-making processes within the firm, specifically to aid in the

---

576 Vgl. Alexander (1962), S. 147 f.
577 Vgl. AAA (1957), S. 539.
578 Alexander (1962), S. 137.
579 Vgl. Edwards/Bell (1961), S. 12 und 16–23. Insofern sei die Anpassung des Preislevels nur für die Steuerbemessung relevant.
580 Vgl. Edwards/Bell (1961), S. 7–9; Alexander (1962), S. 155–157; Sprouse/Moonitz (1962), S. 15 f.
581 Vgl. Edwards/Bell (1961), S. 9 f.
582 Vgl. Edwards/Bell (1961), S. 2, 31 f., 33–35 und 38.
583 Vgl. Edwards/Bell (1961), S. 37 f.
584 Vgl. Edwards/Bell (1961), S. 3 f. und 32.
585 Vgl. Edwards/Bell (1961), S. 5 und 6.
586 Vgl. Peasnell/Whittington (2010), S. 512 f.

quest for profit, it is hardly appropriate that the fundamental measure of income should be based on the assumption that all decisions have already been made"[587]. Damit wandelt sich die Bewertung der Bilanzposten zu Marktpreisen vom Ersatzwert für die subjektive Diskontierung der zukünftigen Einnahmenüberschüsse zum einzig relevanten Bewertungsmaßstab innerhalb der Rechnungslegung. Nach Edwards/Bell kann nur der Markt die Entscheidungen des Managements beurteilen.[588]

Welcher Marktpreis für die Bewertung heranzuziehen ist, unterscheiden Edwards/Bell nach dem für das Management relevanten Zeithorizont, d.h. nach dem relevanten Gewinnkonzept. In der kurzen Sicht befürworten sie eine absatzmarktorientierte Bewertung. Der relevante Marktpreis zur Bestimmung des *realizable profit* ist der jeweils aktuelle *exit price*, welcher als Opportunitätskosten interpretiert werden kann.[589] Der für langfristige Managemententscheidungen zu berücksichtigende *business profit* folgt bei der Bewertung im Gegensatz zum *realizable profit* im Produktionshorizont dem klassischen Realisationsprinzip und wendet *entry values* bis zum Verkaufszeitpunkt an. Im Zeithorizont wird das Realisationsprinzip allerdings missachtet und es werden unabhängig von einem Verkauf, d.h. mit Entstehung, aktuelle *entry values* angesetzt.[590] „It can be noted [...] that the business profit concept requires no knowledge of production while the realizable profit concept requires no knowledge of sales."[591] Mit der Unterscheidung von *entry* und *exit values* machen Edwards/Bell letztendlich deutlich, dass sie keinen unter idealen Bedingungen entstandenen Marktpreis als Bewertungsmaßstab wählen.[592]

Der (*expected*) *realizable profit* ist definiert „as the size of the dividend a firm could plan to pay at the end of a period without impairing the market value of its assets"[593]. Er gibt also die Veränderung des Marktwerts der (bilanzierten) Vermögenswerte wieder.[594] Die Investition lohnt sich in der kurzen Sicht, wenn der *realizable profit* höher ist als die Verzinsung des mo-

---

587 Edwards/Bell (1961), S. 25, vgl. auch S. 43 f. Vgl. Bromwich/Macve/Sunder (2010), S. 355–357 zur Problematik der fehlenden Entscheidungsnützlichkeit des ex post ermittelten Gewinns nach Hicks.

588 Vgl. Edwards/Bell (1961), S. 24 f.

589 Vgl. Edwards/Bell (1961), S. 80 f. Auch Anschaffungen müssen sofort zum *current exit price* (zu Opportunitätskosten) bewertet werden, der nicht zwingend mit den Anschaffungskosten übereinstimmt, vgl. Edwards/Bell (1961), S. 86 f.

590 Vgl. Edwards/Bell (1961), S. 88–90. Die AAA wertet den Rückgriff auf Wiederbeschaffungspreise als Zugeständnis an die Bilanzierungspraxis, die die (operative) Gewinnmarge erst im Verkaufszeitpunkt ausweisen möchte, vgl. AAA (1977), S. 8. Der technologische Fortschritt wird nicht in die Berechnung der Wiederbeschaffungskosten einbezogen, vgl. Edwards/Bell (1961), S. 186 und 275; Revsine (1973), S. 154 f.

591 Edwards/Bell (1961), S. 97.

592 Vgl. Peasnell/Whittington (2010), S. 514.

593 Edwards/Bell (1961), S. 45. Der *realizable profit* teilt sich in einen operativen und einen Kapitalteil. Ersterer ergibt sich zeitpunktbezogen aus dem Produktionsfortschritt, Letzterer einzig aus dem Zeitablauf, vgl. Edwards/Bell (1961), S. 71–74 und 81–86.

594 Vgl. Edwards/Bell (1961), S. 44 und 54–59. Der *realizable profit* umfasst keine vom Unternehmer individuell erwarteten Einnahmepotenziale, die nicht am Markt abgebildet werden, d.h. die aus dem subjektiven Goodwill resultieren. Bei positivem Unternehmensverlauf sinkt jedoch der subjektive Goodwill zugunsten einer Erfassung im Markt; diese Reduktion wird in einer Erhöhung des *realizable profit* widergespiegelt, vgl. Edwards/Bell (1961), S. 37–51.

netären Gegenwerts des Vermögens bewertet zu Opportunitätskosten zu Beginn der Periode.[595] Mit dem *current operating profit* – dem operativen Teil des *business profit* – kann die langfristige Vorteilhaftigkeit des Unternehmens (über die Lebensdauer eines Vermögenswerts hinaus[596]) anhand des Produktionsprozesses beurteilt werden. Der bestehende Produktionsprozess ist lohnend, wenn der *current operating profit* höher ist als die Verzinsung des monetären Gegenwerts der Vermögenswerte, bewertet zu aktuellen Wiederbeschaffungskosten.[597] Sobald das Unternehmen die Vorteilhaftigkeit des Produktionsprozesses und damit der Wiederbeschaffung der Vermögenswerte festgestellt hat, stellen die Wiederbeschaffungskosten den Mindestwert des Vermögenswerts aus Sicht des Unternehmens dar. Die Wiederbeschaffungskosten entsprechen in diesem Fall den minimalen diskontierten zukünftigen Zahlungsströmen aus dem Vermögenswert.[598] *Realizable* und *current operating profit* geben so unterschiedliche Informationen: „Realizable profit may indicate when the assets themselves should be abandoned by the firm, but the abandonment of a particular use of those assets [in the production process] can better be determined on the basis of current operating profit.“[599]

Darüber hinaus ist für betriebsnotwendige Vermögenswerte die Konzentration auf die Wiederbeschaffungskosten und den *current operating profit* zu bevorzugen, solange die Liquidation des Unternehmens nicht unmittelbar bevorsteht, weil Opportunitätskosten subjektive Bestandteile beinhalten.[600] Investoren werden sich bei langfristigen Investitionsentscheidungen ebenfalls am *current operating profit* orientieren, da dieser eher prognosefähig ist.[601]

In der Gegenüberstellung mit MacNeal zeigt sich prägnant die Bandbreite der diskutierten Bewertungsmöglichkeiten. MacNeal widerlegt die Begründung der Bewertung zu Anschaffungskosten durch Rückgriff auf die Unternehmensfortführungsprämisse, indem er die Konsequenzen für Jahresabschlussleser, insbesondere für „uninformed, temporary stockholders“, vor Augen führt. Werden zwei identische Anlagegüter zu unterschiedlichen Preisen gekauft, erscheint eines von beiden (und mit ihm ceteris paribus das gesamte Unternehmen) über- oder unterbewertet. In den Folgejahren kehrt sich die Situation aufgrund der Abschreibungen um. Die Unternehmenslage wird somit verfälscht und einzig aus dem Blickwinkel des permanen-

---

595 Vgl. Edwards/Bell (1961), S. 98.

596 Vgl. Edwards/Bell (1961), S. 100 f.

597 Vgl. Edwards/Bell (1961), S. 98–100; Revsine (1973), S. 10. „Current operating profit [...] indicates the excess of the value of output sold over the resources used in producing and selling that output on the assumption that resources and output are flowing in the direction in which they are actually flowing. It does not indicate, as does realizable profit, the excess of what is obtained from one outflow of resources over what could be obtained from another outflow of resources“ (Edwards/Bell (1961), S. 99).

598 Vgl. Sprouse/Moonitz (1962), S. 29; Revsine (1973), S. 69 und 71 f.

599 Edwards/Bell (1961), S. 101. Vgl. auch Yamaji (2005), S. 148.

600 Die Opportunitätskosten für einen alternativen Einsatz der Vermögenswerte innerhalb des Unternehmens lassen sich beispielsweise nicht objektiviert bestimmen, vgl. Edwards/Bell (1961), S. 102. Für die Bedingungen, unter welchen sich Opportunitätskosten und Wiederbeschaffungskosten entsprechen und damit *realizable profit* und *business profit* identisch sind, vgl. Edwards/Bell (1961), S. 105–108.

601 Vgl. Edwards/Bell (1961), S. 102.

ten Eigentümers dargestellt.[602] Da sich der Marktpreis fortlaufend als Kombination aus Angebot und Nachfrage ergibt, ist darüber hinaus die Argumentation, dass die Anschaffungskosten den individuellen Nutzwert des Guts darstellen, weder im Zugangs- noch in den Folgezeitpunkten aufrechtzuerhalten.[603] Die Begründung für die Bewertung zu fortgeführten Anschaffungskosten im Anlagevermögen aufgrund der Unternehmensfortführungsprämisse entfällt damit. Nutzwert (philosophischer Wert) und Preis (ökonomischer Wert) sind voneinander zu unterscheiden.[604] MacNeal widerspricht der Beibehaltung der historischen Kosten als Buchwert, da die Beibehaltung auf einer Annahme über die zukünftige Preisentwicklung basiert, die durch individuelle Vorstellungen getrieben und damit nicht nachweisbar ist.[605] MacNeal befürwortet stattdessen erstmalig die Bewertung in der Bilanz zu „present values“[606], um eine wahrheitsgemäße Darstellung zu erreichen.[607]

MacNeal betont, dass sich der Bilanzierer mit der Gegenwart und nicht mit der unsicheren Zukunft oder der irrelevanten Vergangenheit zu befassen hat. Um die Posten der Bilanz korrekt darzustellen, fordert er eine Orientierung am ökonomischen Wertkonzept, da dies das einzige Wertkonzept sei, welches bezifferbar ist. Jedes andere (philosophische) Wertkonzept sei zu vage.[608] „Stockholders and creditors have a right to believe that the figures given to them state values, not private prophecies, and the only values that any one knows how to state are economic values.“[609] Der ökonomische Wert entspricht dem aktuellen Tauschwert, dem gegebenen Marktpreis. „Economic value is a measure of the relative importance which a community, exhibiting its collective preferences through the market process, attaches to a particular good in comparison with other goods.“[610] MacNeal orientiert sich damit weniger an Fisher oder Hicks, sondern am Marktgleichgewicht im Sinne Alfred Marshalls.[611]

---

602 Vgl. MacNeal (1939), S. 2–6 i.V.m. S. 46–50 (Zitat S. 48). Vgl. auch Zeff (1982), S. 529 f. MacNeal wendet sich allerdings nicht gegen die Fortführungsprämisse selbst. Er sieht den Ursprung der Anschaffungskostenbewertung im Mangel an Alternativen vor der Etablierung der Wettbewerbsmärkte, vgl. MacNeal (1939), S. 179 f.

603 Vgl. MacNeal (1939), S. 96–99.

604 „The accountant is merely attempting to value the utility of the plant apart from the external factors of supply and demand. He is trying to apply a philosophic concept to an economic situation. But he is not so modest as the philosopher. He claims success where the philosopher admits failure. And to complete his unconscious burlesque he uses as his axiologic value a former economic value which was created by the very law of supply and demand which he now discredits“ (MacNeal (1939), S. 101).

605 Vgl. MacNeal (1939), S. 102.

606 MacNeal (1939), S. 32. Vgl. AAA (1977), S. 7; Zeff (1982), S. 546. MacNeals revolutionäres Bewertungskonzept wurde erst in den 1960er Jahren positiv gewürdigt, weil erst zu dieser Zeit die Diskussion um die Bewertung der Aktiva in der Literatur offen und kontrovers geführt wurde, vgl. Zeff (1982), S. 547.

607 Vgl. MacNeal (1939), S. 34 f., 37, 39, 190 und 295; AAA (1977), S. 8 und 27; Zeff (1982), S. 535.

608 Vgl. MacNeal (1939), S. 86 f.; Chatfield (1977), S. 243; Zeff (1982), S. 535 f. Zur Vorteilhaftigkeit von MacNeals Jahresabschlusskonzeption aus Sicht des Autors vgl. MacNeal (1939), S. 189–197.

609 MacNeal (1939), S. 102.

610 Vgl. MacNeal (1939), S. 87 (auch Zitat). Damit ein Gut einen Marktpreis erhält, muss es drei Eigenschaften erfüllen: Knappheit auf der Angebotsseite, Übertragbarkeit auf eine andere Person und (Netto-)Nützlichkeit auf der Nachfrageseite, vgl. MacNeal (1939), S. 88–95.

611 Vgl. Caspari (2008), S. 332 und 335 f.

Damit sich die gewünschten Marktpreise einstellen, sind vollkommene Märkte und vollständige Konkurrenz von Nöten.[612] Die geforderten Eigenschaften erfüllen jedoch nur wenige Märkte. Werden Vermögenswerte nicht auf einem (annähernd) vollkommenen Markt oder besser gesagt auf einem formalen Markt wie der Börse gehandelt, so sind ersatzweise ihre aktuellen Wiederbeschaffungskosten als Bewertungsmaßstab, d.h. als Approximation des ökonomischen Werts, heranzuziehen.[613] Die Substitution basiert auf der Annahme, dass der Marktpreis jeweils so hoch ist, dass er die Wiederbeschaffungskosten (inklusive Marge aus Verkäufersicht) deckt, da sich Angebot und Nachfrage ausgleichen.[614] „Replacement cost is defined as the cost of reproducing a thing plus a profit sufficient to provide a motive for so doing."[615] Da aber gerade in diesen Fällen kein vollkommener Markt und keine vollständige Konkurrenz vorhanden sind, besteht die Gefahr, dass die Wiederbeschaffungskosten die Annäherung an den gesuchten wettbewerbsfähigen Marktpreis zugunsten eines Monopolpreises verfehlen.[616] Weiterhin existiert unter Umständen das Problem, dass die zu bilanzierenden Vermögenswerte auf verschiedenen Teilmärkten mit unterschiedlichen Preisen zu finden sind.[617] Bei Spezialanfertigungen oder bei Standardprodukten, die unter stark eingeschränktem Wettbewerb gehandelt werden, soll zur Bestimmung der Wiederbeschaffungskosten unter Wettbewerbsbedingungen ein Experte hinzugezogen werden.[618] MacNeal macht den Bilanzierer/Wirtschaftsprüfer damit zum fähigen Bewerter. Die Bewertung zu Wiederbeschaffungskosten versagt schließlich bei Vermögenswerten, die nicht reproduzierbar sind. Diese MacNeals Meinung nach selten auftretenden Vermögenswerte sind hilfsweise zu fortgeführten Anschaffungskosten zu bewerten.[619]

---

612 Vgl. MacNeal (1939), S. 127–134.

613 Vgl. MacNeal (1939), S. 159 und 172; AAA (1977), S. 27; Zeff (1982), S. 536. Soweit möglich, soll aber noch auf ablesbare Marktpreise zurückgegriffen werden. Sind beispielsweise nicht kontinuierlich Marktpreise ablesbar, weil der Markt nicht aktiv genug ist, wird das Verhältnis von Geld- und Briefkurs bei Börsenschluss herangezogen, vgl. MacNeal (1939), S. 139 f. Vereinfachend wird auf den Mittelwert abgestellt, da der Bilanzierer nicht versuchen sollte, die zukünftige Entwicklung der Preise vorherzusagen. „He must, under all conditions, stay as close to the facts as he can." Wenn diese Kurse nicht angegeben werden, ist der letzte tatsächliche Marktpreis heranzuziehen, vgl. MacNeal (1939), S. 141–143 (Zitat S. 141). Bestehen mehrere adäquate Märkte, so ist grundsätzlich derjenige zu wählen, welcher örtlich am nächsten zum zu bewertenden Vermögenswert liegt, vgl. MacNeal (1939), S. 148–150.

614 Vgl. MacNeal (1939), S. 155 und 156 f. Nur bei starkem Wirtschaftswachstum oder starker Depression können die Marktpreise von den Wiederbeschaffungskosten abweichen, da sich die Nachfrage schneller anpasst als das Angebot, vgl. MacNeal (1939), S. 158 f.

615 MacNeal (1939), S. 155. Wiederbeschaffungskosten sind so zu interpretieren, dass durch die Wiederbeschaffung die identische Funktion hergestellt wird, vgl. MacNeal (1939), S. 161 f. Bei der Berechnung des Buchwerts ist zu den aktuellen Anschaffungs- und Herstellungskosten (abzüglich Abschreibung) keine Gewinnmarge zu addieren. „No profit is added to this cost" (MacNeal (1939), S. 162).

616 Vgl. auch MacNeal (1939), S. 163 f.

617 Ein Beispiel ist die Absatzkette eines Autos vom Produzenten bis zum Kunden, vgl. MacNeal (1939), S. 165 f. MacNeal sieht aber insgesamt keine Ermittlungsschwierigkeiten für die Wiederbeschaffungskosten, vgl. MacNeal (1939), S. 155.

618 Beispielsweise soll ein Architekt die Baukosten eines Hauses bestimmen, vgl. MacNeal (1939), S. 168 und 183 f.

619 Vgl. MacNeal (1939), S. 157 f. und 187–189; Zeff (1982), S. 536.

Im Gegensatz zu Canning, Edwards/Bell und MacNeal machen Sprouse/Moonitz die aktuelle Bewertung vom jeweiligen Bilanzposten abhängig. Die Bewertung richtet sich grundsätzlich nach der Art des zukünftigen Nutzens, den der Vermögenswert verspricht,[620] und wird begrenzt durch Objektivierungsüberlegungen. Forderungen sind mit ihrem erwarteten Einzahlungsbetrag zu bewerten, der grundsätzlich zu diskontieren ist, und gängige Wertpapiere werden zu aktuellen Marktpreisen angesetzt.[621] Bei nichtmonetären Vermögenswerten erfolgt die Zugangsbewertung zu Anschaffungs- oder Herstellungskosten, da so die verlässliche Darstellung des ökonomischen Werts zu diesem Zeitpunkt sichergestellt wird.[622] Für die Folgebewertung lehnen Sprouse/Moonitz die Beibehaltung der historischen Kosten jedoch grundsätzlich ab, da diese nicht mehr dem zukünftigen Nutzen des Vermögenswerts entsprechen. Sie präferieren die Ausrichtung an aktuellen Marktpreisen als objektiviertem Wertmaßstab.[623] Bei Vorräten soll der zukünftige Nutzen grundsätzlich über ihren Verkaufspreis (*net realizable value*) approximiert werden. Ist er nicht ermittelbar, erfolgt die Bewertung ersatzweise zu Wiederbeschaffungskosten, um Werterhöhungen am ruhenden Vermögen bei ihrer Entstehung ausweisen zu können.[624] Das Anlagevermögen ist in regelmäßigen Abständen zu Wiederbeschaffungskosten neu zu bewerten. Die Bilanzierung zu Wiederbeschaffungskosten ist der Objektivierung geschuldet und approximiert nicht den Wert der zukünftigen Serviceleistungen (den Nutzwert) des Anlagegegenstands. Verkaufspreise sind nicht relevant, da das Anlagevermögen nicht verkauft werden soll. Einzig immaterielle Vermögenswerte sind zu Anschaffungskosten zu bilanzieren „in the absence of compelling evidence that their value is markedly different".[625] Die AAA differenziert nach 1964 ähnlich: Hier sind sowohl das Anlagevermögen als auch Vorräte zu Wiederbeschaffungskosten zu bewerten; Wertpapiere werden absatzmarktorientiert bewertet; schließlich kennzeichnet der erwartete Geldeingang den Posten „Forderungen".[626]

Die *asset and liability view* scheint demnach nicht an ein bestimmtes (aktuelles) Bewertungskonzept gebunden zu sein. Die vorgestellten Autoren sehen die Frage der Bewertung losgelöst von der Art der Gewinnermittlung.[627]

---

620 Vgl. Sprouse/Moonitz (1962), S. 23; AAA (1977), S. 7; Chatfield (1977), S. 247. Dennoch gilt Moonitz als Bewunderer Cannings, vgl. Staubus (2010a), S. 705.

621 Vgl. AAA (1957), S. 539; Sprouse/Moonitz (1962), S. 24 f.

622 Vgl. Sprouse/Moonitz (1962), S. 25 f.

623 Vgl. Sprouse/Moonitz (1962), S. 26 f.; Staubus (2010a), S. 706.

624 Vgl. Sprouse/Moonitz (1962), S. 27–32; Staubus (2010a), S. 706.

625 Vgl. Sprouse/Moonitz (1962), S. 32–36 (Zitat S. 36).

626 Vgl. AAA (1964a), S. 695; AAA (1964b), S. 708 und 710 inklusive Erläuterungen zu Ermittlungsmethoden für die Bewertungsmaßstäbe. Vgl. auch AAA (1957), S. 541; AAA (1965), S. 315 und 320 f.; Zeff (1966), S. 53 f.; Chatfield (1977), S. 246.

627 Vgl. Sprouse (1978), S. 68; Gerbaulet (1999), S. 24.

3.2.4.3 Definition und Ansatz der Schulden als Spiegelbild der Vermögenswerte

Die Besprechung der Schulden nimmt bei den einzelnen Autoren kaum Platz in Anspruch.[628] Die Schulden fügen sich in das gezeichnete Bild der Vermögenswerte ein. Sie stellen den Teil der Servicepotenziale dar, welcher an Dritte fließt. Canning betont wiederum die Begrenzung der Zuflüsse an den Eigentümer im Sinne der *proprietary theory*: „Proprietorship consists of the entire beneficial interest of a holder of a set of assets in those assets. A liability is a service, valuable in money, which a proprietor is under an existing legal (or equitable) duty to render to a second person. [...] Net proprietorship [...] is the difference found by subtracting the summation of the liabilities from the amount of the proprietorship."[629] Schließlich stellen Sprouse/Moonitz eine direkte Beziehung zu den Vermögenswerten her: „The liabilities of a business enterprise are its obligations to convey assets or perform services, obligations resulting from past or current transactions and requiring settlement in the future."[630]

Bereits Canning sieht für eine Schuld eher Ähnlichkeiten zum Vermögenswertbegriff (umgekehrtes Vorzeichen) als zum Eigenkapitalbegriff.[631] Die Bilanzgleichung kann damit auch als Differenz zwischen der Summe der Servicezuflüsse und der Summe der Serviceabflüsse charakterisiert werden.[632] Weiterhin ist den Autoren die Beschränkung der Schulden auf rechtliche Verpflichtungen gemein.[633] Jedoch muss der Anspruchsgegner nicht zwingend augenblicklich bekannt sein, wie sich am Beispiel der Gewährleistungsverpflichtung zeigen lässt.[634] Nur Moonitz äußert sich 1960 etwas umfassender. Er sieht keine Beschränkung auf den Ansatz rechtlicher Verpflichtungen.[635] Insgesamt erfolgt in den einzelnen Werken jedoch keine intensive Auseinandersetzung mit der Frage, wie mit rein faktischen Verpflichtungen, z.B. Kulanzleistungen, umzugehen ist.

Die Bemühung um die Einhaltung der Schuldeigenschaften für die Passivierung wird an vielen Stellen deutlich. Sprouse wehrt sich explizit gegen die Passivierung von „what-you-may-call-its"[636], welche die (seine) Definition einer Schuld nicht erfüllen und ausschließlich der

---

[628] Vgl. Nelson (1973), S. 14.

[629] Canning (1929b), S. 55 f., im Original hervorgehoben. An anderer Stelle bezeichnet Canning Schulden als zukünftige „fund distributions" (Canning (1929b), S. 182).

[630] Sprouse/Moonitz (1962), S. 37. Vgl. Sprouse (1966), S. 45; Moonitz (1960), S. 44. Sprouse/Moonitz fordern zusätzlich eine verlässliche Bewertbarkeit für den Ansatz einer Schuld, vgl. Sprouse/Moonitz (1962), S. 37. Wie groß die Bandbreite an Werten sein darf, erläutern Sprouse/Moonitz aber nicht, vgl. Sprouse/Moonitz (1962), S. 37. Die AAA stellte 1948 erstmals den Vergangenheitsbezug für Schulden heraus, der auch für Vermögenswerte existiert, vgl. AAA (1948), S. 342. Vgl. auch AAA (1957), S. 542.

[631] Vgl. Canning (1929b), S. 50–53.

[632] Vgl. Canning (1929b), S. 50.

[633] Vgl. MacNeal (1939), S. 274 f. Der Begriff *obligation* deutet bei Sprouse/Moonitz auf ein rechtlich geprägtes Schuldverständnis hin, da er mit einem Anspruch (*claim*) (oder mehreren Ansprüchen) gegen das Unternehmen umschrieben wird, vgl. Sprouse/Moonitz (1962), S. 37.

[634] Vgl. Sprouse/Moonitz (1962), S. 37.

[635] Vgl. Moonitz (1960), S. 44.

[636] Sprouse (1966), S. 45. Vgl. auch Swieringa (2011), S. 212.

Gewinnglättung dienen[637]. Als Beispiel nennt er Unternehmenskäufe, bei denen der Kaufpreis unter der Summe aller erworbenen Vermögenswerte liegt und diese Differenz passiv abgegrenzt wird.[638] In umgekehrter Richtung wünscht er sich einen begrifflich unmissverständlichen Ausweis von Passiva, die die Schulddefinition erfüllen.[639] Die AAA lehnt 1957 die Passivierung von passiven latenten Steuern aufgrund der unsicheren Entwicklung der Steuervorschriften ab.[640] MacNeal steht der Passivierung eines Agios kritisch gegenüber.[641] Auch der Ansatz von Drohverlusten ist nicht vorgesehen und wird nicht einmal angesprochen.[642]

Canning ist jedoch der einzige Bilanztheoretiker dieser Gruppe, der die Forderung nach einem vollständigen Schuldenausweis ganzheitlich umsetzt, indem er den Ausweis von schwebenden Geschäften problematisiert. Er kritisiert die fehlende Berücksichtigung schwebender Geschäfte in der Bilanz, da auch sie gemäß seiner Definition Schulden beinhalten.[643] Moonitz kritisiert zwar die Nichtbilanzierung schwebender Geschäfte, wenn dies unter dem Vorwand geschieht, es entstünden noch keine Gewinnwirkungen.[644] Die Beispiele von Sprouse/Moonitz lassen jedoch nicht abschließend erkennen, ob nach ihrem bilanztheoretischen Verständnis Leistungsverpflichtungen mit Vertragsschluss auszuweisen sind oder nicht. Dagegen spricht die Diskussion der Verbindlichkeiten, die nicht auf Geld lauten. Hier wird nur der Fall einer Vorauszahlung angesprochen, die zum eingegangenen Betrag zu bilanzieren ist.[645]

3.2.4.4 Bewertungsvorschläge für Schulden

Die Vorschläge zur Bewertung der Schulden sind eher bruchstückhaft und machen deutlich, dass der Schwerpunkt der Auseinandersetzung auf der Aktivseite liegt. Canning äußert sich nicht explizit zur Schuldenbewertung. Erst MacNeal erläutert, dass sie in Höhe der bestehenden finanziellen Verpflichtung (und nicht zum schwankenden Marktwert) zu bewerten sind.[646] Die AAA bezieht sich nur auf den erhaltenen Geldbetrag.[647] Leistungsverpflichtungen, die nicht auf Geld lauten, sind nach MacNeal – ebenso wie Vermögenswerte – zum ökonomischen Wert zu bewerten. Dies impliziert eine jährliche Aktualisierung des Bilanzpostens. „Only by valuing such liabilities in the light of conditions actually existing at the date of a balance sheet can stockholders and creditors be supplied with a truthful statement of present

---

637 Vgl. Sprouse (1966), S. 52.

638 Vgl. Sprouse (1966), S. 46–49. Der Artikel diskutiert außerdem zwei weitere Beispiele: Sale-and-lease-back-Transaktionen und Investitionszuschüsse.

639 Vgl. Sprouse/Moonitz (1962), S. 58; Sprouse (1966), S. 46. Gleicher Ansicht ist (überraschenderweise) Paton, vgl. Paton (1961), S. 38–40.

640 Vgl. AAA (1957), S. 545 f.

641 Vgl. MacNeal (1939), S. 280–285 und 300; Zeff (1982), S. 538.

642 Vgl. Moonitz (1960), S. 45.

643 Vgl. Canning (1929b), S. 18 f., 22 und 56 f.

644 Vgl. Moonitz (1960), S. 44 f.

645 Vgl. Sprouse/Moonitz (1962), S. 41 und 58.

646 Vgl. MacNeal (1939), S. 285 f.

647 Vgl. AAA (1948), S. 342; AAA (1957), S. 542.

fact." Beispielhaft nennt MacNeal die Verpflichtung, ein Haus fertigzustellen, und die Verpflichtung eines an der Börse tätigen Leerverkäufers, die geliehenen Aktien zurückzugeben.[648] Die AAA fordert in ähnlicher Weise die Bilanzierung der Sachleistungsverpflichtungen zum monetären Gegenwert.[649] Sprouse/Moonitz schließen sich an. Die Bewertung erfolgt grundsätzlich mit dem niedrigsten Betrag, der nötig ist, um die Schuld zu begleichen. Es ist die tatsächliche Belastung gesucht. Deshalb befürworten Sprouse/Moonitz grundsätzlich die Abzinsung von Verbindlichkeiten und Rückstellungen.[650] Vorauszahlungen sind in Höhe des tatsächlich eingegangenen Betrags zu bilanzieren.[651]

3.2.5 Abbildung erfolgswirksamer Vorgänge

3.2.5.1 Definition des Gewinns als (Netto-)Vermögensänderung

Die Ablehnung der dynamischen Jahresabschlussauffassung geht mit der Kritik des Realisationsprinzips, das grundsätzlich die Liquiditätsnähe, mithin die Ausschüttungsfähigkeit der Gewinne betont, einher. Die ökonomisch orientierten Wissenschaftler standen der Etablierung des Realisationsprinzips kritisch gegenüber, da es grundsätzlich aus der Vorsicht und der Objektivierung geboren ist und weniger als bilanztheoretisches Konzept taugt.[652] Der Versuch der Theoretisierung durch Paton/Littleton wurde offenbar als unzureichend eingestuft. Canning wendet sich gegen eine pauschal vorsichtige Umsatzrealisation, da dabei der Bezug zu den Informationsbedürfnissen der Jahresabschlussleser verloren gehe.[653] Alexander weist auf die Inkonsistenz von Realisations- und Imparitätsprinzip hin: „This dual standard indicates that the treatment of accruals is not dictated by the nature of the income concept used but rather by practical considerations summed up in the term 'conservatism.'"[654] MacNeal versteht realisierte Gewinne als Einzahlungen und sieht demnach das Realisationsprinzip in einer Zeit verankert, in der Unternehmen projektartig abgeschlossen wurden. Diese Einschränkung des Gewinnbegriffs passe nicht zu kontinuierlich bestehenden Unternehmen, da sie liquide Mittel ständig reinvestieren.[655] Dem Eigentümer sei es gleichgültig, ob der (Geld-)Zuwachs aus dem operativen Geschäft oder dem Kapitalbereich stammt.[656] Sprouse/Moonitz halten den Begriff „Realisierung" für zu unpräzise und abstrakt und befürchten deshalb bilanzpolitische Maßnahmen, insbesondere eine Gewinnglättung. Sie bevorzugen daher die Betrachtung der zu-

---

648 Vgl. MacNeal (1939), S. 285 f. (Zitat S. 286).
649 Vgl. AAA (1948), S. 342; AAA (1957), S. 542.
650 Vgl. Sprouse/Moonitz (1962), S. 39.
651 Vgl. AAA (1948), S. 342; Sprouse/Moonitz (1962), S. 41.
652 Vgl. Chatfield (1977), S. 260 f. Hatfield empfand das Realisationsprinzip bereits 1927 als simplifizierend, obwohl er dynamisches Gedankengut induktiv vorbereitete, vgl. Hatfield (1927), S. 251. Paton negierte 1922 das Realisationsprinzip noch, vgl. Paton (1922), S. vii. Vgl. auch Sprouse/Moonitz (1962), S. 15.
653 Vgl. Canning (1929b), S. 104–108.
654 Vgl. Alexander (1962), S. 170–172 (Zitat S. 171).
655 Vgl. MacNeal (1939), S. 295–297; Zeff (1982), S. 538.
656 Vgl. MacNeal (1939), S. 299 f.

grunde liegenden Vermögenswerte und Schulden und beschreiben den Gewinn als Funktion dieser Variablen. „[O]ur concern is with the real elements".[657]

Der Begriff des Vermögens, genauer (und im Unterschied zur volkswirtschaftlichen Betrachtung) der Begriff des Vermögenswerts, rückt in den Vordergrund.[658] Die Bilanz wird zum „major end-product of accounting"[659]. Die Gewinndefinition entfernt sich daher vom Begriff der Realisierung.[660] Die grundlegendste Eigenschaft des Gewinns besteht in den ökonomisch ausgerichteten statischen Bilanztheorien in seiner Definition als (Netto-)Vermögensänderung. So formuliert die AAA 1948 recht simpel: „The income of an enterprise is the increase in its net assets (assets less liabilities) measured by the excess of revenue over expense."[661] Sprouse/Moonitz stellen heraus, dass Transaktionen mit Eigenkapitalgebern nicht zu einem Gewinnausweis führen: „[N]et profit (earnings, income) [...] is the amount of the increase in the owners' equity, assuming no changes in the amount of invested capital [...] either from price-level changes or from additional investments and no distributions of any sort to the owners."[662]

Betrachtet man nur die positive Seite des Gewinns (*revenue*), so lässt sich auch hier die Definition über die Reinvermögenszunahme erkennen. Welche Vermögenswerte jedoch zunehmen und welche Schulden abnehmen müssen, um *revenue* zu erzeugen, ist wiederum Gegenstand der Diskussion. So konstatiert die AAA 1948: „Revenue is a generic term for (a) the amount of assets received or liabilities liquidated in the sale of the products or services of an enterprise, (b) the gain from sales or exchanges of assets other than stock in trade, and (c) the gain from advantageous settlements of liabilities. Revenue does not arise from a gift."[663] Der Begriff *revenue* ist somit nicht auf operative Erträge beschränkt. Dies geschieht erst neun Jahre später: „Revenue [...] is the monetary expression of the aggregate of products or services

---

657 Vgl. Sprouse/Moonitz (1962), S. 11, 13–15 und 55 (Zitat S. 15); Sprouse (1965), S. 522 f. und 526; Chatfield (1977), S. 262; Sprouse (1978), S. 68; Previts/Merino (1998), S. 281; Staubus (2010a), S. 705; Swieringa (2011), S. 210. Ähnliche Kritik findet sich bereits bei Canning (1929b), S. 102–104 und Sweeney (1936), S. 20 f. Weitere Hinweise bei Horngren (1965), S. 323. Letztendlich sehen Jaedicke/Sprouse in den realisierten Erträgen noch nicht einmal das zentrale Konzept in der angewandten Rechnungslegung dieser Zeit. Sie nennen beispielhaft Jahresabschlüsse, die unrealisierte Erträge aus Beteiligungen an verbundenen Unternehmen enthalten, vgl. Jaedicke/Sprouse (1965), S. 42 f.

658 Vgl. Moonitz (1961), S. 12.

659 Canning (1929b), S. 179. Vgl. Moonitz (1961), S. 16; AAA (1977), S. 8; Whittington (1980), S. 237.

660 Vgl. Windal (1961), S. 251.

661 AAA (1948), S. 340. Vgl. auch Canning (1929b), S. 65, 136 und 179; MacNeal (1939), S. 167, 180, 190 und 295; AAA (1957), S. 540; Edwards/Bell (1961), S. 94–96; Sprouse/Moonitz (1962), S. 46; AAA (1977), S. 8. Interessant ist die von der AAA vorgenommene Differenzierung zwischen *entity theory* und *proprietary theory*. Betrachtet man das *net income* des Unternehmens, seien Zinsen, Steuern und Gewinnbeteiligungen (*profit-sharing distributions*) von der Gewinnermittlung auszuschließen; ist dagegen das *net income* der Aktionäre gesucht, seien die zuvor genannten Positionen einzubeziehen, vgl. AAA (1957), S. 540 und 545.

662 Sprouse/Moonitz (1962), S. 45. Vgl. auch Jaedicke/Sprouse (1965), S. 5 und 20. Hierbei handelt es sich um den Periodengewinn vor Steuern und Ausschüttungen, vgl. Sprouse/Moonitz (1962), S. 10. Zur Ausklammerung der Eigenkapitalveränderung vgl. auch AAA (1948), S. 340.

663 AAA (1948), S. 341.

transferred by an enterprise to its customers during a period of time."[664] Neben *revenues* treten „other gains or losses to the enterprise from sales, exchanges, or other conversions of assets".[665] Sprouse/Moonitz ergänzen lediglich noch die explizite Formulierung der Vermögenssteigerung:[666] „Revenue is the increase in the net assets of an enterprise as a result of the production or delivery of goods and the rendering of services."[667] „'Gains' are increases in net assets other than [...] those resulting from investments by owners or [...] those resulting from revenues."[668]

Die vorstehende Definition des Gewinns und der Umsatzerlöse darf nicht dahingehend missverstanden werden, dass die Vermögensermittlung gegenüber der Gewinnermittlung als Ziel der Jahresabschlusserstellung in den Vordergrund rückt. Die Auseinandersetzung mit dem Gewinnbegriff ist im Gegenteil ein Plädoyer für die Beibehaltung und Vorrangigkeit des Gewinnkonzepts.[669] Dieser Jahresabschlussgröße wird in der ökonomisch orientierten Statik, wie in der Dynamik und anders als in der *proprietary theory*, eine große Bedeutung zugemessen, da sich sowohl das Management eines Unternehmens als auch der Prüfer des Jahresabschlusses und die Jahresabschlussleser an dieser Größe orientieren.[670] Sprouse/Moonitz wehren sich in diesem Kontext sogar gegen eine vollständige Vernachlässigung der Gewinn- und Verlustrechnung, da beide Jahresabschlussinstrumente losgelöst voneinander nicht lebensfähig sind und damit Konzepte, welche das eine oder andere Instrument ignorieren, zum Scheitern verurteilt sein müssen.[671] Die eigene Daseinsberechtigung der beiden Instrumente kommt auch bei anderen Autoren zum Tragen. Nach MacNeal dokumentiert die Bilanz „financial strength", während die Gewinn- und Verlustrechnung „earning power" im Unternehmen offenlegt, sodass beiden Instrumenten eine Rolle in der Beurteilung der Unternehmenslage zukommt.[672] Die Frage ist vielmehr, „which view [i.e. revenue/expense or asset/liability view] results in the more meaningful measure of earnings"[673].

Ein entscheidender Vorteil der neuen Gewinndefinition und der daraus folgenden aktuellen Bewertung gegenüber der traditionellen Bewertung zu historischen Kosten wird darin gesehen, dass zeitbedingte Bewertungsgewinne aus dem ruhenden Vermögen nicht mehr unter den

---

664 AAA (1957), S. 540. Die Bewertung der Umsätze erfolgt grundsätzlich zum Transaktionspreis mit dem Kunden, allerdings unter Abzug von Preisnachlässen, uneinbringlicher Beträge, durchlaufender Posten, Rückgaben und Ähnlichem, vgl. Sprouse/Moonitz (1962), S. 46; Jaedicke/Sprouse (1965), S. 39 f.; ähnlich AAA (1948), S. 341; AAA (1957), S. 540.

665 Vgl. AAA (1957), S. 540 (auch Zitat).

666 Vgl. Sprouse (1978), S. 68.

667 Sprouse/Moonitz (1962), S. 46. Vgl. auch Jaedicke/Sprouse (1965), S. 40.

668 Sprouse/Moonitz (1962), S. 50.

669 Vgl. Moonitz (1962), S. 175; Jaedicke/Sprouse (1965), S. 6; Miller/Bahnson (2010), S. 428 und 429 f.

670 Vgl. Sprouse (1978), S. 64 f., 66 und 69.

671 Vgl. Sprouse/Moonitz (1962), S. 5; Jaedicke/Sprouse (1965), S. 17; Chatfield (1977), S. 247; Haller (1989), S. 125.

672 Vgl. MacNeal (1939), S. 232 (auch beide Zitate).

673 Sprouse (1978), S. 69.

operativen Gewinnen (erst) im Verkaufszeitpunkt erfasst werden.[674] „Expenses would be stated on a current cost basis. [...] Gains and losses from price changes would be recognized in the period when the change in value occurs, rather than in the period when the asset is sold."[675] Autoren, die eine All-inclusive-Income-Konzeption für die Gewinn- und Verlustrechnung bevorzugen, erfassen diese unrealisierten Bewertungsänderungen erfolgswirksam, sodass das Periodenergebnis nicht nur operativ und finanziell bedingt ist. MacNeal begrüßt die Clean-Surplus-Konzeption und amüsiert sich regelrecht über die wahllose alternative Zuordnung von Vermögensänderungen in der Praxis zur Gewinn- und Verlustrechnung oder zum Eigenkapital oder auch ihre vollständige Vernachlässigung im Jahresabschluss.[676] Die AAA hingegen stellt 1965 in einer Ergänzung zu den veröffentlichten Bilanzierungsprinzipien aus dem Jahr 1957 klar, dass der Ausweis in der Gewinn- und Verlustrechnung ausschließlich realisierten Gewinnen und Verlusten vorbehalten ist, vertritt aber ein erweitertes Realisationskonzept.[677]

Trotz der Bestimmung des Gewinns als (Netto-)Vermögensänderung versteht Canning, dass die Einkommenskonzeptionen des Ökonomen und des Bilanzierers nicht identisch sind. Zentral ist sicherlich, dass die Ökonomik das Einkommen von Einzelpersonen, Personengruppen oder der Gesellschaft betrachtet. Dagegen fokussiert die Rechnungslegung das Einkommen von Unternehmen und seinen Eigentümern.[678] Daneben schauen Bilanzierer aus einem anderen Blickwinkel auf das Einkommen. Sie erklären es nicht, wie der Ökonom, aus Sicht der einkommengenerierenden Quelle(n), um die Wertschöpfung zu verfolgen,[679] sondern aus der Perspektive des Empfängers. „[A]ccountants predominantly focus upon what is coming."[680] Canning befürwortet die Perspektive der Bilanzierer, weil das Konzept des Einkommens elementarer und einfacher sei als das Konzept des Vermögens. Unter Berufung auf Fisher kon-

---

674 Vgl. MacNeal (1939), S. 305; Edwards/Bell (1961), S. 222–227; Sprouse/Moonitz (1962), S. 28 und 29 f.; AAA (1964a), S. 696; AAA (1965), S. 319 f. Vgl. auch Revsine (1973), S. 58–61 und 74; Chatfield (1977), S. 247; Lennard (2010), S. 99. Ein eingängiges Beispiel liefert Revsine (1973), S. 62 f.

675 AAA (1965), S. 319.

676 „Ridiculous as it seems, [...] present accounting opinion regards unrealized profits on current assets as properly to be ignored, regards unrealized anticipated profits on permanent investments as current income, regards unrealized losses on current assets as ordinary expense, and regards unrealized losses on fixed assets as nonexistent. If the test of an accountant's recognition of a profit be taken as his willingness to place it in the profit and loss statement, the situation is still further complicated" (MacNeal (1939), S. 294, vgl. auch S. 41, 295 und 306 f.). MacNeals Beachtung des *clean surplus* beeinträchtigt allerdings die von ihm dargelegte Darstellung der Ertragskraft in der Gewinn- und Verlustrechnung. Vgl. zur Befolgung der Clean-Surplus-Konzeption auch Canning (1929b), S. 133–135; Edwards/Bell (1961), S. 8, 11 und 120; Sprouse/Moonitz (1962), S. 50; Revsine (1973), S. 87.

677 Vgl. AAA (1965), S. 312, 321 f.; Chatfield (1977), S. 265.

678 Vgl. Canning (1929b), S. 91 und 159; Canning (1929a), S. 2. Die Konzentration auf das Einkommen einer Person in der Ökonomik zieht die Betrachtung der Verteilung des Einkommens (z.B. Lohn, Rente) und der Verwendung des Einkommens sowie die subjektive Prägung des Einkommensbegriffs nach sich, vgl. Canning (1929b), S. 91 f. und 159 f. Nach Canning würde die Rechnungslegung für Individuen durchaus vergleichbare Ergebnisse wie die Ökonomik erzielen, vgl. Canning (1929b), S. 163–168.

679 „Fisher [...] begins with wealth and the phenomena of production, continues with property and the phenomena of exchange, proceeds next to income and its distribution, and concludes the schematic development with consumption or the enjoyment of income" (Canning (1929b), S. 174).

680 Canning (1929b), S. 174, im Original mit Hervorhebung.

statiert er: „There is no simpler concept in economics than income if the essence of income be 'a desirable event.'"[681]

Schließlich betont Canning, dass für die Rechnungslegung die Konzentration auf *earnings* (und damit auf Hicks' Gewinndefinition) aufgrund ihrer im Vergleich zur Ökonomik beschränkten und speziellen Gewinnermittlung adäquater ist als die Fokussierung auf *realized income* im Fisher'schen Sinne. „The accountant deals with the acquisition and relinquishment of the means whereby final income is to be procured – not with the primary origins nor with the final enjoyment of it." Der Jahresüberschuss „describes the extent to which past activities [...] have enhanced the ability of those beneficially interested in the proprietorship to command future final income. Present power to command future final income is a matter of capital valuation".[682]

Des Weiteren betrachtet der Ökonom Einkommen als kontinuierliche, unendliche, zukunftsgerichtete Stromgröße, während der Bilanzierer Einkommen periodisiert und auf eine Betrachtung des totalen Einkommens verzichtet.[683] Canning steht der künstlichen Aufteilung des Totaleinkommens (*ultimate total income*[684]) kritisch gegenüber, da er keine sinnvolle Möglichkeit sieht, einzelne Geschäfte mit ihren Ertrags- (und Aufwands-)Komponenten aus dem gesamten Produktionszyklus herauszulösen. Für ihn hat die Summe aller Einkommensströme einer Periode (*gross income*) keine qualitative Bedeutung. Sie ist lediglich die Addition des operativen und finanziellen (Brutto-)Einkommensbereichs, die beide auf andere Art und Weise gemessen werden.[685] Letztlich ist der ökonomische Gewinn grundsätzlich an der realen Kapitalerhaltung interessiert, „for money is merely the measure of what it can purchase"[686]. Die vorgestellten Autoren der *true income theories* erfassen aber einheitlich nominale Werte

---

681 Vgl. Canning (1929b), S. 161, 174–177 (Zitat S. 175). Die Berechnung des Einkommens von der Quelle her sei zudem statistisch schwer möglich, vgl. Canning (1929b), S. 162.

682 Vgl. Canning (1929b), S. 159 f. und 169 f. (Zitate S. 159 f., im Original mit Hervorhebungen); Whittington (1980), S. 238.

683 Vgl. Canning (1929b), S. 94.

684 *Ultimate total income* ist in Übereinstimmung mit Fishers *realized income* definiert als „the final fruition in money both of the enterprise assets and of those other services not listed as assets that prove, nevertheless, to have the economic attributes of assets" (Canning (1929b), S. 95, im Original hervorgehoben, vgl. auch S. 99). Es ist im Gegensatz zum Periodeneinkommen als finale Größe keiner Unsicherheit unterworfen, vgl. Chambers (1979), S. 767.

685 Vgl. Canning (1929b), S. 100. Beispielsweise wird im operativen Bereich der gesamte Verkaufspreis als Einkommen erfasst, im finanziellen Geschäft sind es nur die Zinsen, d.h. gewissermaßen nur der Unterschiedsbetrag zwischen Einnahmen und Ausgaben, vgl. Canning (1929b), S. 110, Fn. 9, vgl. auch S. 130. Weiterhin ist das operative Einkommen Resultat des operativen Kreislaufes. Das finanzielle Einkommen ist dagegen nicht prozessgebunden. Es ist das Resultat eines zeitpunktgebundenen Handels (*bargain*). Das Unternehmen erbringt seine Leistung gewissermaßen schon zu Beginn des Geschäfts und nicht erst gegen Ende, wie im operativen Bereich, vgl. Canning (1929b), S. 116. Zu Cannings Additionskriterien vgl. auch Chambers (1979), S. 765 f.

686 Alexander (1962), S. 192, vgl. auch S. 129 und 188–190.

im Jahresabschluss und weisen teilweise Preisleveländerungen separat unter den gesamten Preisänderungen aus.[687]

3.2.5.2 Zum Umgang mit dem Begriff der Realisierung

Die Definition des Gewinns als (Netto-)Vermögensänderung wirft die Frage auf, ob der Begriff „Realisierung" noch anwendbar und brauchbar ist. Edwards/Bell, die der *entity theory* folgen,[688] halten beispielsweise an ihm fest und unterscheiden zwischen realisierten und unrealisierten Bestandteilen der Gewinn- und Verlustrechnung. Sie setzen sich für eine sehr detaillierte Aufgliederung der Gewinn- und Verlustrechnung, mithin des für langfristige Investitionsentscheidungen relevanten *business profit* ein, da sie ein Bausteinsystem verfolgen.[689] So fordern sie neben der Aufzeichnung des *current operating profit* die Verzeichnung der *realizable cost savings*, welche die Werterhöhung über die Zeit darstellen und sich in einen unrealisierten und einen realisierten Bestandteil trennen lassen, sowie der *realized capital gains*.[690] Es ergibt sich gemäß Tabelle 1 folgende Darstellungsmöglichkeit in der Gewinn- und Verlustrechnung,[691] die zunächst auch dynamischen Überlegungen Rechnung trägt:

current operating profit + *realized cost savings / realized capital gains*
= Gewinn gemäß klassischem Realisationsprinzip + *unrealized cost savings*
= *business profit*

Tabelle 1 Berechnung des *business profit* nach Edwards/Bell

Dabei wird die auf einen Ausgleich zwischen der zukunftsorientierten Ökonomik und vergangenheitsorientierten Rechnungslegung bedachte Zielsetzung der Arbeit deutlich. Sehr ähnliche Überlegungen stellt Horngren an, betont aber eher den Erhalt des Realisationsprinzips.[692]

687 Vgl. Edwards/Bell (1961), S. 124–126; AAA (1965), S. 314; Chatfield (1977), S. 266. Edwards/Bell erachten Realrechnungen als weniger entscheidungsrelevant, vgl. Edwards/Bell (1961), S. 264–269. Den Ausweis der Kaufkraft propagiert Sweeney. Er fordert die jährliche Anpassung der Jahresabschlussdaten an das aktuelle Preislevel, unabhängig davon, ob der Ausgangspunkt die historischen Kosten oder die Wiederbeschaffungskosten sind, vgl. Sweeney (1936), S. 24 und 48. MacNeal wendet sich explizit gegen Sweeney, weil Realrechnungen zu kompliziert für den einfachen Investor seien und Aktionäre ohnehin wüssten, dass sich der Wert des Gelds über die Zeit verändert, vgl. Zeff (1982), S. 534 f.

688 Vgl. Edwards/Bell (1961), S. 6 f.

689 Vgl. Edwards/Bell (1961), S. 111–122. Vgl. auch AAA (1965), S. 320 und 321; Yamaji (2005), S. 148; Peasnell/Whittington (2010), S. 513.

690 Vgl. Edwards/Bell (1961), S. 93 und 111–122; Revsine (1973), S. 10 und 61; Chatfield (1977), S. 248. Auch Sweeney regte diese Art der Aufgliederung der Gewinn- und Verlustrechnung an, vgl. Sweeney (1936), S. 21.

691 Vgl. Revsine (1973), S. 63–67 und 73. Die *realizable cost savings* werden für gewöhnlich in einer früheren Periode als der *current operating profit* erfasst, es sei denn Entstehung der Bewertungsänderung und Verkauf liegen zufällig im selben Jahr, vgl. Revsine (1973), S. 87.

692 Vgl. Horngren (1965), S. 325–330; Chatfield (1977), S. 267 f.

Er macht gleichzeitig deutlich, dass die Unterscheidung in realisierte und unrealisierte Bestandteile der Gewinn- und Verlustrechnung der „preservation of a formal distinction between types of events which various parties may view and weigh differently“[693] dient. Sprouse/ Moonitz sprechen von realisierten und unrealisierten Gewinnen nur noch aufgrund des Bekanntheitsgrads der Begriffe.[694]

Um die Durchbrechung des Realisationsprinzips, aufgrund der Einbeziehung von Bewertungsänderungen in die Gewinn- und Verlustrechnung, zu umgehen, versuchte sich die AAA 1948 vollständig von diesem Begriff zu lösen. Er taucht in ihrem Aufsatz nicht auf, stattdessen ist nur von *revenue recognition* die Rede.[695] Dies verwundert angesichts der Befürwortung der Bewertung zu historischen Kosten. Horngren weist darauf hin, dass bei einem extrem statischen Standpunkt „recognition and realization are indistinguishable concepts. That is, ‘if it can be booked, it's realized’“. Unrealisierte Gewinne gibt es dann nicht mehr.[696] Auch MacNeal lehnt ein Festhalten am Begriff der Realisation ab, weil er eine Liquidität des Unternehmens suggeriert, die bei konstanter Reinvestition nicht vorhanden ist.[697]

1957 führt die AAA das Realisationsprinzip wieder ein, verändert aber dessen Definition. „The essential meaning of realization is that a change in an asset or liability has become sufficiently definite and objective to warrant recognition in the accounts. This recognition may rest on an exchange transaction between independent parties, or on established trade practices, or on the terms of a contract performance of which is considered to be virtually certain.“[698] Es besteht kein Bezug mehr zur Liquiditätsnähe[699] und zum Erhalt eines bestimmten Vermögenswerts.[700] 1965 wird diese Sichtweise durch ein zweites Komitee der AAA bestätigt. Dieses gibt der Bewertbarkeit der Vermögenssteigerung im Rahmen der Realisierung explizit den Vorrang gegenüber der Liquidität, obwohl beides oft gleichzeitig gegeben ist.[701] Chatfield sieht in der Definitionsänderung des Realisationsprinzips eine Entobjektivierung und Förderung der Verwendung von Schätzungen und damit der Beurteilungsfreiheit der Jahresab-

---

693 Horngren (1965), S. 327.

694 Vgl. Sprouse/Moonitz (1962), S. 15. Ähnliches gilt für MacNeal, vgl. Zeff (1982), S. 537 f.

695 Vgl. AAA (1948).

696 Vgl. Horngren (1965), S. 324 (auch Zitat).

697 Vgl. MacNeal (1939), S. 299 f.

698 AAA (1957), S. 538.

699 Ablehnend in Bezug auf die Gleichsetzung des Begriffs der Realisation mit dem Zufluss von Liquidität äußert sich auch Horngren (1965), S. 330.

700 Vgl. Windal (1961), S. 250.

701 Vgl. AAA (1965), S. 314 f. Dabei fordert das Komitee ein im Vergleich zur damaligen Praxis weniger strenges (Bewertungs-)Kriterium, was die Mitglieder am Beispiel des Tauschs zeigen, vgl. hierzu auch Chatfield (1977), S. 266. An anderer Stelle äußert sich das Komitee jedoch widersprüchlich: Hat das Unternehmen (nahezu) vollständig seine Leistung erbracht und die Zahlung des Kunden ist noch nicht eingetroffen, macht das Komitee die Gewinnrealisierung von der Wahrscheinlichkeit des Zahlungseingangs abhängig, vgl. AAA (1965), S. 315. Bei längerem Zahlungsziel hält das Komitee eine verzögerte Gewinnerfassung für angebracht, ohne sich auf eine bestimmte Methode festzulegen, vgl. AAA (1965), S. 317 f. Die Wahrscheinlichkeit des Zahlungseingangs muss wohl als Maßstab der Bewertbarkeit verstanden werden.

schlussersteller.[702] Dagegen wertet Windal die Definitionsänderung als eine induktive Ableitung, d.h. als eine Formulierung der Realisierungskriterien, wie sie in der Praxis längst angewandt werden.[703]

3.2.5.3 Der Realisationszeitpunkt bei Umsatzgeschäften

Die Zurückdrängung des Realisationsprinzips hat zur Folge, dass bei Absatzgeschäften grundsätzlich ein Gewinnausweis über die gesamte Vertragsdauer für möglich gehalten wurde.[704] Dennoch erfolgte keine intensive Auseinandersetzung mit diesem Themenbereich. Erst Sprouse/Moonitz beschäftigen sich mit ihm ausführlicher. Sie erachten die Periodisierung in Aufwendungen und Erträge wie Canning als notwendiges Übel, das den kontinuierlichen Erfolgsstrom des Unternehmens unterbricht, um Zwischenergebnisse z.B. für Ausschüttungszwecke liefern zu können.[705] Grundsätzlich sehen Sprouse/Moonitz – wie die übrigen Autoren auch – für Transaktionen mit Dritten kein erhebliches Gewinnrealisationsproblem. „Financial events (transactions) involving at least two accounting entities are almost always recognized in a satisfactory manner."[706] Sie wehren sich zwar gegen eine Eingrenzung der Gewinnrealisationszeitpunkte auf den Zeitpunkt der Lieferung und Leistung (*moment of sale*) zur Periodenabgrenzung im Sinne der *revenue and expense view*. Denn sie sehen darin eine ungerechtfertigte Pauschalierung und Vereinfachung, die nur für über die Zeit uniforme Leistungsströme sinnvolle Ergebnisse liefert.[707] Dennoch orientieren sie sich inhaltlich an der herrschenden Bilanzierungspraxis. Sie scheinen die dynamischen Vorgaben als Hilfsmittel zur Bestimmung der Vermögensänderung im Bereich der Umsatzerlöse heranzuziehen, solange sich kein offensichtlicher Widerspruch zur statischen Grundidee ergibt.[708]

Sprouse/Moonitz möchten den Umsatz der Periode zuordnen, in welcher die wesentlichen Maßnahmen zur Generierung und Disposition der Güter und/oder Dienstleistungen getroffen werden – vorausgesetzt die Ergebnisse dieser Maßnahmen können verlässlich geschätzt werden.[709] Somit ergibt sich kein pauschaler Umsatzrealisierungszeitpunkt. Die beiden Bedingungen müssen für jeden Geschäftsvorfall geprüft werden. Insgesamt wird ein zeitnaher Gewinnausweis befürwortet,[710] wobei im Zweifel die „feasibility of objective measurement" den

---

702 Vgl. Chatfield (1977), S. 265.
703 Vgl. Windal (1961), S. 251–258.
704 Vgl. AAA (1957), S. 538; AAA (1965), S. 316; Sprouse/Moonitz (1962), S. 10 f. und 14; Jaedicke/Sprouse (1965), S. 41.
705 Vgl. Moonitz (1961), S. 16 f.; Sprouse/Moonitz (1962), S. 45.
706 Sprouse/Moonitz (1962), S. 12.
707 Vgl. Sprouse/Moonitz (1962), S. 13–15.
708 Vgl. FASB (1976a), Rn. 37.
709 Vgl. Sprouse/Moonitz (1962), S. 47. Ähnlich äußerte sich bereits Myers: „[P]rofit is earned at the moment of making the most critical decision or of performing the most difficult task in the cycle of a complete transaction" (Myers (1959), S. 529). Zur verlässlichen Bewertbarkeit vgl. auch Canning (1929b), S. 102–104.
710 Vgl. Chatfield (1977), S. 266.

entscheidenden Ausschlag gibt.[711] Eine Vorauszahlung ermöglicht somit noch keinen Gewinnausweis.[712] Schon diese Äußerungen von Sprouse/Moonitz wirken durch die Bezugnahme auf die Leistungsfähigkeit des Unternehmens (mit Ausnahme der vorgesehenen Objektivierung der Bewertung) dynamisch; sie erinnern an Paton (1922).

Für Verkaufsgeschäfte wird der Zeitpunkt der Lieferung und Leistung insgesamt so oft erwähnt, dass der Leser den Eindruck erhält, dieser Zeitpunkt sei im Regelfall doch der maßgebliche.[713] Divergent formuliert nur die AAA 1948: „Revenue is recognized upon the transfer of an asset“[714]. 1957 übernimmt die Vereinigung die geforderte Übertragung eines Vermögenswerts sogar in die Revenue-Definition.[715] In Bezug auf (kontinuierliche) Dienstleistungen sehen Sprouse/Moonitz übereinstimmend mit den übrigen Autoren eine Umsatzrealisierung pro rata temporis.[716] Die dynamische (auf Periodenvergleichbarkeit zielende) Prägung des Realisationszeitpunkts bei Umsatzgeschäften wird im Falle langfristiger Fertigungsaufträge bestätigt. Die Autoren fordern unter der Voraussetzung einer verlässlichen Bewertung anhand des vereinbarten Preises eine anteilige Umsatzrealisierung nach dem Fertigungsfortschritt, da die Produktion als „major economic activity“ angesehen wird.[717] Unklar bleibt, wie der Leistungsfortschritt zu bestimmen ist. Die Ausführungen bei Sprouse/Moonitz zu marktgängigen Waren, wie Agrarprodukten, zeigen, dass zur Umsatzvereinnahmung kein Vertragsschluss mit einem Kunden vorhanden sein muss. Hier bestünden die wesentlichen Maßnahmen in der Produktion der Vermögenswerte; der Marktpreis sei jederzeit bestimmbar.[718] Warum die Bewertung zu Verkaufspreisen nicht über den korrekten Vermögensausweis begründet wird, ist fraglich. Die entgegengesetzte Meinung, d.h. die Anknüpfung des (operativen) Gewinns an einen Vertrag, vertritt die AAA.[719] Bonitätsrisiken des Schuldners hindern den Umsatzausweis nicht. Sie werden durch die Bewertung der Forderung berücksichtigt.[720]

Obwohl Sprouse/Moonitz grundsätzlich die Möglichkeit der Umsatzgenerierung buchungstechnisch sowohl durch die Zunahme eines Vermögenswerts als auch durch die Abnahme einer Schuld sehen, geben sie als Beispiel den Zugang einer Forderung aus Lieferung und

---

711 Vgl. Jaedicke/Sprouse (1965), S. 43 (auch Zitat, im Original hervorgehoben).
712 Vgl. Sprouse/Moonitz (1962), S. 41 und 58.
713 Vgl. Moonitz (1961), S. 42 f.; Sprouse/Moonitz (1962), S. 16, 41 und 48; Jaedicke/Sprouse (1965), S. 41 und 44. Vgl. auch Canning (1929b), S. 102; AAA (1957), S. 540; Alexander (1962), S. 172 f.; AAA (1965), S. 317. Alexander grenzt explizit die Untersuchung der Verteilung der operativen Gewinne auf einzelne Perioden, d.h. den Realisationszeitpunkt, aus seiner Studie aus, vgl. Alexander (1962), S. 127.
714 AAA (1948), S. 341. Vgl. auch AAA (1957), S. 540.
715 Vgl. AAA (1957), S. 540.
716 Vgl. Sprouse/Moonitz (1962), S. 48; Jaedicke/Sprouse (1965), S. 44. Vgl. auch AAA (1948), S. 341; AAA (1957), S. 540.
717 Vgl. Sprouse/Moonitz (1962), S. 47 (auch Zitat); AAA (1957), S. 540; Jaedicke/Sprouse (1965), S. 44. Horngren begründet die Teilgewinnrealisierung mit der Markttransaktion, welche durch den Vertragsschluss gewährleistet ist, vgl. Horngren (1965), S. 331.
718 Vgl. Sprouse/Moonitz (1962), S. 47 f.; Jaedicke/Sprouse (1965), S. 43.
719 Vgl. AAA (1948), S. 341; AAA (1957), S. 538; AAA (1965), S. 315. Eine jederzeit gegebene Veräußerungsmöglichkeit reicht demnach nicht zur Realisierung aus. Vgl. auch Chatfield (1977), S. 266.
720 Vgl. Sprouse/Moonitz (1962), S. 48.

Leistung an und scheinen so die Umsatzrealisierung über die Zunahme eines Vermögenswerts zu präferieren.[721] Dies entspricht der auch bei anderen Autoren vorzufindenden Nichtberücksichtigung schwebender Geschäfte in der Bilanz und der dynamischen Bilanzierungspraxis.

Eine bedeutende Ausnahme bezüglich der Gewinnrealisierung bei Umsatzgeschäften stellt der Bericht der AAA 1965 zum Realisationsprinzip dar. Das beauftragte Komitee verzichtet auf eine Konkretisierung des Realisationszeitpunkts nach Art der operativen Tätigkeiten und beurteilt den Realisationszeitpunkt abstrakt. Falls der Kunde vorausbezahlt, möchte das Komitee wie Sprouse/Moonitz den Gewinnausweis an den oder die „crucial event[s]" aus Unternehmenssicht binden. Dies lässt unter Umständen einen anteiligen Gewinnausweis im Vertragsabschluss zu.[722] Bei der Gewinnverteilung auf verschiedene Perioden ist die verlässliche Bewertung des Gewinns zu beachten. Da der Kaufpreis bereits bezahlt ist, hängt die Bewertung von der Schätzung der zukünftig anfallenden Kosten ab, welche die ausstehenden Unternehmensleistungen repräsentieren. Je sicherer sie geschätzt werden können, desto mehr Gewinn darf bereits im Zeitpunkt des Vertragsabschlusses gezeigt werden. Dabei wird die Leistungsfähigkeit des Unternehmens als gegeben angenommen. In Ermangelung einer adäquateren Allokationsmethode befürwortet das Komitee eine proportionale Umsatzerfassung zu den anfallenden Kosten. Es erklärt: „Development of operational rules in this area is sorely needed."[723] Bei seinen Vorschlägen betont das Komitee stets, dass es keine logisch begründete und einzig adäquate Lösung gibt, sondern Ermessen besteht.[724] Die Vorschläge des Komitees wirken zwar durch den Bezug zur Unternehmensleistung zunächst dynamisch, können aber auch als erste Ansätze zur Bilanzierung von Mehrkomponentengeschäften interpretiert werden. Zudem weist der mögliche Gewinnausweis zum Zeitpunkt des Vertragsabschlusses darauf hin, dass bereits zu diesem Zeitpunkt eine (Netto-)Vermögensänderung eingetreten ist und die AAA somit implizit schwebende Geschäfte bilanzierungswürdig macht. So erklärt das Komitee für den Verkauf eines Zeitschriftenabonnements, dass ein Teil des Umsatzes auf den Vertragsabschluss und der andere Teil auf die Lieferung der Magazine entfällt.[725] Sprouse/Moonitz hatten lediglich bei intensiven Marketingmaßnahmen zur Anwerbung von Kunden die Zuordnung eines Teils des Umsatzes zu diesen vorbereitenden Handlungen gefordert. Eine genaue Bilanzierungsanweisung wurde damals aber nicht ausgesprochen: „[T]he revenues should be allocated to accounting periods on some systematic basis."[726]

---

721 Vgl. Sprouse/Moonitz (1962), S. 46; so auch Jaedicke/Sprouse (1965), S. 40; ähnlich Moonitz im Bezug auf Teilabrechnungen, vgl. Moonitz (1960), S. 46.

722 Vgl. AAA (1965), S. 316 (auch Zitat). Die Rückstellungslösung zur Berücksichtigung zukünftiger Ausgaben wird abgelehnt, vgl. AAA (1965), S. 317.

723 Vgl. AAA (1965), S. 316 f. (Zitat S. 317).

724 Vgl. AAA (1965), S. 315, 316 und 318. Für Beispiele zu unterschiedlichen Realisationszeitpunkten vgl. Chatfield (1977), S. 265.

725 Vgl. AAA (1965), S. 316.

726 Vgl. Sprouse/Moonitz (1962), S. 48 (auch Zitat); Jaedicke/Sprouse (1965), S. 44.

Vergleichsweise wenige Anmerkungen finden sich zur Aufwandsseite. Dies mag an der Heterogenität der möglichen Aufwendungen liegen, sodass die Begriffsfindung schwierig ist. Canning drückt es drastisch aus: „There seems to be no brief expression less general than 'net income is equal to gross income less deductions' that is wholly true; and this expression comes perilously near being meaningless."[727] Er interpretiert den Gewinnbegriff (*net income*) sowie das (Brutto-)Einkommen als rein quantitative Größen und sieht die einzige Gemeinsamkeit der Abzüge in deren negativem Einfluss auf das Eigenkapital des Eigentümers.[728]

Sprouse/Moonitz definieren Aufwendungen spiegelbildlich zu Umsätzen, aber recht allgemein.[729] „Expense is the decrease in net assets as a result of the use of economic services in the creation of revenues or of the imposition of taxes by governmental units."[730] Es wird somit keine direkte Zuordnung zu den bereits erfassten Umsätzen vorgenommen. Dies ist wiederum eine Konsequenz der Kritik am dynamisch geprägten Begriff des *matching*, d.h. der Zuordnung von Aufwendungen zu den Erträgen. Sprouse kritisiert hier die Willkür im Rahmen der *revenue and expense view*, da die Zuordnung nach den Vorstellungen des Bilanzierenden erfolgen kann. In der *asset and liability view* wird die Zuordnung der Aufwendungen zu den Erträgen dagegen durch die Anknüpfung an Vermögensänderungen objektiviert.[731]

3.2.6 Zwischenergebnis

Die Bilanztheorie blieb in den USA nicht bei ihrer erklärenden Tätigkeit. Den Antrieb zu den *true income theories* lieferte die gegenüber der Betriebswirtschaftslehre ältere Volkswirtschaftslehre, die bereits zu Beginn des 20. Jahrhunderts wegweisende Beiträge für die Wirtschaftswissenschaften geliefert hatte. Im Fokus der bilanztheoretischen Betrachtungen stand insbesondere der ökonomische Gewinn, den z.B. die Ökonomen Fisher und Hicks im Wesentlichen als Reinvermögenszuwachs, als Verzinsung des Vermögens, definierten. Übertragen auf die Rechnungslegung führte die Orientierung am ökonomischen Gewinn zu einer Aufwertung der Vermögensbetrachtung, d.h. der Bilanz, und damit zu einer statischen Bilanzierungsweise. Man definierte im bilanztheoretischen Schrifttum nun genauer, was unter einem Vermögenswert und einer Schuld zu verstehen war.

Die Chance zur Einführung eines statischen Ansatzes in die Rechnungslegungspraxis mit Breitenwirkung erhielten Sprouse/Moonitz zu Beginn der 1960er Jahre im Rahmen des Auftrags des Standardsetzers APB zur bilanztheoretischen Fundierung der Rechnungslegung.

---

727 Canning (1929b), S. 127.

728 Vgl. Canning (1929b), S. 127 f. In Ausnahmefällen komme es auch zu Abzügen, obwohl de facto der Eigentümer nicht negativ betroffen ist. Als Beispiel zieht Canning sinkende Marktpreise von Vorräten, welche schon für eine konkrete Bestellung gehalten werden, heran, vgl. Canning (1929b), S. 131.

729 Vgl. Sprouse/Moonitz (1962), S. 49 f.

730 Sprouse/Moonitz (1962), S. 49. Vgl. auch AAA (1957), S. 541; Jaedicke/Sprouse (1965), S. 40 f.

731 Vgl. Sprouse (1978), S. 69 f.; Sprouse (1988), S. 127. Vgl. auch AAA (1957), S. 541. 1948 ist die AAA noch im Matching-Gedanken verhaftet, vgl. AAA (1948), S. 341.

Sprouse/Moonitz deduzierten für das Board unter dem Eindruck der Volkswirtschaftslehre, der Inflation sowie güterspezifischer Preisschwankungen ihr bekanntes statisches Bilanzierungsmodell.

Das Problem der *true income theories* blieb in Umkehrung zur *revenue and expense view* – ihre mangelnde Praktikabilität. Der Ansatz des Bilanzpostens war zwar eindeutig geregelt, aber die (Folge-)Bewertung nicht. Keiner der Autoren befürwortete vor dem Hintergrund der Preisschwankungen in der Vergangenheit eine historische Bewertung, denn dieser Wertansatz lieferte unter diesen Bedingungen keine befriedigenden Informationen über den aktuellen Stand des Vermögens. Ansonsten variierten die Ansätze in Bezug auf die Folgebewertung und reichten von der Befürwortung diskontierter Einkommensströme über *entry values* bis hin zu *exit values* in Reinform oder in einer mehr oder weniger starken Vermischung der einzelnen Wertansätze. Hinzu kam die hohe Komplexität, die an die Ermittlung dieser Werte geknüpft werden musste. Auch wollte die Bilanzierungspraxis in den 1960er Jahren ihre Orientierung an der Gewinn- und Verlustrechnung nicht aufgeben, zumal die Kostenrechnungssysteme der Unternehmen auf diese Daten zurückgriffen.

In der Gesamtschau war die von Sprouse/Moonitz entwickelte, theoretisch anspruchsvolle *asset and liability view* der Bilanzierungspraxis nicht zu vermitteln (*not generally accepted*) und wurde dementsprechend vom Standardsetzer nicht umgesetzt. Die bilanztheoretischen Ansätze blieben zunächst somit ohne direkten Einfluss auf die Standardsetzung. Auch infolge dieser vertanen Chance blieben die US-GAAP induktiv und durch intern inkonsistente Einzelregelungen bestimmt.

3.3 Die Verankerung der statischen Bilanztheorie in der Entscheidungsnützlichkeit von Jahresabschlussinformationen (*decision usefulness approach*)

3.3.1 Zweckmäßigkeit der Jahresabschlussinformationen für Entscheidungen der Adressaten als gemeinsamer Ausgangspunkt der Theorievertreter

Die *true income theories* waren im Wesentlichen durch eine Auseinandersetzung über die buchhalterische Abbildung von in der Realität vorzufindenden Marktpreisschwankungen gekennzeichnet. Dagegen ist die nachfolgend erläuterte Forschungsrichtung weniger durch eine externe Entwicklung charakterisiert. Der *decision usefulness approach*[732] stellt die Funktion der Rechnungslegung infrage. Er basiert auf der verstärkten Abwendung von der vergangenheitsorientierten Berichterstattung über Geschäftsvorfälle zugunsten der Betrachtung ihrer zukünftigen Konsequenzen.[733] Die Nützlichkeit des Jahresabschlusses für Investitionsent-

[732] Die Bezeichnung ist AAA (1977), S. 10 entnommen.

[733] Vgl. Zeff (2005b), S. 20. Ijiri hält dagegen an der Rechenschaftsfunktion (*accountability*) der Rechnungslegung fest, wie sie sich aus der dynamischen Performancemessung in der Praxis ergibt. Der *decision usefulness approach* wird in seinen Augen nicht (mehr) der Principal-Agent-Problematik gerecht. Er sieht

scheidungen wird als Primärziel der externen Rechnungslegung gesehen.[734] Das Problembewusstsein setzt mithin bei den unterschiedlichen Informationswünschen der Jahresabschlussleser an. So ist die Fortentwicklung der Bilanztheorien – getrieben durch Fortschritte im internen Rechnungswesen[735] – in den USA durch eine stärkere Fokussierung auf die Weiterverarbeitung der Jahresabschlussdaten als Information bei den Adressaten gekennzeichnet.[736] Im Folgenden werden die entsprechenden Ideen der Professoren für Rechnungslegung Chambers, Revsine, Staubus und Sterling aus den 1960er und 1970er Jahren vorgestellt.[737] Zwar wurde auch in den *true income theories* darauf aufmerksam gemacht, dass der Jahresabschluss dazu da ist, (auch) das Informationsbedürfnis der Adressaten zu befriedigen, aber die Theoretiker setzten sich nicht näher damit auseinander, welche (unterschiedlichen) Informationsbedürfnisse bestehen und wie Entscheidungen als Resultat des Informationsprozesses getroffen werden, da sie den absolut wahren Gewinn suchten.[738] Nur Alexander erläuterte bereits damals, „[that] [n]o one of these concepts can be proclaimed as the true concept of income“[739].

Im Rahmen des *decision usefulness approach* besteht eine Tendenz, die Bedürfnisse der Investoren entscheidungstheoretisch zu untersuchen und stärker zu gewichten.[740] Dadurch öffnet sich die Datenbasis. Sterling erläutert den Unterschied zur Dynamik anhand des Umgangs mit Preislevelanpassungen: „[O]ne important criterion [...] was whether or not they were a departure from historical costs. If they met this criterion, *then* usefulness was considered. Recently this procedure has been reversed: usefulness is now considered first, and the data requirements are deduced from that consideration without being limited to any particular kind of data.“[741] Der Jahresabschluss wird somit Teil einer Ziel-Mittel-Beziehung. „Under the new view, measurements in accounting are a function of some end. This is a change in 'world-view' and is the stuff that revolutions are made of.“[742]

In ähnlicher Weise ist es Chambers' Ziel, das Wesen und die Funktion der Rechnungslegung zu erkennen, um daraus adäquate Bilanzierungsregelungen abzuleiten[743] – was damals aus

---

drei wesentliche Unterschiede zwischen Information und Rechenschaft: Der *decision usefulness approach* ist weniger verlässlich, denn er legt weniger Wert auf Belege, er verwendet subjektivere Daten in der Hoffnung auf eine unverzerrte Darstellung und er berücksichtigt einseitig die Interessen der Adressaten anstelle des Interessenkonflikts zwischen Adressat und Anwender, vgl. Ijiri (1975), S. ix f.

734 Vgl. z.B. Jaedicke/Sprouse (1965), S. 6, 33 f. und 37 f.

735 Vgl. AAA (1977), S. 11.

736 Vgl. Arthur Andersen & Co. (1972), S. 7; Bedford/Ziegler (1975), S. 442; AAA (1977), S. 13; Wagner (1993); Blaufus (2005), S. 136. Dieser Problembereich ist für Prüfungsstandards nicht existent und erlaubte ihre stringentere Entwicklung, vgl. Carey (1970), S. 145; Moonitz (1974), S. 8 und 60–63.

737 Zur Person Sterling vgl. Fisher College of Business (2011d). Zur Person Chambers vgl. Lee (2000).

738 Vgl. AAA (1977), S. 11 für eine Übersicht der Anmerkungen von frühen Bilanztheoretikern zu diesem Thema.

739 Alexander (1962), S. 146, im Original mit Hervorhebung.

740 Vgl. AAA (1977), S. 13 und 15; Gore (1992), S. 32.

741 Sterling (1970), S. viii, Hervorhebung auch im Original.

742 Sterling (1967), S. 100, im Original mit Fußnote. Vgl. auch Arthur Andersen & Co. (1972), S. 34–38.

743 Vgl. Chambers (1966), S. 2.

Chambers' Sicht nicht gegeben war.[744] Denn die Rechnungslegung habe sich auf Basis der technischen Vorgaben der doppelten Buchführung und durch akute äußere Zwänge fortentwickelt.[745] Chambers' Vorgehensweise impliziert dennoch die Einbeziehung des Kontexts der Rechnungslegung, da die Adäquanz nur für definierte Rahmenbedingungen gelten kann.[746] Gerade diese Adäquanz bemängelt Chambers bei einigen geltenden Bilanzierungsvorschriften. So sei beispielsweise die Bewertung zu historischen Kosten nur der Vereinfachung geschuldet. Somit ist von ihm keine Umwälzung der bestehenden Vorschriften intendiert, sondern eine zielgenaue Begründung für jede einzelne Vorschrift im Sinne der Funktion der Rechnungslegung.[747] Methodisch lehnt Chambers eine ex post vorgenommene Überprüfung der bestehenden Bilanzierungsvorschriften als zu restriktiv ab.[748] Stattdessen befürwortet er eine konstruierende Methode: „Its basis is not the overt features of existing rules, but the features of the environment in which possible rules are to apply."[749] Im Wege der Systematisierung und Deduktion werden potenzielle Bilanzierungsvorschriften abgeleitet, die als Prototyp ihre funktionelle Adäquanz unter Beweis stellen müssen.[750]

Somit erfolgt auch im *decision usefulness approach* eine Theoretisierung der bilanziellen Vorschriften, die, im Unterschied zu den ökonomisch geprägten Ansätzen, teilweise durch empirische Ergebnisse gestützt wird. Die hier besprochenen Arbeiten gehören jedoch ausschließlich zum deduktiv-normativen Arm des *decision usefulness approach.* Sie konzentrieren sich auf adäquate Entscheidungsmodelle, um in der Folge geeignete Bilanzierungskonzepte und -regeln zu generieren. „Information relevant to a decision model or criterion is isolated and various accounting alternatives are compared to the data presumably necessary for implementing these decision models."[751] Diese Ausrichtung führte zu einer bewussteren Auseinandersetzung mit den qualitativen Anforderungen an die bereitgestellten Daten. Diskussionen beispielsweise um Relevanz oder Verlässlichkeit der Daten entstammen dieser Theorierichtung.[752] Damit geht eine Vernachlässigung der Definition der Jahresabschlusselemente einher.

---

744 Vgl. Chambers (1966), S. 341 f. und 355 f.

745 Vgl. Chambers (1966), S. 359.

746 Vgl. Chambers (1966), S. 3 und 15. Nach diesem Verständnis kann die Beibehaltung der Bilanzierungsvorschriften aus Gewohnheit nicht gerechtfertigt werden, vgl. Chambers (1966), S. 2.

747 Vgl. Chambers (1966), S. 8–10, 16 und 353.

748 Vgl. Chambers (1966), S. 3–6.

749 Chambers (1966), S. 6, vgl. auch S. 15.

750 Vgl. Chambers (1966), S. 6–8; Chatfield (1977), S. 300 f.

751 AAA (1977), S. 10. Es gibt einen zweiten Arm des *decision usefulness approach*, der sich empirisch mit den Reaktionen der Jahresabschlussadressaten auf verschiedene Jahresabschlussdaten beschäftigt, um daraus adäquate Bilanzierungsvorschriften abzuleiten. Dabei wird das Entscheidungsmodell der Adressaten nicht infrage gestellt, vgl. AAA (1977), S. 14. Empirische Forschungsergebnisse zeigen sich beispielsweise in verhaltenswissenschaftlichen Studien, vgl. Mattessich (1972), S. 476–478.

752 Vgl. AAA (1977), S. 12, 13 und 15.

3.3.2 Differenzierte Adressatenorientierung des Jahresabschlusses

3.3.2.1 Berücksichtigung verschiedener Informationsbedürfnisse

Die Zweckmäßigkeit des Jahresabschlusses verlangt die Auseinandersetzung mit den Informationsbedürfnissen der Adressaten. Diese Berücksichtigung unterschiedlicher Adressatenbedürfnisse ist den Autoren des *decision usefulness approach* gemein. Staubus kritisiert, dass bilanztheoretische Ansätze bis dahin zwar davon ausgingen, dass Jahresabschlüsse Informationen für Adressaten bereitstellen, aber sich nicht bewusst mit den Informationsbedürfnissen zur Entscheidungsfindung auseinandersetzten, um sich bei der Ausgestaltung des Jahresabschlusses, der mit „identifying, classifying, and measuring, and then reporting, the effects of economic events upon a specific economic unit"[753] gleichzusetzen ist, davon leiten zu lassen.[754] Er stellt fest, dass die Ausgestaltung der Rechnungslegung stets auf deren Zielsetzung zurückzuführen sein muss, um befriedigende Ergebnisse zu liefern. Aus Sicht des Autors ist dies die Informationsvermittlung an Investoren. „[A] major objective of accounting is to provide quantitative economic information that will be useful in making investment decisions."[755] Ziel der Investitionsentscheidung ist eine effiziente Ressourcenallokation sowohl auf individueller als auch auf Unternehmensebene.[756] Revsine betont ebenfalls, dass die (Entscheidungs-)Relevanz von Informationen nicht pauschal für alle Jahresabschlussadressaten bejaht oder verneint werden kann, und kritisiert normative Ansätze, die eine solche Ansicht bewusst oder unbewusst als Deduktionsbasis wählen. Vielmehr sind die Adressaten als Individuen mit eigenen Entscheidungsmodellen und damit auch eigenen Informationsbedürfnissen in Bezug auf Inhalt und Detaillierungsgrad zu betrachten.[757]

So bezieht Staubus in seine Betrachtung der Rechnungslegung nur Eigenkapital- und Fremdkapitalgeber ein.[758] Dies ist ein Zeichen der Befolgung der *entity theory*. Die Gruppe wurde von ihm ausgewählt, da Investoren, gemessen an Anzahl und Umfang der Transaktionen mit dem Unternehmen, eine zentrale Jahresabschlussadressatengruppe darstellen und sie als externe Personen und langfristige Anleger im Vergleich zu unternehmensinternen Personen und kurzfristigen Anlegern ein besonderes Interesse am Jahresabschluss haben.[759] Staubus bezieht Fremdkapitalgeber in seine Betrachtung ein, obwohl er als Fortentwickler der *proprietary theory* gilt[760] und das *residual equity* (= Vermögenswerte – vertragliche Schulden (*specific equities*)) der Unternehmung und die den Stammaktionären daraus zustehenden Kapitalrück-

---

[753] Staubus (1961), S. 10, im Original hervorgehoben.
[754] Vgl. Staubus (1961), S. 3–8.
[755] Vgl. Staubus (1961), S. viii und 11 (Zitat S. viii); AAA (1977), S. 12.
[756] Vgl. Staubus (1961), S. 1 f.; Arthur Andersen & Co. (1972), S. 1 f.
[757] Vgl. Revsine (1973), S. 4–8.
[758] Vgl. Staubus (1961), S. 11.
[759] Vgl. Revsine (1973), S. 29.
[760] Vgl. Gynther (1967), S. 275; Haller (1989), S. 111; van Mourik (2010), S. 197 f.

flüsse in das Zentrum der Rechnungslegung stellt.[761] Staubus vertritt die These, dass auch die übrigen Investoren an der Entwicklung des *residual equity* interessiert seien, da es für diese als Puffer wirkt.[762] Allerdings ist nicht zu übersehen, dass Staubus der Unternehmung im Gegensatz zur klassischen *proprietary theory* eine gewisse Eigenständigkeit zuspricht, wenn er von deren Bereitschaft zur Zahlung an die Investoren spricht. Revsine beschränkt seine Untersuchung der Relevanz der Wiederbeschaffungskosten noch weitergehender auf die Gruppe der „long-term equity investors“[763].

Chambers wendet sich von einer differenzierten Betrachtung unterschiedlicher Adressatenbedürfnisse ab, was zunächst eher an die *true income theories* erinnert.[764] „A synthesis has been attempted [...] which recognizes a common element in the interests of all [...] groups and a singular orientation for the processes of accounting and the endeavors of accountants.“[765] Die Begründung erfolgt indessen nicht ökonomisch, sondern verhaltenswissenschaftlich, wie im folgenden Abschnitt erläutert wird. Arthur Andersen & Co. – das einzige Wirtschaftsprüfungsunternehmen mit erschöpfend dargelegtem bilanztheoretischem Standpunkt[766] – tun es Chambers gleich. Das Unternehmen registriert unterschiedliche Adressatenbedürfnisse und versucht, diesen durch eine möglichst faire, unverzerrte Jahresabschlusserstellung gerecht zu werden. Es möchte die Rechnungslegung neutralisieren[767] und eine unternehmensübergreifende Vergleichbarkeit erreichen.[768] So wird die Zielsetzung der Informationsvermittlung ohne Personenbezug (z.B. zu Investoren) formuliert.[769] Der Adressatenkreis wird nur insofern eingeschränkt, als sich der Jahresabschluss an diejenigen Adressaten richten soll, die keinen anderen Zugang zu Unternehmensinformationen haben.[770] Sterling kommt nach eingehender Analyse zu dem Schluss, dass sowohl Manager als auch unternehmensexterne Adressaten für die von ihm untersuchten Entscheidungssituationen die gleichen Daten nachfragen.[771]

Einen anderen Ansatz zum Umgang mit unterschiedlichen Adressatenbedürfnissen wählt die AAA 1966, die recht früh und als erste Institution den *decision usefulness approach* in „A

---

[761] Vgl. Staubus (1961), S. 17–19. Damit ist nicht mehr die Unterscheidung in Eigen- und Fremdkapitalgeber von zentraler Bedeutung, sondern die Differenzierung in Kapitalgeber mit und ohne vertraglich zugesicherte Ansprüche, vgl. Staubus (1961), S. 26.

[762] Vgl. Staubus (1961), S. 20–22. Staubus tendiert zum separaten Ausweis der unterschiedlichen Anspruchsklassen auf der Passivseite der Bilanz, sodass die Prioritäten der Ansprüche deutlich werden, vgl. Staubus (1961), S. 106 f.

[763] Revsine (1973), S. 19.

[764] Vgl. AAA (1977), S. 12.

[765] Chambers (1966), S. xxxiv, vgl. auch S. 375 und 376.

[766] Vgl. Zeff (1999), S. 99.

[767] Vgl. Arthur Andersen & Co. (1972), S. 8, 15 und 17.

[768] Vgl. Arthur Andersen & Co. (1972), S. 20 f.

[769] Vgl. Arthur Andersen & Co. (1972), S. 15; Arthur Andersen & Co. (1974), S. 13.

[770] Vgl. Arthur Andersen & Co. (1974), S. 14, Fn. 2.

[771] Vgl. Sterling (1970), S. 314. Weiterhin sieht er die Möglichkeit der Vereinheitlichung der Gewinnermittlung für einzelne Unternehmensformen (*firm models*): „Perhaps there can never be agreement in the abstract on the correct method of calculating income, but maybe there can be agreement in respect to certain kinds of firms“ (Sterling (1970), S. viii).

Statement of Basic Accounting Theory" (ASOBAT) vertrat.[772] Rechnungslegung solle in Hinsicht auf die Informationsbedürfnisse der Adressaten und nicht in Bezug auf die vorhandenen Tätigkeiten der Bilanzersteller und Wirtschaftsprüfer definiert werden. So sei Rechnungslegung der „process of identifying, measuring, and communicating economic information to permit informed judgments and decisions by users of the information"[773]. Die AAA ist sich bewusst, dass die Gruppe der Rechnungslegungsadressaten nicht homogen ist, und beschreibt detailliert deren Entscheidungssituationen. Das Statement enthält jedoch keine Aussage darüber, wie mit voneinander abweichenden Interessen umgegangen werden soll.[774] Es wird der Eindruck erweckt, dass durch eine umfassende Berichterstattung möglichst viele Adressatenbedürfnisse befriedigt werden können, wobei die AAA speziell in Bezug auf externe Adressaten die Konkretisierung der Informationswünsche der zukünftigen Forschung überlässt und bisweilen konstatiert, „[that] even crudely measured and only generally appropriate information may be of considerable use to external users in view of their highly uncertain situation"[775]. Revsine steht Ansätzen, wie dem der AAA, kritisch gegenüber. Solche Ansätze möchten das Problem der unterschiedlichen Informationsbedürfnisse durch die Ausweitung der Datenmenge im Jahresabschluss – es werden mehrere Bewertungsmaßstäbe angegeben – umgehen.[776] Sie bergen zwei entscheidende Nachteile. Zum einen ist unklar, an welcher Stelle die Datenaufnahme sinnvollerweise gestoppt werden sollte. Zum anderen entsteht eine Informationsüberlastung, welche das Entscheidungsverhalten der Adressaten negativ beeinflusst.[777]

3.3.2.2 Analyse der Adressatenentscheidungen

Bei der Analyse der Entscheidungsfindung der Adressaten unterstellt Staubus ökonomisch-rationales Verhalten und beschränkt sich auf die Betrachtung von Zahlungsströmen, die sich durch die Entscheidung für eine Investitionsalternative mehren sollen.[778] Für den Investor müssen damit aus dem Jahresabschluss die Fähigkeit und Bereitschaft des Unternehmens zu (Rück-)Zahlungen an ihn ablesbar sein.[779] Revsine formuliert das optimale finanztheoretische Entscheidungsmodell der *long-term equity investors*, welches Investoren gegebenenfalls erst

---

[772] Vgl. Zeff (1999), S. 96; Sutton/van Zijl/Cordery (2010), S. 6. ASOBAT ist nicht als Fortsetzung der Statements aus den Jahren 1936, 1941, 1948 und 1957 zu sehen, vgl. Zeff (1966), S. 54. Es kann als Spiegelbild der normativen Diskussion der vergangenen Jahre bezeichnet werden, da es sich von der bestehenden Bilanzierungspraxis vollständig löste. Auch der Umfang der Publikation weicht deutlich von seinen Vorgängern ab. Das Statement von 1966 umfasst ca. 100 Seiten, während die übrigen Statements der AAA nur maximal 10 Seiten hatten, vgl. Moonitz (1974), S. 11.

[773] AAA (1966), S. 1, vgl. auch S. 4.

[774] Vgl. AAA (1966), S. 19 und 20–27; Previts/Merino (1998), S. 321 f.

[775] AAA (1966), S. 20, vgl. auch S. 63.

[776] Vgl. Revsine (1973), S. 8 f. und 13. Die Idee, möglichst viele Daten im Jahresabschluss zu integrieren, mündet in die *event theories*, vgl. hierzu übersichtlich Haller (1989), S. 158 f.

[777] Vgl. Revsine (1973), S. 14–18 und 21–27; AAA (1977), S. 38.

[778] Vgl. Staubus (1961), S. 12–14.

[779] Vgl. Staubus (1961), S. 15 f.

erlernen müssen,[780] etwas ausführlicher: „The selection of an investment security from available investment options is basically a resource allocation decision. The strategy is to select that security which promises the highest attainable return commensurate with an acceptable degree of risk. This choice should be governed primarily by the potentialities confronting the various firms whose securities are under consideration, rather than the actualities (past events). In order to be relevant to this decision model, accounting data must afford investors some reasonable basis for estimating future returns and their variability.“[781]

Chambers holt aufgrund seines breit angelegten Ansatzes wesentlich weiter aus. Er wird als Begründer des *decision usefulness approach* angesehen, da er die nötige Relevanz der Jahresabschlusspositionen für rationale Entscheidungen bereits 1955[782] explizit machte.[783] „The object [...] is to consider the conditions under which, by means of [...] [the] language [of monetary signs], complex messages are generated which provide the basis for informed economic action.“[784] Der Schwerpunkt von Chambers' Betrachtung liegt somit auf der Bilanzierung als Zahlenlieferant und Kommunikationsmedium.

Chambers verfolgt einen interdisziplinären Ansatz, zum einen, da die Bilanzierung menschliches Verhalten beeinflusst, das durch andere Wissenschaftsdisziplinen erklärt wird, und zum anderen, da die Argumente aus anderen Disziplinen die eigenen verstärken oder abschwächen können.[785] Er entfernt sich von der klassischen ökonomischen Betrachtung der Gewinnermittlung, wie sie bei Canning oder Sprouse/Moonitz zu finden war, indem er sich mit verhaltenswissenschaftlichen Aspekten auseinandersetzt. Er analysiert zunächst, wie sich bei Einzelpersonen die Wahrnehmung vollzieht, und zeigt, dass sie darauf ausgerichtet sind mit ihrem Handeln individuelle Störfaktoren zu beseitigen. Darauf aufbauend erläutert er, wie Präferenzen entstehen, und erklärt, wie eine individuelle Entscheidung basierend auf einer konkreten Ziel-Mittel-Kombination getroffen wird. In einem dritten Schritt führt er eine soziale Dimension ein, die letztendlich zur Gründung von (Tausch-)Märkten führt, mit deren Hilfe Individuen ihre Ziele besser erreichen können.[786] An diesem Punkt wird der Umgang mit Marktdaten (*monetary calculations*) unumgänglich, da sie Teil der Handlungsbasis werden.[787]

Im Kern stellt sich für Chambers das menschliche Handeln als unendlicher Zirkel dar: Entscheiden – Beobachten – Reflektieren – Entscheiden.[788] Eine einzelne Entscheidung basiert auf folgender Überlegung: „An actor takes action in the light of his past experiences, his

---

[780] Vgl. Revsine (1973), S. 53–56.
[781] Revsine (1973), S. 32 f. Vgl. auch AAA (1977), S. 13.
[782] Vgl. Chambers (1955).
[783] Vgl. AAA (1977), S. 12 und 15.
[784] Chambers (1966), S. xxxiii.
[785] Vgl. Chambers (1966), S. 10–12, 14 f. und 16.
[786] Vgl. Chambers (1966), S. 19–39, 40–58 und 59–77.
[787] Vgl. Chambers (1966), S. 78 f.
[788] Vgl. Chambers (1966), S. 124.

present constraints, and his expectations of the future."[789] Dabei tritt die Kenntnis der gegenwärtigen Situation als notwendige Bedingung der Entscheidung hervor, da sie die Wahlmöglichkeiten begrenzt.[790] „On the ground that present knowledge – knowledge in the present, about the past, and the present – is the basis both of judgments about past events and of plans to procure future events, we regard the usefulness of such systematic calculation and arrangement as established. We adopt it as the domain of accounting."[791] Die Rechnungslegung beschäftigt sich nur mit den beiden genannten Teilbereichen der Vergangenheit und der Gegenwart, da diese mit Sicherheit bestimmt werden können.[792] Es besteht allerdings eine Verbindung zu antizipierenden, sich auf die Zukunft beziehenden Berechnungen, da die Rechnungslegung als Datenbasis dient.[793]

Konsequenterweise versteht Chambers das externe Rechnungswesen als „information processing system"[794], das dem Einzelnen die Informationsgenerierung und -verarbeitung erleichtert.[795] Bedingung der Aufzeichnung der (Jahresabschluss-)Informationen ist die Isomorphie zur Realität, d.h. die repräsentative Abbildung bestimmter Eigenschaften der komplexen, vergangenen Ereignisse mithilfe einer übersichtlichen Skala.[796] Dazu gehört als erste Eigenschaft die Periodisierung anstelle einer Einzahlungs-/Auszahlungsrechnung.[797] Weiterhin müssen die übermittelten Informationen objektiviert, d.h. intersubjektiv nachprüfbar, bestätigt, d.h. nicht fiktiv oder veraltet, relevant, d.h. entscheidungsbeeinflussend, und neutral, d.h. relevant, aber unabhängig von der Zielvorstellung des Informationsempfängers, sein.[798] Die Verlässlichkeit und Relevanz der aufbereiteten Information werden schließlich über fortlaufende Rückmeldungen im Rahmen des Informationsprozesses gewährleistet.[799] Das externe Rechnungswesen ist damit Teil des Kommunikationsprozesses zwischen Informationsquelle und Informationsempfänger, den Chambers ebenfalls beleuchtet.[800] „The efficiency of communication is the capacity of the signals received to evoke in the receiver the same responses as would direct experience of the events which are the subject of the communication." Die Effizienz wird zum einen durch die zuvor genannten Charakteristika des Informationssystems

---

789 Chambers (1966), S. 80.
790 Vgl. Chambers (1966), S. 81 und 82.
791 Chambers (1966), S. 97, vgl. auch S. 99.
792 Vgl. Chambers (1966), S. 81 und 82; Chatfield (1977), S. 249. Zu Berechnungen, welche die Zukunft antizipieren, vgl. Chambers (1966), S. 83 f.
793 Vgl. Chambers (1966), S. 97 f. und 124 f.
794 Chambers (1966), S. 164, vgl. umfassend S. 141–165.
795 Vgl. Chambers (1966), S. 163. Als Grund für die nötige Informationsvermittlung durch Rechnungslegung gibt Chambers beispielsweise das öffentliche Interesse an Finanzinformationen über Unternehmen an, vgl. Chambers (1966), S. 343. De facto hinkt die Rechnungslegung aber den geltenden Rahmenbedingungen hinterher, sodass die Informationsfunktion derzeit nicht erfüllt wird, vgl. Chambers (1966), S. 346 und 348.
796 Vgl. Chambers (1966), S. 126–128.
797 Vgl. Chambers (1966), S. 131 f.
798 Vgl. Chambers (1966), S. 164.
799 „Feedback is the process by which the future behavior of actor or agent is informed by the effects of immediately past behavior" (Chambers (1966), S. 165, im Original hervorgehoben).
800 Vgl. Chambers (1966), S. 166–185.

und zum anderen durch semantische und syntaktische Überlegungen für die Kommunikationssprache erreicht.[801]

Sterling beleuchtet, ebenso wie Chambers, die Rolle der Rechnungslegung im Kommunikationsprozess. Er versucht, konkreter als Chambers, die Datennachfrage, genauer die Nachfrage nach einer bestimmten bilanziellen Bewertung, modellhaft zu erfassen. Hierzu beschränkt er seine Überlegungen vereinfachend auf ein ausschließlich mit Weizen handelndes Unternehmen, das in einem vollkommenen Markt operiert und keinen Preisleveländerungen ausgesetzt ist.[802] Die Nachfrage bestimmt sich laut Sterling grundsätzlich nach dem Informationsgehalt der Bewertungsmethode. Ein Teil jeder Information ist ihre Effektivität, d.h. ihre Nützlichkeit (*usefulness*), welche Sterling eingehend (für die Bewertungsmethoden) betrachtet.[803] Er setzt Wahrheit[804] und Relevanz[805] der Information für ein bestimmtes Problem als Bedingungen der Nützlichkeit. Was relevant ist, ist aber abhängig von der Art und Weise der mentalen Erfassung des (Investitionsentscheidungs-)Problems. Sterling spricht von der „Theory for Solution" (Theorie der Problemlösung / Theorie der Entscheidung).[806] Unter Berufung auf die Kommunikationstheorie setzt Sterling schließlich (analog zu Chambers) zwischen die Umwelt und den Empfänger der Information den Übermittler der Information, mithin den Rechnungslegenden, und einen Kommunikationskanal mit begrenzter Kapazität.[807] Dem Übermittler kommt die Aufgabe zu, die Relevanz der Information zu beurteilen, bevor er sie sendet.[808] Die Entscheidungsmacht über die Weitergabe einer Information ermöglicht es dem Übermittler, die Theorie der Problemlösung im Kopf des Empfängers zu stärken oder auch zu verändern. So bestimmt er letztlich nicht nur über die Relevanz der Information, sondern auch über die Theorie der Problemlösung des Empfängers selbst.[809] Zwar könnte er den Empfänger der Information nach seiner Theorie fragen, da aber die mentale Theorie das Ergebnis einer Lernerfahrung ist, befindet man sich in einem Zirkel.[810] Im schlechtesten Fall wendet der Empfänger eine falsche Theorie an: „If we are convinced that the receivers are using the wrong decision model, we have a dilemma. (1) We can transmit the information specified by their wrong model which will yield right decisions only by chance. (2) We can transmit the information

801 Vgl. Chambers (1966), S. 184 (auch Zitat, im Original hervorgehoben); Chambers (1960), S. 147.

802 Vgl. Sterling (1970), S. 4 und 21–23.

803 Vgl. Sterling (1970), S. 39 f. Information ist für Sterling eine Teilmenge der Kommunikation. Erstere grenzt sich durch ihre Nützlichkeit von Letzterer ab, vgl. Sterling (1970), S. 40. Die Frage nach der korrekten Bewertungsmethode stellt sich nur, wenn andere Vermögenswerte als Geld gehalten werden („incomplete exchange"), vgl. Sterling (1970), S. 37 (auch Zitat).

804 Wahrheit bedingt nicht Präzision. Wahrheit zeigt sich letztlich im „agreement among qualified observers", vgl. Sterling (1970), S. 45 f. (Zitat S. 46).

805 Vgl. Sterling (1970), S. 46–48.

806 Vgl. Sterling (1970), S. 48–50 (Zitat S. 48, im Original hervorgehoben).

807 Vgl. Sterling (1970), S. 51.

808 Vgl. Sterling (1970), S. 54. Die Entscheidung des Übermittlers, welche Information er sendet, basiert letztlich nicht auf einer absoluten Messung des Informationsgehalts. Er kann verschiedene Informationen nur auf einer Ordinalskala ordnen, vgl. Sterling (1970), S. 61–63.

809 Vgl. Sterling (1970), S. 56 f.

810 Vgl. Sterling (1970), S. 54 f.

specified by the right model which will be irrelevant to their model, and hence right decisions will result only by chance.“ Sterling bevorzugt die zweite Alternative und baut somit auf die Lernfähigkeit der Empfänger.[811] Zum Aufgabenbereich des Übermittlers gehören somit auch die Antizipation von Problemen und die Weiterentwicklung von Theorien.[812]

Für die Theorie der (Investitions-)Entscheidung beschreibt Sterling zunächst wie Präferenzen entstehen.[813] Solche Präferenzen entstehen nur, wenn man zwischen Alternativen wählen kann, d.h., wenn man eine Alternative opfern muss.[814] Da man Präferenzen nur auf einer Ordinalskala ordnen kann, aber ein absoluter Wert gesucht ist,[815] zieht Sterling als Ersatz das Opfer heran. Dieses Opfer ist der in Geldeinheiten ausgedrückte „command over goods“.[816] Kurz: der aktuelle Marktpreis.[817] Das Wissen um die Marktpreise allein reicht jedoch noch nicht zur Entscheidung. Die Marktpreise stecken nur die Alternativen ab.[818] Der Entscheider benötigt Informationen über die zukünftige Entwicklung. „The choice is between competing states-of-being that lie in the future.“[819]

An dieser Stelle analysiert Sterling zunächst die Informationsbedürfnisse (die Relevanz der Information) der Manager und der „other interested receivers“, zu denen beispielsweise Kreditgeber, Aktionäre, der Fiskus und Angestellte gehören, getrennt voneinander.[820] Im Beispiel drückt sich die Entscheidungsregel für den Manager wie folgt aus: „Hold wheat only if it is expected that the present price of wheat will increase.“ Somit ist auch die zukünftige Preisentwicklung relevant.[821] Die anderen Empfänger vergleichen für ihre Entscheidung zwei Unternehmen miteinander. Ist das Opfer – der aktuelle Unternehmenspreis – bekannt,[822] muss der Empfänger die eigene Preisvorhersage kontinuierlich mit der Vorhersage des Managers

---

811 Vgl. Sterling (1967), S. 106 (auch Zitat). Um Missverständnisse zwischen Übermittler und Empfänger zu vermeiden, ist die Ausbildung der Empfänger zentral und wird folglich bei der Aufteilung der Kapazität des Kommunikationskanals vorrangig behandelt, vgl. Sterling (1970), S. 59–61. Somit lehnt Sterling, anders als Chambers, die Feedbackmethode ab, vgl. Sterling (1970), S. 52 f.

812 Vgl. Sterling (1970), S. 58 f.

813 Vgl. Sterling (1970), S. 117–119.

814 Vgl. Sterling (1970), S. 119 f. Die Präferenz ist eine Momentaufnahme, denn Präferenzen sind nicht festgeschrieben; sie können sich ändern. Die Bewertung ist somit ein kontinuierlicher Prozess, vgl. Sterling (1970), S. 122 f.

815 Sterling setzt sich ausführlich mit der Nützlichkeit von quantitativen Daten (deren Nachfrage er betrachtet) auseinander. Sie sind informativer als qualitative Daten, weil sie aufgrund der Verwendung von Einheiten allgemeine Vergleiche ermöglichen und präziser sowie allgemein verständlich sind, vgl. Sterling (1970), S. 71–78. Allerdings ist auch für Bewertungen der Nachweis der Relevanz für eine Theorie der Problemlösung zu erbringen, vgl. Sterling (1970), S. 73 f. und 84 f. Ist er gelungen, ist die Standardisierung der Bewertung erstrebenswert, da sie Anpassungsaufwand reduziert und den Vergleichsbereich erweitert, vgl. Sterling (1970), S. 85–89.

816 Vgl. Sterling (1970), S. 124 f. (Zitat S. 125).

817 Vgl. Sterling (1970), S. 125–131 und 136.

818 Vgl. Sterling (1970), S. 131 f.

819 Sterling (1970), S. 122, vgl. auch S. 163 f.

820 Vgl. Sterling (1970), S. 132 f. und 143 (Zitat S. 132).

821 Vgl. Sterling (1970), S. 135 f. (Zitat S. 135). Es ist nicht zwingend der zukünftige Preis, aber zumindest die Richtung der Preisentwicklung gesucht, vgl. Sterling (1970), S. 148. Umfassend zur Entscheidungstheorie des Managers vgl. Sterling (1970), S. 133–137.

822 Sterling bestimmt den Wert des Unternehmens anhand der im Unternehmen gehaltenen Vermögenswerte, vgl. Sterling (1970), S. 145 f.

vergleichen, da der Manager die zukünftige Entwicklung des Unternehmens entscheidend beeinflusst.[823] Sterling schließt somit auf die Ähnlichkeit der Informationsbedürfnisse der verschiedenen Empfänger.[824]

Sterling räumt ein, dass sein entworfenes Entscheidungsmodell nur eines unter vielen ist. Es mag andere Theorien für die gleichen oder andere Probleme geben. Hier verweist er auf die Empirie, die das tatsächliche Entscheidungsverhalten der Empfänger untersuchen muss.[825] Diese empirischen Ergebnisse sind insbesondere für den Übermittler von Bedeutung.[826]

Revsine kritisiert noch 1973, dass es in der Rechnungslegungsforschung an der Konkretisierung der von Adressaten angewandten Entscheidungsmodelle fehle, um die Informationen des Jahresabschlusses adäquat zu verdichten.[827] Das Ziel seiner Studie liegt in der theoretischen Fundierung der Bilanzierung zu Wiederbeschaffungskosten, um die Bedingungen ihrer Entscheidungsnützlichkeit zu identifizieren und anschließend empirisch testen zu können.[828] Solange die theoretische Basis für die Bewertung zu Wiederbeschaffungskosten fehlt, können nach Revsine empirische Ansätze noch nicht sinnvoll angewendet werden. Es fehlt dann an der Grundlage für die Hypothesenbildung.[829] Revsine versucht deshalb die Relevanz der anhand der Wiederbeschaffungskosten generierten Informationen für den Entscheidungsträger (langfristige Eigenkapitalinvestoren) als Zielperson der Informationen zu begründen.[830] Er geht davon aus, dass seine Zielpersonen Informationen über die Höhe und Unsicherheit der zukünftigen Dividendenzahlungen des Unternehmens wünschen, und nutzt den (operativen) Gewinn unter Substanzerhaltung zur Approximation,[831] denn er lehnt die Veröffentlichung von Planungsdaten ab.[832] Die Bilanzierung zu Wiederbeschaffungskosten ist relevant, wenn sie (als Bestandteil des Gewinns) den Adressatenwunsch befriedigt.[833] Die Vorhersage der

---

823 Annahmegemäß spiegelt sich die Schätzung des Managers in der aktuellen Position des Unternehmens wider. „If wheat is held, the price is expected to increase", vgl. Sterling (1970), S. 147 f. (Zitat S. 148). Umfassend zur Entscheidungstheorie der übrigen Empfänger vgl. Sterling (1970), S. 142–150.

824 Vgl. Sterling (1970), S. 154. Neben zukunftsgerichteten Entscheidungen untersucht Sterling auch vergangenheitsgerichtete Entscheidungen (Evaluationen und Erfüllung vertraglicher Verpflichtungen), mit Ausnahme der Steuerbemessung, für die ebenfalls ähnliche Informationsbedürfnisse bei Managern und übrigen Empfängern bestehen, vgl. Sterling (1970), S. 137–142, 150–154, 156 und 164 f. Für eine Zusammenfassung der Informationsbedürfnisse vgl. Sterling (1970), S. 142 und 155.

825 Vgl. Sterling (1970), S. 167 und 169.

826 Vgl. Sterling (1970), S. 355.

827 Vgl. Revsine (1973), S. 11.

828 Vgl. Revsine (1973), S. xi f. und xiii. Die Bilanzierung zu Wiederbeschaffungskosten orientiert Revsine an der Arbeit von Edwards/Bell (1961), obwohl sich diese mit der Bilanzierung zu Wiederbeschaffungskosten an unternehmensinterne Personen richteten. Revsine klammert allerdings die Anpassung der Bewertung an ein sich änderndes Preislevel aus, vgl. Revsine (1973), S. 57 und 61.

829 Vgl. Revsine (1973), S. 2 f. und 20.

830 Vgl. Revsine (1973), S. 21.

831 Vgl. Revsine (1973), S. 34. Revsine verfolgt die Vorhersage des ausschüttbaren operativen Cashflows unabhängig von einer Annahme über die Effizienz des Markts, da die Ermittlung des Cashflows in beiden Fällen nachgefragt wird (bei fehlender Effizienz vom einzelnen Investor; bei bestehender Effizienz von der Gesamtheit der Investoren, d.h. dem Markt selbst), vgl. Revsine (1973), S. 35 f.

832 Vgl. Revsine (1973), S. 37–40.

833 Vgl. Revsine (1973), S. 47 f.

Dividenden kann alternativ über unabhängige Indikatoren (Basis ist in diesem Fall der *business profit* nach Edwards/Bell[834]) oder über Extrapolationen (Grundlage ist in diesem Fall der *current operating profit* nach Edwards/Bell[835]) erfolgen. Die beiden Methoden unterscheiden sich insbesondere darin, dass nur erstere Wendepunkte in der Cashflow-Entwicklung antizipieren kann.[836] Das in den zukünftigen Cashflows enthaltene Risiko soll durch (aus den Wiederbeschaffungskosten abgeleitete) Kennzahlen, beispielsweise zur Liquidität, bestimmt werden.[837]

Da Revsine die Relevanz der Wiederbeschaffungskosten letztlich normativ vorgibt,[838] ist die Beziehung zwischen Information und Entscheidungsträger nach Revsine in einem zweiten Schritt empirisch zu überprüfen.[839] Seine Arbeit verdeutlicht somit die wechselseitige Beziehung zwischen normativer und empirischer Forschung. Zwar sei die empirische Bestimmung der Informationsbedürfnisse einer fiktiven normativen Ermittlung vorzuziehen.[840] Allerdings sei unklar, ob die umfassende empirische Identifizierung von Informationsbedürfnissen tatsächlich gelingen wird, sodass der normative Ansatz nicht ausschließlich als Zwischenlösung verstanden werden kann.[841]

---

834 Vgl. Revsine (1973), S. 118–138. Revsine erklärt die Indikatorfunktion der Wiederbeschaffungskosten durch die Annäherung des *business profit* an den ökonomischen Gewinn, der wiederum zukünftige Cashflow-Änderungen beinhaltet, die für Investoren relevant sind, vgl. Revsine (1973), S. 93 und 104–107. „Hence, a holding gain would qualify as a legitimate income inclusion because the price change on which the holding gain is based is a reflection of enhanced future earning power" (Revsine (1973), S. 92). Gleichzeitig nährt Revsine aber Zweifel an der Fähigkeit des *business profit* zur Approximation des ökonomischen Gewinns, indem er Beispiele aufführt, in welchen die Entwicklung der (Wiederbeschaffungs-)Preise und der zukünftigen operativen Zahlungsströme nicht mehr parallel oder sogar entgegengesetzt verlaufen, vgl. Revsine (1973), S. 108–116 und 139 f.

835 Vgl. Revsine (1973), S. 86–117. Die Extrapolation gilt unter der Prämisse, dass die externen Einflussfaktoren auf die Produktion konstant bleiben, vgl. Revsine (1973), S. 119 f. Ändern sich die Wiederbeschaffungskosten, kann die Prognosefähigkeit durch die Annahme der raschen proportionalen Anpassung der aus dem Vermögenswert resultierenden Zahlungsflüsse (die sich im *current operating profit* niederschlagen) an die neuen Wiederbeschaffungskosten erklärt werden, oder durch den gegenseitigen Ausgleich von verschiedenen Preisänderungen, vgl. Revsine (1973), S. 121 f. und 152–154.

836 Vgl. Revsine (1973), S. 40–42 und 131–134. Revsine beschreibt die gesuchten Indikatoren als „independent variable that is thought to be related to the variable for which a prediction is desired" (Revsine (1973), S. 41 f.).

837 Vgl. Revsine (1973), S. 43–46 und 170–186.

838 Vgl. Revsine (1973), S. 21.

839 Revsine untersucht und bestätigt die mögliche Einführung der Wiederbeschaffungskosten in der Praxis, da ansonsten die Überprüfung der Relevanz der Bewertungsmethode hinfällig wird. Als Kriterien zieht er ihre Objektivität (gemessen als Varianz), die Höhe der Abweichung vom idealen Bewertungsmaßstab der diskontierten Cashflows, die zeitnahe Bereitstellung der Daten sowie die damit verbundenen Kosten heran. Er führt keine empirische Untersuchung durch, vgl. Revsine (1973), S. 75–84.

840 Vgl. Revsine (1973), S. 28 und 49.

841 Vgl. Revsine (1973), S. 20 und 49–53.

3.3.2.3 Qualitative Anforderungen an die Jahresabschlussdaten

Charakteristisch für den *decision usefulness approach* ist die Entwicklung eines qualitativen Rahmens für alle Berichtsdaten, welcher die Entscheidungen der Adressaten absichern soll. Die AAA liefert 1966 erstmals explizit einen solchen Rahmen,[842] der sich in die Gedanken Chambers', Revsines, Staubus' und Sterlings einfügt. Gefragt sind: Relevanz bezüglich der zu treffenden Entscheidung, individuelle Nachprüfbarkeit, Unverzerrtheit und Quantifizierbarkeit der Ergebnisse.[843] Ziel dieser Kriterien ist es, die Unsicherheit der (externen) Adressaten bezüglich der Unternehmenslage zu reduzieren.[844] Ergänzend werden fünf Richtlinien für die Kommunikation von Rechnungslegungsinformationen formuliert, um die übermittelten Informationen verständlich zu machen: „1. Appropriateness to expected use. 2. Disclosure of significant relationships. 3. Inclusion of environmental information. 4. Uniformity of practice within and among entities. 5. Consistency of practices through time."[845] Dieser Rahmen soll in der Rechnungslegung allgemein gelten. Dies bedeutet, er ist intern und extern sowie für privatrechtliche und staatliche Unternehmen anwendbar.[846]

Kritik wurde an der wenig überzeugenden deduktiven Ableitung der Kriterien geübt.[847] Es fehlt an einem zugrunde gelegten Entscheidungsmodell, wie es Chambers oder Sterling erarbeiteten. Gleichzeitig bleibt unverständlich, warum die AAA nicht auf den Trade-off zwischen Relevanz und Verlässlichkeit eingeht, obwohl das Problem beispielsweise von Bierman bereits 1963 erkannt und von ihm zugunsten der Relevanz entschieden wurde.[848] Auch Arthur Andersen & Co. geben der Relevanz die Priorität gegenüber der Verlässlichkeit der Daten, um eine Verzerrung des Jahresabschlusses zu verhindern, und lehnen daher ein starkes Vorsichtsprinzip ab.[849] Jaedicke/Sprouse argumentieren dagegen 1965, dass Werte durch Dritte nachprüfbar sein müssen, weil sie ansonsten nicht entscheidungsnützlich sind.[850] Sterling entzieht sich dem Trade-off, indem er einen vollkommenen Markt einführt und sich somit auf die Relevanz der Information konzentrieren kann.

---

842 Vgl. AAA (1977), S. 15.

843 Vgl. AAA (1966), S. 8–13 und 27–30 mit Bezug zu externen Adressaten. Vgl. auch Chatfield (1977), S. 296.

844 Vgl. AAA (1966), S. 8.

845 AAA (1966), S. 7, vgl. auch S. 13–18.

846 Vgl. AAA (1966), S. 2.

847 Vgl. Chatfield (1977), S. 296; Previts/Merino (1998), S. 322.

848 Vgl. Bierman (1963), S. 502–505.

849 Vgl. Arthur Andersen & Co. (1972), S. 8, 37 f. und 39 f.; Arthur Andersen & Co. (1974), S. 17 f. und 35. Auch Arthur Andersen & Co. formulierten explizit qualitative Merkmale des Jahresabschlusses. *Usefulness* (für die Einschätzung der Zukunft) und Fairness sind bereits durch die AAA bekannt. Das Unternehmen ergänzt *understandability* und berücksichtigt *subjectivity*, die als unvermeidbar gilt, vgl. Arthur Andersen & Co. (1972), S. 7–12; Arthur Andersen & Co. (1974), S. 14–16.

850 Vgl. Jaedicke/Sprouse (1965), S. 30.

3.3.3 Bilanzierungs- und Bewertungsmethoden

3.3.3.1 Vergleichbare Vermögenswert- und Schuldendefinition mit den *true income theories*

Die Autoren des *decision usefulness approach* greifen auf den ökonomischen Servicegedanken in Bezug auf Vermögenswerte zurück, da sie bei den Adressaten ökonomisch rationales Verhalten unterstellen. „An asset of any accounting entity [...] is anything measureable in monetary terms which will be of service, directly or indirectly, to the residual equity holders in that entity“[851], definiert Staubus. Chambers definiert den Vermögenswert wie folgt: „An asset is defined as any severable means in the possession of an entity“[852], wobei „[m]eans are scarce objects (goods and services) having utility“[853]. Auch Arthur Andersen & Co. möchten, wie MacNeal, nur ökonomische Werte bilanziert wissen.[854] Bei den Autoren wird deutlich, dass die Existenz eines Vermögenswerts die Zuordnung zu einer Person oder einer unternehmerischen Einheit bedingt.[855] Nur Sterling definiert die Elemente der Bilanz nicht.

Schließlich objektivieren die Autoren. Gemäß Staubus muss ein Vermögenswert einer monetären Bewertung zugänglich sein.[856] Die Marktfähigkeit (Übertragbarkeit) spielt in der Vermögenswertdefinition von Chambers eine große Rolle, wie sich beispielsweise an der Ablehnung der Aktivierung von persönlichen Fähigkeiten und personengebundenem Know-how zeigt. „Potential at a point of time inheres in a person. The market does not buy a man's potential; it buys his services“[857]. Letztlich bindet Chambers die Aktivierung an das rechtliche Eigentum.[858] Der originäre Goodwill gilt entsprechend nicht als Vermögenswert.[859] Die AAA zeigt sich etwas offener und stellt die Aktivierung von Forschungs- und Entwicklungskosten unter Beachtung der qualitativen Bedingungen in Aussicht.[860] Es erfolgt insgesamt keine Annäherung an das Effektivvermögen.

---

851 Staubus (1961), S. 30.

852 Chambers (1966), S. 103. Durch seine Definition der Bilanzposten soll deutlich werden, dass die Vermögenslage des Unternehmens (*financial position*) nur in Beziehung zu seiner Umwelt bestimmt werden kann, vgl. Chambers (1966), S. 103 und 126.

853 Chambers (1966), S. 56, im Original hervorgehoben. Auch Arthur Andersen & Co. betonen die Nützlichkeit und Knappheit des Vermögens, vgl. Arthur Andersen & Co. (1972), S. 13 f.; Arthur Andersen & Co. (1974), S. 18 f.

854 Vgl. Arthur Andersen & Co. (1972), S. 48.

855 Vgl. Chambers (1966), S. 104.

856 Vgl. Staubus (1961), S. 28 f. Die objektivierte Bewertung fordern auch Arthur Andersen & Co. (1972), S. 48; Arthur Andersen & Co. (1974), S. 31.

857 Chambers (1966), S. 104. Auch Arthur Andersen & Co. bilanzieren immaterielles Vermögen nicht, wenn es nicht übertragen werden kann. Denn Übertragbarkeit (*exchangeability*) ist eine grundsätzliche Bedingung für die Aufnahme in den Jahresabschluss, vgl. Arthur Andersen & Co. (1972), S. 49 f.; Arthur Andersen & Co. (1974), S. 18 f. und 31 f.

858 Vgl. Chambers (1966), S. 81 und 104; Arthur Andersen & Co. (1972), S. 48.

859 Der Goodwill ist zusätzlich Chambers' Bewertungsvorgaben nicht zugänglich, vgl. Chambers (1966), S. 209–212.

860 Vgl. AAA (1966), S. 35 f.

Schulden werden von Staubus als negative Vermögenswerte interpretiert. „A specific equity in any accounting entity is a measurable right to receive specified services from the entity“[861]. Bei Chambers, der nicht eindeutig der *proprietary* oder *entity theory* zugeordnet werden kann,[862] werden sie ausdrücklich nicht als negative Vermögenswerte verstanden, weil Vermögenswerte und Schulden nach Chambers keine gemeinsamen Eigenschaften haben.[863] „Liabilities are rights of creditors to the satisfaction of claims against the assets of an entity in priority to the residual equity.“[864] Arthur Andersen & Co. beziehen auch faktische Verpflichtungen in die Bilanzierung ein.[865]

Die statische Grundhaltung der Autoren wird dadurch belegt, dass in den Bilanzen des *decision usefulness approach* keine Posten enthalten sind, welche die obigen Kriterien nicht erfüllen.[866] Arthur Andersen & Co. sehen beispielsweise bei Gewinnglättungen die Gefahr einer zu positiven Darstellung der Unternehmenslage.[867] Chambers hält gewinnglättende Maßnahmen, die die langfristige Performance des Unternehmens betonen, für ungerechtfertigt, da sie verdeckend wirken.[868]

In Bezug auf schwebende Geschäfte erkennt Staubus grundsätzlich die dahinter liegenden Ansprüche und Verpflichtungen an, deren Bilanzierung ist aber an eine Vorauszahlung oder die Bereitstellung der Verkaufsgüter im Lager gebunden. Abgeschlossene Verträge über noch zu produzierende Güter ohne Vorauszahlung werden nicht bilanziert, weil sie nach Staubus (noch) nicht zu einer (Netto-)Vermögensänderung führen.[869] Auch Chambers lehnt die Bilanzierung schwebender Geschäfte ab: „All executory contracts are excluded from recognition.“[870] Weitergehend ist die Forderung der AAA, schwebende Geschäfte verschiedener Art im Jahresabschluss zu berücksichtigen.[871] Sie argumentiert, dass viele dieser Geschäfte die

861 Staubus (1961), S. 30.

862 Chambers folgt insofern der *entity theory*, als er Eigen- und Fremdkapital gleichberechtigt nebeneinanderstellt (*equities*), vgl. Chambers (1966), S. 105 und 109. Seine Definition des Eigenkapitals wendet sich aber von der *entity theory* ab: „A residual equity is [...] the contractual rights in assets of the constituent group in the case of entities which are associations of persons“ (Chambers (1966), S. 120, im Original hervorgehoben, vgl. auch S. 105, 105 f. und 114).

863 Vgl. Chambers (1966), S. 109 f. Vgl. auch Arthur Andersen & Co. (1972), S. 47 und 63.

864 Chambers (1966), S. 120, im Original hervorgehoben, vgl. auch S. 106 f.

865 Vgl. Arthur Andersen & Co. (1972), S. 56; Arthur Andersen & Co. (1974), S. 61.

866 Vgl. Arthur Andersen & Co. (1972), S. 18 f., 50 f. und 57 f.; Arthur Andersen & Co. (1974), S. 31–33, 61 und 92. Das Unternehmen lehnt z.B. die Passivierung von Selbstversicherungen ab, vgl. Arthur Andersen & Co. (1974), S. 64 f.

867 Vgl. Arthur Andersen & Co. (1972), S. 38 f., 45 und 65 f.; Arthur Andersen & Co. (1974), S. 18.

868 Vgl. Chambers (1966), S. 261.

869 Vgl. Staubus (1961), S. 76.

870 Chambers (1966), S. 257. Auch Arthur Andersen & Co. lehnen die Bilanzierung von schwebenden Geschäften grundsätzlich ab. Für die Aktivseite sei noch keine ökonomische Ressource vorhanden. Sie entstehe erst mit der Lieferung des Kaufgegenstands. Auf der Passivseite verursache ein schwebender Vertrag noch keinen Anspruch auf ökonomische Ressourcen des Unternehmens, da der Vertragspartner ebenfalls noch nicht geleistet hat, vgl. Arthur Andersen & Co. (1972), S. 56 und 71; Arthur Andersen & Co. (1974), S. 48–50 und 61.

871 Vgl. AAA (1966), S. 19. Auch Ijiri setzt sich intensiv mit schwebenden Geschäften auseinander (*commitment accounting*), obwohl er den Gewinn nicht statisch definiert. Er erkennt die Vorteile des Aus-

Kriterien der Nachprüfbarkeit, Unverzerrtheit und Quantifizierbarkeit erfüllen. Die AAA vermutet, dass die Berücksichtigung in der Praxis unterbleibt, da die Aufzeichnung der schwebenden Geschäfte nicht als relevant empfunden wird. Diese Ansicht befürwortet die Vereinigung allerdings nur für kurzfristige sowie regel- und gleichmäßig wiederkehrende Geschäfte. „[I]n such cases deferring recognition of such events until the services or goods are used or delivered does not do much harm." Für langfristige und sich nicht regelmäßig wiederholende Geschäfte sei die Information in verschiedenen Entscheidungssituationen aber relevant und fördere die bilanzielle Vergleichbarkeit ähnlicher Sachverhalte. „Therefore, the committee recommends the reporting of all long-term leases, material and non-repetitive purchase commitments, pension plans, and executive compensation contracts including stock options or deferred payments and the like in dollar terms in the regular framework of the statements."[872] Dabei genügt dem Wortlaut nach wohl die Aufnahme der Informationen in den Anhang. Angemerkt sei, dass die Standardsetzer IASB und FASB die Umsetzung eines der Vorschläge, d.h. die bilanzielle Abbildung von Operating-Leasingverhältnissen, erst im Jahr 2010 mit ED/2010/9 in Aussicht stellten.[873]

3.3.3.2 Bilanzielle Bewertung anhand von diskontierten Zahlungsströmen oder Marktpreisen

Die Bewertung der Vermögenswerte scheint auch nicht durch den *decision usefulness approach* einvernehmlich gelöst werden zu können. Zwar erfolgt die Zugangsbewertung unproblematisch zum Transaktionspreis,[874] aber die Folgebewertung bleibt offen. Revsine folgt Edwards/Bell und konzentriert sich auf die Bewertung zu Wiederbeschaffungskosten als Hilfsmaßstab für die Bestimmung zukünftiger Dividendenströme. Bei Staubus liegt die Idealvorstellung für die Bewertung von Vermögenswerten und Schulden entsprechend der Investorenorientierung in der Diskontierung zukünftiger Zahlungsströme.[875] Die Bilanzposten sind damit grundsätzlich als Cashflow-Potenziale zu begreifen.[876] Für Staubus ist der am Markt verlässlich bestimmbare Nettoveräußerungspreis für (nicht individualisierte[877]) Vermögenswerte nur ein Hilfsmaßstab, wenn keine Verträge vorliegen, die die zukünftigen Zahlungsströme festlegen.[878] Der Bewertung zum Nettoveräußerungswert im Sinne eines Entpflich-

weises schwebender Geschäfte, macht aber weiterhin die (Quasi-)Sicherheit des Gewinns zur Bedingung der Aufzeichnung, vgl. Ijiri (1975), S. 130–137.

872 Vgl. AAA (1966), S. 32 f. (beide Zitate S. 33). Auch Arthur Andersen & Co. machen für Leasingverträge eine Ausnahme. Sie sind in der Bilanz abzubilden, vgl. Arthur Andersen & Co. (1974), S. 48–50.

873 Vgl. Kroner/Leuchtenstern/Ranker (2010), S. 532 f. und 534.

874 Vgl. Sterling (1970), S. 282; Arthur Andersen & Co. (1974), S. 41, 45 und 54.

875 Vgl. Staubus (1961), S. 33; AAA (1977), S. 12 f.; van Mourik (2010), S. 199.

876 Vgl. AAA (1977), S. 13 mit Bezug zu Revsine und anderen Vertretern des *decision usefulness approach*.

877 Vgl. Staubus (1961), S. 40 f.

878 Vgl. Staubus (1961), S. 35.

tungsbetrags auf der Passivseite steht Staubus jedoch skeptisch gegenüber, da dies zu einer Erhöhung des Eigenkapitals trotz sich verschlechternder Unternehmenslage führen kann.[879]

Chambers folgt nicht der Zukunftsorientierung. Er lehnt die Diskontierung von Cashflows, anders als Staubus, als nicht durchführbar ab.[880] Die Bewertung von Vermögenswerten und Schulden (und somit auch des Eigenkapitals) erfolgt zum jeweiligen *current cash equivalent*, das grundsätzlich aktuell am Absatzmarkt abzulesen ist,[881] um die (Entscheidungs-)Relevanz aufrechtzuerhalten.[882] Die grundsätzliche Bewertung zum Fair Value fordern auch Arthur Andersen & Co., wobei die Argumentation des Unternehmens an MacNeal erinnert.[883]

Bei Chambers wird über die einheitliche Bewertung eine Vergleichbarkeit der Bilanzposten erreicht, sodass die Vorteilhaftigkeit verschiedener Vermögenszusammensetzungen beurteilt werden kann.[884] Durch die Bewertung zum *current cash equivalent* repräsentiert die Vermögenslage die „capacity to operate in the market", deren Kenntnis von Nöten ist, um überhaupt ein Bündel erreichbarer Vermögenszusammensetzungen, oder allgemeiner die Entscheidungsalternativen, definieren zu können.[885] Dies wäre unter Zugrundelegung von historischen Kosten oder Wiederbeschaffungspreisen nicht möglich, da sie nicht die Kaufkraft des Unternehmens widerspiegeln.[886] Demnach sind die *current cash equivalents*, wie das Opfer bei Sterling oder der *exit price* bei Edwards/Bell, als Opportunitätskosten zu verstehen.[887] Die Unternehmung sieht sich also der gleichen Entscheidungssituation ausgesetzt wie der Investor. Beide müssen darüber entscheiden, ob und wie lange eine Investition sinnvoll ist.[888] Chambers betont damit die kurzfristige Entscheidung gegenüber der langfristigen Entscheidung, da „adaptation in a fluid environment cannot be deferred"[889]. De facto handelt es sich um eine Bewertung zu Liquidationspreisen. Bilanzpolitische Spielräume in Bezug auf Ansatz

---

879 Vgl. Staubus (1961), S. 36.

880 Vgl. AAA (1977), S. 14. Chambers kritisiert beispielsweise Canning für dessen zahlungsstromorientierte Ansicht, vgl. Chambers (1979), S. 770 f.

881 Vgl. Chambers (1966), S. 104, 107 f. und 120; Revsine (1973), S. 10; Chatfield (1977), S. 249. Das *current cash equivalent* ist nicht festgeschrieben, sondern kann sich im Zeitverlauf ändern, vgl. Chambers (1966), S. 112. Chambers bezieht sich, wie MacNeal, bei der Preisbestimmung auf das Zusammenspiel von Angebot und Nachfrage, vgl. Chambers (1966), S. 78 f. Zur Herleitung und zur Funktionsweise der Bewertung in Geldeinheiten über Preise vgl. Chambers (1966), S. 84–91.

882 Vgl. Chambers (1966), S. 91; Chatfield (1977), S. 249.

883 Vgl. Arthur Andersen & Co. (1972), S. 52–55; Arthur Andersen & Co. (1974), S. 21 f. und 36–38. Interessant ist die Begründung des Unternehmens, dass die Beibehaltung historischer Kosten in Zeiten rascher technischer Entwicklung zu einem zu hohen Bilanzausweis führen könnte, vgl. Arthur Andersen & Co. (1972), S. 16. Die Bewertung zum Fair Value schließt aber die Bewahrung der historischen Kosten nicht zwingend aus. Solange es keine wesentlichen Preisänderungen gibt, kann an ihnen festgehalten werden, vgl. Arthur Andersen & Co. (1974), S. 41. Das Unternehmen lehnt die Fortführungsprämisse ab, soweit sie dazu genutzt wird, Wertänderungen nicht zu zeigen, vgl. Arthur Andersen & Co. (1972), S. 40 f.

884 Vgl. Chambers (1966), S. 108. Diese gleichförmige Bewertung stellt gleichsam die Sinnhaftigkeit der Eigenkapitalgröße als Residuum sicher, vgl. Chambers (1966), S. 110.

885 Vgl. Chambers (1966), S. 79 und 81 (Zitat S. 79).

886 Vgl. Chambers (1966), S. 92 unter Berufung auf Keynes und S. 202.

887 Vgl. Chambers (1966), S. 201.

888 Vgl. Chambers (1966), S. 197–202.

889 Chambers (1966), S. 205.

und Bewertung werden zugunsten von unvollständigem Ansatz und präziser Bewertung vermieden,[890] was mit der Verdrängung der Relevanz durch die Verlässlichkeit der Jahresabschlussinformationen gleichzusetzen ist. Mit dem Bewertungsmaßstab wendet er sich somit gegen jede zukunftsgerichtete Bewertung. Chambers sieht die Aufgabe der Rechnungslegung gerade nicht darin, die Zukunft auf unvollkommenen Märkten und bei unvollständiger Information zu schätzen, sondern darin, sich auf die Fakten zu beziehen, wie sie sich aus der Vergangenheit ergeben.[891] „Awareness of the necessity of preparing accounting statements which shall be relevant to the future is not lacking. But the end is not achieved by simply borrowing economic concepts which have an independent function in the making of choices different from and complementary to the results of a well designed accounting system.“[892] Die ebenfalls auf die Gegenwart ausgerichtete Argumentation bei Arthur Andersen & Co. lässt es unverständlich erscheinen, warum, anders als bei Chambers, auch die Bewertung anhand diskontierter Zahlungsströme akzeptiert wird.[893]

Chambers unterscheidet bei der Bewertung zwischen monetären Größen, deren Bewertung nominal durch Vertrag feststeht, und nichtmonetären Größen, deren Bewertung sich im Zeitablauf ändern kann. Individuelle Bewertungsänderungen von (nichtmonetären) Vermögenswerten sind als Konsequenz der aktuellen Bewertung bei Chambers (und Staubus) zu berücksichtigen, da sie die Vermögensposition des Unternehmens verändern.[894] „The financial position [...] is the resultant of all transactions and involuntary effects in the past.“[895] Änderungen des allgemeinen Preisniveaus beeinflussen dagegen nicht die Vermögensposition des Unternehmens. Dieser Effekt muss deshalb zumindest nach Chambers bei der Berechnung der (Netto-)Vermögensänderung herausgelöst werden, indem die Vermögensbewertung zu Beginn der Periode auf das Preislevel zum Ende der Periode angepasst wird.[896] Diese Anpassung trägt der Auffassung Rechnung, dass Preise jeweils nur zu einem bestimmten Zeitpunkt Gültigkeit besitzen und somit nicht unmittelbar vergleichbar sind.[897] Für Bewertungsänderungen, denen keine Transaktion zugrunde liegt (z.B. Geschenke oder relative Preisänderungen), fordert Chambers grundsätzlich und anders als Staubus eine objektivierende Überprüfung am Markt. „If any event falls on the financial position of an entity one-sidedly [...] its magnitude must be ascertained by reference to observable facts, at the time or at the end of the period; in par-

---

890 Vgl. Chatfield (1977), S. 249.
891 Vgl. Chambers (1966), S. 349 f. und 351.
892 Chambers (1966), S. 351 f.
893 Eine Cashflow-Diskontierung kommt für marktgängige Waren in Betracht, vgl. Arthur Andersen & Co. (1972), S. 55 f.
894 Vgl. Chambers (1966), S. 115 f. und 225. Solche relativen Bewertungsänderungen ergeben sich aus der Kombination von Abnutzung und sich ändernder Nachfrage, vgl. Chambers (1966), S. 208 f.
895 Chambers (1966), S. 110, ähnlich S. 113.
896 Vgl. Chambers (1966), S. 115 f., 117 f., 119 und 223–227. Dies geschieht aus Vereinfachungsgründen häufig als einmalige Eigenkapitalanpassung, vgl. Chambers (1966), S. 258.
897 Vgl. Chambers (1966), S. 80, 83 und 94 f.

ticular, by reference to the actual liabilities and assets, and to their current cash equivalents as these are evidenced in the market."[898]

Zu den monetären Größen gehören alle Schulden sowie bare und geldnahe Vermögenswerte.[899] Die Bewertung der Schulden scheint durch den (abgezinsten) Transaktionspreis festgeschrieben: „[A]s obligations arise from exchanges, in respect of which settlement is deferred, the monetary measure of every liability is the contractual amount of the bargain established at the time of the exchange to which it gave rise."[900] Die Bewertung von Sachleistungsverpflichtungen wird von Chambers nicht explizit diskutiert. Dagegen unterwirft sie Staubus einer ähnlichen Bewertungshierarchie wie die Vermögenswerte, die nachfolgend erläutert wird.[901]

Chambers ist sich bewusst, dass sein idealer Bewertungsmaßstab, das *current cash equivalent*, nicht immer am Markt abgelesen werden kann, d.h., dass sich die Rechnungslegung mit Approximationen – wie andere Wissenschaften auch – begnügen muss.[902] Er durchbricht zu Schätzzwecken die Absatzmarktorientierung für Vorräte, da deren Verkaufsmarge noch nicht sicher ist. Deshalb sind sie zu aktuellen Wiederbeschaffungskosten zu bewerten.[903] Bei Staubus kommen die Wiederbeschaffungskosten inklusive der durchschnittlichen Gewinnmarge zum Zuge, wenn der Nettoveräußerungspreis nicht bestimmbar ist, weil die Produktion im Anfangsstadium ist.[904] Für das Anlagevermögen ist nach Chambers hilfsweise auf den Gebrauchtwarenmarkt, auf Verkaufspreise für ähnliche Produkte oder auch auf Wiederbeschaffungspreise zurückzugreifen.[905] Ist allerdings für die Anlagegüter aufgrund deren Spezialisierung kein Markt vorhanden, so reduziert dies die kurzfristige Anpassungsfähigkeit des Unternehmens. Ihnen ist dementsprechend kein *current cash equivalent* zuzuweisen, sodass sie in der Bilanz nur namentlich erscheinen.[906] Staubus hält dagegen am Bilanzausweis fest. Ist für die entsprechenden Vermögenswerte kein aktueller Marktpreis vorhanden, sind die historischen Anschaffungs- und Herstellungskosten, an das aktuelle Preislevel angepasst, an-

---

898 Chambers (1966), S. 118, vgl. auch S. 81.

899 Vgl. Chambers (1966), S. 195–197.

900 Chambers (1966), S. 106, vgl. auch S. 93.

901 Vgl. zur Bewertungshierarchie der Aktivseite auch van Mourik (2010), S. 199. Innerhalb der Bewertungshierarchie für die Passivseite werden die Wiederbeschaffungskosten zu einem *replacement receipt* und sind z.B. bei vorhandenen Marktpreisen auf erhaltene Vorauszahlungen anzuwenden, vgl. Staubus (1961), S. 37. Für solche Sachleistungsverpflichtungen greift auch hilfsweise die Bewertung zu an das aktuelle Preislevel angepassten historischen Werten, vgl. Staubus (1961), S. 38 f. Erst in letzter Instanz kommt der unangepasste historische Wert zum Tragen, vgl. Staubus (1961), S. 39.

902 Vgl. Chambers (1966), S. 229–231.

903 Vgl. Chambers (1966), S. 231–238 und 249 f. Zur Zusammensetzung der aktuellen Anschaffungs- und Herstellungskosten vgl. Chambers (1966), S. 250 f. Vgl. auch Arthur Andersen & Co. (1974), S. 38: Das Unternehmen geht wiederum wie MacNeal davon aus, dass der Marktpreis jeweils so hoch ist, dass er die Wiederbeschaffungskosten (inklusive Marge aus Verkäufersicht) deckt, da sich Angebot und Nachfrage ausgleichen.

904 Vgl. Staubus (1961), S. 37.

905 Vgl. Chambers (1966), S. 238–243.

906 Die Anschaffungskosten werden unmittelbar abgeschrieben, vgl. Chambers (1966), S. 243 245; Chatfield (1977), S. 249.

zusetzen.[907] Nur in letzter Instanz sind die unangepassten historischen Anschaffungs- und Herstellungskosten zu wählen.[908] Bewertungsvereinfachungsverfahren oder pauschalisierende Abschreibungsmethoden lehnt Chambers – anders als Staubus[909] – ebenfalls aufgrund des inhärenten Unsicherheitsfaktors ab.[910] Er hält allerdings ein Plädoyer für die stetige Suche nach Verbesserungen der Schätzgrößen. Ihre Verwendung darf nicht zur Gewohnheit werden.[911]

Sterling kommt anhand seines Entscheidungsmodells zu ähnlichen Ergebnissen wie Chambers. Unabhängig davon, ob man von den möglichen Entscheidungsproblemen oder den Entscheidungstheorien der Empfänger ausgeht, stellen sich der aktuelle Preis und die aktuelle Vermögenszusammensetzung als die relevantesten Informationen heraus.[912] Bei unvollkommenen Märkten entscheidet sich Sterling für den *exit price*.[913] Diese Bewertung ist mit Sterlings Ablehnung der (in seinen Augen unrealistischen) Fortführungsprämisse konform.[914] Sollte sich das allgemeine Preislevel ändern, plädiert Sterling für eine Anpassung mithilfe des Verbraucherpreisindexes, obwohl er sich des pauschalierenden Effekts der Kennzahl bewusst ist.[915] Diesen aktuellen *exit price* stellt Sterling bewusst den irrelevanten historischen Preisen, welche die US-amerikanische Rechnungslegung tatsächlich benutzt, gegenüber.[916] Er sieht in der (durchgeführten) Transaktion als Bedingung der Bewertung in der Rechnungslegung einen Widerspruch zu dem von ihm festgelegten Informationszweck der Rechnungslegung.[917] Schließlich verhindern Bilanzierungswahlrechte, dass der Informationsempfänger verstehen kann, woher die Abweichung zwischen zwei Zahlen kommt (Methode oder Realität). Falls der Empfänger von einer Vermögensbilanz ausgeht, kommt es zu Missverständnissen.[918] Ster-

---

907 Vgl. Staubus (1961), S. 38. Preisleveländerungen werden begrifflich separat gefasst und führen allenfalls per saldo zu *gain* oder *loss*, vgl. Staubus (1961), S. 69 f., 72, 93 und 95.

908 Vgl. Staubus (1961), S. 39.

909 Vgl. Staubus (1961), S. 43–48.

910 Vgl. Chambers (1966), S. 342.

911 Vgl. Chambers (1966), S. 260 f.

912 Vgl. Sterling (1970), S. 163–171 und 188. Weiterhin erfüllen aktuelle Preise messtheoretische Bedingungen wie die Definition einer Dimension und einer Einheit sowie die Additivität, vgl. Sterling (1970), S. 100–105 und 187. An zweiter Stelle werden „[p]articular [f]actual [c]onditions" nachgefragt, die (vertragliche) Beziehungen zwischen Unternehmen und Empfängern beschreiben und für vergangenheitsorientierte Entscheidungen relevant sind, vgl. Sterling (1970), S. 150 und 164 166 (Zitat S. 166).

913 Dabei kritisiert Sterling explizit Edwards/Bell, vgl. Sterling (1970), S. 327–330. Sein Beispielunternehmen kennt kein Anlagevermögen, deshalb sind kaum differenzierende Angaben zu Anlage- und Umlaufvermögen vorhanden. Sterling sieht allerdings keinen Zusammenhang zwischen den historischen Kosten des Anlagevermögens und seinem zukunftsbezogenen Nutzwert, vgl. Sterling (1970), S. 298. Vgl. auch AAA (1977), S. 14.

914 Vgl. Sterling (1970), S. 297.

915 Vgl. Sterling (1970), S. 350.

916 Vgl. Sterling (1970), S. 14–16, 175 und 303. Historische Kosten lassen sich außerdem nicht addieren und erfüllen somit eine messtheoretische Bedingung nicht, vgl. Sterling (1970), S. 274.

917 Vgl. Sterling (1970), S. 265 und 267 f.

918 Vgl. Sterling (1970), S. 278. Sterling kritisiert die Konventionen der Rechnungslegung oder besser gesagt die Dynamik umfassend. Beispielsweise konterkariert in seinen Augen die Liquiditätsnähe des Gewinns die Periodenabgrenzung, vgl. Sterling (1970), S. 266. Die Frage der Ausschüttungsfähigkeit sei außerdem eine von der Vermögens- und Gewinnermittlung losgelöste Fragestellung, vgl. Sterling (1970), S. 296. Weiterhin bemängelt er die unklare Vermögenswertdefinition. Sollte sie etwas mit dem zukünftigen Nut-

ling grenzt sich auch von der Cashflow-Diskontierung im Sinne Fishers ab, die zukünftige Erwartungen anstelle des Opfers meldet.[919] Bei sicheren Erwartungen führt die Diskontierung bestenfalls zum mit der Marktbewertung identischen Ergebnis; im ungünstigsten Fall verfälscht sie das Ergebnis (z.B. bei Verwendung eines nicht marktkonformen Zinssatzes).[920] Bei unsicheren Erwartungen wird das Ergebnis zur subjektiven Größe.[921] Bestehende Ermittlungsprobleme von aktuellen Preisen nimmt Sterling, anders als Chambers, in der Hoffnung hin, dass sich Messinstrumentarien in Zukunft verbessern werden. Er ist nicht gewillt, auf die Meldung von aktuellen Preisen zugunsten von irrelevanten Daten zu verzichten.[922] Dabei akzeptiert er ein Vorsichtsprinzip, das für eine Wertermittlung am unteren Ende der Schätzbandbreite sorgt.[923] Letztlich hält er eine historische Bewertung nicht für objektivierter, zumal die Rechnungslegung mit dem Niederstwertprinzip die Kostenebene zugunsten eines gegebenenfalls subjektiven Marktpreises verlässt.[924]

Bezüglich der Bewertung sah die AAA alternativ einen gemischten Ansatz vor, nach dem für einen Vermögenswert sowohl die historischen als auch die aktuellen Wiederbeschaffungskosten in Bilanz und Gewinn- und Verlustrechnung angegeben werden müssen, da die Wertmaßstäbe jeweils andere qualitative Merkmale erfüllen.[925] Diese Idee versucht, die bisherigen bilanztheoretischen Ansätze zu vereinen. Die AAA befürwortete im Rahmen der Bewertung auch Intervallschätzungen und die Angabe von Wahrscheinlichkeitsverteilungen.[926]

3.3.3.3 Definition des Gewinns als (Netto-)Vermögensänderung

Im Rahmen der Konzentration auf das *residual equity* wird Staubus' statische Grundhaltung offensichtlich. „The proper approach to the accurate measurement of the residual equity and changes in it is to make accurate measurements of assets and specific equities (liabilities) and

---

zen zu tun haben, ist ihm nicht verständlich, wie der historische Preis diesen approximieren kann. Die diffuse Definition der Vermögenswerte zeigt sich auch in den weiteren Bewertungsmethoden, die neben die historischen Kosten treten, vgl. Sterling (1970), S. 248–252 und 277 f. Darüber hinaus kritisiert er die Vermischung von *cost* und *value*, vgl. Sterling (1970), S. 280. Auch Arthur Andersen & Co. bemängeln stark die Konzeptionslosigkeit der Bilanzierung zu historischen Kosten, vgl. Arthur Andersen & Co. (1972), S. 34–37.

919 Vgl. Sterling (1970), S. 12–14 und 175 f.; AAA (1977), S. 14. Die Vorhersage Fishers sei außerdem keine Messung (*measurement*), vgl. Sterling (1970), S. 95–100. Als vierte mögliche Bewertungsmethode (neben der Fisher-Tradition, den historischen Kosten und aktuellen Marktpreisen) untersucht Sterling die Boulding-Konstante, welche er (ebenfalls) als irrelevant einstuft, vgl. Sterling (1970), S. 18 f. und 193–209.

920 Vgl. Sterling (1970), S. 228 und 244.

921 Vgl. Sterling (1970), S. 245 und 276.

922 Vgl. Sterling (1970), S. 95, 186 und 331. Sterling erklärt sogar, dass die Ermittlung von aktuellen Preisen manches Mal einfacher ist als die Ermittlung von historischen Preisen, wie z.B. die einzelnen Bewertungsvereinfachungsverfahren zeigen; dies gilt auf vollkommenen wie auf nicht vollkommenen Märkten, vgl. Sterling (1970), S. 187.

923 Vgl. Sterling (1970), S. 279 f.

924 Vgl. Sterling (1970), S. 302.

925 Vgl. AAA (1966), S. 19, 30 f., 32 und 34; Revsine (1973), S. 13; Chatfield (1977), S. 296.

926 Vgl. AAA (1966), S. 29; Zeff (1999), S. 97.

changes in them."[927] Staubus' Ausführungen weisen an dieser Stelle auf die Vorrangigkeit der Relevanz hin, sodass beispielsweise das Vorsichtsprinzip in den Anhang verdrängt wird.[928] Auch Chambers definiert den Gewinn in Abhängigkeit der (Netto-)Vermögensänderung. „Financial position at any time is the basis of action." „It will be apparent that the income statement is a description of the changes in the residual equity."[929] Letztlich bezieht sich Sterling unmittelbar auf Hicks und gibt zu bedenken, dass sich die Gewinnermittlung in Ökonomik und Buchführung nur aufgrund der Bewertungsmethode unterscheidet.[930] „Income [in der Rechnungslegung nach Sterling] [...] is the difference between the sums of the quantity of money and the quantity of the trading assets times the present price at two points in time, the time being determined by the desire for information."[931] Nach Sterling hat Hicks bereits die Entscheidungsnützlichkeit der Gewinngröße implizit berücksichtigt, da Hicks seine Definition als „guide for prudent conduct"[932] beschreibt.[933] Aufgrund der statischen Gewinndefinition reduziert Sterling sein Entscheidungsmodell auf die Messung des Vermögens und macht keine separaten Erläuterungen zum Gewinn.[934]

Den unmittelbaren Bezug zur Vermögensänderung lässt Chambers' Definition der Umsatzerlöse vermissen: „[R]evenues [...] represent receipts of money or claims to money"[935]. Er setzt sich auch nicht näher mit der Revenue-Definition auseinander. Die Definition von Staubus beruht dagegen auf einer Klassifizierung anhand von vier Merkmalen (*cost/receipt*; *one-sided/two-sided*; *transaction/intra-action*; *real/monetary*),[936] die für alle möglichen Geschäftsvorfälle gilt, und anschließender Eingrenzung auf diejenigen Klassen, welche das *residual equity* tangieren. Dies sind nach Staubus die Klassen mit zentraler Bedeutung für den Investor und seine Entscheidungsfindung.[937] „Revenue is a monetary receipt at a real cost or any receipt in a one-sided transaction."[938] Die Begriffe *cost* und *receipt* sind als Klassifizierungsmerkmal statisch geprägt und auf eine Vermögensänderung zurückzuführen.[939] Da die

---

927 Staubus (1961), S. 27. Ein anderes Beispiel zur statischen Grundhaltung: „The statement of assets and equities serves as a base for the dynamic statements" (Staubus (1961), S. 106). Vgl. auch AAA (1977), S. 14.

928 Vgl. Staubus (1961), S. 112 f.

929 Vgl. Chambers (1966), S. 110–113 (erstes Zitat S. 112, zweites Zitat S. 113). Vgl. auch Arthur Andersen & Co. (1972), S. 19 und 65; Arthur Andersen & Co. (1974), S. 13, 20 und 71.

930 Vgl. Sterling (1970), S. 7 und 11 f. Es erfolgt keine Erläuterung zur Dynamik, die zwar die Bilanzgleichung aufrechterhält, aber eigentlich keinen Vermögensvergleich mehr vornimmt.

931 Sterling (1970), S. 189.

932 Hicks (1946), S. 172.

933 Vgl. Sterling (1970), S. 7 f.

934 Vgl. Sterling (1970), S. 351.

935 Chambers (1966), S. 257, im Original mit Hervorhebung. Vgl. auch Revsine (1973), S. 10.

936 Vgl. Staubus (1961), S. 57–63. Die Unterscheidung in *real* und *monetary* grenzt Realgüter (inklusive Dienstleistungen (vgl. Staubus (1961), S. 77)) und geldnahe Vermögenswerte und Schulden voneinander ab, vgl. Staubus (1961), S. 57 f.

937 Vgl. Staubus (1961), S. 63–68.

938 Staubus (1961), S. 69, vgl. auch S. 71. Auf die gleiche Art und Weise wie den Revenue-Begriff leitet Staubus den Aufwandsbegriff ab: „Expense is a real cost of a monetary receipt or any cost in a one-sided transaction" (Staubus (1961), S. 69, vgl. auch S. 73).

939 Vgl. Staubus (1961), S. 53.

Vermögenswerte und Schulden (*specific equities*) von Staubus als Cashflow-Potenziale interpretiert werden, gibt die Größe *revenue* letztendlich Aufschluss über die möglichen zukünftigen Zahlungsflüsse an den Investor.[940] Durch die Anwendung der Definition auf verschiedene zentrale gängige Geschäftsvorfälle gelangt Staubus jedoch zu dem Schluss, dass in Ausnahmefällen die Definition nicht zielgerecht greift. Dies veranlasste den Autor unter Inkaufnahme von Ermessensspielräumen zu einer Ergänzung: „But receipts which fall within this definition, yet clearly are not of a recurring type in the circumstances, should be excluded from revenues, and the completion of production of certain commodities clearly subject to measurement at net realizable value may be included in revenues."[941]

Die Gewinn- und Verlustrechnung wird von Staubus als ergänzendes Informationsmedium interpretiert, welches einen Teil der Quellen der Änderung des *residual equity*, die aus der Bilanz ersichtlich ist, erklärt.[942] Staubus bezeichnet sie als *revenue and expense statement* mit dem Ergebnis *recurring income*,[943] sodass *gains* und *losses* offensichtlich direkt im Eigenkapital zu erfassen sind. Diese Verletzung der Clean-Surplus-Bedingung verwundert zwar insofern nicht, als Staubus der Gewinn- und Verlustrechnung keine eigenständige Daseinsberechtigung zuspricht, sondern sie lediglich zur Aufbereitung von Residual-Equity-Informationen verwendet.[944] Der Gewinn gibt aber nicht mehr die vollständige (Netto-)Vermögensänderung wieder. Im Gegenteil, durch die kontinuierlich separate Erfassung von Bewertungsänderungen am ruhenden Vermögen im *residual equity* enthalten die Umsatzerlöse im Wesentlichen nur den operativen Anteil des Gesamtertrags.[945]

Chambers kennt dagegen eine Gewinn- und Verlustrechnung im Sinne des *clean surplus*, deren Ergebnis er für ausschüttungsfähig hält.[946] Er betont aber, dass das Wissen um die (Netto-)Vermögens- oder Eigenkapitaländerung eines Jahres, d.h. der Jahresüberschuss, nicht unmittelbar herangezogen werden kann, um Entscheidungen zu treffen oder zukünftige Handlungsalternativen zu beurteilen. Hierzu müssen der Jahresüberschuss und der zukünftige Entscheidungskontext zunächst analysiert werden.[947] Dies gilt insbesondere für die Unterscheidung von „[d]iscretionary incomes and costs" (planbar, transaktionsbasiert) und „[w]indfall

940 Vgl. AAA (1977), S. 14.

941 Staubus (1961), S. 104, vgl. S. 98–103. Vgl. auch AAA (1966), S. 34. Grenzfälle in Bezug auf ihre Regelmäßigkeit sind z.B. der Verkauf von Anlagegütern, erhaltene Geschenke oder versicherte Großschäden, vgl. Staubus (1961), S. 85, 91, 92 und 96. Unter den sofort marktgängigen Objekten erfasst Staubus Rohstoffe und Bodenschätze, vgl. Staubus (1961), S. 89. Die Ergänzung zur Definition gilt für Aufwendungen analog, vgl. Staubus (1961), S. 104.

942 Vgl. Staubus (1961), S. 109 und 114.

943 Vgl. Staubus (1961), S. 127 und 128; zur Gliederung des Statements vgl. Staubus (1961), S. 128–134.

944 Vgl. Staubus (1961), S. 116. So setzt sich Staubus beispielsweise auf Eigenkapitalebene intensiv mit der Buchungstechnik bei individuellen Preisänderungen und allgemeinen Preisleveländerungen auseinander, vgl. Staubus (1961), S. 116–127.

945 Vgl. Staubus (1961), S. 124.

946 Vgl. Chambers (1966), S. 122, 227 und 258. Vgl. auch Arthur Andersen & Co. (1972), S. 67 f.; Arthur Andersen & Co. (1974), S. 72 und 77.

947 Vgl. Chambers (1966), S. 113.

gains and losses“[948] (nicht planbar, nicht transaktionsbasiert). Auch Arthur Andersen & Co. befürworten einen detaillierten Ausweis in der Gewinn- und Verlustrechnung, damit den Adressaten die Zukunftsprognose erleichtert und im Vergleich zur Dynamik nicht aufgegeben wird.[949]

Neu ist die Tendenz im *decision usefulness approach* zum Ausweis von Zahlungsströmen neben den periodisierten Größen. So möchte Chambers beispielsweise innerhalb der Gewinn- und Verlustrechnung auch die Zahlungsflüsse separat ausweisen, die zur (Netto-)Vermögensänderung beigetragen haben.[950] Das *revenue and expense statement* von Staubus wird bei der Prognose der nahen zukünftigen Zahlungsströme an Investoren durch die Cashflow-Rechnung (*fund statement*) unterstützt und ergänzt.[951]

3.3.3.4 Der Realisationszeitpunkt bei Umsatzgeschäften

In Bezug auf Umsatzgeschäfte bieten die Autoren mit Ausnahme von Staubus keine wesentlichen von der Praxis und der bisherigen Literatur abweichenden Erkenntnisse. Der Begriff der Realisierung tritt erneut in den Hintergrund.[952] Der Verkauf ist für Staubus zunächst das für den Investor maßgebende Ereignis im Produktionsprozess. Er sei grundsätzlich mit dem Eigentumsübergang gleichzusetzen, aber nicht zwingend zum Gewinnausweis erforderlich.[953] Die Lieferung ist aber entbehrlich, wenn der Verkaufsgegenstand bereits auf Lager liegt – unabhängig davon, ob eine Vorauszahlung geleistet wird oder nicht. In diesem Fall ist die Sachleistungsverpflichtung bewertbar, sodass es zum Revenue-Ausweis kommt. Außerdem reduziere die Vorrätigkeit des Vertragsgegenstands die Wahrscheinlichkeit des Rücktritts seitens des Käufers.[954] Staubus lässt also einen früheren Gewinnausweis als das Realisationsprinzip zu. Leistet der Kunde eine Vorauszahlung und steht der Verkaufsgegenstand noch nicht bereit, scheitert der Revenue-Ausweis nur an der nicht verlässlich bewertbaren zugehörigen ausstehenden Leistungsverpflichtung. Sie wird in eine finanzielle Verpflichtung (Darlehen) umgedeutet. Dies führt dazu, dass die Vorauszahlung „[is] treated as a financial exchange in which case the liquidation of the liability, now viewed as a monetary liability, would be a revenue-expense event“[955].

---

948 Chambers (1966), S. 118 (beide Zitate), vgl. auch S. 117. Bei Verkaufstransaktionen ist der Teil der Marge, welcher auf relative Preisänderungen zurückzuführen ist, allerdings dem *discretionary income* zuzurechnen, vgl. Chambers (1966), S. 118 f. und 257.

949 Vgl. Arthur Andersen & Co. (1972), S. 19 f. und 65.

950 Vgl. Chambers (1966), S. 119 f.

951 Vgl. Staubus (1961), S. 128, 134 und 137. Die gleiche Forderung findet sich auch bei Arthur Andersen & Co. (1972), S. 47 und 77 f.

952 Vgl. z.B. Arthur Andersen & Co. (1974), S. 75 f.

953 Beispiele ohne Eigentumsübertragung sind Bill-and-Hold-Geschäfte, der Verkauf eines Hauses mit anschließender Zurückübertragung durch Hypothek sowie der klassische Eigentumsvorbehalt, vgl. Staubus (1961), S. 76.

954 Vgl. Staubus (1961), S. 76.

955 Staubus (1961), S. 98, vgl. auch S. 76, 96 und 97.

Chambers betont dagegen den Gegenleistungsanspruch. „Revenues and expenditures are recognized by entry in accounts at the point of time at which legal rights, measurable in money, are established by or against a firm by performance, on the one part at least, of any bargain. [...] [I]t is the point at which the risks of holding money and the risks of holding goods are exchanged.“[956]

Ausführlichere Angaben finden sich bei Arthur Andersen & Co. Das Unternehmen betont, dass sich trotz statischer Grundrichtung die Bezugnahme auf Transaktionen nicht erübrigt: „Transactions would undoubtedly continue as the major criterion for value-change recognition but measurement by valuation should be regarded as the cornerstone of the accounting process.“[957] Wo der Gewinn anhand der Transaktion realisiert wird, ist zu beachten, dass eine ökonomische Ressource inklusive Eigentumsrisiken auf den Käufer übergegangen ist, das Unternehmen bereits mit der Leistung begonnen hat, d.h. kein Gewinn bei Vertragsabschluss ausgewiesen wird, und ein Gegenleistungsanspruch besteht.[958] Arthur Andersen & Co. lassen daneben den Gewinnausweis mit dem Fertigungsfortschritt bei Fertigungsaufträgen zu, da der Verkauf bereits stattgefunden hat.[959] Bei marktgängigen Waren ist, wie bei Staubus, ein Gewinnausweis vor Vertragsschluss möglich.[960]

3.3.4 Zwischenergebnis

Mit dem Aufkommen des *decision usefulness approach* erfolgte eine Neuausrichtung der US-amerikanischen Rechnungslegungsforschung. Man entfernte sich von der Suche nach dem wahren Gewinn wie in den *true income theories* und der vergangenheitsorientierten *revenue and expense view* und konzentrierte sich auf die einzelnen Funktionen, die die Rechnungslegung übernehmen kann. Der Jahresabschluss wurde zu einem Mittel, das eine bestimmte Zielerreichung ermöglichen sollte – hier in erster Linie die Information der Adressaten zur Unterstützung von Investitionsentscheidungen. Ausgangspunkt der bilanztheoretischen Werke ist jeweils der Empfänger der Jahresabschlussinformationen, für den es herauszufinden gilt, welchem Entscheidungsmodell er folgt. Erst auf dieser Basis lässt sich in einem zweiten Schritt beurteilen, welche Informationen in den Jahresabschluss aufgenommen und kommuniziert werden müssen, sodass vor allem im Vergleich zur *revenue and expense view* ergebnisoffener gearbeitet wird. Diese Konzentration auf den Jahresabschlussleser führte zur vorrangigen Formulierung von qualitativen Merkmalen für die Jahresabschlussinformationen. Erst nachgelagert erfolgte schließlich die Entscheidung für Dynamik oder Statik. Dies bedeutet, der

---

956 Chambers (1966), S. 257. Vgl. auch Revsine (1973), S. 10. Die Langfristfertigung wird von Chambers nicht thematisiert.

957 Arthur Andersen & Co. (1972), S. 19, vgl. auch S. 70 f.

958 Vgl. Arthur Andersen & Co. (1972), S. 71 f. Arthur Andersen & Co. schränken die Gewinnrealisation bei Lieferung und Leistung auf die Fälle ein, in denen zu diesem Zeitpunkt auch eine (Netto-)Vermögensänderung erreicht wird, vgl. Arthur Andersen & Co. (1974), S. 75 f.

959 Vgl. Arthur Andersen & Co. (1972), S. 53 und 70; Arthur Andersen & Co. (1974), S. 47.

960 Vgl. auch Arthur Andersen & Co. (1974), S. 47 und 58.

decision usefulness approach akzeptierte (weitgehend) die bereits bekannten Bilanzierungsmöglichkeiten und untersuchte, welcher Informationswert mit ihnen für die Rechnungslegungsempfänger verbunden war. Während bei der dynamischen Bilanztheorie und den *true income theories* der Bilanzweck der Umsatzgewinn- oder Vermögensermittlung die Bilanzierungsprinzipien vorgab und sich in der Gesamtschau z.B. eine bestimmte Kombination aus *relevance* und *reliability* im Sinne von abhängigen Variablen ergab, wurden *relevance* und *reliability* im *decision usefulness approach* näher untersucht, definiert und geordnet. Aus dieser qualitativen Basis gingen nun umgekehrt als abhängige Variable die dynamisch und/oder statisch geprägten Bilanzierungsvorschriften hervor, wobei die bilanztheoretischen Ansätze dieser Zeit tendenziell die Statik präferierten.

Die Frage nach der Entscheidungsnützlichkeit einer Norm überlagerte demnach zunehmend die Frage nach ihrer bilanztheoretischen Fundierung. Gleichzeitig begünstigte der *decision usefulness approach* die Entwicklung empirischer Forschungsansätze, um die Entscheidungsmodelle der Adressaten zu bestimmen. Damit verlor die bilanztheoretische Forschung im engeren Sinne an Bedeutung in der Forschungsgemeinde. Der Standardsetzer APB reagierte dennoch nicht auf die neuen Forschungsergebnisse, sodass auch bis zum Beginn der 1970er Jahre eine bilanztheoretische Fundierung der US-amerikanischen Rechnungslegung mithilfe des *decision usefulness approach* nicht in Aussicht stand.

C Umdenken in der Standardsetzung – FASB und IASB beziehen die Statik ein

1 Historischer Kontext

1.1 Das FASB in der Verantwortung für die Standardsetzung

Die wachsende Unzufriedenheit mit den Arbeitsergebnissen des APB zu Beginn der 1970er Jahre führte zu seiner Absetzung. Das AICPA selbst brachte die Restrukturierung in Gang. Das Institut setzte zwei Kommissionen ein, die die Organisation eines neuen Standardsetzers (Wheat Study Group) sowie die Ausgestaltung von Rechnungslegungsgrundsätzen (Trueblood Study Group) prüfen sollten. Die Ergebnisse der Wheat Study Group des AICPA[961] aus dem Jahr 1972 mündeten in die Gründung des Financial Accounting Standards[962] Board (FASB). Dieser institutionelle Neustart ist das Ergebnis des vorausgegangenen Gefühls des Nichtfunktionierens.[963] Das FASB hatte mehrere organisatorische Vorteile ge-

961 Vgl. AICPA (1972).

962 Man verzichtete bewusst auf den Begriff *principles*, an dem das APB gescheitert war, vgl. Storey (2007), S. 2.32.

963 Die Trueblood Study Group des AICPA, welche sich mit der allgemeinen Zielsetzung der Rechnungslegung beschäftigte, hatte zu diesem Zeitpunkt ihre Recherchen noch nicht abgeschlossen, vgl. Edwards/Miranti (1987), S. 26; o. Autor (1987b), S. 134 f.; Davidson/Anderson (1987), S. 122; Sprouse (1988), S. 123; Gore (1992), S. 19–25; Previts/Merino (1998), S. 365 f.

genüber seinen Vorgängern.[964] Es war der erste vom Berufsstand der Wirtschaftsprüfer (formal[965]) unabhängige Standardsetzer. Mit seiner Gründung verlor das AICPA somit seine vorrangige Stellung in Bezug auf den Standardsetzungsprozess[966] und andere Berufsgruppen erhielten eine Chance, an der Standardentwicklung mitzuarbeiten. Gleichzeitig verhinderte man einen direkten Eingriff der Regierung.[967] Darüber hinaus umfasste das Board weniger Mitglieder als das APB, was die Konsensfindung erleichtern sollte.[968] Letztendlich arbeiteten die Mitglieder des Boards, unterstützt durch einen Mitarbeiterstab, hauptberuflich für die Standardsetzung.[969] Diese Voraussetzungen machten es möglich, auftretende Rechnungslegungsprobleme in Abhängigkeit von Dringlichkeit, Zielgruppe, Umfang oder Ähnlichem auf verschiedenen Ebenen anzugehen, d.h. arbeitsteilig zu arbeiten. Das Resultat waren bis 2009 verschiedene Verlautbarungskategorien mit unterschiedlichem Umfang und Verbindlichkeitscharakter.[970] Diese werden von sogenannten *non promulgated* GAAP ergänzt, die wiederum durch die Wirtschaftsprüfer geprägt sind.[971] Die Veröffentlichungen des FASB und die US-GAAP im Allgemeinen sind weiterhin durch die SEC autorisiert und erhalten Bindungswirkung durch den im Bestätigungsvermerk des Wirtschaftsprüfers verankerten Verweis.[972]

Mit der Gründung des FASB erfolgte jedoch kein Bruch mit der fragmentarischen und praktisch orientierten Vorgehensweise der Vorgängerinstitutionen. Es stellte sich noch immer keine Abstimmung zwischen den Institutionen ein, die am Standardsetzungsprozess direkt oder indirekt beteiligt sind.[973] So wurde auch das FASB in Ausnahmefällen von der SEC dirigiert und musste sich ihrem Bilanzierungswunsch beugen. Beide Gremien sind darüber hinaus Lobbyismus und dem Druck der Öffentlichkeit ausgesetzt, die durch die wirtschaftliche Entwicklung oder neue Geschäftsmodelle aufgrund der Hinwendung zur Dienstleistungsindustrie und des Unternehmenswachstums hervorgerufen werden. So hatten die Ölkrisen in den 1970er Jahren erhebliche Auswirkungen auf die Bilanzierung von Vorräten. Leasingverhältnisse sowie Aktienoptionen wurden zugunsten der betroffenen Branchen geregelt.[974] Zeff erläutert: „When a highly prescriptive standards setter is coupled with a rigorous enforcement process used by a government regulator to secure compliance with accounting standards, es-

964 Für eine Übersicht der Organisationsstruktur des FASB vgl. Carcello (2007), S. 1.21–1.26.
965 Vgl. Haller (1989), S. 49–52; Carcello (2007), S. 1.21; vgl. etwas provokant Moonitz (1974), S. 32 und 81.
966 Zum Aufgabenbereich des AICPA nach Gründung des FASB vgl. Haller (1989), S. 40 f.; Gore (1992), S. 6; Starbatty (2005), S. 10 f.
967 Vgl. Previts/Merino (1998), S. 366.
968 Vgl. Haller (1989), S. 42; KPMG (2006), S. 9.
969 Vgl. Moonitz (1974), S. 55; o. Autor (1987c), S. 165; Sprouse (1988), S. 123; Nobes/Parker (2010), S. 175.
970 Für eine Beschreibung der verschiedenen Verlautbarungen, die seit 2009 in der FASB Accounting Standards Codification (ASC) zusammengefasst sind, vgl. Haller (1989), S. 44–46.
971 Vgl. Haller (1989), S. 71–73; KPMG (2006), S. 2.
972 Vgl. Davidson/Anderson (1987), S. 122; Haller (1989), S. 34 und 57 f.; KPMG (2006), S. 1 f. Gegenüber dem FASB formalisierte die SEC in ASR No. 150 (SEC (1970)) zum ersten Mal die Delegation der Standardsetzung an eine privatrechtliche Institution, vgl. Sonnemann (1989), S. 27; Zeff (2005b), S. 20; Storey (2007), S. 2.33.
973 Vgl. Starbatty (2005), S. 17. Moonitz erkannte bereits 1974, dass eine bessere Organisationsstruktur kein Garant für die Überwindung der Standardsetzungsprobleme ist, vgl. Moonitz (1974), S. 56.
974 Vgl. Zeff (2005b), S. 21 f. und 26; Zeff (2005a), S. 19.

pecially in a confrontational society such as the United States, companies and even branches of government will lobby the standards setter not to approve standards that interfere with their business plans and strategies.“[975]

1.2 Die Internationalisierung der Rechnungslegung durch Gründung des IASC

Im Zuge der Internationalisierung der Wirtschaft wiederholte sich 1973 auf internationaler Ebene, was zu Beginn des 20. Jahrhunderts innerhalb der USA geschah. Die Berufsstände der Wirtschaftsprüfer mehrerer Nationen, unter anderem der USA, organisierten sich im IASC,[976] mit dem Ziel, internationale Rechnungslegungsvorschriften zu erarbeiten und sich für deren (freiwillige) Anwendung einzusetzen.[977] In der ersten Phase des neuen Komitees wurden Standards zu Basisthemen der Rechnungslegung, wie den Vorräten oder den Abschreibungen, verabschiedet, die viele Wahlrechte und Kompromisse enthielten. Das IASC fühlte sich an die bestehenden Bilanzierungsmethoden seiner Mitglieder gebunden und schloss nur solche Methoden aus, die generell keine Zustimmung fanden. Die Wahlmöglichkeiten konnten auch aufgrund des Abstimmungsmechanismus und des fehlenden Conceptual Framework nicht vermieden werden.[978]

Zwar konnte das IASC bis zum Ende der 1980er Jahre zahlreiche Standards verabschieden, aber die Etablierung der IAS (seit 2001: IFRS[979]) gelang in den industrialisierten Staaten zunächst nur mit mäßigem Erfolg. Zum einen war die Aktivität der Mitglieder in Bezug auf die Einführung der IAS in ihren eigenen Ländern begrenzt, zum anderen waren die Anreize für Unternehmen, einen zweiten Jahresabschluss nach IAS zu erstellen, noch gering.[980] Seit 1987 forcierte das IASC daher seine Zusammenarbeit mit Unternehmen und Regulierungsbehörden, um die Bedingungen der Akzeptanz der IAS zu erforschen.[981] Diese Erfahrung mündete

---

975 Zeff (2005b), S. 29.

976 Vgl. Camfferman/Zeff (2007), S. 22 und 43 f. Gründungsmitglieder waren die Berufsstände aus Australien, Deutschland, Frankreich, Großbritannien, Irland, Japan, Kanada, Mexiko, den Niederlanden und den USA, vgl. Camfferman/Zeff (2007), S. 49. Vgl. Camfferman/Zeff (2007), S. 23–42 für eine Darstellung der Internationalisierungsbemühungen vor Gründung des IASC.

977 Vgl. Kurz (2009), S. 70.

978 Vgl. Camfferman/Zeff (2007), S. 79, 104, 118 f., 135 und 142 f. Auch Arthur Andersen & Co. beschreiben die fehlende Einigung über den Sinn und Zweck der Rechnungslegung als Hindernis im Harmonisierungsprozess. Das Unternehmen sah weitere Hürden in den nationalen steuerrechtlichen sowie unternehmensrechtlichen Einflüssen, der national bereits bestehenden privatrechtlichen Standardsetzung und staatlichen Regulierung der Rechnungslegung sowie schließlich in den verschiedenen ökonomischen Kontexten einzelner Transaktionen, die sich einer Gleichbehandlung entziehen, vgl. Arthur Andersen & Co. (1974), S. 3–11.

979 Die vorliegende Arbeit verwendet grundsätzlich die Abkürzung „IFRS“, es sei denn, die Aussage bezieht sich auf einen Zeitpunkt vor der Gründung des IASB 2001. In diesem Fall wurde die Abkürzung „IAS“ gewählt.

980 Vgl. Camfferman/Zeff (2007), S. 181.

981 Vgl. Camfferman/Zeff (2007), S. 182–186.

einerseits in die Überarbeitung von bestehenden Standards, insbesondere die Reduzierung von Wahlrechten, und andererseits in die Verabschiedung eines Conceptual Framework.[982]

Nach weiteren Überarbeitungen und Neuveröffentlichungen zur Qualitätssicherung gelang 1998 die Anerkennung der IAS durch die internationale Börsenaufsicht IOSCO, die wiederum ihren international tätigen Mitgliedern nahelegte, in die Verwendung der internationalen Standards einzuwilligen.[983] Im Anschluss entschied sich die Europäische Kommission, kapitalmarktorientierte Unternehmen in der EU ab 2005 zur Erstellung von IFRS-Konzernabschlüssen zu verpflichten.[984] Zudem erfolgte parallel die Umstrukturierung des IASC, die die endgültige Distanzierung vom Berufsstand der Wirtschaftsprüfer und 2001 die Gründung des IASB zur Folge hatte.[985]

Die vom IASB als privatrechtlicher Organisation erlassenen Fachnormen werden zu verbindlichen europäischen Rechtsnormen, indem die Standards nach Art. 3 und 6 der IAS-Verordnung ein Verfahren der Komitologie bei der Europäischen Kommission durchlaufen.[986] Hierbei hat sich der Begriff „Endorsement-Verfahren" für die Anerkennung der IFRS durchgesetzt. Mit der vorzunehmenden Veröffentlichung der anerkannten IFRS als Kommissionsverordnung[987] im Amtsblatt der Europäischen Gemeinschaften werden die Standards unmittelbar geltendes Recht in den Mitgliedstaaten der EU. Das Endorsement-Verfahren entspringt dem Problem, dass die EU die Standardsetzung an eine privatrechtliche Organisation ausgelagert hat und sich somit den vom IASB entwickelten Standards grundsätzlich unterwirft. Um ihre gesetzgebende Funktion nicht auszuhöhlen, behält sich die Europäische Kommission im Wesentlichen das Recht vor, die IFRS vor der Umsetzung in Gemeinschaftsrecht auf ihre Konformität hin mit den EWG-Richtlinien, mit dem europäischen öffentlichen Interesse sowie mit den „Kriterien der Verständlichkeit, Erheblichkeit, Verlässlichkeit und Vergleichbarkeit" zu überprüfen.[988] Durch diesen Prozess macht sich die EU die vom IASB beschlossenen (neuen) Regelungen zu eigen und die Bestimmungen werden zu originärem Europarecht. Allerdings sind durch dieses Anerkennungsverfahren grundsätzlich Abweichungen zwischen

---

982 Vgl. Camfferman/Zeff (2007), S. 253, 269 f. und 280.

983 Vgl. Camfferman/Zeff (2007), S. 340–342 und 348.

984 Vgl. Camfferman/Zeff (2007), S. 347 und 430–432; Kurz (2009), S. 72. Die Verpflichtung zur Anwendung der IFRS in der EU ist in Art. 4 der IAS-Verordnung (siehe Europäische Gemeinschaft (2002), S. 6) geregelt. Weltweit werden die IFRS aktuell in nahezu 120 Staaten anerkannt, vgl. IFRS Foundation/IASB (2011), S. 4.

985 Vgl. Camfferman/Zeff (2007), S. 490 und 498. Kritik an der Begrenzung des IASC auf Vertreter des Berufsstands existierte aus den politischen Reihen bereits in den 1970er und 1980er Jahren und führte zu einer Öffnung des IASC, vgl. Camfferman/Zeff (2007), S. 187, 202 und 213. Zur Organisationsstruktur des IASB vgl. Kurz (2009), S. 73–78.

986 Vgl. Europäische Gemeinschaft (2002), S. 6 und 7; Nerlich (2007), S. 243 f.; Wojcik (2008), S. 46 und 167 f. Zur Anwendung kommt das Regelungsverfahren mit Kontrolle, vgl. hierzu ausführlich Buchheim/Knorr/Schmidt (2008a), S. 337–341; Kurz (2009), S. 85–89 und 91–98.

987 Vgl. Art. 3 Abs. 4 der IAS-Verordnung (siehe Europäische Gemeinschaft (2002), S. 6).

988 Vgl. Art. 3 Abs. 2 der IAS-Verordnung (auch Zitat, siehe Europäische Gemeinschaft (2002), S. 6).

den vom IASB herausgegebenen und den von der EU anerkannten IFRS möglich, was der internationalen Harmonisierung der Rechnungslegung entgegensteht.[989]

Dem Schritt der Anerkennung der IFRS entzog sich die SEC in den USA aus Sorge um eine Qualitätsminderung der Jahresabschlüsse gegenüber der Befolgung der US-GAAP. Seitdem nähern sich FASB und IASB aber mit dem Einverständnis der SEC an.[990] Dies belegt das 2002 geschlossene und 2009 bekräftigte Memorandum of Understanding (Norwalk Agreement), in welchem sich die beiden Boards zur Konvergenz der beiden Rechnungslegungssysteme bekannten. Im Rahmen dieser Zusammenarbeit werden Rechnungslegungsstandards von beiden Boards gemeinsam überarbeitet. Weiterhin verzichtet die SEC seit 2007 auf die Einreichung eines US-GAAP-konformen Abschlusses für in den USA notierte ausländische Unternehmen, wenn stattdessen ein Konzernabschluss nach IFRS vorgelegt wird. Für inländische Unternehmen sieht die SEC im Jahr 2011 eine Entscheidung über die Zulassung von IFRS-Abschlüssen vor.[991]

Die IFRS unterscheiden sich von den US-GAAP durch ihre Struktur. Während die US-amerikanischen Standards historisch gewachsen sind, d.h. aus unterschiedlichen Quellen stammen, und durch einen eher engen Anwendungsbereich gekennzeichnet sind, erfassen die IFRS ganze Jahresabschlusspositionen oder branchentypische Sachverhalte. Inhaltlich sind sie jedoch eng an die angloamerikanische Rechnungslegung angelehnt.[992] Aus US-amerikanischer Sicht werden die IFRS daher als prinzipienorientiert(er) gekennzeichnet.[993]

2 *Die Erarbeitung eines Conceptual Framework für die Rechnungslegung*

2.1 Das Conceptual Framework als Deduktionsbasis in den USA

Angespornt von der Kritik an den Vorgängerinstitutionen und den Ergebnissen der Trueblood Study Group[994] des AICPA, die die Rechnungslegungsgrundsätze ausarbeiten sollte, machte sich das FASB im Gründungsjahr daran, in einem Langzeitprojekt ein Conceptual Frame-

---

989 Vgl. Buchheim/Knorr/Schmidt (2008a), S. 335; ausführlich Buchheim/Knorr/Schmidt (2008b). Nur Teile der Regelungen zum Hedge-Accounting aus IAS 39 sind nicht endorsed. Dennoch sind auch bei einer vollständigen Übernahme der IFRS in Gemeinschaftsrecht Abweichungen zu den veröffentlichten Standards des IASB möglich. Zum einen wirkt das Komitologie-Verfahren verzögernd auf die Übernahme, zum anderen werden z.B. die Basis for Conclusions oder das Rahmenkonzept grundsätzlich nicht geprüft, vgl. Kurz (2009), S. 90 und 99.

990 Vgl. Camfferman/Zeff (2007), S. 343–347.

991 Vgl. Barth (2008), S. 1160; Gros/Unrein (2010), S. 461 f. und 465.

992 Vgl. Camfferman/Zeff (2007), S. 96 und 119.

993 Vgl. Alexander/Jermakowicz (2006), S. 134 m.w.N.; Benston/Bromwich/Wagenhofer (2006), S. 183; Bennett/Bradbury/Prangnell (2006), S. 190 und 191; Barth (2008), S. 1161. In der deutschen Literatur begreift man die IFRS dagegen oftmals als regelbasiert, vgl. z.B. Berndt (2005), S. 81; Wich (2009), S. 48.

994 Vgl. AICPA (1973); Edwards/Miranti (1987), S. 26; o. Autor (1987a), S. 101; Davidson/Anderson (1987), S. 122.

work[995] für die US-amerikanische Rechnungslegung zu entwickeln, obwohl dies bei der Gründung nicht zwingend vorgesehen war.[996] Hintergrund war, die Glaubwürdigkeit der Rechnungslegung und des Berufsstands nach der Krise der 1960er Jahre wiederherzustellen.[997] Die US-amerikanische Rechnungslegung machte sich erneut auf den Weg „to search for the Holy Grail of accounting concepts“[998], dieses Mal ohne die Unterstützung der Rechnungslegungswissenschaft. Ziel des FASB war es zunächst, für sich selbst eine Basis im Sinne einer Deduktionsgrundlage für die Entwicklung zukünftiger Rechnungslegungsstandards zu legen, sodass diese inhaltlich zueinander konsistent ausgestaltet werden.[999] Auf diese Weise sollte das Conceptual Framework die Interpretation der Jahresabschlüsse erleichtern und das in sie gelegte Vertrauen der Jahresabschlussadressaten, insbesondere durch Stetigkeit und Vergleichbarkeit, stärken. Letztendlich war auch die Berücksichtigung des Conceptual Framework durch Wirtschaftsprüfer und Jahresabschlussersteller vorgesehen, die anhand des Conceptual Framework noch nicht kodifizierte Bilanzierungssachverhalte beurteilen und deren Ermessensspielräume durch das Conceptual Framework eingeschränkt werden sollten.[1000] Ausgehend vom Sinn und Zweck der US-amerikanischen Rechnungslegung und ihren qualitativen Merkmalen sollten die Elemente der Bilanz und Gewinn- und Verlustrechnung definiert sowie ein Bewertungskonzept für diese festgelegt werden.[1001] Man darf allerdings nicht davon ausgehen, dass das FASB nun rein deduktiv arbeitete. Der Term „Generally Accepted Accounting Principles“ drückt die faktisch noch immer vorhandene Abhängigkeit des FASB von der Rechnungslegungspraxis, bedingt durch sein organisatorisches Umfeld, aus.[1002] Das geschaffene Conceptual Framework wurde auch nicht Teil der geltenden US-GAAP, um bei Widersprüchen keine Anpassungen der US-GAAP vornehmen zu müssen (CON 1, S. 3).[1003]

Damals ahnte das FASB nicht, dass sich das Conceptual-Framework-Projekt zu seiner bis dato langwierigsten Aufgabe entwickeln sollte. Das Board ging davon aus, dass es in Bezug auf die Entwicklung einer konzeptionellen Grundlage der US-amerikanischen Rechnungslegung weiter kommen würde als seine Vorgänger, da es über mehr Zeit und Ressourcen ver-

---

995 Der Begriff „Conceptual Framework“ wurde erst durch das Projekt bekannt, vgl. Gore (1992), S. 29.

996 Vgl. Moonitz (1974), S. 82 f.; Sprouse (1978), S. 65; Sprouse (1988), S. 123 f.; Gore (1992), S. 46–49; Dichev (2008), S. 455.

997 Vgl. Gore (1992), S. 34.

998 Davidson/Anderson (1987), S. 123. Dies ist mit dem Versuch gleichzusetzen, die US-GAAP prinzipienorientiert auszugestalten, vgl. Schipper (2003), S. 63; Bullen/Crook (2005), S. 1. Zur schwierigen Definition der Begriffe „Prinzip“ und „Regel“ im Bereich der Rechnungslegung vgl. Alexander/Jermakowicz (2006), S. 138 f.

999 „A conceptual framework is a constitution, a coherent system of interrelated objectives and fundamentals that can lead to consistent standards and that prescribes the nature, function, and limits of financial accounting and financial statements“ (FASB (1976b), S. 2, im Original mit Hervorhebung). Vgl. auch CON 1, S. 3; Sonnemann (1989), S. 42; Storey (2007), S. 2.46 und 2.59 f.; Swieringa (2011), S. 215 f. mit Bezug zu Sprouse.

1000 Vgl. FASB (1976b), S. 6–9; CON 1, S. 3.

1001 Vgl. FASB (1976b), S. 1 f.

1002 Vgl. Sprouse (1987), S. 89; Haller (1989), S. 68 f.; Ballwieser (1993), S. 119 f.; Alexander/Jermakowicz (2006), S. 145. Beispielsweise finanziert sich das FASB zu 50% aus Spenden, vgl. Starbatty (2005), S. 17.

1003 Vgl. Haller (1989), S. 201.

fügte. Und es glaubte an die Existenz von „fundamental concepts that were neither subject to nor dependent on the moment's particular, transitory consensus“[1004]. Ein Blick auf die Geschichte hätte das Board jedoch eines Besseren belehren müssen. So verabschiedete das FASB mit mäßigem Erfolg seit Ende der 1970er Jahre sechs konzeptionell aufeinander aufbauende Statements of Financial Accounting Concepts (CON / SFAC), welchen die Funktion eines Conceptual Framework zugesprochen wird.[1005] Neben den Ergebnissen der Trueblood Study Group ließen sich die Boardmitglieder von der Literatur, den konzeptionellen Ausarbeitungen der Vorgängerinstitutionen sowie eigenen Erfahrungen leiten.[1006]

2.2 Fokussierung auf die *asset and liability view* in den USA

2.2.1 Einbindung des *decision usefulness approach*

Bereits die Veröffentlichung des FAS 2 „Accounting for Research and Development Costs“ (heute FASB ASC 730-10) und FAS 5 „Accounting for Contingencies“ (heute FASB ASC 450-10 und -20) belegen die Tendenz zur Bevorzugung der *asset and liability view*.[1007] In den SFAC wurde sie letztendlich als überlegenes Konzept verankert.[1008] Mit dieser Kehrtwende eröffnete das FASB erstmals die Möglichkeit zu grundlegenden Änderungen der US-GAAP und versuchte im engeren Sinne normierend tätig zu werden.[1009] In Bezug auf die verschiedenen Alternativen zur Konkretisierung der *asset and liability view* steht das Conceptual Framework hauptsächlich in der Tradition des *decision usefulness approach*.[1010] Ökonomische Elemente finden sich, wie im *decision usefulness approach* selbst, bei den Definitionen der Jahresabschlusspositionen.[1011]

Bezüglich des Sinn und Zwecks der Rechnungslegung nach den US-GAAP folgte das FASB den Ergebnissen der Trueblood Study Group.[1012] Das FASB richtete den Jahresabschluss gemäß CON 1.9 (seit September 2010 CON 8.OB2[1013]) erstmals an den Informationsbedürfnis-

---

1004 Storey (2007), S. 2.45.

1005 Vgl. Davidson/Anderson (1987), S. 123; Sprouse (1988), S. 124–126; Gore (1992), S. 1 und 51–58.

1006 Vgl. Storey (2007), S. 2.47 f.

1007 Vgl. Zeff (2005b), S. 20.

1008 Vgl. Zeff (1999), S. 104; Carcello (2007), S. 1.26; Dichev (2008), S. 456; Miller/Bahnson (2010), S. 426; Basu/Waymire (2010), S. 122; Swieringa (2011), S. 215.

1009 Vgl. Carcello (2007), S. 1.28.

1010 Vgl. Hitz (2005), S. 32 und 41 f.; Sutton/van Zijl/Cordery (2010), S. 8.

1011 Staubus beispielsweise sieht die Ideen von Sprouse/Moonitz im Conceptual Framework verankert, vgl. Staubus (2010a), S. 707.

1012 Vgl. AAA (1977), S. 11; Previts/Merino (1998), S. 366 f.; Zeff (2005b), S. 20. Die Ergebnisse der Trueblood Study Group sind wiederum durch Prof. George H. Sorter geprägt, der wesentlich an ASOBAT mitgearbeitet hat, vgl. Zeff (1999), S. 99–101.

1013 Seit 2004 überarbeiten FASB und IASB ihre Rahmenkonzepte in einem Konvergenzprojekt. Phase A „Objectives and Qualitative Characteristics“ wurde im September 2010 abgeschlossen und führte zur Ablösung von CON 1 und CON 2 durch CON 8 „Conceptual Framework for Financial Reporting – Chapter 1, The Objective of General Purpose Financial Reporting, and Chapter 3, Qualitative Characteristics of Useful Financial Information“. Hintergrund ist die Verbesserung der internen Konsistenz der Konzepte und

sen der Adressaten aus und stellt sie damit über die Interessen von Wirtschaftsprüfern und Anwendern.[1014] Der Jahresabschluss ist auf die Informationsbedürfnisse derjenigen externen Adressaten abgestimmt, die keine Chance haben, interne Unternehmensinformationen zu erhalten (CON 1.28 und CON 8.OB5); dies sind in erster Linie Eigen- und Fremdkapitalgeber (CON 1.34 f. und CON 8.OB2),[1015] sodass der Standardsetzer seine Sichtweise hier an der *entity theory* orientiert. Das Board trägt damit der realen Unternehmensentwicklung in den USA Rechnung und differenziert zwischen verschiedenen Adressatenbedürfnissen.[1016] Die Rechnungslegungsdaten sollen helfen, eine optimale Ressourcenallokation herbeizuführen (CON 1.30 und CON 8.BC1.28). Ein (potenzieller) Aktionär oder Gläubiger trifft nach Ansicht des FASB seine Investitionsentscheidung zukunftsorientiert anhand seiner Risikoneigung in Verbindung mit der Rendite-, d.h. der Cashflow-Erwartung aus dem Unternehmen (CON 1.37 und CON 8.OB3). Erster Anhaltspunkt des zu erwartenden Einkommensstroms ist für den (potenziellen) Investor innerhalb des Jahresabschlusses der periodisierte Gewinn (CON 1.42–48 und CON 8.OB17–OB21). Diesen gilt es unverzerrt und vorrangig darzustellen.[1017] Dies soll mithilfe der korrekten Darstellung der Vermögenswerte und Schulden als Basis der Zahlungsströme erreicht werden (CON 1.40 f. und CON 8.OB12–OB16).[1018] Die Ausrichtung auf die Adressaten beruhigte Kritiker, die vor Gründung des FASB stets betont haben, dass die Adressaten eine zu geringe Stimme im Standardsetzungsprozess hatten.[1019]

Daneben enthielt CON 1.50–53 auch die traditionelle Rechenschaftsfunktion des Jahresabschlusses, welche die Effizienz des Managements bei der Kapitalverwaltung überprüft. Denn die zuvor erläuterte Informationsfunktion war zur damaligen Zeit keineswegs akzeptiert.[1020] Mit der Ablösung des CON 1 durch CON 8 im Jahre 2010 verlor die Rechenschaftsfunktion ihre Eigenständigkeit. Sie wurde Teil eines erweiterten Begriffs der Entscheidungsnützlichkeit (CON 8.OB4),[1021] sodass die Entfernung von der *revenue and expense view* weiter zunimmt.

---

damit die Stärkung der Prinzipienorientierung beider Regelwerke, vgl. Bullen/Crook (2005), S. 1 f.; Alexander/Jermakowicz (2006), S. 149.

[1014] Vgl. Carcello (2007), S. 1.26; Storey (2007), S. 2.48.

[1015] Vgl. FASB (1976b), S. 10; Gore (1992), S. 68.

[1016] Vgl. Storey (2007), S. 2.63 und 2.64. Das FASB sah in CON 1.30 allerdings in der Konzentration auf Eigen- und Fremdkapitalgeber keine Reduzierung des Adressatenkreises, sondern nannte sie stellvertretend für andere externe Adressaten mit ähnlichen Informationsbedürfnissen. CON 8.OB2 i.V.m. BC1.9–BC1.13 grenzt einen primären Adressatenkreis (Kapitalgeber) ab, vgl. Gassen/Fischkin/Hill (2008), S. 876; Pelger (2009), S. 160 f. Ähnlich argumentierten Chambers und Arthur Andersen & Co.

[1017] Vgl. FASB (1976b), S. 3 f., 10 f. und 20; FASB (1976a), Rn. 4–8; AAA (1977), S. 13; Gore (1992), S. 63 f.

[1018] Vgl. FASB (1976b), S. 11.

[1019] Vgl. Gore (1992), S. 35. Zum wachsenden Einfluss Außenstehender auf die Standardsetzung vgl. Zeff (1978).

[1020] Vgl. Zeff (1999), S. 106–108. Das Board ging jedoch nicht auf die Vereinbarkeit der beiden Jahresabschlussfunktionen ein.

[1021] Vgl. Gassen/Fischkin/Hill (2008), S. 877; Pelger (2009), S. 158; O'Brien (2009), S. 268; Murray (2010), S. 624.

Auch die Formulierung der qualitativen Merkmale in CON 2 und CON 8, welche die Entscheidungsnützlichkeit der Informationen gewährleisten sollen, ist auf die Adressaten ausgerichtet.[1022] Als Basiskriterien gelten die mitunter gegensätzlichen Merkmale „Relevanz" (CON 2.46–57 und CON 8.QC6–QC10) und „Verlässlichkeit" (CON 2.58–90),[1023] wobei der ungenaue Term *reliability* in CON 8.QC5 durch den präziseren Begriff *faithful representation* (CON 8.QC12–QC16) ersetzt wurde (CON 8.BC3.20–BC3.25).[1024] Der Trade-off zwischen Relevanz und Verlässlichkeit wurde in CON 2.90 zumindest diskutiert,[1025] mit CON 8.QC17 f. wird nun der Relevanz die Priorität eingeräumt, sodass *faithful representation* als (notwendiges) ergänzendes Kriterium auftritt.[1026] Ein starkes Vorsichtsprinzip, das eine verzerrende Wirkung auf die Jahresabschlussdaten hat, ist mit den alten und neuen Grundsätzen nicht mehr vereinbar (CON 2.91–110 und CON 8.BC3.27–BC3.29).[1027] Die Entscheidungsnützlichkeit der Daten drückt sich schließlich in ihrer Vergleichbarkeit über die Zeit und über die Unternehmen aus (CON 2.111–122 und CON 8.QC20–QC25).[1028] Diesen Vorgaben des FASB wird für gewöhnlich ein Leerformelcharakter vorgeworfen, sodass man schwerlich Einwände gegen sie erheben kann.[1029]

2.2.2 Definition der Bilanzposten in Anlehnung an die *true income theories*

CON 6 übersetzt die Forderung des CON 1.40 und CON 8.OB12 nach Abbildung der ökonomischen Ressourcen oder vielmehr des Vermögens in die einzelnen Jahresabschlusselemente.[1030] Mit der Definition der Vermögenswerte und Schulden wandte sich das FASB von den bisherigen Definitionen in APB Statement 4 ab, welche auch dynamischen Abgrenzungsposten, trotz fehlenden Bezugs zu ökonomischen Ressourcen, die Vermögenswert- oder Schuldeigenschaft zusprach,[1031] und konzentrierte sich auf reale Elemente (CON 6.6). Die neue (sehr allgemeine[1032]) Definition der Vermögenswerte als zentralem Posten lautet in Anlehnung an die *true income theories*: „Assets are probable future economic benefits obtained or controlled by a particular entity as a result of past transactions or events" (CON 6.25). Der zukünftige

---

1022 Vgl. Carcello (2007), S. 1.26. Verständlichkeit (*understandability*) der Daten (CON 2.40 f. und CON 8.QC30–QC32) wird dabei vorausgesetzt. Gleichzeitig gelten die Schranken der Wesentlichkeit (CON 2.123–132 und CON 8.QC11) und der Verhältnismäßigkeit (CON 2.133–144 und CON 8.QC35–QC39).

1023 Vgl. Storey (2007), S. 2.70–2.77.

1024 *Faithful representation* war in CON 2 Teil des Reliability-Kriteriums. Die Ersetzung ist in den Augen der Boards nur eine begriffliche Änderung (CON 8.BC3.24). Faktisch wird mit der Aufgabe des Reliability-Kriteriums auch die intersubjektive Nachprüfbarkeit (*verifiability*, CON 8.QC26–QC28) vom primären zum sekundären Qualitätsmerkmal degradiert, vgl. Gassen/Fischkin/Hill (2008), S. 879.

1025 Vgl. Zeff (1999), S. 109.

1026 Vgl. Gassen/Fischkin/Hill (2008), S. 878; O'Brien (2009), S. 269 f.

1027 Vgl. Zeff (1999), S. 109; Storey (2007), S. 2.78 f.

1028 Vgl. Storey (2007), S. 2.77 f.

1029 Vgl. z.B. Sprouse (1988), S. 124; Zeff (1999), S. 110 f.; Ohlson et al. (2010), S. 473.

1030 Vgl. Storey (2007), S. 2.89; Barth (2008), S. 1167 f.

1031 Vgl. Storey (2007), S. 2.34 f. und 2.50–2.52.

1032 Vgl. Sprouse (1988), S. 124; Zeff (1999), S. 113.

Nutzen ist letztendlich in einem Zahlungszufluss zu sehen.[1033] Der *control approach* macht deutlich, dass am Vermögenswert nicht das rechtliche Eigentum bestehen muss.[1034] Dies erinnert an Alexander, der 1950 Hicks' *well-being* mit der Kontrolle an einem Gut oder einer Dienstleistung identifizierte. Entsprechend sind die Schulden in CON 6.35 definiert als „probable future sacrifices of economic benefits arising from present obligations of a particular entity to transfer assets or provide services to other entities in the future as a result of past transactions or events".[1035] Auch hier sind sowohl rechtliche als auch faktische Verpflichtungen zu subsumieren (CON 6.200). Die Wahrscheinlichkeit des Nutzenzu- oder -abflusses dient an dieser Stelle nur der Berücksichtigung der Unsicherheit der Zukunft und soll im Rahmen der Definition nicht konkretisiert werden.[1036]

Für den Ansatz der Jahresabschlusselemente in der Bilanz ist neben der Erfüllung der Definitionskriterien sowie ihrer Relevanz und Verlässlichkeit die Bewertbarkeit von Nöten (CON 5.63). Konkretere Vorgaben zum Ansatz enthält das Statement nicht.[1037]

Im Rahmen des ursprünglichen Projekts wurde erstmals umfassend auf die mögliche Abbildung der schwebenden Geschäfte aufmerksam gemacht. Da bereits bei Vertragsschluss Ansprüche und Verpflichtungen bestehen, fragte sich das FASB, ob diese Vermögenswerte und Schulden darstellen und aktiviert werden sollten, sogar unabhängig davon, ob ein statischer oder dynamischer Ansatz dem Jahresabschluss zugrunde liegt.[1038] In den Concept Statements selbst fand sich allerdings keine Bilanzierungspflicht für schwebende Geschäfte.[1039] Es sollte noch bis zum Beginn des Revenue-Recognition-Projekts im Jahr 2002 dauern, diese Ideen umzusetzen.

2.2.3 Definition des Gewinns als (Netto-)Vermögensänderung

Der Gewinn ergibt sich seit Einführung des Conceptual Framework grundsätzlich in Abhängigkeit der Definition von Vermögenswerten und Schulden als (Netto-)Vermögensänderung, sodass neben Zügen der *entity theory* auch Merkmale der *proprietary theory* verwirklicht sind.[1040] Die Positionen der Gewinn- und Verlustrechnung belegen die statische Ausrichtung. So sind *revenues* definiert als „inflows or other enhancements of assets of an entity or settlements of its liabilities (or a combination of both) from delivering or producing goods, rendering services, or other activities that constitute the entity's ongoing major or central operati-

1033 Vgl. FASB (1976b), S. 13.
1034 Vgl. Storey (2007), S. 2.86.
1035 Vgl. auch FASB (1976b), S. 13 f.; Murray (2010), S. 624.
1036 Vgl. Storey (2007), S. 2.89. Kritisch Gore (1992), S. 68 f.
1037 Vgl. Storey (2007), S. 2.106 f.
1038 Vgl. FASB (1976a), Rn. 91 und 149.
1039 Vgl. Zeff (1999), S. 114.
1040 Vgl. van Mourik (2010), S. 207.

ons“ (CON 6.78).[1041] Die Umstellung auf die Statik wurde durchgeführt, ohne dass im Vergleich zu den bilanztheoretischen Werken der 1960er und 1970er Jahre, deren Autoren insofern als Vorreiter begriffen werden können, wesentliche neue Argumente vorgetragen wurden.

Man erhoffte sich mit dem Konzept die Begrenzung der Ermessensspielräume des vagen Periodisierungsprinzips durch die Einschränkung der anzusetzenden Posten in der Bilanz auf reale Größen sowie eine theoretische Fundierung der Rechnungslegung.[1042] Mit der Ausrichtung an der Statik war allerdings nicht, wie von der Praxis befürchtet, die Vernachlässigung der Gewinnermittlung zugunsten der Vermögensermittlung intendiert.[1043] Die statische Variante zeigt zwar Vermögensänderungen an, sobald sie auftreten, ohne Rücksicht auf einen möglichen Ausnahmecharakter. Dennoch ist der Gewinn die Zielgröße. Das FASB vertritt aber die Ansicht, dass sich der Investor die zukünftige Ertragskraft im Rahmen seiner Unternehmensanalyse ohnehin selbst durch Anpassungen herleiten müsse (CON 1.48 und CON 8.QC20).[1044]

Das Board war sich der Konsequenz der Statik, des fluktuierenden Jahresüberschusses, bewusst und lenkte die Aufmerksamkeit deshalb auf die Bestandteile des Gewinns.[1045] Der Begriff *comprehensive income* (CON 6.70) wurde geprägt und sollte eine direkte Eigenkapitalerfassung von nicht operativen Erträgen und Aufwendungen verhindern, sodass eine Clean-Surplus-Konzeption vorgesehen war.[1046] Dagegen wurde der Begriff *earnings* (*net income*) als Teil des *comprehensive income* nicht abschließend definiert.[1047] Seine Definition machte das FASB von der Ausgestaltung der US-GAAP abhängig.[1048]

Diese Unterscheidung zwischen *comprehensive income* und *earnings* steht noch immer für den Konflikt um die korrekte Ermittlung des Gewinns. So enthält CON 6.146 trotz der Ausrichtung auf die Statik noch eine Definition des Matching-Gedankens. Die Definition ist aber nicht mehr von hervorgehobenem Stellenwert, sodass anhand des *matching* kein Gewinn

---

1041 Für *expenses* siehe CON 6.80, *gains* siehe CON 6.82, *losses* siehe CON 6.83. Zur Abgrenzung des operativen Bereichs vgl. die Ausführungen in CON 6.87 f.

1042 Vgl. FASB (1976b), S. 19; Storey (2007), S. 2.36, 2.48 f. und 2.54 f. Dabei kritisieren Bromwich/Macve/Sunder, dass sich das FASB (und später das IASB) nur teilweise auf den Einkommensbegriff von Hicks bezieht und damit seine Aussagen verzerrt. Entgegen der Ansicht der Standardsetzer erklärt Hicks z.B., dass das *Income No.* 1 ex post nicht objektiv zu ermitteln ist, vgl. Bromwich/Macve/Sunder (2010), S. 353–355. Weiterhin betonen Basu/Waymire, dass Hicks, im Gegensatz zu IASB und FASB, eine Realrechnung bevorzugt und den Unternehmensgewinn als Differenz aus Erträgen und Aufwendungen definiert, vgl. Basu/Waymire (2010), S. 137 f. Die Autoren kritisieren, dass die *asset and liability view* auf einem theoretischen Gedankengebäude basiert und nicht für die Realität tauglich ist. Sie belegen gleichzeitig, dass Ökonomen in der Vergangenheit transaktionsorientierte Ansätze lieferten, die die *revenue and expense view* stützen, vgl. Basu/Waymire (2010), S. 135 144.

1043 Vgl. Storey (2007), S. 2.56 f.

1044 Vgl. FASB (1976b), S. 19 und 20.

1045 Vgl. Gore (1992), S. 59.

1046 Vgl. Sonnemann (1989), S. 48 f.; Gore (1992), S. 64; Zeff (2005b), S. 21; Storey (2007), S. 2.94.

1047 Vgl. Gore (1992), S. 70; Storey (2007), S. 2.101.

1048 Vgl. Storey (2007), S. 2.101 f.

mehr, wie vormals in der Dynamik, ermittelt werden kann.[1049] Weiterhin enthält CON 5.83 f. das aus der Dynamik bekannte Realisationsprinzip sowie das (für die Percentage-of-Completion-Methode relevante) Earned-Kriterium (auch CON 6.65, Fn. 33) zur Bestimmung des Zeitpunkts des Umsatzausweises. Diese bilanztheoretischen Begriffe reflektieren die Erläuterungen in CON 1.42–48 zu „Enterprise Performance and Earnings", denen man ebenfalls nicht die eindeutige Unterordnung gegenüber der statischen Gewinnermittlung entnehmen kann: „The primary focus of financial reporting is information about an enterprise's performance provided by measures of earnings and its components" (CON 1.43). Die bereits erwähnte Rn. 1.48 stellt aber klar, „[that] accrual accounting provides measures of earnings rather than evaluations of management's performance, estimates of 'earning power'". In CON 8.OB12 wird die Zielsetzung des Jahresabschlusses eindeutig auf die Ermittlung des Vermögens und seiner Veränderung begrenzt. Die Aufzeichnung der Performance setzt gemäß CON 8.OB15 eine (Netto-)Vermögensänderung voraus. Man muss abwarten, inwieweit auch die übrigen dynamischen Referenzen in anderen SFAC durch das aktuelle Conceptual-Framework-Projekt ersetzt werden.

2.2.4 Offene Bewertung der Bilanzposten

Chatfield konstatiert, dass sich die Bilanzierungspraxis bis zur Gründung des FASB nicht von theoretisch hergeleiteten Bewertungskonzepten beeinflussen ließ, wobei aufgrund seiner Formulierungen unklar bleibt, ob er den Standardsetzer oder den Anwender meint: „This unresponsiveness of practice to theory is a striking aspect of the valuation question during this century." Es blieb im Wesentlichen bei der Bewertung zu historischen Kosten. Änderungen in der Bilanzierung ergaben sich nur als pragmatische Reaktion auf externe Einflüsse wie Preisänderungen, Besteuerung, Unternehmensfinanzierung und Angst vor Einmischung der Regierung. Er führt dies darauf zurück, dass die Bewertung der Vermögenswerte unterschiedliche Probleme für Bilanzpraktiker, Manager und Bilanztheoretiker hervorruft. Die Bilanzierung zu historischen Kosten sei demnach nur als Konvention zu verstehen, die aufgrund von Meinungsverschiedenheiten nicht zugunsten einer konzeptionell überlegenen Alternative aufgegeben werden konnte.[1050] Mit der Konzentration auf die *asset and liability view* intendierte das FASB zwar eine konzeptionelle Ausrichtung der US-GAAP, es scheiterte aber, wie sein Vorgänger, bei dessen Konkretisierung. „As the issues become more specific, eventually dealing with the sensitive and practical matters of recognition and measurement, the board can agree only to be general and not prescriptive. This reflects the fact that each of the board members has an individual conceptual framework, which becomes evident when the core is-

---

[1049] Vgl. Storey (2007), S. 2.97 f.
[1050] Vgl. Chatfield (1977), S. 250 (auch Zitat).

sues of recognition and measurement are taken up."[1051] Dieser Umstand machte die Verwendung des Conceptual Framework als Deduktionsgrundlage schwieriger.[1052]

Obwohl in CON 3 alle Anzeichen für eine Marktbewertung sprachen,[1053] beschreibt CON 5.66–70 lediglich Bewertungsmethoden, wie sie in der Praxis vorhanden sind. Eine Entscheidung für den Ansatz zu Marktwerten erfolgte nicht. Nur der Ausweis von Marktwerten wurde tendenziell erleichtert (CON 5.90).[1054] Die Bewertung zu Wiederbeschaffungskosten konnte sich nicht durchsetzen, nachdem FAS 33 „Financial Reporting and Changing Prices" vor Veröffentlichung von CON 5 in der Praxis negativ aufgenommen wurde.[1055] Somit belegte die Verlautbarung CON 5 die im Projekt stattfindende Wandlung von einer präskriptiven zu einer deskriptiven Vorgehensweise ähnlich den Vorgängerinstitutionen des FASB[1056] und blieb hinter den Ergebnissen der Trueblood Study Group zurück.[1057] Das Board überließ die Veränderung der Bewertungsmethodik und der Gewinndefinition der weiteren Evolution, was z.B. in CON 5.2 und 5.35 deutlich wird.[1058]

2.3 Die Erarbeitung eines Conceptual Framework in der internationalen Rechnungslegung

Die Frage nach einem Conceptual Framework für die IAS wurde zwar zum ersten Mal 1978 unter Hinweis auf CON 1 gestellt, aber das IASC intendierte erst nach Einführung von IAS 18 Mitte der 1980er Jahre dazu, die Zielsetzung des IAS-Abschlusses sowie auch die übrigen Jahresabschlusselemente zu definieren – zunächst nicht in einem Rahmenkonzept, sondern in regulären Standards, um Lücken im bestehenden System zu füllen.[1059] Diese Zielsetzung war somit nicht mit der Erarbeitung einer Deduktionsgrundlage in den USA vergleichbar. Der Umschwung auf ein (nicht bindendes) Conceptual-Framework-Projekt entstand aus der Feststellung, dass die damaligen (Standard-)Entwürfe teilweise existierenden Standards widersprachen und eine anwendungsfreundliche Formulierung schwierig war.[1060] Die Zusammenführung der ursprünglich separaten Projekte in ein umfassendes Conceptual-Framework-

---

1051 Zeff (2005b), S. 23. Vgl. auch Sprouse (1988), S. 125.
1052 Vgl. Zeff (2005b), S. 24.
1053 Vgl. Zeff (1999), S. 112.
1054 Vgl. Sonnemann (1989), S. 50 f.; Blaufus (2005), S. 137; Benston/Bromwich/Wagenhofer (2006), S. 174.
1055 Mit FAS 33 wurde die Angabe von Wiederbeschaffungskosten in den Anhang aufgenommen, vgl. Lennard (2010), S. 100 – spiegelbildlich IAS 6 (1977) und sein Nachfolger IAS 15 (1981), vgl. Camfferman/Zeff (2007), S. 108 und 110. FAS 89 „Financial Reporting and Changing Prices" (heute FASB ASC 255-10-50 und -55) machte aus dieser Angabe jedoch einen freiwilligen Ausweis, vgl. Zeff (1999), S. 118.
1056 Vgl. Gore (1992), S. 56; Storey (2007), S. 2.106 f.; Miller/Bahnson (2010), S. 420 f.
1057 Die Trueblood Study Group untersuchte immerhin die Relevanz verschiedener Bewertungsmethoden für einzelne Informationsbedürfnisse, vgl. Zeff (1999), S. 114.
1058 Vgl. Zeff (1999), S. 116.
1059 Vgl. Camfferman/Zeff (2007), S. 133 und 254–256.
1060 Vgl. Camfferman/Zeff (2007), S. 259.

Projekt verstärkte aber die Rolle der definierten Grundsätze bei der Reduzierung der bestehenden Wahlrechte.[1061]

Das 1989 schließlich verabschiedete Rahmenkonzept kann seine große Ähnlichkeit zu den SFAC nicht verbergen.[1062] „And even if the IASC Framework was not a linear descendant of the US Framework, it was clearly a member of a family of kindred documents that appeared more or less simultaneously at the end of the 1980s in Australia, Canada, and the United Kingdom.“[1063] Deshalb sollen an dieser Stelle nicht mehr die Inhalte des internationalen Conceptual Framework wiederholt werden. Es muss aber erwähnt werden, dass, anders als bei der Entstehung der SFAC, im IASC keine explizite Auseinandersetzung mit der statischen oder dynamischen Ausrichtung des internationalen Jahresabschlusses stattfand. Die Konzentration auf die *asset and liability view* ergab sich pragmatisch durch den Rückgriff auf CON 3. Die Beibehaltung von IAS 18 bestätigt die pragmatische Herangehensweise. Kritische Stimmen gegenüber der *asset and liability view*, die insbesondere eine Begrenzung der Aktiv- und Passivposten befürchteten, mussten beruhigt werden.[1064]

3 Der Einfluss der asset and liability view auf die Standardsetzung

3.1 Langsame Ausbreitung statischer Ideen in den Rechnungslegungsvorschriften

Mit der Verabschiedung des Conceptual Framework in den USA erfolgte kein bewusster Schnitt in der Standardsetzung, der die unmittelbare und vollständige Umstellung auf die *asset and liability view* zur Folge hatte, zumal die SFAC selbst noch dynamische Elemente enthielten und Problembereiche offenließen.[1065] Gleiches gilt für die IFRS. Die Ausweitung der statischen Gewinnermittlung zeigte sich vielmehr punktuell bei der Überarbeitung einzelner Standards. So wurde die korrekte Darstellung der Vermögenswerte und Schulden beispielsweise bei der Bilanzierung latenter Steuern (FAS 96[1066]; IAS 12, rev. 1996[1067]) oder von Pen-

---

1061 Vgl. Camfferman/Zeff (2007), S. 262.

1062 Vgl. Zeff (1999), S. 123; Camfferman/Zeff (2007), S. 256 und 260 f. Das IASC war allerdings darum bemüht, Unterschiede zu den SFAC herauszuarbeiten, indem es z.B. Grundsätze wie die Rechenschaftsfunktion oder das Vorsichtsprinzip stärker betonte, vgl. Camfferman/Zeff (2007), S. 256 und 261. Graduelle Unterschiede bestanden/bestehen auch in der Festlegung des primären Adressatenkreises (F.12 (1989)), der Gleichrangigkeit von Bilanz und Gewinn- und Verlustrechnung (F.20 (1989)) sowie der Verbindlichkeit des Rahmenkonzepts (IAS 1.15; IAS 8.11). Weiterhin erwähnt das Rahmenkonzept des IASC nicht ausdrücklich das Realisationsprinzip. Seit September 2010 sind die angegebene Zielsetzung des Jahresabschlusses sowie die qualitativen Kriterien aufgrund des Abschlusses der Phase A des Konvergenzprojekts identisch mit der US-amerikanischen Version (CON 8).

1063 Camfferman/Zeff (2007), S. 261. Die ähnliche Erstellung der Dokumente kann durch die interpersonelle Verflechtung der Projektverantwortlichen erklärt werden, vgl. Camfferman/Zeff (2007), S. 261.

1064 Vgl. Camfferman/Zeff (2007), S. 263 f.

1065 Vgl. Storey (2007), S. 2.58; Miller/Bahnson (2010), S. 426.

1066 Vgl. Zeff (1999), S. 124; Zeff (2005b), S. 25.

1067 Vgl. Camfferman/Zeff (2007), S. 359.

sionen (FAS 87[1068], heute FASB ASC 715; IAS 19, rev. 1998[1069]) in den Vordergrund gestellt.

Noch deutlicher wird die Verbreitung der *asset and liability view* bei der langsamen Akzeptanz der Marktbewertung, die mit der Popularisierung der Fair-Value-Bewertung gleichzusetzen ist. Die Bewertung zu Wiederbeschaffungskosten verlor dagegen an Relevanz, da sich die Preislevels stabilisierten.[1070] Der Begriff „Fair Value" wird in den IAS zum ersten Mal 1977 in Entwürfen zu IAS 17 erwähnt und im Anschluss in Standards wie IAS 16 (1982), IAS 18 (1982) oder IAS 22 (1983) verwendet. Zu dieser Zeit war der Fair-Value-Begriff in den entsprechenden Standards der US-GAAP schon bekannt.[1071] Aber erst die Verbreitung der Finanzinstrumente verhalf sowohl innerhalb der US-GAAP (FAS 115 und FAS 133, heute FASB ASC 320-10 und 815)[1072] als auch innerhalb der IAS (IAS 39 (1998))[1073] der Marktbewertung zum Durchbruch. Dort spiegelt sich die Konzentration auf die Ermittlung von Zahlungsströmen wider, wie sie in der Kapitalmarkttheorie berechnet werden.[1074] CON 7 „Using Cash Flow Information and Present Value in Accounting Measurements" öffnete im Jahr 2000 schließlich die Möglichkeit der Bewertung zum Fair Value in den US-GAAP auch für nichtfinanzielle Posten.[1075] Diese Möglichkeit wurde allerdings in den IAS „ungleich konsequenter als bisher in den US-GAAP"[1076] genutzt. Das wird beispielsweise in IAS 40 (2000) und IAS 41 (2000) deutlich.

Die in den Rahmenkonzepten vorgesehene All-inclusive-Income-Konzeption setzte sich auf Ebene der Standards nicht durch.[1077] Dies zeigt z.B. die Verwendung der Neubewertungsrücklage in IAS 16 oder FAS 115/IAS 39/IFRS 9. Die zunehmende Separierung der Neubewertungsrücklage aus dem Eigenkapital und die Verbindung mit der Gewinn- und Verlustrechnung (Gesamtergebnisrechnung, (*other*) *comprehensive income*) zeigen aber eine Tendenz zur Beachtung des *clean surplus*.[1078] Sie vermindert die, zumindest in der Historie vorhandene,

---

1068 Vgl. Zeff (1999), S. 124.
1069 Vgl. Camfferman/Zeff (2007), S. 396.
1070 Vgl. Camfferman/Zeff (2007), S. 110.
1071 Vgl. Camfferman/Zeff (2007), S. 131.
1072 Vgl. Hitz (2005), S. 38 f.; Blaufus (2005), S. 137 f.; Zeff (2005b), S. 26 und 28; Power (2010), S. 201–206. Auf Seiten der SEC begünstigte ein Führungswechsel die Befürwortung der aktuellen Bewertung, vgl. Zeff (2005a), S. 27.
1073 Vgl. Camfferman/Zeff (2007), S. 364.
1074 Vgl. Hitz (2005), S. 42 f. und 49 f. Sutton/van Zijl/Cordery nennen die Insolvenz von Penn Central im Jahr 1970 sowie die Savings-and-Loan-Krise in den 1980ern als Gründe für das Aufkommen der Fair-Value-Bewertung, vgl. Sutton/van Zijl/Cordery (2010), S. 4. Power erklärt die Hinwendung zur Fair-Value-Bilanzierung zusätzlich als Teil der Identitätsfindung des IASB, vgl. Power (2010), S. 206–208. Die Einführung der Fair-Value-Bilanzierung förderte nicht nur in den USA die Zusammenführung von internem und externem Rechnungswesen, vgl. Ikäheimo/Taipaleenmäki (2010), S. 365.
1075 Vgl. Hitz (2005), S. 54 f.
1076 Hitz (2005), S. 57.
1077 Vgl. Zeff (1999), S. 116; Storey (2007), S. 2.102 f.
1078 Vgl. IAS 1.81 sowie ED/2010/5, der im Rahmen des Konvergenzprojekts „Financial Statement Presentation" entstanden ist.

Versuchung der Unternehmen, unbequeme Ereignisse vor der Gewinn- und Verlustrechnung im Eigenkapital zu verstecken.

Stellvertretend für die zahlreichen statischen Tendenzen in der US-amerikanischen und internationalen Rechnungslegung wird an dieser Stelle die statische Umstellung der Regelungen zu Umsatzerlösen aus Kundentransaktionen näher beleuchtet. Dieser Themenbereich bietet sich zunächst aufgrund des aktuellen Konvergenzprojekts von IASB und FASB an. Er wurde aber primär gewählt, da die Überlegungen der Boards im Vergleich zur statischen Literatur der *true income theories* und des *decision usefulness approach* neues Gedankengut darstellen und somit eine bilanztheoretische Fortentwicklung der Standardsetzer beschreiben können. Gleichzeitig lässt sich anhand dieses Projekts der Einfluss rechnungslegungsexterner Entwicklungen aufzeigen. Die Erläuterung erfolgt aus Vereinfachungsgründen primär aus Sicht der IFRS. Der Vergleich mit den bisherigen Regelungen fällt hier leichter.

3.2 Auswirkungen auf die Gewinnrealisierung bei Kundenverträgen durch ED/2010/6

3.2.1 Überarbeitung der bestehenden Konventionen

IAS 11 zur Bilanzierung von Fertigungsaufträgen im Speziellen und IAS 18 zur Bilanzierung von Umsatzerlösen im Allgemeinen sind bis zum heutigen Tage in Kraft. Die beiden Standards stammen aus der Ära, bevor das Conceptual Framework des IASC verabschiedet wurde, und sind dementsprechend nicht originär statisch geprägt. IAS 11 ist mit der Anwendung der Percentage-of-Completion-Methode sogar das Paradebeispiel eines dynamischen Gewinnausweises. Die Methode entstammt der angloamerikanischen Rechnungslegungstradition.[1079] IAS 18 folgt maßgeblich dem Abbau der Risiken und Chancen aus dem Verkaufsgegenstand (nicht dem Eigentumsübergang) oder aus der Dienstleistungsarbeit, wie er in der *revenue and expense view* etabliert und seither nicht mehr infrage gestellt wurde   auch nicht von Anhängern der Statik. Die Verabschiedung des IAS 18 verlief seinerzeit ohne Kontroverse, da der Standard recht abstrakt formuliert ist. Das IASC entzog sich der Festlegung von Regelungen für einzelne Transaktionen, wie sie in den US-GAAP bestehen, indem das Komitee lediglich im Anhang zu IAS 18, der nicht Teil des Standards ist, Einzelbeispiele besprach.[1080] Die unterschiedlichen Vorgehensweisen der beiden Standards wurden jahrelang hingenommen, belegen aber den mangelnden bilanztheoretischen Unterbau.

Die relativ späte Beachtung der Umsatzerlöse als Problemfeld der Bilanzierung ist wiederum in externen Gegebenheiten zu suchen. Ein Grund für die Sensibilisierung ist die Einführung von Aktienoptionen und Bonuszahlungen auf Basis des Jahresüberschusses seit den 1980er

[1079] Vgl. Camfferman/Zeff (2007), S. 115.
[1080] Vgl. Camfferman/Zeff (2007), S. 133.

Jahren.[1081] Eine andere Ursache ist die stetige Zunahme komplexer und branchenspezifischer Kundentransaktionen, die in den US-GAAP, wie bereits erwähnt, zu einer Vielzahl an Verlautbarungen mit begrenztem Geltungsbereich geführt hat. Beides führte zu einem Verhalten in den Unternehmen, das unter dem Stichwort *earnings management*[1082] bekannt ist.

Im Juni 2010 veröffentlichten die Standardsetzer IASB und FASB den gemeinsamen Exposure Draft „Revenue from Contracts with Customers" (ED/2010/6). Er ist das Resultat eines seit 2002 andauernden Konvergenzprojekts mit dem Ziel der Überarbeitung der Regelungen zur Realisierung von Umsatzerlösen bei Kundentransaktionen. Während das IASB vorwiegend um die Beseitigung von Inkonsistenzen zwischen IAS 11 und IAS 18 sowie um die Reduzierung von Regelungslücken, beispielsweise in Bezug auf Mehrkomponentengeschäfte, bemüht ist, strebt das FASB die Ablösung der kasuistisch geprägten und teilweise widersprüchlichen Einzelfallregelungen im US-GAAP-Bereich, die der Unbestimmtheit des *earnings process* geschuldet sind, an.[1083] „The core principle [...] is [...] to depict the transfer of goods or services to customers in an amount that reflects the consideration the entity receives, or expects to receive, in exchange for those goods or services."[1084] Es steht im Zeichen der entscheidungsnützlichen Informationen,[1085] wie sie für den *decision usefulness approach* charakteristisch sind. Der Begriff der Realisierung wird nicht mehr verwendet.

3.2.2 Bilanzielle Abbildung von Kundenverträgen

Mit dem Exposure Draft entwickelten die Standardsetzer das statische Vermögens- und Gewinnermittlungskonzept der IFRS und US-GAAP fort.[1086] Der Umsatz wird im Einklang mit den Definitionen der Conceptual Frameworks als positive Veränderung des Nettovermögens eines Unternehmens, d.h. als Residualgröße, interpretiert „[in order to] bring discipline to the earnings process approach"[1087]. Das Projekt nimmt die von Canning und dem FASB vorgenommene Charakterisierung der vertraglichen Ansprüche und Verpflichtungen als Vermögenswerte und Schulden erstmals auf.[1088]

1081 Vgl. Zeff (2005b), S. 25.

1082 Healy/Wahlen nennen folgende Definition: „Earnings management occurs when managers use judgment in financial reporting and in structuring transactions to alter financial reports to either mislead some stakeholders about the underlying economic performance of the company or to influence contractual outcomes that depend on reported accounting numbers" (Healy/Wahlen (1999), S. 368). Vgl. auch Küting/Weber/Pilhofer (2002), S. 323–329.

1083 Vgl. ED/2010/6, Rn. IN1 und BC3 f.; Schipper (2003), S. 63; Schipper et al. (2009), S. 57 f.

1084 ED/2010/6, Rn. 2.

1085 „[I]nformation [...] about the amount, timing and uncertainty of revenue and cash flows arising from a contract with a customer" (ED/2010/6, Rn. 5, im Original mit Hervorhebungen).

1086 Vgl. Wüstemann/Wüstemann (2010a), S. 2040.

1087 ED/2010/6, Rn. BC27, vgl. auch Rn. BC33(c). Vgl. auch Olsen/Weirich (2010), S. 55 f.

1088 Nach Lüdenbach/Hoffmann führt auch die geplante Neudefinition der Vermögenswerte in Phase B des Conceptual-Framework-Projekts von IASB und FASB zur Abbildung von schwebenden Geschäften, vgl. Lüdenbach/Hoffmann (2011), Rn. 86.

Nach dem Entwurf entstehen mit Vertragsabschluss auf der Verkäuferseite sowohl ein (vertraglicher) Vergütungsanspruch als auch (vertragliche) Leistungsverpflichtungen. Diese sind über die gesamte Vertragsabwicklungsdauer saldiert auszuweisen, um ihrer Verflechtung gerecht zu werden.[1089] Über die Zuteilung zur Aktiv- oder Passivseite entscheidet die Bewertung der noch ausstehenden Ansprüche und Leistungsverpflichtungen. Ist der Anspruch aus dem Verkaufsgeschäft höher bewertet als die korrespondierenden Verpflichtungen (weil das Unternehmen vor dem Kunden leistet), so ergibt sich per saldo ein Vermögenswert (*contract asset*),[1090] der zur finanziellen Forderung nach IFRS 9 wird, wenn im Rahmen des Vertrags nur noch ein unbedingter Vergütungsanspruch besteht.[1091] Im umgekehrten Fall (der Kunde zahlt voraus) wird eine Nettoschuld (*contract liability*) ausgewiesen.[1092] Haben beide Seiten den gleichen Wert, ist der Kundenvertrag in der Bilanz nicht sichtbar – so im Zeitpunkt des Vertragsabschlusses. Denn die Standardsetzer fingieren, dass sich zu diesem Zeitpunkt Ansprüche und Verpflichtungen entsprechen.[1093] Damit wird die Abbildung des Vermögens geschwächt und die Nichtbilanzierung schwebender Geschäfte faktisch, ohne Rückgriff auf das Realisationsprinzip,[1094] aufrechterhalten. Da aber (auch) die statische Bilanztheorie in erster Linie der Gewinnermittlung dient, ist die Saldierung der Ansprüche und Verpflichtungen solange nicht kritisch zu sehen, wie der Vermögensvergleich nicht beeinträchtigt wird.

Nach dem Vertragsabschluss kann ein Umsatz nur dadurch entstehen, dass der Wert der vertraglichen Ansprüche steigt und/oder der Wert der Vertragsverpflichtungen fällt. Im Regelfall bleibt der vertragliche Anspruch (das Leistungsentgelt) während der Vertragslaufzeit konstant. Deshalb entsteht ein Umsatz grundsätzlich nur durch den Abbau der geschuldeten Sach- oder Dienstleistungsverpflichtungen.[1095] In umgekehrter Richtung, d.h. bei Reduzierung des Nettoanspruchs oder Erhöhung der Nettoschuld, ist keine Umsatzvereinnahmung möglich. So berührt beispielsweise die Kaufpreiszahlung des Kunden nicht die Gewinn- und Verlustrechnung.

3.2.3 Erfassung der Umsatzerlöse aus Kundentransaktionen in fünf Schritten

Ausgangspunkt des Umsatzausweises ist das Vorliegen eines Vertrags mit einem Kunden.[1096] Bei dieser Vertragsidentifizierung dominiert zunächst eine rechtliche Betrachtungsweise, um den Umsatzausweis zu objektivieren.[1097] Allerdings stellen rechtlich abgesicherte Verträge keine (wirtschaftlichen) Verträge im Sinne des Entwurfs dar, wenn sie faktisch zu keiner

---

1089 Vgl. ED/2010/6, Rn. 64 und BC160–BC162.
1090 Vgl. ED/2010/6, Rn. 65 und BC28.
1091 Vgl. ED/2010/6, Rn. 66 und BC163–BC166.
1092 Vgl. ED/2010/6, Rn. 65 und BC28.
1093 Vgl. ED/2010/6, Rn. BC29.
1094 Vgl. Hommel/Schmitz (2011), S. 18.
1095 Vgl. ED/2010/6, Rn. BC30.
1096 Vgl. ED/2010/6, Rn. 1 und 8.
1097 Vgl. ED/2010/6, Rn. 9 11 und BC15(b)–(d).

Cashflow-Änderung führen.[1098] Der rechtliche Vertrag bildet auch nicht immer die maßgebende Bilanzierungseinheit. Im Hinblick auf die Ableitung der Cashflows ist die kleinste Vertragseinheit entscheidend, die selbstständig verhandelbar ist.[1099]

Die Definition des Kunden als „[a] party that has contracted with an entity to obtain goods or services that are an output of the entity's ordinary activities"[1100] schränkt den Anwendungsbereich des Exposure Draft auf Verträge mit Bezug zum Kerngeschäft des Unternehmens ein. Dies führt zur ausschließlichen Betrachtung von Umsatzerlösen im Sinne des Conceptual Framework.[1101] Der Anwendungsbereich wird durch den Ausschluss von Leasing-, Versicherungs- und finanziellen Verträgen sowie von Garantien gemäß FASB ASC 460 (ohne Gewährleistung) speziell im US-GAAP-Bereich weiter verkleinert,[1102] für welche die Regelungen des Exposure Draft von den Boards als nicht entscheidungsnützlich erachtet werden.[1103] Die bilanzielle Vergleichbarkeit zwischen den einzelnen Vertragsarten wird somit aufgegeben und ruft den *piecemeal approach* aus der Historie der US-GAAP in Erinnerung.

Nach der Abgrenzung der Vertragseinheit sind in statischer Denkweise die darin enthaltenen Leistungsverpflichtungen in einem zweiten Schritt zu identifizieren, unabhängig von ihrem Gewicht im Rahmen des Vertrags.[1104] Eine Leistungsverpflichtung (*performance obligation*) ist definiert als „[a]n enforceable promise (whether explicit or implicit) in a contract with a customer to transfer a good or service to the customer"[1105]. Da bei der Identifizierung die Gefahr besteht, die Vertragseinheiten zu atomisieren, und Auslegungsspielräume existieren, hält der Entwurf zu einzelnen Geschäftsvorfällen ausführlichere Vorgaben bereit.

Rückgaberechte werden beispielsweise nicht als Leistungsverpflichtung gewertet, sondern als gescheiterter Verkauf,[1106] obwohl das Board in ihnen grundsätzlich eine Leistungsverpflichtung sieht.[1107] Die pragmatische Entscheidung des Standardsetzers ist Vereinfachungsgesichtspunkten geschuldet.[1108] Ähnliches gilt für (gesetzliche) Gewährleistungen.[1109] Ist die

---

1098 Vgl. ED/2010/6, Rn. 10.

1099 Vgl. ED/2010/6, Rn. 12 19 und BC35 BC41.

1100 ED/2010/6, Appendix A.

1101 Vgl. ED/2010/6, Rn. BC11. Der Entwurf stellt allerdings klar, dass Umsatzerlöse auch aus anderen Geschäftsvorfällen, z.B. aus dem Wachstum natürlicher Ressourcen, entstehen können, diese aber nicht zu seinem Anwendungsbereich gehören, vgl. ED/2010/6, Rn. 1 und BC9 f.

1102 Vgl. ED/2010/6, Rn. 6(a)–(d).

1103 Vgl. ED/2010/6, Rn. BC20.

1104 Vgl. ED/2010/6, Rn. BC44.

1105 ED/2010/6, Appendix A, im Original mit Hervorhebung. Sowohl Güter als auch Dienstleistungen stellen Vermögenswerte dar, sodass stets ein Vermögenswert übertragen wird, vgl. ED/2010/6, Rn. 27.

1106 Vgl. ED/2010/6, Rn. BC187(b). Buchungstechnisch wird ein Erlös nur für den Teil der Produkte ausgewiesen, die erwartungsgemäß nicht zurückgegeben werden. In Höhe der Differenz zum Gesamtkaufpreis ist eine jährlich zu aktualisierende Rückerstattungsverpflichtung zu passivieren. Gleichzeitig ist ein Wiedererlangungsanspruch in Bezug auf das Produkt in Höhe des alten Buchwerts der Vorräte abzüglich eventueller Wiedererlangungskosten zu aktivieren, vgl. ED/2010/6, Rn. 37, B9–B12 und BC194.

1107 Vgl. ED/2010/6, Rn. BC189 und BC192. Wüstemann/Wüstemann zweifeln die Eigenständigkeit der Rückgaberechte an, vgl. Wüstemann/Wüstemann (2010a), S. 2037.

1108 Vgl. ED/2010/6, Rn. BC193.

Garantie dagegen dazu da, nachträglich auftretende Schäden abzusichern, so ist hierin eine von der Produktlieferung separate Leistungsverpflichtung zu sehen, denn sie kann als zusätzliche Versicherungsleistung gegenüber dem Kunden charakterisiert werden.[1110]

Unabhängig davon, ob die Rückgabe/Gewährleistung/Garantie als eigenständige Leistungsverpflichtung erfasst oder als gescheiterter Verkauf interpretiert wird, wird keine Kostenrückstellung mehr[1111] im Sinne des Realisationsprinzips und des Matching-Gedankens gebildet. Dies belegen die erfolgsneutrale Erfassung eines Teils der Gewinnmarge und die Vernachlässigung von zusätzlich anfallenden Kosten[1112]. Die Regelung berücksichtigt nicht, dass durch die Reparatur zusätzliche Kosten (beispielsweise für Lohn) anfallen können, die im Verkaufspreis nicht einbezogen sind.[1113] Es stellt sich die Frage, ob diese Kosten im Sinne eines vollständigen Schuldenausweises für die statische Gewinnermittlung zusätzlich (außerhalb des Anwendungsbereichs des Exposure Draft) angesetzt werden müssten.

Es ist schließlich nicht nötig, alle identifizierten (rechtlichen) Leistungsverpflichtungen separat zu bilanzieren, sodass sich im Hinblick auf die praktische Umsetzung der Bilanzierungsregel die Zahl der Erfüllungszeitpunkte reduziert. Die Separierung ist objektivierend nur erlaubt, wenn die Leistungsverpflichtung oder das Leistungsbündel als eigenständig (*distinct*)[1114] bezeichnet werden kann.[1115] Die Boards argumentieren, dass Güter oder Dienstleistungen ohne eigenständige Funktion keine Vermögenswerte darstellen und somit der Transfer an den Kunden nicht gewährleistet ist.[1116] Die Kriterien der Eigenständigkeit der Leistungsverpflichtungen sind jedoch nach aktuellem Stand auslegungsoffen und lassen sich nur anhand der gegebenen Beispiele im Exposure Draft erahnen.[1117]

1109 Vgl. ED/2010/6, Rn. B14. Im Unterschied zum Rückgaberecht wird hier nicht ein Wiedererlangungsanspruch, sondern (bei Werthaltigkeit) das gelieferte Produkt selbst unter den Vorräten aktiviert, vgl. ED/2010/6, Rn. B16 und BC201–BC203; Ryerson (2011), S. 26 f.; kritisch Rohatschek/Schausberger (2011), S. 326.

1110 Vgl. ED/2010/6, Rn. B17 f. und BC204.

1111 Vgl. ED/2010/6, Rn. BC200 i.V.m. Rn. BC203; Lühn (2010), S. 277.

1112 So wird bei einer Reparatur aufgrund einer gesetzlichen Gewährleistung nur der Teil des Kaufpreises als Verpflichtung passiviert, der auf die defekten Produktteile entfällt, vgl. ED/2010/6, Rn. B15.

1113 Vgl. IDW (2010), S. 16; Hommel/Schmitz (2011), S. 21. Vgl. auch Wüstemann/Wüstemann (2010a), S. 2038.

1114 Vgl. ED/2010/6, Rn. 22 und BC48. Die Übersetzung des Adjektivs *distinct* ist nicht eindeutig. Lühn übersetzt ebenfalls mit „eigenständig“, vgl. Lühn (2010), S. 274. Erchinger/Melcher schreiben, dass sich die Leistungsverpflichtungen „differenzieren lassen“ (Erchinger/Melcher (2010a), S. 437). Fischer wählt die Übersetzung „unterscheidbar“ (Fischer (2010), S. 232). Die Separierung erübrigt sich gegebenenfalls, wenn die eigenständigen Leistungsverpflichtungen zum selben Zeitpunkt erfüllt werden, vgl. ED/2010/6, Rn. 24.

1115 Diese Eigenschaft ist gegeben, wenn das in der Leistungsverpflichtung vereinbarte Gut oder die Dienstleistung oder ein ähnliches Produkt vom Unternehmen selbst oder einem Dritten separat am Markt gehandelt wird (Subkriterium (a)), vgl. ED/2010/6, Rn. 23(a). Alternativ genügt auch die potenzielle Absatzchance des Guts oder der Dienstleistung. Da in der Vorstellung eigentlich jedes Produkt separat abgesetzt werden kann (vgl. ED/2010/6, Rn. BC49), muss die Absatzchance über die eigenständige Funktion und die eigenständige Gewinnmarge des Produkts nachgewiesen werden (Subkriterium (b)), vgl. ED/2010/6, Rn. 23(b)(i) und (ii) sowie BC50.

1116 Vgl. ED/2010/6, Rn. BC51.

1117 Vgl. IDW (2010), S. 4–6; DRSC (2010), S. 5; FASB (2010a), S. 3; Hommel/Schmitz (2011), S. 19 f.

Mit der Einteilung der eigenständigen Leistungsverpflichtungen nehmen die Boards eine erste Abkehr vom Risikoabbau und mithin der Liquidität im Rahmen der Umsatzrealisierung, wie sie in IAS 18 bekannt war, vor. Denn die Einteilung bestimmt grundlegend die späteren Zeitpunkte der Umsatzerfassung in der Gewinn- und Verlustrechnung. Die Einteilung orientiert sich aber nicht an den erworbenen Zahlungsansprüchen des Unternehmens. So führt die Konzentration auf die Identifizierung von Leistungsverpflichtungen beispielsweise dazu, dass bei Vertragsbeginn zu zahlende, nicht-rückerstattungsfähige Gebühren (z.B. zur Aufnahme in einen Club) noch nicht als Umsatz ausgewiesen werden dürfen, soweit dahinter keine (erfüllte) Leistung an den Kunden steht. Solche vorbereitenden Maßnahmen sind keine Leistungsverpflichtung im Sinne des Exposure Draft.[1118] Die Einteilung in eigenständige Leistungsverpflichtungen begrenzt unter Umständen auch die kontinuierliche Gewinnrealisation mit dem Fertigungsfortschritt gemäß IAS 11. Andererseits kann die Aufsplittung des Vertrags auch zu einem vergleichsweise früheren Umsatzausweis führen.[1119]

In einem dritten Schritt ist die auf die Vertragseinheit entfallende Gesamtvergütung zu bestimmen. In wirtschaftlicher Betrachtungsweise kann die realistisch erwartete Vergütung vom vertragsrechtlich vereinbarten Betrag abweichen, z.B. aufgrund von Preisnachlässen und Forderungsausfallrisiken. Daher ist die wirtschaftliche Gesamtvergütung zu bestimmen, die für die Erfüllung der Vertragsleistung zum Zeitpunkt des Vertragsabschlusses gezahlt wird. Gesucht ist der stets zu aktualisierende Erwartungswert.[1120] Auch diese Bestimmung des Entwurfs führt zu einer Abwendung von den bisherigen Grundsätzen der Umsatzvereinnahmung, denen der Erwartungswert aufgrund der Ausrichtung am Risikoabbau eher fremd war.[1121] Im Gegenzug ist die Einbeziehung von aktuell vorhandenen Informationen in die Nähe der statischen Literatur zu rücken und führt gegebenenfalls zu einem früheren Umsatzausweis, wenn bisher an die verlässliche Bewertung des IAS 18.14(c) höhere Maßstäbe geknüpft wurden.[1122] Unsichere Bestandteile der Gesamtvergütung fließen aber objektivierend nur insoweit in die Berechnung des Erwartungswerts ein, als (eigene oder beobachtete) Erfahrungswerte aus ähnlichen Verträgen vorliegen und sich diese Erfahrungen auf den aktuellen Sachverhalt übertragen lassen, weil die Begleitumstände übereinstimmen.[1123] Neben variablen Preisbestandteilen ist in die Schätzung der Gesamtvergütung auch die Kreditwürdigkeit des Kunden einzubeziehen.[1124] Eine schlechte Bonität verhindert so auch bei hohen Ausfallwahrscheinlichkeiten

---

1118 Vgl. ED/2010/6, Rn. B28. Vgl. kritisch hierzu KPMG (2010), S. 18; Hommel/Schmitz (2011), S. 19 und 20.

1119 Vgl. KPMG (2010), S. 7.

1120 Vgl. ED/2010/6, Rn. 35 f. und BC81–BC83.

1121 Unter Bezugnahme auf den Risikoabbau fordern deshalb einige Anwender und Institutionen die Verwendung des *management's best estimate* anstelle des Erwartungswerts, vgl. DRSC (2010), S. 9; FASB (2010a), S. 4; FASB (2010b), S. 4; FASB (2010c), S. 4.

1122 Vgl. KPMG (2010), S. 7 und 20; Olsen/Weirich (2010), S. 57.

1123 Vgl. ED/2010/6, Rn. 38 41 und BC90–BC94.

1124 Vgl. ED/2010/6, Rn. 43, B80, BC79 und BC99–BC101.

nicht grundsätzlich den Umsatzausweis, wie es unter einem am Risikoabbau orientierten Ansatz gemäß FASB ASC 605-10-25-4 möglich ist.[1125]

Nachdem die Gesamtvergütung bestimmt wurde, ist sie auf die identifizierten und separierten Leistungsverpflichtungen aufzuteilen (Schritt 4). Als Aufteilungsmaßstab dienen die Einzelveräußerungspreise[1126] der Leistungsverpflichtungen (*stand-alone selling price*). Entspricht die Summe der Einzelveräußerungspreise nicht der ermittelten Gesamtvergütung, so ist sie proportional zu den Einzelveräußerungspreisen aufzuteilen (*relative stand-alone selling price basis*).[1127] Im Sinne der Objektivierung besteht nur ein einziger Verteilungsschlüssel, der gegebenenfalls zu einer früheren Umsatzerfassung führt.[1128]

Die Leistungsverpflichtungen werden somit indirekt bewertet. Eine direkte Marktbewertung wurde zwar während der Projektmeetings lange Zeit befürwortet, aber letztlich aufgrund der Komplexität der Methode sowie des möglichen Umsatzausweises im Zeitpunkt des Vertragsabschlusses abgelehnt.[1129] Aus dem Blickwinkel der statischen Bilanztheorie ist diese Entscheidung zu kritisieren, denn die *asset and liability view* zeichnet sich durch eine direkte und aktuelle Bewertung aus. Allokationen steht sie eher kritisch gegenüber.[1130] Die Problematik offenbart sich bei am Vertragsbeginn zu zahlenden, nicht-rückerstattungsfähigen Gebühren, die noch nicht als Umsatz, sondern als Vorauszahlung ausgewiesen werden, weil dahinter keine Leistung an den Kunden steht.[1131] Es ist fraglich, ob dadurch die Vermögenslage korrekt ausgewiesen wird. Durch die Aktiv-Passiv-Mehrung wird das Nettovermögen nicht tangiert. Ein potenzieller Erwerber des Unternehmens wäre aber durchaus bereit einen höheren Preis zu zahlen.[1132] Die direkte Bewertung der Verpflichtungen würde diesen Umstand berücksichtigen. Der Wert der Verpflichtungen sinkt allein durch die Akquise des Kunden, sodass im Vertragsabschlusszeitpunkt ein Umsatz auszuweisen wäre. Die Zahlung der Gebühr würde unabhängig davon erfolgsneutral den Vergütungsanspruch mindern.

Der Umsatzausweis als letzter Schritt ist an die Erfüllung einer separaten Leistungsverpflichtung gebunden. Die Erfüllung tritt ein, wenn das Unternehmen den zugesicherten Vermögenswert auf den Kunden überträgt (*transfer*), wie dies bereits von der AAA 1948 und Arthur Andersen & Co. gefordert wurde. Die Übertragung findet in dem Moment statt, in dem der

---

1125 Vgl. ED/2010/6, Rn. BC98 f.; IDW (2010), S. 9.

1126 Der Einzelveräußerungspreis ist, soweit möglich, anhand von Marktdaten zu ermitteln. Den besten Anhaltspunkt liefert der tatsächliche Einzelveräußerungspreis des Unternehmens. Ist dieser nicht bestimmbar, so muss er geschätzt werden, vgl. ED/2010/6, Rn. 51 f. und BC120 f. Dies führt zu Ermessensspielräumen, vgl. Colson et al. (2010), S. 697. Sie werden aber dadurch begrenzt, dass nur für eigenständige Leistungsverpflichtungen eine Schätzung erfolgt, vgl. ED/2010/6, Rn. BC117.

1127 Vgl. ED/2010/6, Rn. 50 und BC129. Preisnachlässe auf einzelne Paketbestandteile werden so zwar gleichmäßig (um)verteilt, grundsätzlich bleibt aber die Abbildung unterschiedlicher Margen erhalten, vgl. ED/2010/6, Rn. BC113 und BC126–BC128.

1128 Vgl. KPMG (2010), S. 7 und 25.

1129 Vgl. ED/2010/6, Rn. BC77 und BC112; Schipper et al. (2009), S. 61 und 66 f.

1130 Ähnlich Marton/Wagenhofer (2010), S. 4.

1131 Vgl. ED/2010/6, Rn. B28.

1132 Vgl. Hommel/Schmitz (2011), S. 20.

Kunde die Kontrolle am Produkt erhält.[1133] Damit löst das Kontrollkriterium den *risk and reward approach* und auch die Percentage-of-Completion-Methode als zentrales Realisationskriterium ab. Kontrolle ist definiert als exklusive „ability to direct the use of, and receive the benefit [d.h. Nettocashflows] from, the good or service".[1134] Die Hinwendung zum Kontrollkriterium entspricht der statischen Ausrichtung des Entwurfs und ist auf die Vermögenswertdefinition der Rahmenkonzepte zurückzuführen.[1135] Als Vorteil gegenüber dem Risikoabbau wird die Eindeutigkeit des Zeitpunkts des Kontrollübergangs gesehen, da die Einschätzung der Wesentlichkeit entfällt.[1136] Außerdem konfligiert der *risk and reward approach* in den Augen der Boards mit der Identifizierung von Leistungsverpflichtungen.[1137]

Es gelingt keine pauschale Feststellung, ob die Konzentration auf den Kontrollübergang zu einer schnelleren oder langsameren Gewinnerfassung als der Risikoabbau führt. Um jedoch bei Anwendung der Bewertungsregel des Exposure Draft in Verbindung mit dem vorgesehenen Erfüllungszeitpunkt (Transfer eines Vermögenswerts) dem statischen Grundgedanken der Ermittlung der (Netto-)Vermögensänderung gerecht zu werden, bedarf der Entwurf einer Ergänzung. Spätestens mit Erhalt eines gefestigten Gegenleistungsanspruchs ist der Umsatz zu zeigen, denn er stellt eine Vermögenszunahme dar (es sei in diesem Zusammenhang an die Aufnahmegebühren bei einem Club erinnert). Diese Art des Umsatzausweises ist aus der statischen Literatur der USA bekannt, obwohl diese den Umsatzausweis bei Kundenverträgen nicht intensiv diskutierte.

Ein fortlaufender Gewinnausweis erfolgt nur noch bei kontinuierlichem Kontrollübergang. In Deutschland werden Fertigungsaufträge in der Regel werkvertraglich (§ 631 BGB) geschlossen. Dies bedeutet die Integration einer Abnahme des Werks durch den Kunden in den Vertrag, die die Bedingung des unternehmerischen Zahlungsanspruchs darstellt (§ 644 BGB).[1138] Im Ergebnis wird das Werk wie der Verkauf eines standardisierten Produkts behandelt.[1139]

1133 Vgl. ED/2010/6, Rn. 25 und BC63. Als Anwendungshilfe stellt der Standardsetzer vier Indikatoren bereit, die den Kontrollübergang konkretisieren. Diese sind ermessensbehaftet (vgl. Wüstemann/Wüstemann (2010a), S. 2037) als Gesamtbild zu würdigen, obwohl für einzelne Vertragsarten nicht alle Indikatoren relevant sind (vgl. ED/2010/6, Rn. 31): (a) Der Kunde ist unbedingt zur Zahlung des Kaufpreises verpflichtet; die Fälligkeit der Zahlung ist ausschließlich eine Frage der Zeit. (b) Der Kunde ist rechtlicher Eigentümer. (c) Der Kunde ist im Besitz des Verkaufsgegenstands. (d) Die Dienstleistung oder die Ware ist kundenspezifisch ausgestaltet, sodass der Vertragsgegenstand nicht anderweitig verwertet werden kann, vgl. ED/2010/6, Rn. 30. Wie bei Leistungsbündeln zu verfahren ist, erläutert der zukünftige Standard nicht. Es ist durchaus vorstellbar, dass jede Leistungsverpflichtung des Bündels einen anderen Zeitpunkt des Übergangs der Kontrolle hat. Es ist nicht geregelt, welcher der Zeitpunkte der maßgebliche ist, vgl. Erchinger/Melcher (2010b), S. 491.

1134 Vgl. ED/2010/6, Rn. 26 f. und BC62 (Zitat Rn. 26). Bei der Beurteilung, ob ein Kontrollübergang stattgefunden hat, ist auch der Kontext des Vertrags zu berücksichtigen, vgl. ED/2010/6, Rn. 29.

1135 Vgl. ED/2010/6, Rn. BC60(a) und BC62.

1136 Vgl. ED/2010/6, Rn. BC60(b).

1137 Vgl. ED/2010/6, Rn. BC60(c).

1138 Vgl. DRSC (2010), S. 7. Diese Abnahme (*customer acceptance*) berücksichtigen die Standardsetzer für den Kontrollübergang, soweit sie vertraglich vereinbart ist und der Unternehmer die Abnahmebedingungen (und damit den Kontrollübergang) nicht im Vorhinein problemlos nachweisen kann, vgl. ED/2010/6, Rn. B69–B72.

1139 Vgl. ED/2010/6, Rn. B66 und B68.

Der kontinuierliche Kontrollübergang lässt sich, zumindest für das deutsche Zivilrecht, nur durch zwei Alternativen erreichen. Zum einen ist die Vereinbarung von echten Teilabnahmen (z.B. nach § 12 Abs. 2 VOB/B) möglich, sodass der Zahlungsanspruch zumindest schrittweise entsteht.[1140] Zum anderen können das Unternehmen und der Kunde einen Dienstvertrag abschließen, um einen kontinuierlichen Zahlungsanspruch des Unternehmens zu sichern.[1141] Die Anwendung der Percentage-of-Completion-Methode scheint nur noch durch spezielle Vertragsgestaltungen möglich,[1142] sodass die dynamische Bilanztheorie aus der Umsatzerfassung verdrängt wird.

3.2.4 Zusätzlicher Ausweis von Drohverlustrückstellungen

Der Entwurf sieht neben dem regulären Umsatzausweis auch die Berücksichtigung von Drohverlusten vor. Die Bildung einer Drohverlustrückstellung ist nicht auf Vertragsebene zu untersuchen. Die Prüfung hat vielmehr für jede separierte Leistungsverpflichtung innerhalb der Vertragseinheit zu erfolgen.[1143] Jedoch gehen außerplanmäßige Abschreibungen auf Vermögenswerte, die der Vertragseinheit (nicht der Leistungsverpflichtung) zuzurechnen sind, der Bildung einer Drohverlustrückstellung vor.[1144] Die Rückstellung für drohende Verluste ist zu jedem Bilanzstichtag neu zu bewerten.[1145]

Der vorgesehene Ausweis von Drohverlustrückstellungen ist aus statischer Sichtweise auf den ersten Blick nicht zu beanstanden, denn der drohende Verlust verkörpert in der Statik einen Verpflichtungsüberschuss und führt zu einer stichtagsbezogenen Reinvermögensminderung. Allerdings sind dann auch „drohende Gewinne" auszuweisen, also der Überschuss der vertraglichen Ansprüche über die Vertragsverpflichtungen hinaus. Eine einseitige Abbildung des Verpflichtungsüberhangs widerspricht aber der statischen Basis des Entwurfs. Die statische Literatur kennt keine einseitigen Drohverlustrückstellungen, da diese imparitätische Regelung die Vermögensdarstellung verzerrt. Das Imparitätsprinzip entspringt dem Vorsichtsprinzip und wurde auch in der Dynamik nach Paton/Littleton nicht akzeptiert. Die Boards möchten hier offensichtlich von der bestehenden Praxis nicht abweichen und opfern die bilanztheoreti-

---

1140 Vgl. Moxter (2007b), S. 58; Hommel/Schmitz/Wolf (2007), S. 1015.

1141 Passend hierzu spricht der Exposure Draft nicht mehr von der Übertragung eines Guts, sondern von „manufacturing services", wenn ein kontinuierlicher Kontrollübergang stattfindet, vgl. ED/2010/6, Rn. B63–B67 (Zitat Rn. B66).

1142 Vgl. IDW (2010), S. 7; Wüstemann/Wüstemann (2010a), S. 2040; Lühn (2010), S. 278; Hommel/Schmitz (2011), S. 23 sowie Colson et al. (2010), S. 693 für das US-amerikanische Zivilrecht. Die Konstruktionsindustrie äußert sich kritisch zur Abschaffung, vgl. FASB (2010c), S. 3. Die Boards betonen stattdessen, dass eine vollständige Abschaffung des Gewinnausweises während der Fertigungsdauer nicht intendiert ist, vgl. ED/2010/6, Rn. BC21 und BC64 f.

1143 So soll die Abbildung der unterschiedlichen Margen verschiedener Vertragsbestandteile aufrechterhalten werden, vgl. ED/2010/6, Rn. 54 und BC137.

1144 Vgl. ED/2010/6, Rn. 55 und BC136, vgl. auch Rn. 63 und BC155. Die direkt zurechenbaren Kosten eines Vertrags werden in Rn. 58 definiert. Erchinger/Melcher kritisieren, dass der Entwurf nicht klarstellt, wie die außerplanmäßige Abschreibung zwischen verschiedenen Vermögenswerten zu verteilen ist, vgl. Erchinger/Melcher (2010b), S. 492.

1145 Vgl. ED/2010/6, Rn. 56 und BC142.

sche Stringenz der allgemeinen Akzeptanz durch die Rechnungslegenden und deren Adressaten.[1146]

Aus statischer Sicht störend wirkt auch die Definition des drohenden Verlusts. Mit ihr wird keine (einseitige) Abbildung der stichtagsbezogenen Reinvermögensminderung erreicht. So definiert der Entwurf einen sehr engen Saldierungsbereich, indem er auf die einzelne (verlustbringende) Leistungsverpflichtung abstellt. Hierdurch wird der Rückstellungsansatz ausgeweitet, sodass ein Drohverlust ausgewiesen wird, obwohl der Gesamtvertrag gewinnbringend ist.[1147] Die Standardsetzer begründeten diese Vorgehensweise mit dem Hinweis auf eine verzögerte Berichterstattung über ungünstige Geschäftsentwicklungen, wenn der Verlust auf Ebene der Vertragseinheit beurteilt würde.[1148]

Die Eingliederung der Drohverlustrückstellung in den statischen Ansatz des Exposure Draft kann nur gerettet werden, indem man dahinter eine Neubewertung der Leistungsverpflichtungen sieht.[1149] Um die Drohverlustrückstellung als Neubewertung zu interpretieren, wäre aber zu den Kosten eine Marge hinzuzuaddieren.[1150]

3.2.5 Aktivierung von Vertragskosten

Der Exposure Draft enthält neben Regelungen für den Umsatzausweis auch Vorschriften zur Aktivierung von Kosten, die im Rahmen der Vertragserfüllung anfallen, um eine Regelungslücke zu verhindern.[1151] Die Aktivierung der Kosten wird im Entwurf grundsätzlich im Sinne der Statik geregelt, denn der Maßstab der Aktivierung ist die Entstehung einer Unternehmensressource, die auch die Vermögenswertdefinition des Rahmenkonzepts verlangt. So ist eine Aktivierung möglich, wenn ein Vermögenswert nach IAS 2, IAS 16 oder IAS 38 entsteht. Daneben eröffnet der Entwurf die nur begrenzte Möglichkeit designierte Vertragskosten zu aktivieren, wenn sie eine Ressource des Unternehmens begründen oder aufwerten und eine Gewinnerwartung für den Vertrag besteht.[1152] Gesucht ist eine Ressource neben dem vertraglichen Anspruch. Eine Erhöhung des vertraglichen Anspruchs über den ermittelten Transakti-

1146 Vgl. ED/2010/6, Rn. BC133 und BC140.
1147 Vgl. KPMG (2010), S. 7 und 34; FASB (2010b), S. 5 f.
1148 „[T]he onerous test at the level of the whole contract […] could delay reporting adverse changes in circumstances“ (ED/2010/6, Rn. BC137). Vgl. kritisch hierzu Wüstemann/Wüstemann (2010a), S. 2040.
1149 Vgl. ED/2010/6, Rn. BC131 f.
1150 Vgl. ED/2010/6, Rn. BC139 f.
1151 Vgl. ED/2010/6, Rn. BC150–152.
1152 Vgl. ED/2010/6, Rn. 57 f. Als Beispiel für die Aktivierung von Ausgaben, die nicht durch einen anderen Standard aufgefangen werden, nennt der Exposure Draft das Design, die Migration und den Test einer IT-Plattform, die das Unternehmen intern dazu benötigt, um mit dem IT-System des Kunden kooperieren zu können. Die IT-Plattform bildet die Basis für die spätere IT-Dienstleistung an den Kunden, vgl. ED/2010/6, Rn. B90.

onspreis hinaus ist durch eine Kostenaktivierung nicht möglich.[1153] Die Aktivierung von Marketingaufwendungen ist damit beispielsweise ausgeschlossen.[1154]

Eine Aktivierung von Kosten ist meist von Unternehmensseite gewünscht, falls die korrespondierenden Umsätze noch nicht gezeigt werden dürfen, sodass sich der Matching-Gedanke dahinter verbirgt. Diesen Gedanken greifen die Boards in Abweichung von der statischen Bilanztheorie auf, wenn sie darauf Wert legen, dass nur solche Kosten aktiviert werden, die zukünftigen Umsätzen zuzuordnen sind.[1155]

3.2.6 Bilanztheoretisches Fazit zum Exposure Draft

Die vorgeschlagenen Regelungen des Entwurfs belegen auf der einen Seite die Tendenz und das Bemühen der Standardsetzer, die statische Umarbeitung der IFRS und US-GAAP voranzutreiben. Erstmals wird das Realisationsprinzip im Rahmen der Umsatzerfassung nicht mehr erwähnt. Somit reichen die Vorschläge weiter als die Aussagen zur Gewinnerfassung im Conceptual Framework oder der US-amerikanischen statischen Literatur. Gleichwohl wird die statische Ausrichtung an einigen Stellen, z.B. durch die indirekte Bewertung der Leistungsverpflichtungen oder die imparitätische Drohverlustrückstellung, beschränkt. Dies hat zur Folge, dass die Bilanzierungsvorschriften des Exposure Draft oft zu ähnlichen Ergebnissen wie die bisherigen Standards führen und sich ausschließlich die Begründung der Vorgehensweise ändert.[1156] Ähnliche Ergebnisse sind auch durch den Erfüllungszeitpunkt der Verpflichtung – meist Lieferung und Leistung – vorprogrammiert.[1157] Grundsätzlich sind aber ähnliche Ergebnisse nach statischer und dynamischer Bilanzierung nicht negativ zu bewerten. Im Gegenteil, beide Methoden „overlap significantly in articulated financial statements [...]. In other words, the same earnings can be both a measure of performance or effectiveness of an enterprise and a measure of increase in its wealth“[1158]. Auch die Analyse der statischen Literatur zeigte, dass für den Zeitpunkt der Umsatzerfassung kaum Abweichungen von der *revenue and expense view* bestanden.

Die Abschaffung der Percentage-of-Completion-Methode bleibt dessen ungeachtet die zentrale Bilanzierungsänderung. Sie erinnert ebenfalls an die ursprüngliche objektivierende Zielsetzung der *asset and liability view*, willkürliche Allokationen wie in der *revenue and expense view* hinter sich zu lassen. So erläutern die Standardsetzer: „The boards concluded that focusing on the recognition and measurement of that asset or liability, and the changes in that asset

[1153] Vgl. ED/2010/6, Rn. BC156–158.
[1154] Vgl. ED/2010/6, Rn. 59(a). Erchinger/Melcher kritisieren, dass die Regelung zu unscharf ist, um für alle möglicherweise anfallenden Kostenarten beurteilen zu können, ob eine Aktivierung erlaubt ist, vgl. Erchinger/Melcher (2010b), S. 492.
[1155] Vgl. ED/2010/6, Rn. 59(b) und 60. Eine Gewinnglättung ist mit den vorgesehenen Regelungen aber ausdrücklich nicht intendiert, vgl. ED/2010/6, Rn. BC153. Vgl. auch DRSC (2010), S. 14.
[1156] Vgl. Erchinger/Melcher (2010b), S. 488; Hommel/Schmitz (2011), S. 22.
[1157] Vgl. Schipper et al. (2009), S. 60 und 66.
[1158] FASB (1976a), Rn. 46.

or liability over the life of the contract, would bring discipline to the earnings process approach."[1159] Man mag geneigt sein, den Boards mit dieser Aussage vorzuwerfen, dass sie Statik und Dynamik vermischen. Die in dieser Arbeit besprochene US-amerikanische statische Literatur legt aber nahe, dass die aus Zeiten der *revenue and expense view* stammenden Grundsätze der Umsatzerfassung nicht zwingend der Statik widersprechen. Zumindest wurden diese Regeln in den statischen Werken toleriert. In positiver Weise nehmen FASB und IASB nun eine statische Konkretisierung des *earnings process* über die Übertragung von Vermögenswerten auf den Kunden vor. Eine Abschaffung des *earnings process approach* scheint unter Beachtung des Ziels, zukünftige Cashflows anzuzeigen, nicht möglich. Um das statische Grundgerüst zu erhalten, ist im Entwurf indessen der Zusatz aufzunehmen, dass ein gefestigter Vergütungsanspruch auch ohne Übertragung eines Vermögenswerts auf den Kunden (wie im Fall der Aufnahmegebühr in einen Club) zum vermögenserhöhenden Umsatzausweis führt.

4 Zwischenergebnis

Der aus dem Krisenzustand der US-amerikanischen Rechnungslegung hervorgegangene Standardsetzer FASB verabschiedete in den 1980er Jahren ein Conceptual Framework, das als Deduktionsgrundlage zukünftiger Standards dienen sollte. Das Rahmenkonzept trägt im Wesentlichen die bilanztheoretischen Forschungsergebnisse zur Statik und Dynamik sowie zu den qualitativen Merkmalen der Rechnungslegung zusammen, sodass erstmalig ein (verspäteter) Einfluss der bilanztheoretischen Wissenschaft auf die praktische Rechnungslegung gegeben war. Das statische Gewinnkonzept fand damals zum ersten Mal Eingang in die Standardsetzung. Mit der Betonung der Entscheidungsnützlichkeit der Jahresabschlussinformationen im Conceptual Framework bestärkte der Standardsetzer auch die Verankerung der US-GAAP im Kapitalmarktrecht. Das Ziel der Lieferung adäquater Informationen an den Kapitalmarkt wurde immerhin schon im SA 1933 und SEA 1934 formuliert.[1160] Diese Idee eines Conceptual Framework übernahm das IASC 1989 für die IFRS, die inhaltlich eng an die US-GAAP angelehnt sind.

Während der Etablierung des US-amerikanischen Rahmenkonzepts und in der Folge kamen neue Vertragsformen (z.B. Leasing) und Finanzinstrumente (z.B. Derivate) auf und unterstrichen die Bedeutung des Vermögens und seiner Entwicklung. Die internationalen und US-amerikanischen Einzelstandards folgen daher seit dieser Zeit einem erkennbar statische(re)n Bilanzansatz, was sich insbesondere an der Fair-Value-Bewertung zeigen lässt. Auch die laufenden Projekte beider Standardsetzer tendieren in diese Richtung, wie beispielsweise ED/2010/6 zur Gewinnrealisierung bei Kundenverträgen belegt. Die Standards weisen aber auch weiterhin dynamische Elemente auf. Insgesamt erfährt die statische Bilanzierungsweise

---

1159 ED/2010/6, Rn. BC27.
1160 Vgl. auch Watts/Zimmerman (1979), S. 296 f.

zwar eine spürbare Aufwertung. Die Standardsetzer treffen jedoch keine endgültige Entscheidung zu ihren Gunsten. Es ist ebenfalls kein Hinarbeiten auf eine neue dritte Bilanztheorie erkennbar.

War die US-amerikanische Rechnungslegung bis zur Gründung des FASB, abgesehen vom ursprünglichen Auftrag des APB, nicht an einer bilanztheoretisch fundierten Lösung interessiert und bis dahin von äußeren Umständen getrieben, so kann in der Verabschiedung eines Conceptual Framework der Versuch einer bilanztheoretischen Fundierung der Rechnungslegung gesehen werden. Allerdings wird dieser Versuch durch die Offenheit der Vorschriften, insbesondere der Vorgabe der Entscheidungsnützlichkeit der Informationen, sowie die schwache Stellung des Rahmenkonzepts es ist den Einzelstandards nachgeordnet und nicht verbindlich anzuwenden konterkariert.[1161] Weiterhin erfolgte, ebenso wie in den Einzelstandards, keine klare Entscheidung für eine Bilanztheorie im Allgemeinen und für eine Bewertungsmethode im Speziellen. Es ist somit fraglich, ob die Tendenz zur Statik tatsächlich eine konzeptionelle Präferenz darstellt. Dafür spricht, dass erhebliche Ressourcen auf das Conceptual-Framework-Projekt verwendet wurden und man sich um Weiterentwicklungen der *asset and liability view* bemüht. Dagegen spricht, dass die Konzentration auf die Statik nur als ein Reflex auf wirtschaftliche Veränderungen, z.B. komplexe Vertragsstrukturen, interpretiert werden kann. Zu diesem Gedanken passt, dass die Standardsetzer innerhalb ihrer Begründungen und bei der Ausgestaltung der einzelnen Rechnungslegungsvorschriften die Dynamik noch immer „mitdenken" und keine vollständige Anwendung der statischen Bilanztheorie vornehmen. Am ernsthaften Wunsch nach bilanztheoretischer Fundierung bestehen demnach auch heute, zu Zeiten des FASB und IASB, Zweifel. Die mangelnde interne Konsistenz der Bilanzierungsvorschriften ist vor diesem Hintergrund nicht verwunderlich.

D Fazit zur historischen Analyse

Zusammenfassend lässt sich feststellen, dass die Rechnungslegungswissenschaft in den USA in der ersten Hälfte des 20. Jahrhunderts vorwiegend induktiv-erklärend arbeitet, ohne einen strengen Anspruch auf normative Theoriebildung zu erheben. In den 1960er Jahren erfolgt eine stärkere Theoriebetonung auf Basis der Volkswirtschaftslehre. Die Lücke zwischen diesem theoretischem Anspruch der Bilanzierungsnormen und deren Praktikabilität öffnet sich. In der Konsequenz verharrt der Standardsetzer und lässt sich nicht von den Forschungsergebnissen beeinflussen. In den 1970er Jahren breitet sich die Informationsfunktion der Rechnungslegung in der Wissenschaft aus und die Zweckabhängigkeit der Jahresabschlusserstellung tritt hervor. Gleichzeitig tritt die Suche nach der wahren Bilanztheorie in den Hintergrund. Stattdessen werden empirische Analysen zum Forschungstrend. Seit den 1980er Jahren folgen auch die Standardsetzer der Informationsfunktion der Rechnungslegung. Bilanztheore-

[1161] Vgl. ähnlich Staubus (2010b), S. 13.

tische Strömungen sind vorhanden, werden aber konstant durch mehrheitsfähige Wertentscheidungen der Boards konterkariert. Ein bilanztheoretischer Fortschritt ist nur sehr begrenzt gegeben.

Wer diese Historie betrachtet, gewinnt den Eindruck, dass die Standardsetzung in den USA und international in weiten Teilen ohne bilanztheoretische Fundierung auskommt.[1162] Intern konsistente (regelbasierte) Vorschriften, die die Standardsetzer nach eigenem Bekunden anstreben, sind aus diesem Blickwinkel eher ein Produkt des Zufalls als planvolle Zielerreichung. Vor diesem Hintergrund muss man nach der Sinnhaftigkeit der bilanztheoretischen Forschung in Bezug auf die US-GAAP und die IFRS fragen, denn sie scheint ihren Anwendungsbezug zu verlieren. Es entsteht der Eindruck, die wissenschaftliche Disziplin der Bilanztheorie erfülle nur noch einen Selbstzweck und die Anhänger betrieben sie um ihrer selbst willen.

Um diesem Vorwurf nachzugehen, wechselt die Arbeit an dieser Stelle die Betrachtungsebene. Die Tatsache, dass die Standardsetzer keiner Bilanztheorie einheitlich folgen, erklärt noch nicht, warum die bilanztheoretische Forschung (ebenso) nicht in der Lage ist, ein überlegenes bilanztheoretisches Konzept für die US-GAAP und die IFRS vorzugeben. Angesichts des im Conceptual Framework formulierten Wunsches nach einer intern konsistenten Rechnungslegung wäre die Vorgabe aus der Wissenschaft zielführend und würde einen bilanztheoretischen Fortschritt bedeuten. Das nachfolgende Kapitel der Arbeit geht deshalb der Frage nach, wie sich der Fortschritt in der wissenschaftlichen Bilanztheorie im Vergleich zu anderen wissenschaftlichen Disziplinen vollziehen kann.

1162 Vgl. Sutton/van Zijl/Cordery (2010), S. 23.

III Bilanztheorie und Wissenschaft

A Beobachtungen zum Fortschritt in der Bilanztheorie

Reflektiert man die wesentlichen bilanztheoretischen Ansätze in den USA, die seit dem Beginn des 20. Jahrhunderts entstanden sind, fällt auf, dass die zunehmende Berücksichtigung der Statik in der Standardsetzung nicht auf einer Verwerfung der Dynamik in der Wissenschaft beruht. Die Bilanztheorie hat sich zwar insofern fortentwickelt, als mit der Wende zum 20. Jahrhundert neue bilanztheoretische Ansätze entstanden, die es zuvor nicht gab. Seitdem halten sich aber beide Bilanztheorien Statik und Dynamik nebeneinander. Eine eindeutige Identifikation der überlegenen Bilanztheorie bei gleichzeitigem Fallenlassen der anderen seitens der Wissenschaft wäre aber – so scheint es – nötig, um die praktische Rechnungslegung zu leiten und deren interne Konsistenz zu sichern.

Die Vorgabe einer überlegenen Bilanztheorie entspräche auch dem Anspruch, den die herrschende Meinung an die Wissenschaft stellt: Wissenschaftlicher Fortschritt beruht auf einer kontinuierlichen, ebenmäßigen Wissenssteigerung und bedeutet die Aufgabe veralteter Kenntnisstände. Doch die Bilanztheorie zeigt ein anderes Bild. Die Vertreter unterschiedlicher Bilanztheorien streiten sich noch immer, welche von ihnen überlegen ist und ob der Wechsel von einer Theorie zur nächsten als wissenschaftlicher Fortschritt angesehen werden kann.[1163] Der Grund der fehlenden internen Konsistenz der US-GAAP und IFRS kann demnach nicht nur in der mangelnden Berücksichtigung bilanztheoretischer Aspekte durch die Standardsetzer, sondern auch und gerade in der Forschung liegen. Es entsteht der Verdacht, dass die bilanztheoretische Forschung hier nicht erfolgreich arbeitet und keinen Erkenntnisgewinn liefert.

Zur vertieften Untersuchung dieses Verdachts ordnen die folgenden Abschnitte die bilanztheoretische Forschung in ein Schema unterschiedlicher Forschungskonzeptionen ein. Die grundsätzliche Art der Aussagen, die die einzelnen Forschungskonzeptionen treffen, ist hierbei von entscheidender Bedeutung. Die vorliegende Abhandlung belässt es aber nicht bei der Betrachtung der herrschenden Erkenntnistheorie, sondern untersucht auch den alternativen Ansatz Kuhns zur Bildung von wissenschaftlichen Paradigmen und seine Implikationen primär für die US-amerikanische Rechnungslegung. Schließlich geht die Arbeit auf philosophische Ansätze zur Objektivierung von (Bilanzierungs-)Normen ein. Hierbei ist grundsätzlich die Frage nach der Positionierung der bilanztheoretischen Forschung relevant und es werden mögliche Rückwirkungen auf den Standardsetzungsprozess dokumentiert.

[1163] Vgl. z.B. Benston/Bromwich/Wagenhofer (2006), S. 175; Benston et al. (2007), S. 236 f.; Dichev (2008); O'Brien (2009); Basu/Waymire (2010), Ohlson et al. (2010), S. 477 oder in abgewandelter Form Ohlson et al. (2011), S. 579 und 581 583 für eine Bevorzugung der *revenue and expense view*.

B Die normative Qualität der Rechnungslegung

1 Die Einteilung der Forschungsebenen nach Chmielewicz

Die im Folgenden zu besprechenden Forschungskonzeptionen gehen auf die wissenschaftstheoretischen Ausführungen Chmielewicz' zurück.[1164] Chmielewicz differenziert gemäß Abbildung 1 zwischen drei Forschungskonzeptionen, die sich in ihren Zielen und Aussagen unterscheiden. Dies sind die Wirtschaftstheorie, die Wirtschaftstechnologie und die Wirtschaftsphilosophie.

<table>
<tr><td rowspan="3">Charakteristika</td><td>theoretische Aussagen (Ursache/Wirkung)</td><td>technologische Aussagen (Ziel/Mittel)</td><td>normative Aussagen (Werturteile)</td></tr>
<tr><td colspan="2">wahrheitsfähig (faktisch wahr oder faktisch falsch)</td><td>nicht wahrheitsfähig</td></tr>
<tr><td colspan="2">empirischer Informationsgehalt</td><td>normativer Anweisungsgehalt</td></tr>
<tr><td rowspan="3">Forschungskonzeptionen</td><td>Wirtschaftstheorie (theoretisches Wissenschaftsziel)</td><td></td><td rowspan="2">Wirtschaftspolitik der Praxis</td></tr>
<tr><td colspan="2">Wirtschaftstechnologie (Theorie der Wirtschaftspolitik; pragmatisches Wissenschaftsziel)</td></tr>
<tr><td colspan="3">Wirtschaftsphilosophie (normatives Wissenschaftsziel)</td></tr>
</table>

Abbildung 1 Forschungskonzeptionen der Wirtschaftswissenschaften[1165]

Weite Teile der Naturwissenschaften sowie andere Erfahrungswissenschaften bewegen sich auf Chmielewicz' Ebene der Wirtschaftstheorie, die im folgenden Abschnitt erläutert wird. Kennzeichnend für die Wirtschaftstheorie sind Ursache-Wirkungs-Zusammenhänge. Sie untersucht und zeigt auf, welche konkreten Auswirkungen mit einer bestimmten Tatsache oder einem bestimmten Ereignis verbunden sind. Ein Beispiel[1166] für eine theoretische Aussage aus dem Unternehmensbereich lautet: „Aufgrund einer höheren Kapazitätsauslastung (Ursache) sinken die Stückkosten (Wirkung).“ Die Wirtschaftstechnologie macht sich die Erkenntnisse der Wirtschaftstheorie zunutze, indem sie Gestaltungsmöglichkeiten darlegt, um ein spezielles Ziel zu erreichen. Die Ursache-Wirkungs-Beziehungen der Wirtschaftstheorie werden auf der Ebene der Wirtschaftstechnologie umgedeutet in Mittel-Ziel-Beziehungen, welche in Ab-

---

[1164] Zwar beleuchtet der Autor die Wirtschaftswissenschaften, aus seinen Ausführungen ergibt sich aber, dass die Einteilung der Forschungskonzeptionen allgemeingültig ist, mithin auch für andere Disziplinen gilt, vgl. Chmielewicz (1994), S. 8.

[1165] Abbildung in verkürzter Darstellung aus Chmielewicz (1994), S. 9.

[1166] Vgl. Chmielewicz (1994), S. 9 15.

schnitt III.B.4.2 (S. 158 164) ausführlich erklärt werden. Diese Umdeutung führt im zuvor genannten Beispiel dazu, dass die Stückkostensenkung zum Ziel erhoben wird. Die Wirtschaftstheorie zeigte, dass eine Möglichkeit dazu die Erhöhung der Beschäftigung ist, die die Wirtschaftstechnologie nun als geeignetes Mittel nennt. Beiden Aussagekategorien (Ursache-Wirkungs- und Mittel-Ziel-Beziehung) ist gemein, dass sie anhand der Fakten überprüft werden können und somit faktisch wahr oder faktisch falsch sein können. Schließlich unterscheidet sich die Wirtschaftsphilosophie von der Wirtschaftstheorie und -technologie insbesondere dadurch, dass sie normative Aussagen trifft, die Werturteile enthalten (Abschnitt III.B.3.1, S. 151 154). Hier geht es um eine subjektive Wertung, d.h., um die Bevorzugung eines Ereignisses oder Ziels aufgrund eines bestimmten Werts. Für das genannte Beispiel entsteht die Aussage: „Die Stückkosten sollen gesenkt werden". Die Wahrheitsprüfung wird hier durch das Prinzip der normativen Gültigkeit ersetzt, das auf die Richtigkeit der Norm abzielt. Es ist für Dritte nur möglich, die normative Aussage anzuerkennen oder abzulehnen.

Übertragen auf die Rechnungslegung kann man sich folgende Dreiteilung vorstellen: In den Bereich der Ursache-Wirkungs-Forschung fallen Fragestellungen der Kapitalmarktforschung. Die Normen der Bilanztheorie selbst sowie die Bevorzugung einer Bilanztheorie in ihrer Gesamtheit sind normativer Art. In den Bereich der Wirtschaftstechnologie fällt die Bilanztheorie nur dann, wenn sie ein von außen vorgegebenes Ziel der Jahresabschlusserstellung akzeptiert und nur entsprechende Mittel zur Zielerreichung liefert. Der Bilanztheoretiker muss sich den Unterschied zwischen Technologie und Normativität bewusst machen, um die wissenschaftliche Anerkennung seiner Aussagen zu sichern. Denn wissenschaftlich anerkannt sind nach der herrschenden Meinung nur die ersten beiden Bereiche, die wahrheitsfähige Aussagen erzielen, da Werturteile stets subjektiv an eine Person gebunden sind.

2 *Die Forschungskonzeption der Wirtschaftstheorie: Wahrheitsfindung*

2.1 Formulierung von Ursache-Wirkungs-Zusammenhängen

Die Wirtschaftstheorie (auch reine Wissenschaft genannt[1167]) umfasst große Teile der Naturwissenschaften sowie andere Erfahrungswissenschaften[1168], für die Ursache-Wirkungs-Zusammenhänge von zentraler Bedeutung sind. Diese Forschungszweige können als empirisch bezeichnet werden, denn der Forscher entwickelt seine Ergebnisse anhand von Fakten und kann sie von Dritten anhand dieser Fakten überprüfen lassen. Die Ergebnisse sind somit nach dem aktuellen Stand der Forschung faktisch wahr oder faktisch falsch oder vorsichti-

---

1167 Vgl. Moxter (1957), S. 36 f.

1168 Die Begriffe „Erfahrungswissenschaft" und „empirische Wissenschaft" werden in dieser Arbeit synonym verwendet. Diese Wissenschaften beziehen sich nur auf äußere Beobachtungen, vgl. Brockhaus (2006), Stichwort: Erfahrungswissenschaft.

ger formuliert aufgrund begrenzter Erkenntnismöglichkeiten des Menschen wahrheitsähnlich.[1169]

Die zur Anwendung kommende Korrespondenztheorie der Wahrheit versteht „Wahrheit als Übereinstimmung des Denkens mit Tatsachen [...], wobei eine ‚objektive', ‚sprachunabhängige' Wirklichkeit vorausgesetzt wird"[1170]. Im Alltag sind wir es gewohnt, den Wahrheitswert einer Aussage anhand einer Beobachtung zu beurteilen. Insofern entspricht die Korrespondenztheorie dem intuitiven Wahrheitsverständnis des Laien. Sie erzwingt das Zweiwertigkeitsprinzip der klassischen Logik, nach dem eine Aussage stets wahr oder falsch ist, aber nie beides zugleich.[1171] Auf wissenschaftstheoretischer Ebene setzt sie eine realistische Grundhaltung in den empirischen Wissenschaften voraus. Nach der realistischen Ontologie gilt die Existenz einer vom (Forschungs-)Subjekt und Beobachter unabhängigen Außenwelt als gegeben.[1172]

Neben dem Ziel, wahre Aussagen zu kreieren, wird in den empirischen Wissenschaften auch ein hoher Informationsgehalt angestrebt, der sich durch eine hohe Allgemeinheit der Aussage, d.h. einen hohen Anwendungsbereich, und konkurrierend durch eine hohe Bestimmtheit, d.h. eine hohe Konkretisierung der Aussage, auszeichnet.[1173] Beide Ziele stehen in einem Austauschverhältnis zueinander.[1174]

Die empirischen Naturwissenschaften sind nun grundsätzlich damit beschäftigt, mithilfe von Theorien aus Naturbeobachtungen auf Naturgesetze zu schließen. Sie lernen aus der Erfahrung durch Vergleiche zwischen Theorie und empirischen Daten.[1175] Mithilfe der gewonnenen Aussagen lassen sich Prognosen durchführen (Wirkung ist unbekannt) oder Einzelsachverhalte erklären (Ursache ist unbekannt).[1176] Gleiches gilt grundsätzlich auch für die Sozialwissenschaften,[1177] zumal sich die Sozialwissenschaften methodisch nicht eindeutig von den Natur-

---

1169 Vgl. Bierman (1963), S. 501–506; Chmielewicz (1994), S. 94–96, 99 und 100–104 m.w.N. Als Alternative zur faktischen Wahrheit existiert die logische Wahrheit, die ohne empirischen Test auskommt. Beispielsweise gibt es die logisch wahre Aussage 1 + 1 = 2 und die logisch falsche Aussage 1 + 1 = 3, vgl. ausführlich Chmielewicz (1994), S. 90–93 m.w.N. „Logisch zwingende Deduktionsketten sind aber in der Erfahrungswissenschaft selten, weil sie strenge logische Schulung erfordern und eine praktisch unerträgliche Weitschweifigkeit bedeuten" (Chmielewicz (1994), S. 93). Ijiri fasst beide Wahrheitsarten unter dem Stichwort *defensibility* zusammen, vgl. Ijiri (1975), S. 4.

1170 Brockhaus (2006), Stichwort: Wahrheit. Vgl. auch Chmielewicz (1994), S. 94; Berndt (2005), S. 138 f.

1171 Vgl. Lauth/Sareiter (2005), S. 182.

1172 Vgl. Sterling (1970), S. 41 f.; Lauth/Sareiter (2005), S. 180 f. Die Ontologie tritt dem Sein mit einem akzeptierenden Staunen gegenüber, vgl. Kaufmann (2011a), S. 11 f. Die gegenteilige (zweifelnde) Position ist beispielsweise in konstruktivistischen und idealistischen Strömungen enthalten, vgl. Blackburn (2008), Stichworte: *social constructivism* und *idealism*.

1173 Vgl. Ijiri (1975), S. 17 und 167 f.; Chmielewicz (1994), S. 123–128; Staubus (2010b), S. 4.

1174 Vgl. Chmielewicz (1994), S. 130 f.

1175 Vgl. Lauth/Sareiter (2005), S. 13 und 155.

1176 Vgl. Chmielewicz (1994), S. 150–157 m.w.N. Die Entdeckung der Aussagen wird im Gegensatz zur Begründung von Aussagen nicht von der Wirtschaftstheorie untersucht, da sie weitgehend vom Zufall bestimmt wird, vgl. Chmielewicz (1994), S. 87 f. m.w.N. Vgl. auch Abschnitt III.B.4.3 (S. 164 f.).

1177 Diese beleuchten „die gesellschaftlichen Aspekte menschlichen Verhaltens und Zusammenlebens sowie die Organisationsgrundlagen, -formen und Rahmenbedingungen menschlicher Vergesellschaftung" (Brockhaus (2006), Stichwort: Sozialwissenschaften).

wissenschaften abgrenzen konnten[1178] oder sich an Letzteren ausrichteten und somit (potenziell) derselben Forschungsebene angehören. Auch die These von der Methodeneinheit belegt Gemeinsamkeiten zwischen Sozial- und Naturwissenschaften. Danach sind Forschungsmethoden nicht auf einzelne Disziplinen beschränkt, sondern universell anwendbar.[1179] Die empirische Rechnungslegungsforschung, als Teil der Sozialwissenschaften, versucht ebenfalls Ursache-Wirkungs-Zusammenhänge aufzudecken. Ein Beispiel ist die Ursachenforschung im Bereich *earnings management*. Hier wurde zunächst untersucht, inwieweit Rechnungslegungsstandards, wie US-GAAP oder IFRS, neben institutionellen Faktoren überhaupt Einfluss auf das Level an *earnings management* in den Firmen nehmen.[1180] Weiterhin existieren aktuellere Untersuchungen, die diesen Ursache-Wirkungs-Zusammenhang speziell im Hinblick auf die Einführung der IFRS in Deutschland betrachten.[1181]

Die Ermittlung der Gesetzmäßigkeiten wird in den Sozialwissenschaften allerdings kritischer gesehen als in den Naturwissenschaften. Zunächst sind die Ursache-Wirkungs-Zusammenhänge in den Sozialwissenschaften nicht unbegrenzt wahr. Es handelt sich nicht um Naturgesetze, die unveränderlich sind und zu jeder Zeit und an jedem Ort nachgewiesen werden können. Dies ist durch den eigenen Willen des Menschen bedingt und gilt im Zeitablauf sowie im sachlichen Geltungsbereich.[1182] Dadurch wird die Korrespondenztheorie der Wahrheit zumindest eingeschränkt.[1183] Weiterhin ist eine sehr hohe Komplexität des Untersuchungsgegenstands in den Sozialwissenschaften gegeben.[1184] Und letztlich ist die Durchführung von Experimenten schwieriger, weil das Arbeiten im Labor entfällt.[1185] Diese Probleme sind auch für die empirische Rechnungslegungsforschung typisch, wenn sie beispielsweise beachten muss, dass die Unternehmen der Finanzbranche und Industrieunternehmen auf die gleiche Ursache unterschiedlich reagieren und/oder die Reaktion vom sozioökonomischen Umfeld abhängt, in dem sich der Marktteilnehmer bewegt.

1178 Lepenies sieht die Sozialwissenschaften beispielsweise als dritte Kultur zwischen Natur- und Geisteswissenschaften, vgl. Lepenies (1985); Brockhaus (2006), Stichwort: Sozialwissenschaften. Ähnlich äußert sich auch Habermas, vgl. Pinzani (2007), S. 57 f.

1179 Vgl. Chmielewicz (1994), S. 39; Ritsert (2009), S. 73. Allerdings wird die Ausrichtung der Sozialwissenschaften am Ideal der Naturwissenschaften von anderen Autoren bestritten, vgl. Laughlin (1981), S. 339; Fülbier/Weller (2009), S. 363 m.w.N.

1180 Vgl. beispielsweise Ball/Robin/Wu (2003). Vgl. auch Leuz/Nanda/Wysocki (2003). Für eine Definition des *earnings management* vgl. Fn. 1082.

1181 Vgl. beispielsweise Van Tendeloo/Vanstraelen (2005); Goncharov/Zimmermann (2007).

1182 Vgl. Chmielewicz (1994), S. 82 f., 96, 98, 106–108 und 219 m.w.N.; Röhl/Röhl (2008), S. 139 f.

1183 Stochastische Aussagen über eine Grundgesamtheit erlauben keine endgültige und umfassende Feststellung einer Gesetzmäßigkeit. Zudem können nach der Veröffentlichung einer Aussage ein selbstrechtfertigender (Wechsel von faktisch falsch zu faktisch wahr) und ein selbstwiderlegender (Wechsel von faktisch wahr zu faktisch falsch) Effekt auftauchen, vgl. Chmielewicz (1994), S. 108–110 m.w.N.; Röhl/Röhl (2008), S. 174.

1184 Vgl. Chmielewicz (1994), S. 105 f. m.w.N.

1185 Vgl. Behrens (1983), S. 88–92; Chmielewicz (1994), S. 113 f. m.w.N.

Um zu objektiven Schlüssen – zu wissenschaftlicher Erkenntnis, zu (empirischer) Wahrheit – zu gelangen, sind sowohl Natur- als auch Sozialwissenschaften an die Regeln der (zweiwertigen) klassischen Logik gebunden. Hierbei steht die Deduktion auf Basis eines logisch-gültigen Syllogismus nach Aristoteles im Zentrum des Interesses.[1186] Zwar rückte in der Wissenschaftsgeschichte mit Galilei zunächst die Induktion, d.h. „das (nichtlogische) Schließen von mehreren Einzelbeobachtungen (dem Besonderen) auf einen allgemeinen Sachverhalt"[1187], in Verbindung mit systematischen empirischen Untersuchungen in den Mittelpunkt.[1188] Hume machte jedoch im 18. Jahrhundert im Rahmen der Aufklärung das Induktionsproblem deutlich. Er trennte zwischen mathematischer und naturwissenschaftlicher Erkenntnis. Die Mathematik ist unabhängig von der Empirie. Sie beweist (verifiziert) mathematische Aussagen nur durch die Kraft des Denkens mithilfe der Gesetze der Logik. Dagegen sind die Naturwissenschaften abhängig von der Empirie. Sie können sich zwar der Mathematik bedienen, aber die Verwendung von Formeln führt nicht zwangsläufig zur Verifikation. Die absolute Verifikation, die Wahrheitsgarantie, lässt sich durch Induktion nicht erreichen, da Beobachtung und Experiment nie allumfassend sein können. Es bleibt immer die Möglichkeit, dass die nächste Beobachtung dem aufgestellten Naturgesetz, der Gewohnheit, widerspricht.[1189] Damit ist der Induktionsschluss nicht logisch im klassischen Sinne.[1190] So wird die Induktion auch von Chmielewicz als Entdeckungsmethode für Aussagen und nicht als Begründungsmethode angesehen.[1191]

Zur Lösung des Induktionsproblems bieten sich im Wesentlichen zwei Wege an. Zum einen kann man die Beobachtung als Grundlage der Begründung von Theorien aufgeben und eine Begründung in der Transzendenz, der Übersinnlichkeit, suchen. Hier sind das cartesische Modell mit der Bezugnahme auf Gott[1192] (17. Jahrhundert) und die Transzendentalphilosophie nach Kant mit dem Referenzmaßstab der Vernunft[1193] (18. Jahrhundert) zu nennen.

1186 Vgl. Lauth/Sareiter (2005), S. 18 f.; Ritsert (2009), S. 95 f. Die Syllogistik im Rahmen der formalen Logik geht auf Aristoteles' „Erste Analytik" zurück. In Bezug auf die wissenschaftliche Erkenntnis forderte Aristoteles darauf aufbauend in seiner „Zweiten Analytik" die Deduktion von wissenschaftlichen Theorien aus Axiomen, die selbst nicht beweisbar, sondern z.B. nur durch einfache Beobachtung induzierbar sind, vgl. ausführlich Lauth/Sareiter (2005), S. 19 f. und 29–41.

1187 Brockhaus (2006), Stichwort: Induktion.

1188 Vgl. Lauth/Sareiter (2005), S. 73 f. Erst Galilei machte sich 2000 Jahre nach Aristoteles zu Beginn des 17. Jahrhunderts mathematische Formeln und Experimente für seine Forschung zunutze. Es erfolgte eine Verschiebung in der Forschungsarbeit. Nicht mehr die Axiome (als Deduktionsbasis) wurden als das Fundament der Wissenschaft betrachtet, sondern die Beobachtung, das Experiment. Aus unangreifbaren Axiomen wurden Hypothesen, die es zu verifizieren galt, vgl. Lauth/Sareiter (2005), S. 43–46 und 49.

1189 Vgl. Ijiri (1975), S. 164–167; Lauth/Sareiter (2005), S. 86–89; Ritsert (2009), S. 102.

1190 Vgl. Chalmers (2007), S. 35–49.

1191 Vgl. Chmielewicz (1994), S. 89.

1192 Vgl. Honderich (2005), Stichwort: Descartes, René; vgl. auch Fn. 1205.

1193 Vgl. Honderich (2005), Stichwort: Kant, Immanuel; Lauth/Sareiter (2005), S. 19, 20 f. und 95.

Den zweiten Weg fand Popper 1934 im Falsifikationismus, auch Kritischer Rationalismus genannt.[1194] Diese Forschungsrichtung verneint, wie Hume, die Möglichkeit der beobachtenden Verifikation im wissenschaftlichen Bereich. Poppers Schüler Albert machte darüber hinaus das sogenannte Münchhausen-Trilemma für die (beobachtungsunabhängige) Letztbegründung einer Aussage prominent. Es besagt, dass die Letztbegründung einer Aussage wahlweise in einen infiniten Regress, einen logischen Zirkel oder in einen bewussten Abbruch der Begründung mündet.[1195] Der infinite Regress ist mit einer Situation vergleichbar, in der ein Kind unentwegt nach dem Warum fragt. Ein logischer Zirkel entsteht, wenn ein Argument zum Zuge kommt, das zuvor schon als begründungswürdig eingestuft wurde. Letztlich führt der Abbruch der Begründung in ein Dogma, sodass keine der drei Alternativen eine befriedigende Lösung des Begründungsproblems bereitstellt.[1196] Popper und Albert versuchen, das Trilemma durch einen bewussten Verzicht auf diese letzte Begründung mithilfe der Falsifikation zu umgehen.[1197] Der Falsifikationismus konzentriert sich auf den Fortschritt durch empirische Widerlegung von Hypothesen[1198] und/oder ganzen Theorien sowie auf ihre vorläufige empirische Bestätigung. Dadurch wird es Popper möglich, zur deduktiven Logik zurückzukehren. Seine wissenschaftliche Methode ist durch Trial and Error sowie durch eine Evolution im Sinne Darwins gekennzeichnet. Ziel ist somit die Annäherung an die Wahrheit nach der Korrespondenztheorie.[1199]

Indes ist auch Poppers Ansatz nicht frei von Schwierigkeiten. Er birgt zunächst das Problem, dass sich nach einer erfolgreichen Falsifizierung nicht unmittelbar der Fehler lokalisieren lässt: Steckt er im beobachteten Beleg oder irgendwo in der Theorie? Die Möglichkeit von Messfehlern oder mangelhaften Daten sprechen für Ersteres. Die Messgenauigkeit ist stets begrenzt, sodass eine Hypothese erst bei signifikanter Abweichung verworfen werden sollte. Daneben ist die Grenze zwischen einer vereinfachten richtigen und einer grundsätzlich falschen Theorie schmal.[1200] So lässt sich eine (falsche) Theorie unter Umständen durch geschickten Umbau retten.[1201] Die Historie der naturwissenschaftlichen Entwicklung zeigt, dass auch bereits falsifizierte Ansätze noch über einige Jahre erfolgreich weiterentwickelt wurden, bevor man sie endgültig verwarf.[1202] So gelang es Popper nicht, die Vertreter des sogenannten

1194 Vgl. Popper (2005).
1195 Vgl. Albert (1968), S. 13; Ritsert (2009), S. 144; Seelmann (2010), S. 150 f.
1196 Vgl. Schmidt-Salomon (2001), S. 43–45.
1197 Vgl. Röhl/Röhl (2008), S. 101 f. i.V.m. S. 139.
1198 Hypothesen sind nicht zu verwechseln mit vereinfachenden (Modell-)Annahmen, denen kein subjektiver Wahrheitsanspruch zugrunde liegt, vgl. Chmielewicz (1994), S. 120–123 und 158 m.w.N.
1199 Vgl. Dahms (1994), S. 331 und 333; Lauth/Sareiter (2005), S. 96–101; Röhl/Röhl (2008), S. 137 f.; Ritsert (2009), S. 103 f. und 108. Vgl. ausführlich auch zu verschiedenen Ausprägungen des Falsifikationismus Chalmers (2007), S. 51–72.
1200 Das Problem der Messgenauigkeit rückt die Statistik unter Verdrängung der klassischen Logik in den Mittelpunkt der Forschung, vgl. Lauth/Sareiter (2005), S. 32 und 170–173.
1201 Vgl. Röhl/Röhl (2008), S. 138.
1202 Vgl. Chalmers (2007), S. 78–84 zur kopernikanischen Wende: Trotz offensichtlicher Falsifikationen durch Kopernikus wurde das ptolemäische Weltbild zunächst weiterentwickelt, bevor Galilei das Teleskop zur

Wiener Kreises, mit denen er sich auseinandersetzte,[1203] von seiner Methode zu überzeugen. Sie hielten an der Induktion fest. Carnap beispielsweise befürwortete eine induktive Logik, welche die klassische Logik um die Wahrscheinlichkeitstheorie ergänzt. Er beruft sich darauf, dass die Wahrheit einer Theorie mithilfe von empirischen Untersuchungen wahrscheinlicher oder abwegiger wird, und empfindet Verifikation und Falsifikation als Extremfälle.[1204]

Weiterhin besteht das Basisproblem, welches schon von Descartes erkannt wurde.[1205] Als Realist geht Popper von der Existenz einer von der geistigen Leistung des (Beobachtungs-)Subjekts unabhängigen Außenwelt aus.[1206] Im Alltag genügt uns der Hinweis auf eine Beobachtung als Beleg für die Gültigkeit einer Aussage. Der Begründungsprozess endet an dieser Stelle.[1207] Popper stellt sich jedoch die Frage, ob diese Außenwelt überhaupt durch unumstößliche Basissätze (einmalige Es-gibt-Sätze, Beobachtungssätze – im Gegensatz zu Hypothesen) beschrieben, d.h., ob ihr empirischer Charakter nachgewiesen werden kann (Basisproblem).[1208] Können Basissätze selbst, ein für alle Mal, als wahr bezeichnet oder als falsch verworfen werden und dadurch Theorien/Hypothesen endgültig bestätigen/widerlegen? Die Vertreter des Wiener Kreises bejahen diese Frage in ihrem induktiven Modell. Ihre Grundhaltung wird als logisch-positivistisch bezeichnet:[1209] Der Positivismus geht auf Comte zurück, „holding that the highest or only form of knowledge is the description of sensory phenomena"[1210]. Diese positivistische Einstellung ergänzte der Wiener Kreis um die Entwicklungen der mathematischen Logik.[1211]

Popper verneint diese Philosophie und ist in diesem Sinne kein Positivist.[1212] Für ihn behauptet ein Basissatz stets mehr als die Wahrnehmung hergibt (Transzendenz der Darstellung), denn unsere Beobachtung ist nur eine Momentaufnahme. Sein Schüler Albert ergänzt, dass bereits die Wahrnehmung selbst durch Physiologie oder erlernte Dispositionen verzerrt sein

---

Himmelsbeobachtung nutzte. Vgl. ausführlich zu weiterer Kritik am Falsifikationismus Chalmers (2007), S. 73–86.

1203 Vgl. Dahms (1994), S. 329. Den Wiener Kreis bildete in den 1920er und 1930er Jahren eine Gruppe von Philosophen, Naturwissenschaftlern und Mathematikern um den Professor Moritz Schlick, vgl. Lauth/Sareiter (2005), S. 102 f.

1204 Vgl. sehr ausführlich Lauth/Sareiter (2005), S. 105–115; Chmielewicz (1994), S. 104.

1205 Vgl. Lauth/Sareiter (2005), S. 163 165. Die Sinneswahrnehmung ist Gegenstand von Descartes' Erster Meditation. Er zweifelt darin den Realismus an. Descartes versucht aber in weiteren Meditationen, objektive Erkenntnisse über die Umwelt mit der Bezugnahme auf Gott abzusichern. „The central importance of God in Descartes's system lies in the deity's role as guarantor of the reliability of human cognition" (Honderich (2005), Stichwort: Descartes, René).

1206 Vgl. Keuth (1989), S. 176 und 178 f.; Lauth/Sareiter (2005), S. 181.

1207 Vgl. Lauth/Sareiter (2005), S. 158 f.

1208 Vgl. Keuth (1989), S. 102; Lauth/Sareiter (2005), S. 155–157.

1209 Vgl. Ritsert (2009), S. 83; Blackburn (2008), Stichwort: *logic positivism*. Vgl. ausführlich Ritsert (2009), S. 89–93 zu den im Wiener Kreis vertretenen Positionen zum Basisproblem.

1210 Blackburn (2008), Stichwort: *positivism*. Vgl. auch Ritsert (2009), S. 71. Der Positivismus steht in enger Verwandtschaft zum Empirismus, welcher Wissen an Erfahrung bindet, vgl. Blackburn (2008), Stichwort: *empirism*.

1211 Vgl. Lauth/Sareiter (2005), S. 103.

1212 Vgl. Ritsert (2009), S. 70 und 106.

kann (Transzendenz der Wahrnehmung).[1213] Sie ist aufgrund des eigenen Wissensstands und infolge von Filterungsprozessen im Gehirn grundsätzlich subjektiv.[1214] Man spricht in diesem Zusammenhang von der These der Theorieabhängigkeit aller Beobachtungsaussagen.[1215] Nach dieser These interpretieren wir bereits bei der Beobachtung. Die Beobachtung selbst ist durch Unsicherheit und Entscheidung gekennzeichnet. Deshalb hält Popper Basissätze nicht für unumstößlich.[1216] Popper konstatiert: „Das Wort ‚Basis‘ hat [...] einen ironischen Beiklang: die Basis schwankt.“[1217] Die Möglichkeiten zur Falsifizierung sind daher eingeschränkt.[1218] Deshalb fordert Popper das ernste Streben des Forschers nach Falsifikation, da ansonsten die Gefahr eines Zirkels besteht, in welchem der Forscher Beobachtungen im Lichte seiner Theorie macht und so zur Bestätigung der Theorie tendiert.[1219]

3 *Die Forschungskonzeption der Wirtschaftsphilosophie: Normenfindung*

3.1 Normative Gültigkeit anstelle von Wahrheitsfindung

Es stellt sich die Frage, ob die Forschungskonzeption der empirischen Wissenschaften mit der Forschungskonzeption der Bilanztheorie gleichgesetzt werden kann. Paton bejaht diese Frage 1922: „[I]t is in any way proper to speak of accounting as a science.“ Mit dieser Aussage bezieht er sich auf die induktive Ermittlung von allgemeinen Rechnungslegungsgrundsätzen.[1220] Er ist sich des Induktionsproblems wohl nicht bewusst und der Falsifikationismus war zu dieser Zeit noch nicht bekannt. Sterling äußert unabhängig von der Induktion die These, dass Rechnungslegung als empirische Wissenschaft betrieben werden kann: „There is nothing inherently unscientific about accounting; it is our approach to accounting that has been unscientific. It is possible for us to adopt a scientific approach.“[1221] Auch das FASB hoffte, im Kontrast zur Wheat Study Group,[1222] auf die Ermittlung wahrer Grundprinzipien im Rahmen seines Conceptual-Framework-Projekts.

Der Einordnung der Bilanztheorie in die empirischen Wissenschaften kann nur bedingt zugestimmt werden. Obwohl Chatfield die dynamische Phase der Rechnungslegung mit den (na-

---

1213 Vgl. Keuth (1989), S. 102–108.
1214 Vgl. Lauth/Sareiter (2005), S. 160.
1215 Vgl. Lauth/Sareiter (2005), S. 161. In ähnlicher Weise sind Messungen theorieabhängig, da jede Theorie der Messung Annahmen enthält, vgl. Lauth/Sareiter (2005), S. 173. Sterling problematisierte die Theorieabhängigkeit auch für die Rechnungslegung, vgl. Sterling (1970), S. 43–46, 114 f. und 308–310.
1216 Vgl. Keuth (1989), S. 155 f. und 159.
1217 Popper (2005), S. 88, im Original mit Hervorhebungen.
1218 Vgl. Lauth/Sareiter (2005), S. 162 und 174.
1219 Vgl. Keuth (1989), S. 115.
1220 Vgl. Paton (1922), S. 6 (auch Zitat).
1221 Sterling (1975), S. 29. Gegenteilig äußert er sich noch 1970, indem er betont, dass die Bewertungsmethoden der Rechnungslegung keinem empirischen Test zugänglich sind, vgl. Sterling (1970), S. 306.
1222 Vgl. AICPA (1972), S. 19.

turwissenschaftlichen) Newton'schen Gesetzen vergleicht,[1223] ist der Inhalt der Bilanztheorie keine Theorie im Sinne Chmielewicz', sondern er ist gemäß Abbildung 1 auf S. 144 als Philosophie zu kennzeichnen. Bilanzierungsnormen sind, wie jede juristische Vorgabe,[1224] nicht deskriptiver, sondern normativer Art.[1225] „[Die] Philosophie verfolgt ein normatives Wissenschaftsziel, bei dem es nicht auf Erkenntnis (Beschreibung, Erklärung, Prognose, Zielrealisierbarkeit), sondern auf Wertungen als Mittel zur Veränderung der menschlichen Umwelt ankommt."[1226] Dies bedeutet, die Norm hat Soll- oder Anweisungscharakter anstelle von Informationsgehalt.[1227] So untersucht die Bilanztheorie „what accounting practices ought to be"[1228]. Damit beruht jede normative Aussage, jede Definition, auf einem Werturteil, weil sie stets eine Entscheidung erfordert.[1229] „Ein persönliches Werturteil ist der, oft zeitgebundene, imperative Präferenzausdruck eines Lebewesens (höherer Ordnung) für oder gegen ein Ereignis, eine Tätigkeit, einen Gegenstand oder eine Person."[1230]

Ein Beispiel für ein Werturteil im Bereich der Rechnungslegung bildet die aus dem *decision usefulness approach* bekannte und erforderliche Gewichtung der Relevanz einer bilanziellen Information (hier im Sinne zukunftsgerichteter, wirtschaftlicher Daten) und deren Verlässlichkeit (hier im Sinne objektivierter, vergangenheitsorientierter Daten). Zwischen beiden (wünschenswerten) Charakteristika besteht häufig ein Trade-off; sie lassen sich nicht werturteilsfrei gewichten. Dies wird deutlich an der Forderung Moxters „soviel wirtschaftliche Betrachtungsweise wie möglich, soviel Objektivierung [...] wie nötig"[1231], die grundsätzlich eine subjektiv stärkere Gewichtung der Relevanz vornimmt, aber das Werturteil über den konkreten erforderlichen Grad der Relevanz anderen Subjekten überlässt.

1223 „[A] closed and self-justifying system which, like the laws of Newtonian physics at the turn of the century, seemed to leave little to be discovered" (Chatfield (1977), S. 262).

1224 Vgl. Chmielewicz (1994), S. 212 und 219 m.w.N.

1225 Vgl. Rückle (1993), Sp. 254 und Fülbier/Hitz/Sellhorn (2009), S. 460 mit Bezug zur Standardsetzung. Die Begriffspaare „deskriptiv/normativ" und „induktiv/deduktiv" sind inhaltlich nicht unmittelbar gleichzusetzen. Das erste Paar bezieht sich auf die Struktur der Aussage, Letzteres auf die Art der Schlussfolgerung, vgl. Haller (1989), S. 87–91; Hendriksen/van Breda (1992), S. 17 f. Ijiri sieht dennoch eine Verbindung. Ein deskriptives Modell sei ein Spezialfall eines induktiven Modells und ein normatives Modell ein Spezialfall eines deduktiven Modells, vgl. Ijiri (1975), S. 6.

1226 Chmielewicz (1994), S. 209.

1227 Vgl. Chmielewicz (1994), S. 234 f. m.w.N. Der Begriff der Norm wird hier weitgehend im Sinne einer rechtlichen oder moralischen Handlungsorientierung verstanden. Es gibt weitere Wortbedeutungen: Die Norm kann als empirisch ermittelter Durchschnittswert, als eine Idee, die Vollkommenheit ausdrückt, und als zweckmäßige Maßeinheit für Klassifizierungen verstanden werden, vgl. Forschner (2008), S. 229.

1228 Kinney (1986), S. 339. Vgl. auch Watts/Zimmerman (1979), S. 274; Hendriksen/van Breda (1992), S. 17.

1229 Vgl. Chmielewicz (1994), S. 221 m.w.N. Der Begriff der Sollens-Aussage wird in der Literatur häufig enger verwendet als der Begriff des Werturteils, indem sich Ersterer nur auf kulturelle, rechtliche, technische und/oder moralische Gebote, Verbote oder Erlaubnisse bezieht, vgl. Ritsert (2009), S. 17 f. Vgl. auch Röhl/Röhl (2008), S. 86; Ott (2011), S. 474. In dieser Arbeit werden aber diese beiden Begriffe sowie das Adjektiv „normativ" analog zu Chmielewicz (1994), S. 209 synonym verwendet.

1230 Mattessich (1975), S. 136, im Original mit Hervorhebungen. Werte sind „die bewußten oder unbewußten Orientierungsstandards u[nd] Leitvorstellungen, von denen sich Individuen u[nd] Gruppen bei ihrer Handlungswahl leiten lassen" (Horn (2008c), S. 344).

1231 Moxter (1983), S. 305.

In der Wirtschaftsphilosophie entfällt die Möglichkeit zur faktischen Wahrheitsprüfung. Man kann die Norm höchstens akzeptieren oder ablehnen. Die Wahrheitsprüfung wird durch das Prinzip der normativen Gültigkeit ersetzt.[1232] Für den Begriff der normativen Gültigkeit gibt es keine feststehende Definition, er zielt aber grundsätzlich auf die „Richtigkeit" der Norm oder ihre Soll-Geltung, denen ihre Verbindlichkeit im Rahmen von menschlichen Handlungen folgt.[1233] Das Ergebnis ist die Akzeptanz der Norm. Der Umkehrschluss gilt allerdings nicht: Faktisch akzeptierte Normen müssen nicht „richtig" oder wünschenswert sein.[1234]

Die Standardsetzung in der Rechnungslegung verdeutlicht, dass sich das Wertungsproblem im Mehrpersonenkontext potenziert. Die Entscheidungsinstanz steht dann vor dem Problem, aus individuellen Präferenzordnungen eine Gruppenentscheidung (ein soziales Werturteil) zu formen. Es gibt keine Rechenformel, mit deren Hilfe aus mehreren individuellen Reihen eine alle Mitglieder zufriedenstellende kollektive Reihe gebildet werden kann (Arrows Unmöglichkeitstheorem).[1235] So stellte Demski fest: „[W]e simply cannot guarantee that any set of standards will single out the most preferred accounting alternative."[1236] Zwangsläufig steht der Entscheider (erneut) vor dem Problem, ein subjektives Werturteil zu fällen. Als Beispiel aus der Historie der Rechnungslegung sei die Etablierung des Conceptual Framework nach der Gründung des FASB genannt. Die Etablierung war mit zahlreichen zentralen Wertungsentscheidungen verbunden, welche vom neuen Standardisierungsgremium trotz des im Vergleich zu den Vorgängern größeren Zeitrahmens und höheren Budgets nicht besser gefällt werden konnten.[1237]

An dieser Stelle wird der zentrale Grund für die fehlende Vorgabe einer überlegenen Bilanztheorie aus der bilanztheoretischen Wissenschaft deutlich. Die Bilanztheorie besteht aus Normen, die für sich genommen nicht wahr oder falsch sein können. Ein Fortschritt im Sinne der Verwerfung einer bestehenden Theorie ist nicht möglich und kann der bilanztheoretischen Forschung grundsätzlich nicht vorgeworfen werden. Dieser fehlende Wahrheitsgehalt zeigt sich auch im weitverbreiteten US-amerikanischen Verständnis der Rechnungslegungsnormen als Konventionen.[1238]

1232 Vgl. Chmielewicz (1994), S. 216–218 und 298 m.w.N.; Mahlmann (2010), S. 248 f. Die normative Gültigkeit steht in einem Konkurrenzverhältnis zum Anweisungsgehalt der Norm. Je größer der Anwendungsbereich und je konkreter die Sollens-Vorgabe der Norm ist, desto höher ist der Anweisungsgehalt, vgl. Chmielewicz (1994), S. 236.

1233 Vgl. Chmielewicz (1994), S. 217 f. Chmielewicz verweist auf ähnliche oder gleichlautende Definitionen bei Popper (1957), S. 315 („Richtigkeit", „Rechtmäßigkeit", im Original hervorgehoben); Schreiber (1962), S. 39 und 63 („rechtens"); Gäfgen (1974), S. 51 („Normen richtigen Handelns").

1234 Vgl. Ott (2011), S. 474.

1235 Vgl. Röhl/Röhl (2008), S. 277–281.

1236 Demski (1973), S. 721. Vgl. Demski (1976), S. 654 f. und 656. Ähnlich äußert sich Christensen: „In a multi-person world it is not possible to replace the individual preferences with a set of qualitative characteristics" (Christensen (2010), S. 288).

1237 Vgl. Wüstemann (1999), S. 137.

1238 Vgl. z.B. Alexander/Jermakowicz (2006), S. 142.

Nelson kritisierte bereits 1973, dass Bilanztheorie „is concerned with the statement of hypotheses on how accounting should be done, without the testing of these hypotheses“[1239]. Diese normative Qualität der Bilanztheorie veranlasste die Mehrheit der Forscher im Bereich der Rechnungslegung sich von ihr abzuwenden, um wahrheitsfähige(re) Forschung im Sinne der Erfahrungswissenschaften zu betreiben.[1240] Trotz der Beschränkungen der Empirie in den Sozialwissenschaften folgen sie seither dem Ideal der reinen Wissenschaft. Im Wesentlichen begründeten Watts und Zimmerman den Forschungstrend 1978 in den USA mit einer empirischen Studie zur Erklärung, „why firms would expend resources trying to influence the determination of accounting standards“[1241]. Sie sahen ihre Arbeit als Ausgangspunkt für eine zu entwickelnde positivistische Theorie der Ermittlung von Rechnungslegungsnormen, um normative Vorschläge auf ihre Praktikabilität hin überprüfen zu können.[1242] Ungeachtet dieser ursprünglichen Zielsetzung entfremdeten sich die empirischen Forschungsbeiträge mit zunehmender Spezialisierung von der Standardsetzung.[1243] Die Entwicklung der Standards wurde somit weitgehend auf die Praxis verlagert.

Das Bedürfnis nach theoretischer Fundierung der Bilanzierungsnormen tritt dennoch innerhalb der bilanztheoretischen Forschung zutage. Der Rückgriff auf die Ökonomik sowie die Verhaltenswissenschaft kann in diese Richtung interpretiert werden. Schon die Bezeichnung *true income* (*theories*) oder MacNeals Suche nach „Truth in Accounting“ belegen den Versuch der (natur)wissenschaftlichen Ausrichtung der Rechnungslegung. Auch die Abwendung von der Induktion hin zur Deduktion ist ein entsprechendes Zeichen. Die Methode der Deduktion bietet in der Rechnungslegung aber nicht die Möglichkeit, die Deduktionsbasis wahrheitsgemäß zu bestimmen. Die Zielsetzung des Normensystems (sein Sinn und Zweck) muss von außen normativ vorgegeben werden. Zwar verwendet die Bilanztheorie die logische Methode der Deduktion zur Konkretisierung der Vorschriften, sie liefert damit aber keinen neuen empirischen Informationsgehalt, sondern setzt bereits eine „wahre“ Aussage voraus.[1244] Zudem ist zu beachten, dass im Umgang mit Normen die klassische Logik eigentlich durch die deontische Logik zu ersetzen ist, welche explizit die formallogischen Beziehungen von normativen Aussagen untersucht.[1245]

1239 Nelson (1973), S. 4, vgl. auch S. 15.

1240 Vgl. den historischen Überblick bei Fülbier/Weller (2009), S. 352 und 355–358. Vgl. die Ausführungen zum methodischen Paradigmenwechsel in Abschnitt III.C.4.2 (S. 187 190). Auch ein Teil der Rechtswissenschaft entgeht dem Werturteilsproblem durch die Konzentration auf sozial-empirische Zusammenhänge, vgl. Rüthers/Fischer/Birk (2011), Rn. 292 f. und 303–307a.

1241 Watts/Zimmerman (1978), S. 131. Bedford/Ziegler sehen in Littleton (1953) einen Vorbereiter empirischer Rechnungslegungsforschung, weil Littleton in diesem Werk konsequent induktiv arbeitete und auf die Relevanz der realen Fakten hinwies, vgl. Bedford/Ziegler (1975), S. 441 f.

1242 Vgl. Watts/Zimmerman (1978), S. 112 f.

1243 Vgl. Fülbier/Weller (2009), S. 366.

1244 Vgl. Chmielewicz (1994), S. 128 f. m.w.N.

1245 Vgl. Mattessich (1975), S. 140 f.; Mattessich (1995a), S. 270 f.; Mahlmann (2010), S. 269 f. Gleiches gilt für die juristische Subsumtion. Sie folgt zwar der Idee der Syllogistik, enthält aber wertende Elemente, vgl. Rüthers/Fischer/Birk (2011), Rn. 695.

3.2 Der Ausweg: Bilanztheorie als Geisteswissenschaft?

Das Problem der Forschungsebenen und die sich anschließende Frage nach der Wissenschaftlichkeit der Bilanztheorie kann umgangen werden, wenn man die bilanztheoretische Forschung in den Geisteswissenschaften ansiedelt. Letztere werden „als historisch-philologische bzw. hermeneutische Wissenschaften aufgefasst, die die Welt des Geistes in seinen geschichtlichen Ausprägungen (Sprache, Kunst, Literatur, Philosophie, Religion, Recht, Moral u.a.) verstehen und interpretieren“. Dem Erklären der Natur- und Sozialwissenschaften steht im klassischen Verständnis der Geisteswissenschaften nach Dilthey ein Verstehen gegenüber. Hinzu kommt nach Windelband die Entfernung von gesetzesartigen nomothetischen Aussagen zugunsten objekt-individueller idiographischer Feststellungen,[1246] die nicht objektiv-wertfrei sind.[1247]

Für die Einordnung der Bilanztheorie als Geisteswissenschaft spricht zum einen eine vergleichbare methodische Perspektive in der Betriebswirtschaftslehre. Konstruktivisten versuchen das (intentionale) Handeln des Wirtschaftssubjekts zu verstehen und nicht dessen Verhalten gesetzesartig zu erklären.[1248] Zum anderen spricht für die Klassifizierung der Bilanztheorie als Geisteswissenschaft das Selbstverständnis der Rechtswissenschaft als analytische Textwissenschaft.[1249] Denn Bilanzierungsvorschriften sind entweder vom Gesetzgeber erlassene Rechtsnormen (Code Law), beispielsweise das HGB in Deutschland oder die von der EU gebilligten IFRS, oder quasi-staatlich bindende Vorschriften, beispielsweise die US-GAAP in den USA. Die Rechtswissenschaft nähert sich den Geisteswissenschaften über die dort verankerte Hermeneutik an. Diese Methode dient im engeren Sinne „der Interpretation von schriftlich fixierten Texten und gesprochener Rede“. Sie „versucht, diese Tätigkeit methodisch anzuleiten“[1250]. In der Rechtswissenschaft wird die Hermeneutik in Verbindung mit dem Methodenkanon somit zur Auslegung von Gesetzestexten herangezogen.[1251] Eine solche Auslegung ist immer dann vonnöten, wenn der Gesetzgeber unbestimmte, abstrakte Begriffe verwendet. Im HGB ist die Verwendung von abstrakten Vokabeln sehr ausgeprägt,[1252] während die US-GAAP sehr detailliert und einzelfallbezogen ausgestaltet sind. Da die IFRS nach dem Vorbild der US-GAAP entstanden sind, enthalten auch sie viele Details.[1253] Sie sind dennoch strukturierter und auslegungsoffener als das US-amerikanische Original. So wendet Wojcik

---

1246 Vgl. Brockhaus (2006), Stichwort: Geisteswissenschaften (auch Zitat); Horn (2008b), S. 330 f.

1247 Vgl. Ellscheid (2011), S. 150.

1248 Vgl. Antoni (1983), S. 55–60.

1249 Vgl. Rüthers/Fischer/Birk (2011), Rn. 308.

1250 Brockhaus (2006), Stichwort: Hermeneutik (beide Zitate).

1251 Vgl. Röhl/Röhl (2008), S. 82 f. mit Bezug zu Larenz. Zur juristischen Hermeneutik vgl. Nerlich (2007), S. 32–36; Röhl/Röhl (2008), S. 116–122. Zum Methodenkanon vgl. Larenz (1991), S. 320–346; Alexander/Eberhartinger (2010), S. 39 f. Verschiedene Auslegungsmöglichkeiten werden sogar Normhypothesen genannt. Es ist allerdings keine Falsifizierung wie in der Empirie möglich, vgl. Röhl/Röhl (2008), S. 611 f.

1252 Vgl. Döllerer (1959); Moxter (1980); Leffson (1987), S. 21; Moxter (1993b); Beisse (1990), S. 499–501; Beisse (1994), S. 13 f. und 23 f.; Küpper/Mattessich (2005), S. 372; Ballwieser (2010), S. 66 zur Charakterisierung der Grundsätze ordnungsmäßiger Buchführung.

1253 Vgl. hierzu auch die Abschnitte II.B.1.3 (S. 32 40) und II.C.1 (S. 114 118).

trotz der (rudimentären) Auslegungsvorgaben in den Standards und der Interpretationen des IFRS Interpretations Committee den juristischen Methodenkanon der Auslegung auf die EU-IFRS an.[1254]

Damit wird aber zugleich die Grenze der Einordnung der Bilanztheorie als Geisteswissenschaft deutlich. Hermeneutische Überlegungen dienen nicht der Formulierung neuer Bilanzierungsvorschriften und der Entscheidung zwischen verschiedenen Alternativen, sondern der Interpretation vorgegebener Normen. Somit bietet die Einordnung der Bilanztheorie als Geisteswissenschaft zwar die Möglichkeit, über die Auslegung ein intern konsistentes Normensystem zu entdecken, sofern die unbestimmten Rechtsbegriffe nicht völlig unvereinbar nebeneinanderstehen. Die vorliegende Arbeit unterstellt aber (auch) eine aktive Rolle des Bilanztheoretikers bei der Entwicklung neuer Bilanzierungsvorschriften. Die Untersuchung des Umgangs mit der Formulierung von Normen in der Wissenschaft muss deshalb fortgesetzt werden.

4 *Zur Akzeptanz von Werturteilen in der Wissenschaft*

4.1 Humes Gesetz

Eng verknüpft mit der Trennung von Wirtschaftstheorie und -philosophie ist die Frage nach der Vertretbarkeit von Werturteilen im Rahmen (erfahrungs)wissenschaftlicher Auseinandersetzungen. Der Grund für die Forderung nach Wertfreiheit der Wissenschaft liegt in der fehlenden Wahrheitsfähigkeit der Werturteile. Heute ist „mit der Idee eines summum bonum, eines letzten und höchsten Wertes, […] auch die Möglichkeit dahin, Werte und Güter als objektiv greifbar oder gar ein für alle Mal feststehend zu denken“[1255]. Werturteile sind empirisch, d.h. losgelöst von der Person, die sie vertritt, nicht überprüfbar und damit nicht objektiv. Die Fällung eines Werturteils erscheint als unendliche und damit unlösbare Aufgabe für den Wissenschaftler, da keine Verifikation oder Falsifikation als Endpunkt der Diskussion auftritt.[1256] Anders formuliert senken Werturteile im Rahmen der Forschung das Vertrauen in die Wissenschaft, da man sich auf ihre Aussagen dann nicht mehr verlassen kann.[1257]

Diese mangelnde Überprüfbarkeit von Werturteilen manifestiert sich in Humes Gesetz aus dem 18. Jahrhundert. Danach ist zwischen der Ist- und der Sollens-Aussage zu unterscheiden. Letztere lässt sich nicht aus Ersterer mithilfe einer klassischen logischen Deduktion ableiten.

[1254] Vgl. Wojcik (2008), S. 261 f. und 268–279.

[1255] Röhl/Röhl (2008), S. 274.

[1256] Vgl. Chmielewicz (1994), S. 298 m.w.N.; Mattessich (1995a), S. 264 mit Bezug zur Rechnungslegung. Sterling kritisiert: „We accountants do not resolve issues, we abandon them. I do not mean to imply that we ignore issues. Quite the contrary, we debate them long and loud. However, the debate, instead of coming to a resolution, continues until another issue comes along that is more current and more controversial, and then we forget the former issue“ (Sterling (1975), S. 28).

[1257] Vgl. Rüthers/Fischer/Birk (2011), Rn. 282.

Es handelt sich um zwei voneinander zu trennende Aussageklassen.[1258] Bei Missachtung der Unterscheidung entstehen beispielsweise ethische Vorurteile, welche sich Ideologen zunutze machen: Anhand bestimmter äußerlicher Merkmale einer Person (Ist) leiten sie deren Minderwertigkeit (Sollen) her.[1259] Induktiv ausgerichtete bilanztheoretische Arbeiten, wie Littleton (1953), begehen den gleichen Fehler. Sie leiten aus einem Ist-Zustand einen Sollens-Zustand ab, ohne dass eine logische Verbindung zwischen beiden Bereichen besteht.[1260]

Das Postulat der Werturteilsfreiheit ist für die Naturwissenschaften auf den ersten Blick leicht zu erreichen und adäquat, da sie auf Naturgesetze abzielen, die nicht vom Menschen beeinflusst werden können. Der Streit über die doch zulässige Verwendung von Werturteilen in der Wissenschaft, und mithin die Überwindung der Sein-Sollen-Grenze, ergibt sich dagegen in den Sozialwissenschaften und konkretisiert sich beispielsweise im Werturteilsstreit vor dem Ersten Weltkrieg.[1261] So formuliert Keuth: „Im Grunde führt man die Auseinandersetzung also um die Legitimität bestimmter Formen politischer Einflussnahme."[1262] Auch die Betriebswirtschaftslehre stellte sich mehrmals[1263] die Frage nach ihrer methodischen Basis. Moxter formulierte die entsprechenden Fragen 1957 treffend: „Wodurch ist die betriebswirtschaftliche Betrachtungsweise gekennzeichnet? [...] Ist sie eine ‚normative' oder eine ‚wertfreie' Disziplin, zeigt sie nur ein So-sein, oder lehrt sie ein Sein-sollen, und inwieweit kann bzw. darf sie letzteres?"[1264]

Die (hier nicht weiter verfolgte) postmoderne Philosophie verwirft dagegen grundsätzlich die Trennung von Sein und Sollen. Sie gibt die realistische Grundhaltung auf, sodass eine Orientierung an der Korrespondenztheorie der Wahrheit nicht mehr möglich ist. Die Aufstellung von objektiven (Natur-)Gesetzen scheint demnach nicht sinnvoll.[1265] Die weiteren Konse-

---

1258 Mit anderen Worten: „[The] view that it is impossible to derive an 'ought' from an 'is', or in other words, that there is no logical bridge over the gap between fact and value" (Blackburn (2008), Stichwort: Hume's *law*). Vgl. auch Ritsert (2009), S. 18 f.; Mahlmann (2010), S. 84. Der naturalistische Fehlschluss nach Moore ist enger gefasst, weist aber in die gleiche Richtung, vgl. Blackburn (2008), Stichwort: *naturalistic fallacy*; Röhl/Röhl (2008), S. 129 f. Vgl. Sterling (1970), S. 305 im Kontext der Rechnungslegung.

1259 Vgl. Ritsert (2009), S. 18.

1260 Vgl. Bedford/Ziegler (1975), S. 442.

1261 Vgl. Fülbier/Hitz/Sellhorn (2009), S. 461.

1262 Keuth (1989), S. 1.

1263 Vgl. überblicksartig für die erste Hälfte des 20. Jahrhunderts Moxter (1957), S. 11–31.

1264 Moxter (1957), S. 1.

1265 Vgl. Röhl/Röhl (2008), S. 173. Postmoderne Philosophen stellen sich gegen den als naiv empfundenen wissenschaftlichen Fortschritt „refusing any concepts of objectivity, reality, and truth" (Blackburn (2008), Stichwort: *poststructuralism*). Sie misstrauen den Idealen der westlichen Zivilisation, welche sich, aufbauend auf der wissenschaftlichen Fortschrittsgläubigkeit, z.B. im Glauben an den sozialen Progress äußern, vgl. Blackburn (2008), Stichwort: *postmodernism*. Insofern kritisieren Postmodernisten die Vereinnahmung der Wissenschaft als gesellschaftliches Herrschaftsinstrument, vgl. Mattessich (2002), S. 201. In der Ausprägung des Poststrukturalismus führt der Postmodernismus zu einer Aufgabe der Korrespondenztheorie der Wahrheit, da die Sprache zwischen der Realität und der Wahrheit steht, vgl. Mattessich (2002), S. 197 f.; Blackburn (2008), Stichwort: *postmodernism*. Wahrheit wird erst durch Sprache generiert, vgl. Macintosh (2009), S. 163 f. Diese Ansicht führt in den Relativismus und Konstruktivismus, vgl. Mattessich (2002), S. 199 f. Konstruktivisten betrachten das Wissen über die Welt als mentale Konstruktion und nicht als Entdeckung des Gegebenen. „Science neither depicts nor explains reality, but rather creates new realities" (Mattessich (2002), S. 199).

quenzen der postmodernen Grundhaltung sind allerdings nicht einheitlich formuliert.[1266] Einige Postmodernisten fordern beispielsweise eine stets kritische und interpretative Forschungshaltung.[1267]

4.2 Die technologische Forschungskonzeption als Bindeglied zwischen Wirtschaftstheorie und -philosophie

Die Forderung nach der Werturteilsfreiheit der Wissenschaft vertritt zu Beginn des 20. Jahrhunderts Weber mit Nachdruck im Werturteilsstreit.[1268] Die Auseinandersetzung ist im Kontext der Sozialen Frage des ausklingenden 19. Jahrhunderts, insbesondere des potenziellen staatlichen Eingriffs in die Gesellschaftsentwicklung, zu sehen.[1269] Die orthodoxe Weberthese lässt sich vor dem Hintergrund des klassischen Selbstverständnisses der reinen Wissenschaft und ihres Anteils am rationalen wissenschaftlichen Fortschritt wie folgt charakterisieren.[1270] „Eine empirische Wissenschaft vermag niemanden zu lehren, was er soll, sondern nur, was er kann und – unter Umständen – was er will.“[1271]

Weber folgt damit zunächst Humes Gesetz:[1272] Tatsachenaussagen und Sollens-Aussagen „schließen einander strikt aus“. Überall dort, wo sich die beiden Satzarten vermischen, liegt „ein durch Analyse zu bereinigender Fehler, eine Form der Verhexung des Verstandes mit den Mitteln unserer Sprache“ vor. So dürfen Sollens-Aussagen nicht als Tatsachenaussagen getarnt werden, um eine Propagandawirkung zu erzielen.[1273] Es besteht die Gefahr der Irreführung oder Manipulation der Praxis, wenn Fakten und Normen vermischt werden. Die normenkritische Wirkung von Fakten wird auf diese Weise gemindert.[1274] Von einem Wissenschaftler fordert Weber so die deutliche Trennung und Offenlegung von getätigten Ist- und Sollens-Aussagen.[1275] Der Forscher hat zwischen seiner Rolle als Wissenschaftler und als politisch Handelnder zu trennen.[1276]

1266 Vgl. Blackburn (2008), Stichwort: *postmodernism*.

1267 Vgl. Mattessich (2002), S. 200.

1268 Webers Position beruht auf der Position Mengers im Methodenstreit mit Schmoller, vgl. Nau (1996), S. 23–39. In Bezug auf die Werturteilsproblematik positioniert sich Popper im späteren Positivismusstreit der 1960er Jahre sehr ähnlich zur orthodoxen Weberthese, vgl. Ritsert (2009), S. 112 f. und 120 f. Das Wiederaufleben der Werturteilsdiskussion im Positivismusstreit war im Wesentlichen durch die Positionen Poppers und Albert auf der einen Seite sowie Adorno und Habermas auf der anderen Seite geprägt, vgl. Keuth (1989), S. 93.

1269 Vgl. Ritsert (2009), S. 21–25. Weber griff damit das Selbstverständnis des Vereins für Socialpolitik, in welchem sich der Werturteilsstreit abspielte, und insbesondere die Position Schmollers, eines seiner Gründer, an, vgl. Brockhaus (2006), Stichwort: Verein für Socialpolitik.

1270 Vgl. Ritsert (2009), S. 50; zu Varianten der orthodoxen Weberthese vgl. Ritsert (2009), S. 48–58 und 62–66.

1271 Weber (1988), S. 151.

1272 Vgl. Ritsert (2009), S. 50.

1273 Vgl. Ritsert (2009), S. 48–50 (Zitate S. 48, im Original mit Hervorhebung).

1274 Vgl. Chmielewicz (1994), S. 300 f. m.w.N.

1275 Vgl. Keuth (1989), S. 7–10, 18 f. und 30. Die persönliche Wertung im Rahmen der Lehre (Kathederwertung) lehnt er für sich persönlich (wertend) ab, vgl. Keuth (1989), S. 23–27. Diese Haltung zur Katheder-

Weber zieht sich mit dieser Forderung aber nicht auf die Ebene der reinen Wissenschaften (Theorie) zurück: „Der wissenschaftlichen Betrachtung zugänglich ist nun zunächst unbedingt die Frage der Geeignetheit der Mittel bei gegebenem Zwecke. Da wir (innerhalb der jeweiligen Grenzen unseres Wissens) gültig festzustellen vermögen, welche Mittel zu einem vorgestellten Zwecke zu führen geeignet oder ungeeignet sind, so können wir auf diesem Wege die Chancen, mit bestimmten zur Verfügung stehenden Mitteln einen bestimmten Zweck überhaupt zu erreichen, abwägen und mithin indirekt die Zwecksetzung selbst, auf Grund der jeweiligen historischen Situation, als praktisch sinnvoll oder aber als nach Lage der gegebenen Verhältnisse sinnlos kritisieren."[1277] „Wir bieten alsdann dem Handelnden die Möglichkeit der Abwägung dieser ungewollten gegen die gewollten Folgen seines Handelns und damit die Antwort auf die Frage: was ‚kostet' die Erreichung des gewollten Zweckes in Gestalt der voraussichtlich eintretenden Verletzung anderer Werte?"[1278]

Allerdings kann das (ethische) Werturteil selbst nach Webers Verständnis nie wissenschaftlich sein, denn es lässt sich nicht, wie die uns umgebende Wirklichkeit, mit unseren Sinnen objektiv beobachten oder nacherlebend verstehen.[1279] „Jene Abwägung [der Handlungsmöglichkeiten] selbst nun aber zur Entscheidung zu bringen, ist freilich nicht mehr eine mögliche Aufgabe der Wissenschaft, sondern des wollenden Menschen"[1280]. Empirisch-wissenschaftliche Projekte mit ethischer oder politischer Ausrichtung sind somit inakzeptabel.[1281] Weber negiert jedoch nicht, dass es für ein bestimmtes Werturteil gute Gründe geben kann.[1282] „Was wir ihm [dem wollenden Menschen] für diesen [Wertungs-]Entschluß nun noch weiter bieten können ist: Kenntnis der Bedeutung des Gewollten selbst."[1283] Die Wissenschaft „kann [...] dem Wollenden verhelfen zur Selbstbesinnung auf diejenigen letzten Axiome, welche dem Inhalt seines Wollens zugrunde liegen, auf die letzten Wertmaßstäbe, von denen er unbewußt ausgeht oder – um konsequent zu sein – ausgehen müßte"[1284]. Röhl/Röhl nennen Webers Wissenschaftsbild daher anschaulich wertbewusst.[1285]

---

wertung hatte Weber im Vorfeld der Werturteilsdiskussion im Verein für Socialpolitik noch nicht, er befürwortete sie sogar, vgl. Keuth (1989), S. 36 f.

1276 Vgl. Ritsert (2009), S. 48–50; Korte (2011), S. 114 f. Weber unterstellt damit, dass die Trennung sprachlich möglich ist, vgl. Keuth (1989), S. 31. Die Abgrenzung von Werturteilen und Faktenaussagen im Rahmen einer wissenschaftlichen Arbeit ist die Minimalanforderung. Die Trennung kann auch strenger verfolgt werden, beispielsweise durch getrennte Publikationen, vgl. Chmielewicz (1994), S. 312–315.

1277 Weber (1988), S. 149.

1278 Weber (1988), S. 150. Weber propagiert die Verantwortungsethik, welche die Richtigkeit der Handlung nach den jeweiligen Konsequenzen beurteilt, vgl. Röhl/Röhl (2008), S. 175 f. Im Gegensatz dazu steht die Gesinnungsethik z.B. nach Kant, vgl. Horn (2008a), S. 108.

1279 Vgl. Keuth (1989), S. 17 und 21 f.

1280 Weber (1988), S. 150. Vgl. Keuth (1989), S. 15 f.

1281 Vgl. Ritsert (2009), S. 48–50.

1282 Vgl. Keuth (1989), S. 33.

1283 Weber (1988), S. 150.

1284 Weber (1988), S. 151. Vgl. Keuth (1989), S. 16.

1285 Vgl. Röhl/Röhl (2008), S. 176 f.

Weber greift damit in der Terminologie Chmielewicz' und gemäß Abbildung 1 auf S. 144 auf die Ebene der Technologie, auch angewandte oder praktische Wissenschaft genannt,[1286] zurück. Theorie und Philosophie existieren nicht unabhängig voneinander. Eine fundierte, nicht dogmatische Entscheidung für einen Wert beruht auf einer umfassenden Ziel-Mittel-Analyse, bei der alternative Ziele und Mittel gegeneinander abgewogen werden.[1287] Welche Mittel für welches Ziel geeignet sind, kann wiederum nur durch die Aufdeckung von Ursache-Wirkungs-Zusammenhängen erreicht werden.[1288] Die Ursache-Wirkungs-Kombinationen werden in anwendungsbezogene, verfahrensorientierte Mittel-Ziel-Relationen umgedeutet, wobei keine vollständige Deckungsgleichheit, z.B. durch Nebenwirkungen, gegeben sein muss.[1289]

Moxter wehrt sich in diesem Zusammenhang gegen ein Technologieverständnis, das nur auf einer Umformulierung der Theorie basiert.[1290] Die Technologie gehe, „da sie das Seinsollende, also neue, noch nicht in der Praxis angewandte Verfahren darstellt, ein entscheidendes Stück über die reine Wissenschaft bzw. die Theorie, die ex definitione immer nur bereits Bestehendes darstellen kann, hinaus“[1291]. Mattessich tendiert in die gleiche Richtung, wenn er betont, dass auf der Technologieebene zwar nicht mehr die faktische Wahrheit getestet werden muss, aber „applied sciences ought to test the efficiency, relevance, reliability or other properties of a normative theory, or a system, or a machine by a variety of means“[1292].

Somit ist die vorgelagerte Stufe in Chmielewicz' Klassifizierung jeweils als Unterbau der nachfolgenden zu sehen. Für die philosophische Wertung ist die Technologie als Zwischenstufe jedoch grundsätzlich entbehrlich, weil die Theorie bereits alle relevanten Ursache-

---

1286 Vgl. Moxter (1957), S. 37 f.; Mattessich (1992), S. 181 (*applied science*).

1287 Vgl. Chmielewicz (1994), S. 276–281 m.w.N. Die Steuerung der Entscheidung erfolgt meist über die Mittel, da keine Einigkeit in Bezug auf Ziele besteht, vgl. Chmielewicz (1994), S. 225 f. m.w.N. Zur Uneinigkeit über die Ziele der Betriebswirtschaftslehre (Rentabilität vs. Produktivität) vgl. Moxter (1957), S. 60 f. Werte bilden das obere Ende der Mittel-Ziel-Ketten. Sie können nicht mehr als Mittel eingesetzt werden, vgl. Röhl/Röhl (2008), S. 272 f.

1288 Ein entsprechender theoretischer Unterbau der Rechnungslegungsnormen sichert die fundierte Wahl zwischen verschiedenen Normen und gegebenenfalls ihre normative Gültigkeit und Akzeptanz, vgl. Ijiri (1975), S. 169; Chmielewicz (1994), S. 182 m.w.N.; Mattessich (1995a), S. 263 f.

1289 Vgl. Chmielewicz (1994), S. 11–14 und 221–224 m.w.N.; Mattessich (1995a), S. 274. Um als Mittel eingesetzt werden zu können, müssen Ursachen gestaltbar sein, sodass aus Prognose letztendlich Gestaltung wird, vgl. Chmielewicz (1994), S. 182.

1290 Inwieweit die angewandte Wissenschaft tatsächlich als Wissenschaft bezeichnet werden darf, ist umstritten. Insbesondere von Seiten der Nationalökonomie wurde der wissenschaftliche Anspruch der Technologie infrage gestellt, unter anderem, da man in der vorgegebenen Zwecksetzung eine Selbstbeschränkung der Forschung auf nicht hinterfragte „Kochbuchrezepte“ (Schmalenbach (1911/1912), S. 312) sah, vgl. Moxter (1957), S. 13–16 und 38.

1291 Moxter (1957), S. 39, im Original mit Hervorhebung. Ein Unterschied zwischen Theorie und Technologie ergibt sich auch aus dem verfolgten Abstraktionsgrad. Die Technologie braucht die Nähe zur Wirklichkeit und verarbeitet daher die Ergebnisse der Theorie in genau entgegengesetzter Richtung, vgl. Moxter (1957), S. 49–54. Die Technologie ist im Vergleich zur Theorie weniger informativ, da mit verschiedenen vorgegebenen Zielen die Allgemeinheit der Aussage sinkt, vgl. Chmielewicz (1994), S. 194 und 198 f. m.w.N.

1292 Mattessich (1972), S. 480. Vgl. Mattessich (1995b), S. 86. Auch Schmalenbach war daran gelegen, den wissenschaftlichen Anspruch der Technologie zu begründen, vgl. Schmalenbach (1911/1912), S. 306 f. und 315. Schmalenbach verwendet den Begriff „Kunstlehre“ für die Betriebswirtschaftslehre, interpretiert ihn aber im Sinne der technologischen Wissenschaft.

Wirkungs-Beziehungen bereitstellt.[1293] Gleichzeitig lassen sich Technologie und Theorie in den Sozialwissenschaften nicht exakt voneinander trennen. Zielfreie Betrachtungen sind in der Wirtschaftstheorie nicht möglich, da der Untersuchungsgegenstand „Mensch“ bereits mit Zielen behaftet ist.[1294]

Moxter macht noch einmal den Unterschied zwischen dem technologischen und dem normativen Bereich deutlich: Es geht „den normativen Disziplinen nicht so sehr um die Zweckmäßigkeit bzw. Verbesserung der Mittel bzw. Verfahren zur Erreichung bestimmter Zwecke, sondern vielmehr um diese Ziele oder Zwecke selbst, die von ihnen erörtert werden. [...] Eine praktische Wissenschaft dagegen drängt kein Sollen auf“[1295]. Der Bilanztheoretiker muss sich demnach des Unterschieds zwischen Technologie und Philosophie bewusst werden, um die wissenschaftliche Anerkennung seiner Aussagen zu sichern.[1296] Zwar widmet sich der Bilanztheoretiker in der Technologie noch immer nicht empirischen Fakten, aber die Normen werden Teil einer beschreibenden und überprüfbaren Ist-Aussage.[1297]

Die bewusste Unterscheidung zwischen Technologie und Philosophie wurde allerdings nicht durchgängig eingehalten. Mattessich sieht in den bilanztheoretischen Arbeiten der 1960er und 1970er Jahre pragmatisch-normative Ansätze.[1298] Er grenzt sie von ethisch-normativen Arbeiten ab, die er vor allem in Deutschland zu Beginn des 20. Jahrhunderts und in Großbritannien seit den 1980er Jahren in postmodernen Ansätzen (*critical-interpretive view*[1299]) identifiziert.[1300] Nur Letztere sprechen ihre Werturteile im Hinblick auf soziale Konsequenzen aus.

1293 Vgl. Chmielewicz (1994), S. 281. Moxter sieht den theoretischen Unterbau einer Technologie als notwendige Bedingung für den wissenschaftlichen Charakter der Technologie, vgl. Moxter (1957), S. 37 f. und 46–49.

1294 Vgl. Chmielewicz (1994), S. 185 f.

1295 Moxter (1957), S. 37.

1296 Vgl. Berndt (2005), S. 153 und 157. Auch die Rechtswissenschaft kennt das Problem der wissenschaftlichen Auseinandersetzung mit Normen zur Genüge. Anschaulich ist die zweigleisige Bezeichnung der Disziplin als Jurisprudenz (= Rechtsklugheit) und Rechtswissenschaft, vgl. Rüthers/Fischer/Birk (2011), Rn. 280 und 584. Die Technologie wird dort zur Auslegung und Rechtsfortbildung genutzt, teilweise mit soziologischem, teilweise mit normensystematischem Charakter, vgl. Röhl/Röhl (2008), S. 81; Seelmann (2010), S. 144 f.; Rüthers/Fischer/Birk (2011), Rn. 294–297 und 302a.

1297 Vgl. verallgemeinernd Röhl/Röhl: „Jede Norm kann als Mittel zum Zweck betrachtet werden“ (Röhl/Röhl (2008), S. 268, im Original hervorgehoben). Vgl. auch Sutton/van Zijl/Cordery (2010), S. 22.

1298 Vgl. Mattessich (1992), S. 187–189; Mattessich (1995a), S. 261 f.; Mattessich (2002), S. 187. Vgl. auch Ijiri (1975), S. 10 f. sowie Staubus (2010a), S. 705 mit Bezug zu Moonitz. Beispielhaft äußern sich Arthur Andersen & Co. zur Zielsetzung ihres Manuskripts: „This book sets forth our views of what accounting standards for business enterprises throughout the world should be“ (Arthur Andersen & Co. (1974), S. i). Sie erheben allerdings nicht den Anspruch einer wissenschaftlichen Auseinandersetzung mit Rechnungslegungsvorschriften, sondern schreiben aus Anlass des Krisenstatus des Berufsstands, vgl. Arthur Andersen & Co. (1972), S. i; Arthur Andersen & Co. (1974), S. 14. Miller/Bahnson sehen in den bilanztheoretischen Arbeiten der 1960er und 1970er Jahre eher (unbewusste) Vermischungen normativer und deskriptiver Aussagen, vgl. Miller/Bahnson (2010), S. 420.

1299 Vgl. ausführlich hierzu Chua (1986). Zum postmodernen philosophischen Hintergrund dieser Ansätze vgl. Mattessich (2002), S. 196–202.

1300 Vgl. Mattessich (1992), S. 182–187; Mattessich (1995a), S. 262; Mattessich (1995b), S. 211; Mattessich (2002), S. 186. Bei Schmalenbach und Moxter findet sich die grundsätzlich ethisch-normative Fragestellung, ob die Betriebswirtschaftslehre unter gemeinwirtschaftlichen oder Rentabilitätsgesichtspunkten zu betreiben ist, vgl. Schmalenbach (1911/1912), S. 310 f.; Moxter (1957), S. 68–73.

Die bilanztheoretische Forschung lässt sich aber auch – wie Alexander[1301] und (in allgemeinerer Form) Moxter[1302] sehr früh demonstrieren – als technologische Wissenschaft betreiben, indem der Bilanztheoretiker darauf achtet, dass er eine Bilanzierungsnorm nur für einen von außen vorgegebenen Zweck formuliert.[1303] Die Tendenz zur Technologie verstärkt sich beim *decision usefulness approach*. Chambers ist als Vertreter dieser Forschungsrichtung an dieser Stelle hervorzuheben: „Our purpose is not to seek principles of universal validity in all institutional settings. It is to examine the features of the institutional setting of the present insofar as they provide the conditions for an accounting which is appropriate to that setting."[1304]

Die Negierung der philosophischen Prägung der bilanztheoretischen Forschung erfordert vom Einzelwissenschaftler zumindest eine bewusste Ausklammerung der eigenen subjektiven Werturteile. Dies kann z.B. gelingen, indem der Wissenschaftler im Rahmen seiner Untersuchung auf die eigene Vorgabe eines übergeordneten Ziels verzichtet und sich stattdessen auf extern vorgegebene Werturteile beruft und schließlich nach Prinzipien oder Regeln sucht, die dieses Ziel adäquat umsetzen. In ähnlicher Weise propagiert Mattessich bedingt-normative Ansätze (*conditional-normative accounting methodology* – CoNAM), welche technologisch ausgerichtet sind und werturteilsoffen Ziel-Mittel-Beziehungen für verschiedene Ziele aufzeigen.[1305] Die Notwendigkeit seiner Methodologie zieht Mattessich aus der Charakterisierung der Rechnungslegung als angewandte Wissenschaft.[1306] Mattessich betont jedoch, dass ein bedingt-normativer Ansatz nicht als Kompromiss zwischen rein positiven und normativen Ansätzen zu verstehen ist. Er fordert vielmehr eine Synthese, die sich zum einen durch die Explikation der verwendeten Werturteile und zum anderen durch die Ermittlung von optimalen Ziel-Mittel-Relationen auszeichnet: „I do not think that either of the extreme camps can claim to have made systematic efforts toward such a conditional-nomative basis."[1307] Als Herausforderung des bedingt-normativen Ansatzes bezeichnet er insbesondere die Erfassung der Effizienz und Effektivität der Mittel (ihrer Rationalität), den Umgang mit der Vielschich-

---

1301 Vgl. zur Forschungskonzeption Alexanders Abschnitt II.B.3.2.3 (S. 64 66).

1302 „Dabei hat uns die schwierige Frage, ob normative [...] Disziplinen als ‚Wissenschaften' zu bezeichnen sind, hier nicht zu beschäftigen, weil es sich bei der Betriebswirtschaftslehre nicht um eine solche Disziplin handelt" (Moxter (1957), S. 56 f., vgl. auch S. 74 f.).

1303 Vgl. Ijiri (1975), S. 10 f.; Fülbier/Hitz/Sellhorn (2009), S. 456 und 461–463; Fülbier/Weller (2009), S. 365 f. mit Bezug zu Mattessich.

1304 Chambers (1966), S. 15. In ähnlicher Weise nimmt sich Ijiri zurück: „We are not making a policy statement that accountability should or should not be the primary objective of accounting" (Ijiri (1975), S. 33).

1305 Vgl. ausführlich Mattessich (1995b), S. 187–210. Vgl. auch Mattessich (1975), S. 141–143; Mattessich (1992), S. 190 f.; Mattessich (1995a), S. 262 f., 264 f., 266 und 272 f. Im Rahmen der Systemanalyse spricht Mattessich von der „Wertneutralisierung" eines Systems, vgl. Mattessich (1975), S. 137 f. (Zitat S. 138). Er impliziert damit auch die Auseinandersetzung mit (und Infragestellung von) sehr grundsätzlichen Zielen, wie beispielsweise der Gewinnmaximierung, und lässt die Verschiebung dieser Werturteile auf die Objektebene seitens der Empirie nicht ohne Weiteres gelten, vgl. Mattessich (1995a), S. 266 f. und 269; Mattessich (2002), S. 187 und 204 f. Mattessich sieht sich indes nicht als Begründer des bedingt-normativen Ansatzes (CoNAM), vgl. Mattessich (2002), S. 187 f. Vergleichend in Bezug auf Chmielewicz und Mattessich siehe Fülbier/Weller (2009), S. 369.

1306 Vgl. Mattessich (1972), S. 470; Mattessich (1995a), S. 259 f. und 266.

1307 Vgl. Mattessich (2002), S. 188, 193 und 203 f. (Zitat S. 188).

tigkeit der Ziele sowie deren Definition, sodass auch er keine simple Umdeutung der Ursache-Wirkungs-Beziehung in eine Ziel-Mittel-Relation für ausreichend hält.[1308]

Die Betreibung der Bilanztheorie als Technologie sichert grundsätzlich und unmittelbar die interne Konsistenz der Rechnungslegung und setzt das Ziel der internen Konsistenz als Werturteil voraus. Konkret bedeutet die Betreibung der Bilanztheorie als Technologie die Suche nach adäquaten Bilanzierungsvorschriften für ein bestimmtes Ziel: Der Bilanztheoretiker deduziert. Ist beispielsweise die Ermittlung eines vergleichbaren Periodengewinns das Ziel der Rechnungslegung, so erscheint die Teilgewinnrealisierung bei Fertigungsaufträgen, wie sie in IAS 11 verankert ist, als ein geeignetes Mittel. Das Ziel der Jahresabschlusserstellung ist vom Standardsetzer außerhalb des wissenschaftlichen Bereichs festzulegen. Er trifft das Werturteil; er legt fest, was gut und/oder gerecht ist. Ist sich der Standardsetzer unsicher, kann der Bilanztheoretiker verschiedene Alternativen und die passenden Mittel dazu bereitstellen. Mit Statik und Dynamik sind ausformulierte, alternative intern konsistente Systeme vorhanden. Die bilanztheoretische Forschung erfüllt damit ihre Pflicht und die mangelnde interne Konsistenz der US-GAAP und IFRS ist ihr nicht zuzurechnen. Sicher ließen sich auch weitere Bilanztheorien kreieren, aber es ist für die beiden genannten Rechnungslegungssysteme aktuell kein neuer, von Statik oder Dynamik abweichender Sinn und Zweck in Sicht. Somit wird die These zum Ende des ersten Hauptteils gestärkt, dass eine ernsthafte bilanztheoretische Fundierung der US-GAAP und IFRS nicht gewollt ist.

Problematisch ist die aktuelle Zielvorgabe von IASB und FASB. Sie besteht in der Lieferung von entscheidungsnützlichen Informationen für Investitionsentscheidungen (CON 8.OB2). Dabei existiert der bekannte Zielkonflikt zwischen den qualitativen Merkmalen „Relevanz“ und „Verlässlichkeit“, wobei CON 8.QC17 f. aufgrund eines Werturteils grundsätzlich der Relevanz die Priorität einräumt. Die vordefinierte Zielgröße ist dennoch mehr als vage. Sowohl die *asset and liability view* als auch die *revenue and expense view* können als adäquate Mittel angesehen werden. Beispielsweise liefert die Statik relevante Informationen für den Investor, weil sie versucht Bilanzposten auf Basis zukünftiger Zahlungsströme abzubilden. Gleichzeitig liefert die Dynamik relevante Informationen, weil sie leistungsorientierte Gewinndaten des Unternehmens bietet. Verlässlich sind die Informationen der Statik, weil sie auf mehr oder weniger willkürliche Allokationen zur Gewinnglättung verzichtet. Die Informationen der Dynamik sind verlässlich, weil mit der Bewertung zu Anschaffungs- und Herstellungskosten Bewertungsschätzungen entfallen.

Dessen ungeachtet kann keine der beiden Bilanztheorien vollständige Relevanz bei vollständiger Verlässlichkeit bieten. Der Trade-off zwischen den beiden Charakteristika des Jahresabschlusses bewirkt, dass sie in Form von Nebenwirkungen und unrealisierten Ziele auftauchen, die eventuell über Anhangsangaben oder Informationen in anderen Berichtsinstrumenten ge-

---

[1308] Vgl. Mattessich (1995a), S. 266; Mattessich (2002), S. 192.

heilt werden können. Der Bilanztheoretiker gerät hier also in die Wertung, weil er sich entscheiden muss, welchem bilanztheoretischen Weg er folgt. Je länger die Ziel-Mittel-Ketten werden, desto wahrscheinlicher ist es, dass er erneut werten muss und die Gefahr steigt, dass er selbst inkonsistent wird.[1309] Will der Bilanztheoretiker aber Wertungsentscheidungen bewusst vermeiden, so ist er gezwungen, Bilanzierungswahlrechte zu formulieren. Dies schwächt wiederum unter Umständen die Zielerreichung.

Möchte die Standardsetzung die interne Konsistenz erreichen, steht sie sich mit der vagen Zielvorgabe der Entscheidungsnützlichkeit selbst im Weg. Es ist nicht verwunderlich, dass sich die Standardsetzer IASB und FASB nicht konsequent auf eine Bilanztheorie stützen. Ebenso wenig ist es überraschend, dass ihnen mehrere Alternativen (mehrere Mittel) aus der bilanztheoretischen Wissenschaft signalisiert werden, wenn sich diese um klare Mittel-Ziel-Vorgaben bemüht und in Ermangelung einer eindeutigen Zielvorgabe durch die Standardsetzer eigene Wertungsentscheidungen trifft, um zu schlüssigen Lösungen zu gelangen.[1310] Einheitlichere bilanztheoretische Vorgaben lassen sich nur erreichen, wenn die Standardsetzer ihre Zielvorgabe präzisieren.

4.3 Die Unmöglichkeit einer wertfreien Wissenschaft

Der Rückzug der Wissenschaft auf die Technologie sichert nicht ihre vollständige Wertfreiheit. Es ist seit 1938 nach Reichenbach, der dem logischen Positivismus nahestand,[1311] zwischen Entdeckungs- und Begründungszusammenhang in der Forschung zu unterscheiden.[1312] Der Entdeckungszusammenhang beschreibt den Prozess der Wissensgenerierung, während der Begründungszusammenhang die Aussage als Ergebnis des Forschungsprozesses stringent rechtfertigt. Hier geht es um die Argumente, mit denen die Behauptung des Forschers gestützt wird. Sowohl der Entdeckungs- als auch der Begründungszusammenhang enthalten Wertungen. Werturteile im Entdeckungszusammenhang der Aussage gehen in die empirische Arbeit ein. Es handelt sich z.B. um die Frage, welchem Forschungsprojekt der Vorrang eingeräumt werden soll, oder um Werturteile, die vom Untersuchungsobjekt getroffen wurden. Das Werturteil im Begründungszusammenhang der erfahrungswissenschaftlichen Aussage zielt dagegen auf die persönliche Befürwortung oder Ablehnung des Forschungsergebnisses.[1313] Es ist

---

[1309] Vgl. Berndt (2005), S. 161. Die Technologie ist bei längeren Argumentationsketten ohne antizipierende Werturteile nicht möglich, sodass eine Annäherung an die Philosophie erfolgt, vgl. Chmielewicz (1994), S. 304–308 m.w.N.; Rüthers/Fischer/Birk (2011), Rn. 298–301.

[1310] Es ist hier allerdings anzumerken, dass sich die in dieser Arbeit vorgestellten Autoren des *decision usefulness approach* einheitlich an der Statik orientieren. Unterschiedliche Werturteile zeigen sich dennoch im Bereich der Bewertungsmethoden.

[1311] Vgl. Honderich (2005), Stichwort: Reichenbach, Hans.

[1312] Vgl. Reichenbach (1983), S. 3 und 239; Reichenbach (1999), S. 2. Reichenbach führte die Begriffe 1938 ein, wobei er den Begründungszusammenhang zunächst Rechtfertigungszusammenhang nannte.

[1313] Vgl. Chmielewicz (1994), S. 211.

leicht nachzuvollziehen, dass man nur von einer wertfreien Wissenschaft sprechen kann, wenn keine der beiden Werturteilsarten in der Forschung vertreten ist.

Schon Weber hielt reine Wissenschaften nicht für absolut wertfrei. Werturteile im Entdeckungszusammenhang lassen sich nicht vermeiden. So ordnet Weber beispielsweise das Erkenntnisinteresse des Wissenschaftlers dem Bereich der Werturteile zu.[1314] Habermas betonte später gleichgerichtet, dass der Kritische Rationalismus schon bei der Auswahl seiner Forschungsstandards wertend tätig wird. So ist die Beschränkung auf die Sinneswahrnehmung nur eine Möglichkeit unter mehreren.[1315] Auch die Befolgung der Korrespondenztheorie der Wahrheit ist für sich genommen ein Werturteil.[1316] Die Umsetzung der Werturteilsfreiheit ist in den Sozialwissenschaften gegenüber den Naturwissenschaften zusätzlich erschwert, beispielsweise im Rahmen von Begriffsdefinitionen, wie der Konkretisierung eines abweichenden Verhaltens oder des Ausdrucks „Familie".[1317] Ähnlich geht es dem Bilanztheoretiker, etwa wenn er konkretisieren muss, wie die Begriffe *asset* und *liability* mit konkretem Inhalt zu füllen sind.[1318]

Dennoch führen diese subjektiven Einflüsse in der Regel nicht dazu, dass eine Ist-Aussage nicht mehr als wissenschaftlich anerkannt wird. Popper weist bei der Besprechung des Basisproblems in die gleiche Richtung und hebt deshalb den Begründungszusammenhang gegenüber dem Entdeckungszusammenhang hervor. Nach Popper (und Reichenbach) ist nur der Begründungszusammenhang der Logik zugänglich und damit Teil der Erkenntnistheorie.[1319] Lediglich das Werturteil im Begründungszusammenhang der erfahrungswissenschaftlichen Aussage ist in der empirischen Forschung nicht akzeptiert,[1320] wobei diese Forderung selbst schon ein Werturteil ist.[1321]

4.4 Die Notwendigkeit von wissenschaftlichen Werturteilen

Die Befürworter der wissenschaftlichen Auseinandersetzung mit Werturteilen betonen im Allgemeinen deren Notwendigkeit und versuchen, meist unter Beibehaltung des Realismus, Wertungen im Begründungszusammenhang zu objektivieren.[1322] Dies gilt insbesondere dann,

---

1314 Vgl. Keuth (1989), S. 20 f. und 28; Ritsert (2009), S. 48–50.

1315 Vgl. Pinzani (2007), S. 54; vgl. kritisch zu möglichen Alternativen Keuth (1989), S. 150–153.

1316 Vgl. Chmielewicz (1994), S. 308 f. m.w.N.; Rüthers/Fischer/Birk (2011), Rn. 290b.

1317 Vgl. Röhl/Röhl (2008), S. 171.

1318 Vgl. im Ergebnis Homburger (1961), S. 94–99, der die wissenschaftliche Qualität der bilanziellen Bewertung trotz enthaltener Subjektivität auf Basis eines Vergleichs mit anderen sozialwissenschaftlichen Disziplinen verteidigt.

1319 „The philosopher of science is not much interested in the thought processes which lead to scientific discoveries; he looks for a logical analysis of the completed theory, including the relationships establishing its validity. That is, he is not interested in the context of discovery, but in the context of justification" (Bynum/Porter (2006), Stichwort: Popper, Karl Raimund, Zitat Nr. 17).

1320 Vgl. Chmielewicz (1994), S. 282–284, 288–294; Fülbier/Weller (2009), S. 354.

1321 Vgl. Chmielewicz (1994), S. 211 und 293 f.

1322 Vgl. Röhl/Röhl (2008), S. 172.

wenn die Norm gesellschaftliche Auswirkungen, wie beispielsweise eine Rechts- und Rechnungslegungsnorm, hat. Habermas hält die Diskussion von Normen in der Wissenschaft für notwendig, um eine Orientierung für das soziale Zusammenleben zu bieten. Bleibt die wissenschaftliche Handlungsempfehlung aus, so ist „eine Irrationalität in der Praxis" die Folge.[1323] Er macht deutlich, dass die Verlagerung auf die Praxis keine bessere Entscheidungsfindung garantiert. Im Gegenteil, dort erfolgt nicht zwingend eine bewusste Auseinandersetzung mit den zu treffenden Werturteilen. Die betroffenen Personen sind unter Umständen von der Entscheidungskomplexität überfordert und fällen eher singuläre Werturteile.[1324] Der Wissenschaftler ist dagegen eine unparteiische, kompetente Instanz, der man eher eine rationale Durchdringung der Entscheidungsalternativen unterstellen kann.[1325]

Ganz ähnlich gelagert versuchte Spranger, der ein Gegengutachten zur Position Webers im Werturteilsstreit zu Beginn des 20. Jahrhunderts erstellte, die wissenschaftliche Qualität von Werturteilen unter Rückgriff auf die Objektivität des Wissenschaftlers zu belegen.[1326] Er objektiviert (ethische) Werturteile, indem er sie erst am Ende eines Erkenntnisprozesses fällt.[1327] Dabei bedient er sich des teleologischen Bewusstseins, das in einem hermeneutischen Prozess die Wertungen Dritter, d.h. einer Gruppe,[1328] nachbildet und auf sich (zurück)wirken lässt.[1329] Spranger zielt darauf, die gefällten Werturteile zu objektivieren und sie zu wissenschaftlichen Aussagen zu machen, indem er vom Forscher verlangt, „sich objektiv [zu] stimmen"[1330], d.h. seine eigenen Interessen auszublenden und sich nur auf die Werte der Gruppe zu konzentrieren.[1331] Damit wird die Referenzgruppe der maßgebende Aspekt der Wissenschaftlichkeit.[1332]

Auch Schmoller, der im Werturteilsstreit eine Gegenthese zu Weber formulierte und sie im Verein für Socialpolitik zur Diskussion stellte, befürwortete die moralische Steuerung der Wirtschaft durch die Sozialpolitik. Ziel der wissenschaftlichen Erkenntnis seien die Anleitung der idealen Entwicklung und die Stellungnahme zu praktischen und politischen Fragen.[1333] Schmoller ging davon aus, dass wirtschaftlicher Fortschritt und sittlicher Fortschritt miteinander einhergehen. So glaubte er, dass sich neben der Evolution der Wirtschaft auch eine Evolu-

---

1323 Vgl. Chmielewicz (1994), S. 296 m.w.N. (auch Zitat); Keuth (1989), S. 95.
1324 Vgl. Chmielewicz (1994), S. 296 und 301–303 m.w.N.
1325 Vgl. Rüthers/Fischer/Birk (2011), Rn. 585.
1326 Vgl. Keuth (1989), S. 38.
1327 Vgl. Keuth (1989), S. 39.
1328 Vgl. Keuth (1989), S. 45.
1329 Vgl. Keuth (1989), S. 40–44.
1330 Spranger (1996), S. 136.
1331 Vgl. Keuth (1989), S. 46–48.
1332 Es ist auf der einen Seite eine möglichst große Gruppe gefragt, auf der anderen Seite kann nicht die gesamte Menschheit ausgewählt werden, da mindestens ein Standpunkt ausgeschlossen werden muss. Spranger wählt letztlich als Nationalist die Nation als relevante Einheit, vgl. Keuth (1989), S. 49–51. Über die Umsetzung seiner Forschungsmethode lässt Spranger den Leser jedoch im Unklaren, sodass er die Weberthese nicht zu widerlegen vermag, vgl. Keuth (1989), S. 51 f. Zur Unterscheidung von Werturteilen und Tatsachenaussagen bezieht Spranger keine Stellung, vgl. Keuth (1989), S. 53.
1333 Vgl. Brockhaus (2006), Stichwort: Werturteilsstreit. Schmoller glaubt, im Gegensatz zu Weber, nicht an eine von den praktisch gegebenen Wertvorstellungen unabhängige Aufstellung von Theorien, vgl. Ritsert (2009), S. 24 und 25.

tion der Werte ereignet, sodass sich die besseren Werturteile im Laufe der kulturellen Entwicklung durchsetzen. Der Wissenschaftler der Volkswirtschaftslehre könne anhand der Kenntnis der Entwicklungstendenzen diese objektiven Werte für die Sozialpolitik entdecken und die Politik somit anleiten.[1334]

Beispiel eines wissenschaftlich formulierten Gesellschaftsmodells ist die Kritische Theorie der Frankfurter Schule, der Habermas angehörte.[1335] Da sie eine Gesellschaftskritik ausspricht, ist sie zwingend werturteilsbehaftet. Den Verzicht auf Wertungen aus der Wissenschaft duldet sie nicht, weil er zu einer Zementierung der gesellschaftlichen Verhältnisse führt. Der Positivismus wird mit der misslichen Lage der Gesellschaft identifiziert, da Adorno den Positivisten unterstellte, dass sie die Tatsachen nicht nur darstellten, sondern sie auch indirekt legitimierten.[1336]

Folgt der Bilanztheoretiker dieser Argumentationslinie, so beurteilt er in legitimierter Weise, wie die Rechnungslegung zugunsten der Gesellschaft ausgestaltet sein sollte. Er übernimmt damit als objektive Person die Funktion des Standardsetzers. Ob die Objektivität des Wissenschaftlers jedoch ausreicht, um für seine Werturteile den Status allgemeingültiger Verbindlichkeit zu erheben, ist fraglich. Keuth stellt die Frage präzise: „Darf man für die eigenen Wertungen den Anspruch allgemeiner Verbindlichkeit erheben, indem man behauptet, sie entsprächen den Maßstäben der Wissenschaft [...]?“[1337]

5 *Zwischenergebnis*

Das Forschungsgebiet der Bilanztheorie sind Normen. Damit unterscheidet sie sich grundsätzlich von reinen Wissenschaften, wie den Naturwissenschaften, die die Realität und ihre Gesetzmäßigkeiten untersuchen. Die empirischen (Natur-)Wissenschaften sind grundsätzlich damit beschäftigt, mithilfe von Theorien aus (Natur-)Beobachtungen auf (Natur-)Gesetze zu

---

1334 Vgl. Schefold (1996), S. 183 187; Nau (1996), S. 15–23; Ritsert (2009), S. 30. Hierbei ist zu beachten, dass Schmoller der volkswirtschaftlichen Historischen Schule angehörte, deren Vertreter die geschichtliche Einmaligkeit wirtschaftlicher Ereignisse hervorhoben und versuchten, wirtschaftliche Gesetzmäßigkeiten induktiv abzuleiten, vgl. Brockhaus (2006), Stichwort: historische Schule. Zum Methodenstreit in der Nationalökonomie im Vorfeld des Werturteilsstreits vgl. Nau (1996), S. 10–15.

1335 Die Kritische Theorie beschäftigt sich mit den Lebensbedingungen im Kapitalismus nach dem Zweiten Weltkrieg. Sie basiert zunächst auf einer Vernunftkritik, die im Werk „Dialektik der Aufklärung“ (Horkheimer/Adorno (1969)) skizziert wird. Dort wird der zentrale Lehrsatz vertreten, dass das Zeitalter der Aufklärung mit dem Nationalsozialismus auch seine „dunklen Seiten offenbart“ hat, vgl. Mahlmann (2010), S. 181 (auch Zitat). Die dabei aufgetretenen Herrschaftsbeziehungen zwischen Individuum und Staat sowie das Eintauchen des Individuums in die Masse sehen Horkheimer und Adorno auch im bestehenden Kapitalismus angelegt. Die Kritische Theorie beanstandet das rationale, nur auf einen Zweck fokussierte Denken der (herrschenden) Gesellschaftsmitglieder. Dieses Vernunftprinzip ist in ihren Augen, in kritischer Haltung zu Kant, verantwortlich für gesellschaftliche Missstände, vgl. Blackburn (2008), Stichwort: *critical theory*; Mahlmann (2010), S. 185. In „Dialektik der Aufklärung“ entwerfen Adorno und Horkheimer einen emanzipatorischen Prozess, welcher diese Selbstbeschränkung der Vernunft aufheben kann und das angestrebte freiheitliche Gesellschaftskonzept legitimiert, vgl. Mahlmann (2010), S. 182.

1336 Vgl. Dahms (1994), S. 303–308 und 318; Honderich (2005), Stichwort: *Frankfurt School*; Mahlmann (2010), S. 183 f. Vgl. Habermas' Vorwurf der positivistisch halbierten Rationalität (Dahms (1994), S. 373).

1337 Keuth (1989), S. 1.

schließen. Die Theorien basieren auf Ursache-Wirkungs-Zusammenhängen, welche empirisch (anhand der Fakten) überprüft werden und somit (vorübergehend) faktisch wahr oder faktisch falsch sein können. Die Überprüfung selbst geschieht mithilfe der Falsifikation, einer Methode, die Fortschritt durch die eindeutige empirische Widerlegung von Hypothesen generiert.

Normen können nicht faktisch wahr oder faktisch falsch sein. Sie beschreiben keinen Ist-Zustand, sondern sie haben einen Anweisungscharakter basierend auf einer Präferenz/einem Werturteil. Ihre Zielvorgabe kann man je nach Sichtwiese als richtig anerkennen und akzeptieren oder auch als falsch empfinden und ablehnen. So wird der zentrale Grund für die fehlende Vorgabe einer überlegenen Bilanztheorie aus der bilanztheoretischen Forschung deutlich. Ein Fortschritt im Sinne der Verwerfung einer tradierten Theorie ist nicht möglich und kann der bilanztheoretischen Forschung grundsätzlich nicht vorgeworfen werden.

Was die bilanztheoretische Forschung leisten kann und muss, wenn das Ziel der internen Konsistenz der IFRS und US-GAAP ernsthaft besteht, ist die Bereitstellung adäquater Bilanzierungsvorschriften (Mittel) für einen bestimmten Jahresabschlusszweck (Ziel). Das Ergebnis sind dann intern konsistente Rechnungslegungssysteme. Dabei ist der Zweck von außen, z.B. vom Standardsetzer, vorzugeben. Auf diese Weise vermeidet der Bilanztheoretiker größtenteils eigene Werturteile (Präferenz für ein bestimmtes Ziel), die nach herrschender Meinung und aufgrund Humes Gesetz wissenschaftlich nicht anerkannt sind. Die Befürwortung von normativen Aussagen in der Wissenschaft basiert dagegen auf der Annahme, dass ein Wissenschaftler als unparteiischer und objektiver Experte die „besseren" Werturteile als der unter Umständen voreingenommene Praktiker fällt.

Mit Statik und Dynamik sind ausformulierte alternative, grundsätzlich intern konsistente Systeme vorhanden. Die bilanztheoretische Forschung erfüllt damit ihren wissenschaftlichen Auftrag, sodass die mangelnde interne Konsistenz der US-GAAP und IFRS hier nicht ihre Ursache haben kann. Somit wird die These aus dem Ergebnis der historischen Analyse gestärkt, dass eine stringente bilanztheoretische Fundierung der US-GAAP und IFRS nicht gewollt ist. Hinzu kommt, dass die vordefinierte Zielgröße des IASB und FASB, entscheidungsnützliche Informationen für Investitionsentscheidungen, sehr vage ist. Sowohl die *asset and liability view* als auch die *revenue and expense view* stellen adäquate Mittel dar, um dieser Aufgabe – wenn auch mit konträren Bilanzierungsanweisungen – zu genügen. Der Bilanztheoretiker wird hier gezwungen zu werten, weil er sich entscheiden muss, welchem bilanztheoretischen Weg er folgt. Möchte die Standardsetzung die interne Konsistenz erreichen, steht sie sich mit der nebelhaften Zielvorgabe der Entscheidungsnützlichkeit selbst im Weg.

C Wissenschaftstheoretische Erklärung der Rechnungslegungshistorie anhand von Paradigmenwechseln

1 Kuhns Verständnis der Wissenschaftshistorie und seine Übertragung auf die Rechnungslegung

Neben dem in den vorigen Abschnitten vorgestellten Postulat der Werturteilsfreiheit in Verbindung mit der Forderung nach objektiver Falsifizierung von wissenschaftlichen Theorien im Rahmen des Erkenntnisfortschritts existiert eine bekannte Sondermeinung, die den Erkenntnisfortschritt der Naturwissenschaften explizit beschreibt. Sie lässt dabei den qualitativen Unterschied zwischen Wirtschaftstheorie und -technologie einerseits und Wirtschaftsphilosophie andererseits verschwimmen.

Thomas S. Kuhn griff das Phänomen der faktisch fehlenden Falsifizierung wissenschaftlicher Theorien im 20. Jahrhundert auf. Als Wissenschaftshistoriker und -theoretiker wandte er sich gegen ein (ideales) naturwissenschaftliches Verständnis, das von der stetigen und zielgerichteten Verbesserung des Kenntnisstands ausgeht und wonach „[w]issenschaftliche Entwicklung [...] der schrittweise sich vollziehende Prozeß [ist], durch den [Fakten, Theorien und Methoden] [...], isoliert oder kombiniert, zu einem immerwährend wachsenden Bestand zusammengefügt worden sind“[1338]. Der (Wissenschafts-)Historiker zeichnet für gewöhnlich diese Entwicklung nach, indem er eine Chronologie der Entdeckungen und Erfindungen aufschreibt und gleichzeitig den Irrtümern der (älteren) Wissenschaft gegenüberstellt.[1339] Die zunehmenden Schwierigkeiten der Historiker, diese Aufzeichnungen vorzunehmen, nahm Kuhn zum Anlass, das Wissenschaftsbild selbst neu zu formulieren.[1340] Fortschritt durch Falsifikation (oder Verifikation) lehnt er ab[1341] und stellt die seit Galilei vorherrschende Konzentration der Naturwissenschaften auf Experiment und Logik infrage.[1342] Kuhn ersetzt die falsifizierende Methode seines unmittelbaren Gegners, dem Philosophen Popper, durch Paradigmenwechsel (Revolutionen) im Nachgang einer normalwissenschaftlichen Phase, die nicht unmittelbar logisch erklärt werden können, sondern (auch) durch ein „willkürliches Element“[1343] bestimmt sind. Letztlich entziehen sich die Paradigmen einer unmittelbaren Vergleichbarkeit, sie sind im Sprachgebrauch Kuhns „inkommensurabel“[1344] und definieren den wissenschaftlichen Fortschritt neu.

1338 Kuhn (1976), S. 16, vgl. auch S. 107 f. Vgl. Chmielewicz (1994), S. 136.

1339 Vgl. Kuhn (1976), S. 16.

1340 Vgl. Kuhn (1976), S. 16–18; Chalmers (2007), S. 89. Kuhn wandte sich der Wissenschaftstheorie und -geschichte zu, obwohl er selbst Physik studiert hatte, vgl. Kuhn (1976), S. 7.

1341 Vgl. Kuhn (1976), S. 156–158 und 162. Auch das gleichzeitige Bestehen mehrerer Theorien lehnt Kuhn ab, vgl. Chmielewicz (1994), S. 138 f.

1342 Vgl. Lauth/Sareiter (2005), S. 124.

1343 Kuhn (1976), S. 19.

1344 Kuhn (1976), S. 116.

Ruft man sich die etwas ernüchternde Bilanz der Ausführungen zu Verifikation und Falsifikation in das Gedächtnis, so ist es nicht verwunderlich, dass Kuhn nach einer Alternative suchte, die das Voranschreiten der Wissenschaft erklärt. Denn „[w]issenschaftliche Theorien sind empirisch [...] weder definitiv verifizierbar (wegen des Induktionsproblems) [...] noch definitiv falsifizierbar (wegen des Basisproblems)“[1345].

Die Kuhn'sche Idee der nicht falsifizierten Theorien in der Wissenschaft erinnert grundsätzlich an die bilanztheoretische Forschung, welche eine überlegene Bilanztheorie nicht zu benennen vermag. Einschnitte oder Paradigmenwechsel fallen weiterhin primär in der Entwicklung der US-amerikanischen Rechnungslegung vom Beginn des 20. Jahrhunderts bis heute auf. Auch Chambers stellt fest: „The history [of accounting thought] is not a history of development, but a series of disconnected episodes“[1346]. Waren ursprünglich kaum Bilanzierungsregeln vorgeschrieben, folgte eine dynamisch geprägte Phase, die seit den 1970ern mehr und mehr von statischen Einflüssen verdrängt wird. Die Kuhn'sche Paradigmentheorie wird daher als Erklärungsansatz für die Entwicklung der Bilanztheorie und ihrer Umsetzung in der Standardsetzung geprüft. Gelingt die Übertragung der Kuhn'schen Idee auf die US-amerikanische Rechnungslegung, kann der Verdacht eines bilanztheoretischen wissenschaftlichen Versagens erneut widerlegt werden, da wissenschaftlicher Fortschritt und der Erkenntnisgewinn nicht (mehr) über Falsifikationen definiert sind. Die fehlende Falsifikation ist dann kein Spezifikum der (Bilanzierungs-)Normsetzung mehr. Vielmehr unterscheidet sich die Art des Voranschreitens in der Normsetzung kaum noch von der Art des Voranschreitens in den Naturwissenschaften. In der Folge scheint der qualitative Unterschied zwischen Normsetzung und Erfahrungswissenschaften jenseits der Technologie zu schwinden.

2 *Kuhns Paradigmenbegriff und seine Übertragung auf die Rechnungslegung*

Kuhn hat den Begriff des Paradigmas für die moderne Wissenschaftstheorie und -geschichte originär in seinem Werk „Die Struktur wissenschaftlicher Revolutionen“ (Originaltitel: „The Structure of Scientific Revolutions“ – kurz: „Structure“) geprägt. Sein Paradigmenbegriff ist angelehnt an die allgemeine Wortbedeutung „Muster“ oder „Schema“, die auch in der Grammatik herangezogen wird, unterscheidet sich aber von dieser, da Kuhns wissenschaftliches Paradigma keine Wiederholungen garantiert. Er vergleicht das Paradigma hingegen mit der Präzedenzentscheidung eines Gerichts, versteht es als „Objekt für weitere Artikulierung und Spezifizierung unter neuen oder strengeren Voraussetzungen“[1347] oder noch vager als „Verheißung von Erfolg“[1348]. Eine prominente Formulierung lautet: „Darunter verstehe ich allgemein anerkannte wissenschaftliche Leistungen, die für eine gewisse Zeit einer Gemeinschaft

[1345] Lauth/Sareiter (2005), S. 179, im Original mit Hervorhebungen. Vgl. Abschnitt III.B.2.2 (S. 148 151).
[1346] Chambers (1965), S. 33, zitiert nach AAA (1977), S. 5.
[1347] Vgl. Kuhn (1976), S. 37 (auch Zitat).
[1348] Kuhn (1976), S. 38.

von Fachleuten maßgebende Probleme und Lösungen liefern."[1349] Im weiteren Verlauf des Werks „Structure" weist Kuhn dem Begriff des Paradigmas jedoch so viele weitere, höchstens verwandte, Bedeutungen zu, dass man „den Eindruck [gewinnt], daß alles, worin die Wissenschaftler einer Disziplin übereinstimmen bzw. übereinstimmen können, zum Paradigma gehört"[1350]. So beschreibt Kuhn Paradigmen beispielsweise anschaulich als Lehrbuchmeinung oder „Klassiker der Wissenschaft", die Neulingen die relevante Forschungssprache beibringen und als Vorbilder fungieren,[1351] als Theorien,[1352] Instrumente[1353] und Traditionen[1354]. Masterman zählt nicht weniger als 21 Bedeutungszusammenhänge.[1355]

In der zweiten Auflage von „Structure" grenzt Kuhn den Paradigmenbegriff ein[1356] und sieht das Paradigma als Teil des disziplinären Systems einer wissenschaftlichen Gemeinschaft. Er setzt das Paradigma damit nicht mehr, wie man zuvor vermuten konnte, mit der gesamten disziplinären Matrix gleich.[1357] Das disziplinäre System (die disziplinäre Matrix) sichert die Kommunikationsfähigkeit und Einigkeit der Mitglieder einer Forschungsgemeinschaft. Es besteht im Wesentlichen aus Formeln für Gesetze und Definitionen, aus metaphysischen Modellen und noch abstrakteren Werten und schließlich aus Musterbeispielen.[1358] Letztere kennzeichnen das Paradigma. Das Studium der Musterbeispiele sorgt dafür, dass der Student lernt, Ähnlichkeiten zwischen verschiedenen (natürlichen) Situationen zu erkennen und dementsprechend Formeln und Theorien darauf anzuwenden. Das Paradigma prägt also unbewusst zunächst die Wahrnehmung (die Empfindung) des Wissenschaftlers, an die sich eine bewusste Interpretation der wahrgenommenen Natur anschließt.[1359] Aufgrund dieses „stillschweigende[n] Wissen[s]"[1360] kann das Paradigma nicht vollständig beschrieben werden.[1361]

Die vage Sprache Kuhns, nicht nur im Hinblick auf den Paradigmenbegriff, ist Grund für die anhaltende Kontroverse bezüglich der Sinnhaftigkeit und Interpretation seines Werks.[1362]

1349 Kuhn (1976), S. 10.
1350 Rose (2008), S. 27 f.
1351 Vgl. Kuhn (1976), S. 25 und 26 (Zitat S. 25).
1352 Vgl. Kuhn (1976), S. 32.
1353 Vgl. Kuhn (1976), S. 51.
1354 Vgl. Kuhn (1976), S. 25 f.
1355 Vgl. Masterman (1974), S. 61–65. Sie ordnet die Bedeutungszusammenhänge drei Kategorien zu: metaphysische Paradigmen (Überzeugungen oder Ansichten), soziologische Paradigmen (Gewohnheiten), konstruierte Paradigmen (z.B. Lehrbuch, Instrumente), vgl. Masterman (1974), S. 66–78. Kuhn selbst hat sich zur soziologischen Version des Paradigmas bekannt, vgl. Kuhn (1974), S. 263. Jedoch hängen letztendlich alle drei Versionen hierarchisch zusammen, vgl. Laughlin (1981), S. 333 f.
1356 Die Eingrenzung ist im Postskriptum zur zweiten Auflage von „Structure", die auch die vorliegende Arbeit verwendet, zu finden.
1357 Vgl. Stoll (1983), S. 549.
1358 Vgl. Kuhn (1976), S. 193–199.
1359 Vgl. Kuhn (1974), S. 263; Kuhn (1976), S. 199–209.
1360 Kuhn (1976), S. 203.
1361 Vgl. Chalmers (2007), S. 93.
1362 Vgl. Rose (2008), S. 10 und 20–24. Beispielhafte Kritik ist zu finden bei Riahi-Belkaoui (2004), S. 336; Lauth/Sareiter (2005), S. 120. Kuhns Veröffentlichungen im Anschluss an „Structure" nehmen immer wieder Bezug auf sein Hauptwerk. „Die konstruktive und produktive Verteidigung von Structure gegenüber seinen Kritikern avancierte zu Kuhns Lebensaufgabe" (Rose (2008), S. 11, im Original mit Hervorhebung,

Bemerkenswert ist die Fülle von Interpretationen und Übertragungen, die der Paradigmenbegriff Kuhns erfahren hat. Dabei steht die inflationäre und teilweise modewortartige Verwendung des Begriffs im Gegensatz zu Kuhns Abwendung von dieser Bezeichnung.[1363] Die Transferleistungen spiegeln die von Kuhn vorgegebene Unbestimmtheit des Ausdrucks und gleichzeitig die wissenschaftstheoretische Bedeutung des Autors wider. Auch die Rechnungslegungsliteratur bezieht sich gerne auf Kuhn.[1364] Frühere Ansätze setzen sich explizit mit der Kuhn'schen Theorie auseinander. Dagegen verwendet die aktuelle Literatur nur noch das Schlagwort „Paradigmenwechsel", ohne es (zwingend) mit der Kuhn'schen Bedeutung zu verbinden.

Die vorliegende Abhandlung folgt der Ansicht von Wells,[1365] Flamholtz,[1366] Previts[1367] sowie der American Accounting Association (AAA),[1368] die alle ein erstes Paradigma der US-amerikanischen Rechnungslegung in der Vorherrschaft der dynamischen Gewinnermittlung sehen. Die Arbeit stellt weiterhin den Beginn des Paradigmenwechsels zur Statik zur Zeit der Etablierung des Conceptual Framework durch das FASB, welches die statische Gewinndefinition enthält, zur Diskussion. Der Wechsel wird weitergeführt durch die Hinwendung zur Fair-Value-Bilanzierung, welche die historische Bewertung verdrängt.[1369] Andere Autoren sehen in ähnlicher Weise einen Paradigmenwechsel für die handelsrechtliche Rechnungslegung aufgrund ihrer Internationalisierung. Die Begründung liegt wiederum in der Bewertung, da das Handelsrecht durch eine historische Bewertung gekennzeichnet ist und die IFRS den Fair Value als Bewertungsmaßstab zulassen.[1370]

---

vgl. auch S. 25). Dennoch führten die Kritik an der Unbestimmtheit des Paradigmenbegriffs und die damit verbundenen Fehldeutungen dazu, dass Kuhn Abstand von diesem Begriff nahm, vgl. Rose (2008), S. 30. Rückblickend erkennt Kuhn selbst: „Paradigm was a perfectly good word, until I messed it up" (Kuhn (2000), S. 298, im Original mit Hervorhebung).

1363 Vgl. überblicksartig Gutting (1980); Rose (2008), S. 30–33.

1364 Nur wenige Wissenschaftler aus dem Bereich der Rechnungslegung stützen sich auf die weniger bekannten Wissenschaftstheoretiker, die Kuhns Vorstellungen sinnvoll ergänzt haben (z.B. Lakatos oder Stegmüller). Mattessich (1995b), S. 125–156 ist somit eine beispielhafte Ausnahme. Vgl. auch Laughlin (1981), S. 342–345.

1365 Vgl. Wells (1976). Wells' Ziel lag in der Formulierung einer Daseinsberechtigung der bilanztheoretischen Forschungsergebnisse, vgl. Cushing (1989), S. 4. Er charakterisiert das dynamische Paradigma anhand der historischen Kosten, vgl. Wells (1976), S. 476.

1366 Vgl. Flamholtz (1979).

1367 Vgl. Previts (1980), S. 191 f. Er differenziert sogar zwischen *pure historical cost paradigm* und *modified cost paradigm*, die sich durch die Einbeziehung der Abschreibung unterscheiden.

1368 Vgl. AAA (1977), S. 41–45.

1369 Dieser angenommene Paradigmenwechsel wird durch verschiedene Autoren bestätigt. Vgl. Beisse (1984), S. 2 und Hommel/Wich (2004), S. 21 f. mit allgemeinem Bezug zur statischen Bilanztheorie. Vgl. Gebhardt/Naumann (1999), S. 1465; Albrecht (2003), S. 395 und 397; Barlev/Haddad (2003), S. 383; Baetge/Kümmel (2003), S. 3; Küting/Dawo (2003), S. 241; Perry/Nöelke (2005), S. 1; Bieker (2006), S. 6 und 7 mit engerem Bezug zur Fair-Value-Bewertung. Hitz konstruiert keinen Paradigmenwechsel, sondern sieht die Fair-Value-Bilanzierung als erstes Paradigma der Rechnungslegung an, vgl. Hitz (2005), S. 31–57. Die vorgenannten Ansätze enthalten mit Ausnahme von Hitz jedoch keinen expliziten Hinweis auf Kuhn.

1370 Vgl. Euler (2002), S. 875; Böcking/Lopatta/Rausch (2005), S. 85 m.w.N. zur Verwendung des Begriffs „Paradigmenwechsel" sowie Küting/Lauer (2009), S. 547 und 552. Vereinzelt bezeichnen Autoren auch die Veränderung spezieller Bilanzierungsvorschriften als Paradigmenwechsel, vgl. Oser (2010), S. 121 zu

3 *Phasen der wissenschaftlichen Betätigung bei Kuhn und in der Rechnungslegungshistorie*

3.1 Auf dem Weg zum ersten Paradigma – Die unreife Disziplin

Kuhn stellt in Bezug auf die Forschungsphase vor dem ersten Paradigma, die er später unreife Phase nennt,[1371] heraus, dass es widerstreitende Erklärungsansätze oder nur Teilerklärungen gibt.[1372] Er führt den mühsamen Weg zum ersten Paradigma darauf zurück, dass zu Beginn Fakten nicht in wesentliche und unwesentliche unterschieden werden können und sich somit die Datensammlung willkürlich und oberflächlich gestaltet. In der Folge ist auch die Verwertung der Daten chaotisch. Darüber hinaus sind frühe Arbeiten unkritisch gegenüber konkurrierenden Ansätzen, sie haben deskriptiven Charakter.[1373] Die Fortentwicklung zu Denkschulen erfolgt durch die Kombination der Daten mit einem „Komplex ineinander verflochtener theoretischer und methodologischer Überzeugungen [...], der Auswahl, Bewertung und Kritik möglich macht". Dieser Komplex wird durch andere Wissenschaften oder persönliche formgebende Erfahrungen bereitgestellt und erklärt die Vielfalt der Ansätze.[1374]

„Um als Paradigma [schließlich] angenommen zu werden, muß eine Theorie [für die Problemlösung] besser erscheinen als die mit ihr im Wettstreit liegenden, sie braucht aber nicht – und tut es tatsächlich auch niemals – alle Tatsachen, mit denen sie konfrontiert wird, zu erklären."[1375] Das Paradigma fungiert formgebend für seine Anhänger: „[E]s [ist] manchmal nur die Annahme eines Paradigmas, durch welche eine vorher lediglich am Studium der Natur interessierte Gruppe in einen Fachberuf oder zumindest eine Disziplin umgewandelt wird."[1376] Somit hat das Paradigma einen organisierenden Effekt auf den Forschungsprozess.[1377] Es entsteht ein reifes Wissenschaftsgebiet.

Die von Kuhn genannten Charakteristika der vorparadigmatischen oder unreifen Phase spiegeln sich in der US-amerikanischen Rechnungslegung zu Beginn des 20. Jahrhunderts wider. Das Problembewusstsein für die Ausgestaltung des Jahresabschlusses war zu diesem Zeitpunkt nur bedingt vorhanden, was zu den verschiedensten Praktiken führte. Paradigmatische Vorstöße von Seiten der Unternehmer waren kaum zu erwarten, da jene für die Unternehmer

---

latenten Steuern; Zülch/Pronobis (2009), S. 555 zur Darstellung des IFRS-Abschlusses; Oversberg (2007), S. 376 und 378 zur Leasingbilanzierung.

1371 Kuhn erläutert: „Es kommt mir im Rückblick vor, als hätte jede wissenschaftliche Gemeinschaft [...] immer ein Paradigma besessen." Gleichzeitig weist er jedoch darauf hin, dass „diese Veränderung der Terminologie überhaupt nicht [s]eine Schilderung des Reifeprozesses verändert" (Kuhn (1974), S. 263, Fn. 73 (beide Zitate)). Vgl. auch Kuhn (1976), S. 190.

1372 Vgl. Kuhn (1976), S. 27–29.

1373 Vgl. Kuhn (1976), S. 30 f. Chalmers spricht von „wenig organisierten und unterschiedlichen Aktivitäten" (Chalmers (2007), S. 90).

1374 Vgl. Kuhn (1976), S. 18 f. und 31 (Zitat S. 31).

1375 Kuhn (1976), S. 32, vgl. auch S. 37 und 74.

1376 Kuhn (1976), S. 33.

1377 Vgl. Stoll (1983), S. 548 und 555.

eine Zurückdrängung ihrer Gestaltungsmöglichkeiten bedeutet hätten.[1378] Ein Berufsstand mit der Verantwortung zur Verabschiedung von Bilanzierungsregeln sowie zur Prüfung von Jahresabschlüssen hatte sich noch nicht etabliert und konnte ebenfalls nicht auf ein Paradigma hinwirken.

Die vorhandenen Theorien, *proprietary theory* und *entity theory*,[1379] verfehlen grundsätzlich die Behandlung der Problematik der Ausgestaltung des Jahresabschlusses, da sie sich nicht auf den Sinn und Zweck des Jahresabschlusses konzentrierten. Sie können damit auf den ersten Blick kein entsprechendes Paradigma hervorrufen. Die normative Bevorzugung der Bilanz und der Vermögensermittlung in der *proprietary theory* sind jedoch erste Hinweise auf ein statisches Paradigma. Insbesondere Hatfield weist in eine paradigmatische Zukunft, da er sich stärker als Sprague mit Bewertungskonzepten beschäftigt. Die Fortentwicklung der *proprietary theory* zur Denkschule bot an dieser Stelle die Chance zur Etablierung eines statischen Paradigmas auch ohne direkten Bezug zur Ausgestaltung des Jahresabschlusses. Dieser Bezug wird hier durch die Unternehmensbetrachtung in Verbindung mit der doppelten Buchführung ersetzt. Die Substitution erscheint einleuchtend, da sich zunächst die Unternehmen in ihrer Struktur fortentwickelten und verselbstständigten und erst zu einem späteren Zeitpunkt über die systematische Jahresabschlusserstellung nachgedacht wurde. Es war die grundlegende Kritik der Realitätsferne, welche die Fortentwicklung der Denkschule zum (statischen) Paradigma verhinderte.

An dieser Stelle knüpft die *entity theory* an. Sie entsprach eher dem herrschenden Unternehmenstyp und kündigte somit das erste (dynamische) Paradigma an. Jedoch machte ein Festhalten an der Vorrangigkeit der Eigentumsrechte der Unternehmer und damit der Bilanz die Akzeptanz des dynamischen Paradigmas zu Beginn des 20. Jahrhunderts (noch) nicht möglich. Die *entity theory* konnte nicht überzeugen, da sie sich in erster Linie mit der Wahrnehmung des Unternehmens beschäftigte und für die Rechnungslegung daraus zu extreme Konsequenzen zog.

Anhand der *proprietary theory* und der *entity theory* wird somit deutlich, dass kein Paradigma entstehen kann, wenn keine der beiden konkurrierenden Theorien eine deutlich bessere Problemlösung bietet.

1378 Vgl. Flamholtz (1979), S. 129 f. A.A. Cushing: Er betont die Flexibilität der doppelten Buchführung als Qualitätsmerkmal dieses Paradigmas, vgl. Cushing (1989), S. 21 f.

1379 Vgl. zur *entity* und *proprietary theory* Abschnitt II.A (S. 9 27).

3.2 Normalwissenschaftliche Forschungsarbeit auf Basis eines Paradigmas – Die reife Disziplin

In einem Stadium, in welchem die wissenschaftlichen Leistungen des Paradigmas zugleich neu genug und offen für ungelöste Fragestellungen sind, charakterisiert Kuhn die Forschung der reifen Disziplin als „normale Wissenschaft".[1380] Sie „[beruht] fest auf einer oder mehreren wissenschaftlichen Leistungen der Vergangenheit [...], Leistungen, die von einer bestimmten wissenschaftlichen Gemeinschaft eine Zeitlang als Grundlagen für ihre weitere Arbeit anerkannt werden"[1381]. Sie steht „für die Entstehung und Fortdauer einer bestimmten Forschungstradition"[1382] und ist „ein Zeichen der Reife in der Entwicklung jedes besonderen wissenschaftlichen Fachgebiets"[1383]. Sie beginnt dort, wo die Lehrbuchmeinung endet.[1384]

Aufgrund der Offenheit des Paradigmas bezeichnet Kuhn die normale Wissenschaft als „Aufräumarbeit", die nicht neue Phänomene und Theorien zur Erklärung der Realität sucht, sondern die Grundsätze des Paradigmas verdeutlicht.[1385] Das Paradigma wird in diesem Sinne nicht geprüft.[1386] „Ein normales Forschungsproblem zu einem Abschluß bringen heißt, das Erwartete auf eine[m] neuen Weg erreichen"[1387]. Kuhn macht den Normalwissenschaftler damit metaphorisch zum geschickten Rätsellöser, für den der Weg zentral ist und nicht das ohnehin feststehende Ziel.[1388] Die Normalwissenschaft folgt darüber hinaus, wie ein Rätsel, bestimmten Regeln, die die Lösungsmethode und die Art der akzeptierten Lösungen festlegen und somit den Wissenschaftler an das Paradigma binden. Beispiele sind Verallgemeinerungen in Form von Gesetzen oder Theorien, der praktisch vertraute Versuchsaufbau oder metaphysische Begriffsdefinitionen.[1389]

Das Vorhandensein von Regeln in der täglichen normalwissenschaftlichen Arbeit ist aber keine notwendige Bedingung für das Bestehen eines Paradigmas. Zwar unterstützen Regeln die Anwendung eines Paradigmas, aber das Paradigma selbst wird durch die anerkannten tatsächlichen wissenschaftlichen Leistungen oder Musterbeispiele determiniert. „Regeln [...] leiten sich von Paradigmata her, aber Paradigmata können die Forschung selbst noch bei fehlenden Regeln leiten."[1390] Die Bindung an das Paradigma erfolgt durch die Vorbildfunktion der aner-

---

1380 Vgl. Kuhn (1976), S. 25 (auch Zitat).
1381 Kuhn (1976), S. 25.
1382 Kuhn (1976), S. 26.
1383 Kuhn (1976), S. 26.
1384 Vgl. Kuhn (1976), S. 34.
1385 Vgl. Kuhn (1976), S. 38 f. (Zitat S. 38); Chalmers (2007), S. 91.
1386 Vgl. Kuhn (1976), S. 155.
1387 Kuhn (1976), S. 50.
1388 Vgl. Kuhn (1976), S. 50–52.
1389 Vgl. Kuhn (1976), S. 52–55.
1390 Vgl. Kuhn (1976), S. 56 (auch Zitat), vgl. auch S. 26 und 58. Kuhn verwendet den Begriff der Esoterik, um die normalwissenschaftliche Forschung zu kennzeichnen, die durch den vorgegebenen Rahmen der Regeln möglich wird, vgl. Kuhn (1976), S. 26, 33, 34 und 56. Der Begriff der Esoterik gilt als Begriff „für ‚innere Wege', bestimmte spirituelle Erfahrungen zu erlangen, die von einer bloß ‚äußeren' Befolgung von Dogmen und Vorschriften zu unterscheiden sind" (Brockhaus (2006), Stichwort: Esoterik).

kannten Leistungen, sodass sich die normale Forschungsarbeit durch Ähnlichkeit oder Nachbildung auszeichnet. Die Priorität des Paradigmas im Vergleich zur Formulierung von Regeln korrespondiert mit der schwierigen Identifizierung der Regeln und spiegelt sich in der anwendungsorientierten Ausbildung der Wissenschaftler wider.[1391] Erst wenn das Paradigma in Zweifel gezogen wird, tritt die Diskussion um Einzelregelungen für gewöhnlich in den Vordergrund.[1392]

Die Annahme eines Paradigmas hat mehrere Konsequenzen für die Forschungsarbeit: Beendigung der Grundlagendiskussion, Ausschluss von Andersdenkenden, Spezialisierung der Anhänger sowie Kommunikation zwischen den Anhängern.[1393] Die normale Wissenschaft umfasst nach Kuhn deshalb auf das Detail gerichtete Forschungsmethoden, welche die Exaktheit und Reichweite des Paradigmas fördern und ausdehnen.[1394] Die normale Forschung ist demnach kumulativ geprägt, ohne jedoch wesentliche Neuerungen zu erzielen.[1395]

Kuhn und Popper grenzen sich voneinander ab, indem Popper das Rätsellösen verneint und stattdessen die ständige Infragestellung der Theorie zum Zweck der Falsifikation bevorzugt. Während also die Forschergemeinschaft bei Kuhn gerade aufgrund des Vertrauens in die Theorie während der normalwissenschaftlichen Phase vorankommt, sind die Forscher bei Popper ständig auf der Suche nach neuen Sachverhalten, weil sie die aktuelle Theorie anzweifeln und falsifizieren möchten. Somit unterscheiden sich beide Wissenschaftstheoretiker nicht so sehr im Ergebnis „Fortschritt", sondern im Weg dorthin.[1396] Im Gegensatz dazu erzielen nach Kuhn Disziplinen, die den Reifegrad (noch) nicht erreicht haben (Kuhn macht hier keinen Unterschied zwischen den Künsten und manchen Sozialwissenschaften), kaum einen Fortschritt, da sie kein Paradigma teilen, welches das Rätsellösen gewährleistet. Stattdessen sind sie ständig auf der Suche, zweifeln   wie Popper   den Stand der Disziplin kontinuierlich an und wirken auf diese Weise auf eine Revolution hin, ohne dass dabei zwingend ein Fortschritt erreicht wird.[1397]

1391 Vgl. Kuhn (1976), S. 59–61.

1392 Vgl. Kuhn (1976), S. 61 f.

1393 Vgl. Kuhn (1976), S. 25.

1394 Vgl. Kuhn (1976), S. 50. Kuhn nennt als normale Forschungstätigkeiten die Fortentwicklung des Kenntnisstands über die zentralen Fakten (z.B. durch genauere Messmethoden), die empirische Bestätigung der Voraussagen des Paradigmas (z.B. Entwicklung von Spezialgeräten), empirische Verfeinerung des Paradigmas (z.B. experimentelle Bestimmung einer Gleichgewichtskonstanten), die theoretische Anwendung des Paradigmas zur Verbesserung der Exaktheit sowie die Neuformulierung der Grundsätze zur besseren Verständlichkeit, vgl. ausführlich Kuhn (1976), S. 39–48.

1395 Vgl. Kuhn (1976), S. 65. Die Entdeckung neuer chemischer Elemente fällt nach Kuhn z.B. unter die Normalwissenschaft, vgl. Kuhn (1976), S. 73 f.

1396 Vgl. Kuhn (1974), S. 234–236 und 239.

1397 Vgl. Kuhn (1974), S. 235 f. Kuhns Beschreibung der Historie anhand von Paradigmenwechseln geht nicht automatisch mit einer Verhaltensanweisung an den Forscher einher. Kuhn empfiehlt einem Forscher nur eine normalwissenschaftliche Haltung, wenn die Disziplin diesen Zustand bereits erreicht hat, vgl. Kuhn (1974), S. 229. Eine bewusste Transformierung einer unreifen Disziplin in eine reife mithilfe der (spontanen) Einigung über ein Paradigma und sich anschließender normaler Forschungsarbeit schließt er aus, vgl. Kuhn (1974), S. 237.

Die Bildung des ersten vermuteten US-amerikanischen Rechnungslegungsparadigmas ist durch externe Vorgaben getrieben. Die aufkeimende Relevanz der Jahresabschlüsse für Informationszwecke und fiskalische Zwecke bedingte insbesondere seine Bildung nach der Weltwirtschaftskrise, da nun die Frage nach der Ausgestaltung des Jahresabschlusses auf Staatsebene zutage trat.[1398] Gleichzeitig förderte die Formierung des Berufsstands als unmittelbaren Bezugspunkts des Problembereichs die Annahme eines Paradigmas. Diese erste Auseinandersetzung mit den konkreten Bilanzierungsvorschriften ist nach Wells Ausdruck einer Krise, die zur Bildung des ersten Paradigmas führte:[1399] Die dynamisch-objektivierte Ausgestaltung des Jahresabschlusses wurde mehrheitsfähig.[1400]

Innerhalb dieses normalwissenschaftlichen Rahmens, den die *revenue and expense view* in der ersten Hälfte des 20. Jahrhunderts lieferte, konnte der Bilanzierer, Standardsetzer etc. als Rätsellöser auftreten und neue Bilanzierungssachverhalte im Lichte dieser Vorgaben einordnen. Es erfolgte die Konkretisierung der noch vagen Vorstellung des Revenue-and-Expense-Paradigmas mit der Vorgabe der Praktikabilität.[1401] Gleichzeitig wurde das Paradigma durch die theoretische Ausarbeitung von Paton/Littleton gestützt.[1402] Flamholtz fasst die Entwicklung prägnant zusammen: „The accounting paradigm that emerged from the decade of the 1930's was therefore a product of both the accounting profession and the SEC. Its acceptance was assured by the ultimate power of the SEC to regulate accounting, and by the paradigm's responsiveness to the needs of the times. The problems of the great depression, and reaction to the abuses of the 1920's, called for accounting that was verifiable and objective in order to restore confidence in the economic system. The SEC and the accounting profession responded with a framework based upon realization and historical cost that sought to provide information to investors."[1403] Hier bestand also die Chance zu einer intern konsistenten Rechnungslegung, hätte man sich explizit auf eine bilanztheoretische Fundierung eingelassen.

Allerdings basiert die Rechnungslegung nicht auf Naturbeobachtungen, sondern beschäftigt sich mit vom Menschen geschaffenen abstrakten Schriftstücken.[1404] Dies erschwert die Übertragung des Paradigmenbegriffs im Sinne von tatsächlichen Leistungen, hervorgegangen aus Experiment oder Beobachtung, auf die Bilanztheorie. Es gelingt der Rechnungslegung kaum, Regeln und Definitionen so weit in den Hintergrund zu drängen, dass sich nur auf Basis der Musterbeispiele stillschweigendes Wissen und eine bestimmte Wahrnehmung ausprägen. Im

---

[1398] Vgl. Flamholtz (1979), S. 130.

[1399] Vgl. Wells (1976), S. 474.

[1400] Vgl. Flamholtz (1979), S. 130. A.A. Cushing: Er interpretiert die aufkommende Regulierung der Jahresabschlusserstellung als Anomalie innerhalb des Paradigmas der doppelten Buchführung, vgl. Cushing (1989), S. 22 f.

[1401] Vgl. Sterling (1970), S. 260; Flamholtz (1979), S. 133.

[1402] Vgl. Flamholtz (1979), S. 134.

[1403] Flamholtz (1979), S. 133. Ähnlich Wells (1977), S. 749, der die Reife der Rechnungslegungsdisziplin bejaht. A.A. Danos (1977), S. 746: In einem Kommentar zu Wells (1976) zweifelt er die Reife der Disziplin „Rechnungslegung" an.

[1404] Zum realen Charakter der Gegenstände der Rechnungslegung vgl. Mattessich (1995b), S. 41–58.

Gegenteil, die Rechnungslegung ist auf die Formulierung von expliziten Regeln und Definitionen angewiesen. Indessen wird von der Literatur infrage gestellt, ob überhaupt eine Trennung der Kategorie „Musterbeispiel“ von den übrigen drei Kategorien der disziplinären Matrix möglich ist, da jede Musterlösung auf Formeln, Modelle und Werte zurückgreift.[1405]

Gleichwohl arbeitet die Bilanztheorie auch mit Musterbeispielen, die in Vorlesungen vom Lehrenden genannt werden, um bestimmte Bilanzierungssachverhalte zu erläutern, und die bei der Verbuchung weiterer Geschäftsvorfälle helfen. Auch der Rechnungslegende entwickelt so ein Gespür für die korrekte Bilanzierung. Die Erläuterung und Vertiefung dieser Musterbeispiele schafft bei den Studierenden ein (Vor-)Urteil über die richtige Theorie, ohne dass sie ihnen selbst ausgiebig vermittelt werden muss. Verdeutlichen die verwendeten Musterbeispiele z.B. die „richtige“ Periodisierung des Umsatzgewinns über den Leistungszeitraum hinweg wie es in der US-amerikanischen Historie der Fall war und übt der Lernende die Bedeutung von Umsatzerlösen und Umsatzaufwendungen ein, so wirkt beispielsweise ein Gewinnausweis im Vertragsabschlusszeitpunkt, wie er zeitweise im Revenue-Recognition-Projekt vorgeschlagen wurde, unmittelbar fremd, ohne dass sich der Lernende sofort einer begründenden Regel bedienen muss. Ähnlich äußerten sich Sanders/Hatfield/Moore: „There is, it is believed, a corpus of principles of accounting which are generally accepted. It is true that they are not 'written law'; they have not been codified; they must be sought in accounts and financial statements, in treatises, and in other evidences of professional opinion. It is true that they have not been adopted by vote of the profession. But that they have been accepted is evidenced by the common ways of thought and speech which make communication in accounting matters possible“[1406].

Auch Wells hält die Formulierung von (Standard-)Beispielen in Lehrbüchern der Rechnungslegung für Musterbeispiele, wie sie von Kuhn gefordert werden. Er grenzt sie von den anderen drei Kategorien des disziplinären Systems ab. Formeln sind nach Wells in der Rechnungslegung beispielsweise die Bilanzgleichung, die Unterscheidung in Anlage- und Umlaufvermögen oder die Berechnung der Eigenkapitalrentabilität. In den Rang von metaphysischen Modellen werden z.B. das Realisationsprinzip und das *matching principle* erhoben, während seiner Ansicht nach das allgemeinere Vorsichtsprinzip und der Grundsatz der Wesentlichkeit in die Kategorie „Werte“ fallen.[1407] Letztlich spricht die Entwicklung von akzeptierten Rechnungslegungskonventionen vor ihrer Kodifizierung für das Vorhandensein von stillschweigendem Wissen auch in der Rechnungslegung.[1408]

[1405] Vgl. Rose (2008), S. 29 f.

[1406] Sanders/Hatfield/Moore (1938), S. 5. Ähnlich Sterling: Der Buchhalter oder Wirtschaftsprüfer „chooses to regard the world in a certain fashion, and this dictates not only what he considers to be facts, but also influences what he in fact perceives“ (Sterling (1970), S. 309).

[1407] Vgl. Wells (1976), S. 473 f.; ablehnend Laughlin (1981), S. 331 f. und 335. Wells vergleicht seine Einteilung mit den begrifflichen Definitionen von Gilman, vgl. Wells (1976), S. 474, Fn. 6. Gilman unterscheidet zwischen Konventionen, Doktrinen, Regeln und Prinzipien, vgl. Gilman (1939), S. 183–188.

[1408] Vgl. Sanders/Hatfield/Moore (1938), S. 5.

Der Popper'sche Begriff der Falsifizierung wird bei Kuhn durch den Begriff der Anomalie ersetzt.[1409] Es ist damit das Auftreten eines logischen Widerspruchs zwischen Theorie und Beobachtung gemeint.[1410] Kuhn charakterisiert die (zufällige) Wahrnehmung einer Anomalie als „Erkenntnis, daß die Natur in irgendeiner Weise die von einem Paradigma erzeugten, die normale Wissenschaft beherrschenden Erwartungen nicht erfüllt hat“[1411]. Solche Anomalien oder „Störungen der Erwartung“[1412] sind letztendlich der Schlüssel zum Paradigmenwechsel und damit zum Fortschritt, d.h. zur Akzeptanz neuer Lösungsansätze. Erst die Normalforschung sichert aufgrund ihrer Spezialisierung die Aufdeckung von Anomalien und schließlich den Paradigmenwechsel. Sie gewährleistet zugleich, dass sich Forscher nicht zu unbedacht und vorschnell von unerwarteten Ergebnissen ablenken lassen, was zu nicht fundierten Paradigmenwechseln führen könnte.[1413]

Andererseits ist die normalwissenschaftliche Phase aber auch durch Starrheit und Verteidigung gekennzeichnet, als „Versuch [...], die Natur in die von der Fachausbildung gelieferten Begriffsschubladen hineinzuzwängen“[1414]. Unbequeme, d.h. unerwartete, Ergebnisse werden zunächst auf einen Fehler des Wissenschaftlers zurückgeführt, da deren Richtigkeit so abwegig ist.[1415] Hinzu kommt die Angst vor der Entwertung der bisherigen Ergebnisse, z.B. weil frühere Experimente in neuem Licht wiederholt werden müssten.[1416] Alternativ werden bestimmte Problembereiche überhaupt nicht beleuchtet, weil sie sich mithilfe des geltenden Paradigmas gar nicht ausdrücken lassen.[1417]

Wenn Forscher aber ihrem Instinkt folgen und sich nicht vom geltenden Paradigma zurückhalten lassen, forschen sie in Richtung der Anomalie weiter, was im einfachsten Fall zur Rätsellösung führt oder in eine Verfeinerung des Paradigmas mündet und somit die Anomalie zum Normalfall werden lässt.[1418] Das Ergebnis ist ein größerer Erklärungsbereich des Paradigmas oder dessen größere Exaktheit durch Aufgabe bisher verfolgter Methoden und Anschauungen.[1419] Oft ermöglicht diese Art des Forschens auch Entdeckungen. Eine Entdeckung ist nach Kuhn gerade nicht ein zeitpunktbezogenes Ereignis, sondern ein Wahrnehmungsprozess mit Auswirkungen auf die Theorieebene. Die Bedeutung der Entdeckung für den wissen-

---

1409 Vgl. Chalmers (2007), S. 92.
1410 Vgl. Lauth/Sareiter (2005), S. 127.
1411 Kuhn (1976), S. 66.
1412 Kuhn (1976), S. 11.
1413 Vgl. Kuhn (1976), S. 77 f. „[E]in Wechsel der Ausrüstung ist eine Extravaganz, die auf die unbedingt notwendigen Fälle beschränkt bleiben soll“ (Kuhn (1976), S. 89).
1414 Kuhn (1976), S. 19, vgl. auch S. 20.
1415 Vgl. Kuhn (1976), S. 49, 50, 72 f. und 77; Mouck (1993), S. 48.
1416 Vgl. Kuhn (1976), S. 21, 72 f. und 103.
1417 Vgl. Kuhn (1976), S. 51.
1418 Vgl. Kuhn (1976), S. 92–95 und 103.
1419 Vgl. Kuhn (1976), S. 76 und 79. Kuhn erfasst auch den teilweisen Ersatz eines Paradigmas als Wechsel, vgl. Kuhn (1976), S. 104.

schaftlichen Fortschritt wird somit im Vergleich zum Kritischen Rationalismus zurückgedrängt.[1420]

Große Paradigmenwechsel ergeben sich durch die Formulierung vollständig neuer Theorien, mithin durch eine neue Begründung für eine Beobachtung.[1421] Solchen Paradigmenwechseln geht eine Krise der Wissenschaft mit erheblichen fachlichen Zweifeln voraus, die durch das Bewusstsein für die Intensität der Anomalien und das mehrmalige Scheitern der Rätsellösung hervorgerufen wird.[1422] Es gelingt nicht (mehr), alle Löcher im System zu stopfen.[1423] Die bestehenden Regeln werden aufgeweicht und es entsteht Raum für Spekulation und Gedankenexperimente. Nicht selten führt eine (sonst ausgeblendete) Besinnung auf die philosophischen Grundannahmen des Paradigmas zu dessen Lockerung.[1424] In der Folge steigt auch die Anzahl der Entdeckungen.[1425] Die Krise ähnelt letztendlich der unreifen Wissenschaftsphase, mit dem Unterschied, dass der Problembereich klarer definiert ist.[1426]

Eine Krise muss nicht zwingend durch Entwicklungen im eigenen wissenschaftlichen Bereich hervorgerufen werden. Ebenso können Entwicklungen aus anderen Gebieten in das eigene ausstrahlen.[1427] Äußere Faktoren wie der technische Fortschritt oder ökonomische, soziale und intellektuelle Voraussetzungen können das Auftreten der Krise beschleunigen und bestimmen die Alternativen des Wechsels.[1428] Sie erleichtern auch die Erkennung der Krise und determinieren den Bereich, in welchem der Zusammenbruch zuerst auftritt.[1429] Schließlich können Paradigmenwechsel auf mehreren Ebenen stattfinden, d.h., sie werden unter Umständen nur von einem Teil der Wissenschaftler wahrgenommen, da diese über die entsprechende Spezialisierung verfügen.[1430] Für andere stellen sie sich als normalwissenschaftliche Entwicklung dar.

Letztlich reicht für Kuhn, im Gegensatz zu Popper, allein die Wahrnehmung der Anomalien nicht aus, um ein Paradigma für ungültig zu erklären.[1431] Es bedarf eines alternativen Lösungsansatzes.[1432] Die reine Ablehnung eines Paradigmas beschreibt Kuhn sogar als unwis-

---

1420 Vgl. Kuhn (1976), S. 21 f. und 65–76.

1421 Alternativ zur Normalisierung und zum Paradigmenwechsel kann eine Anomalie auch zur Aufschiebung der Lösung, d.h. zur Weiterleitung des Problems an nachfolgende Wissenschaftler, führen, vgl. Kuhn (1976), S. 97.

1422 Vgl. Kuhn (1976), S. 11, 80 und 87.

1423 Vgl. Kuhn (1976), S. 81. Die Bedeutung der Krise für den Paradigmenwechsel hebt Kuhn hervor, indem er darauf aufmerksam macht, dass der Antizipation einer neuen Theorie vor Auslösung der Krise in der Regel keine Beachtung geschenkt wird, vgl. Kuhn (1976), S. 88.

1424 Vgl. Kuhn (1976), S. 96, 97 und 100 f.

1425 Vgl. Kuhn (1976), S. 101.

1426 Vgl. Kuhn (1976), S. 83, 85, 87 und 89.

1427 Vgl. Kuhn (1976), S. 193.

1428 Vgl. Kuhn (1976), S. 11 f.

1429 Vgl. Kuhn (1976), S. 82. Eine genaue Analyse der Einwirkungen von äußeren Faktoren auf den Forschungsprozess erfolgt in „Structure“ jedoch nicht.

1430 Vgl. Kuhn (1976), S. 79 f., 104 f. und 192.

1431 Vgl. Lauth/Sareiter (2005), S. 127.

1432 Vgl. Kuhn (1976), S. 90 und 156.

senschaftlich und begründet dies anschaulich mit dem Sprichwort: „Das ist ein schlechter Zimmermann, der seinem Werkzeug die Schuld gibt."[1433] Das Resultat dieses Prozesses der Lösungsfindung in Verbindung mit der Macht der Gewohnheit und dem Festhalten an Althergebrachtem ist eine Verzögerung zwischen dem ersten Problembewusstsein und der Etablierung der neuen Theorie (des neuen Paradigmas).[1434] Der Umgang mit Anomalien macht weiterhin deutlich, dass die Grenze zwischen normaler und außerordentlicher Forschungstätigkeit fließend verläuft. Kuhn führt nur beispielhaft Gründe für die Beendigung der Normalwissenschaft auf, z.B. die praktische Bedeutung der Anwendungen, welche durch die Anomalie infrage gestellt werden.[1435]

Das konstruierte dynamische Paradigma in der US-amerikanischen Rechnungslegung ist durch das recht schnelle Auftreten von Anomalien gekennzeichnet und konnte sich nur wenig entfalten.[1436] Zwar veröffentlichte der Standardsetzer zahlreiche Bilanzierungsregeln im Sinne der Dynamik, sorgte damit für ein vertieftes Verständnis des Paradigmas und war insofern kumulativ geprägt. Die dominante Diskussion um Einzelregelungen und philosophische Grundannahmen ist aber gleichzeitig ein Zeichen für die Infragestellung des Paradigmas.[1437] Für das herrschende Paradigma der dynamischen Bilanztheorie nahmen die Vertreter der *true income theories* als Anomalie wahr, dass die Dynamik keine befriedigenden Antworten auf die Inflation nach dem Ersten und Zweiten Weltkrieg und güterspezifische Preisänderungen geben konnte und sich die Steuerbemessung zum Nachteil der Unternehmen entwickelte.[1438] Somit ist der Grund für die Auseinandersetzung mit der Ökonomik im Wesentlichen externer Natur.[1439] Die Vertreter des *decision usefulness approach* empfanden es dagegen als anomal, dass die Jahresabschlusserstellung nicht unterschiedliche Informationsbedürfnisse der Jahresabschlussadressaten berücksichtigte. Übereinstimmend nehmen beide Ansätze den fehlenden theoretischen Bezugspunkt der Dynamik als Anomalie wahr. Beide Forschungsrichtungen mündeten in statische Ansätze und können als aufstrebende Vorläufer von Paradigmen begriffen werden. Bemerkenswert ist, dass sich die Vorschläge der Bilanztheorien im Wesentlichen auf Bereiche erstrecken, in denen konkrete Anomalien festgestellt wurden. So wurde der Umsatzausweis kaum diskutiert, da die bestehenden Regelungen zum Umsatzzeitpunkt (Zeit-

---

1433 Kuhn (1976), S. 93.

1434 Vgl. Kuhn (1976), S. 87 f. In Ausnahmefällen erfolgt die Formulierung einer neuen Theorie bereits kurz nach der Wahrnehmung einer Anomalie, sodass die Wissenschaftskrise übersprungen wird, vgl. Kuhn (1976), S. 99.

1435 Vgl. Kuhn (1976), S. 95 f.

1436 Vgl. Wells (1976), S. 474 f. und 476; im Ergebnis auch Cushing (1989), S. 23, obwohl er das dynamische Paradigma nicht kennt.

1437 Vgl. Cushing (1989), S. 24 f. und 26.

1438 Vgl. Flamholtz (1979), S. 134 f.

1439 Vgl. Flamholtz (1979), S. 125. Allerdings sind diese externen Faktoren hier insofern anders zu bewerten als bei Kuhn, als sich für den Naturwissenschaftler der Untersuchungsgegenstand (die Natur) nicht ändert, wogegen der Rechnungslegende seinen Untersuchungsgegenstand (den Jahresabschluss) an die sich ändernde Umwelt, die er abbildet, anpassen muss. Der Rechnungslegende ist demnach mit zwei eng zusammenhängenden Änderungen bei einem Paradigmenwechsel konfrontiert: der konstruierten Wahrnehmungsänderung des Jahresabschlusses in seinem Kopf und der realen Änderung der abzubildenden Daten.

punkt der Lieferung und Leistung) in den Augen der Verfasser Umsatzgeschäfte angemessen abbildeten.

Die neue Formierung des Standardsetzers APB und seine wissenschaftliche Ausrichtung boten eine Chance, den Paradigmenwechsel herbeizuführen, da statisches Gedankengut mit der theoretisch fundierten Ausgestaltung des Jahresabschlusses gleichgesetzt wurde. Warum der Wechsel zunächst nicht stattfand, kann nicht logisch begründet, sondern nur durch (intern und extern motiviertes) Festhalten am Status quo beschrieben werden.[1440] Die Aufrechterhaltung des Paradigmas kann allerdings auch positiv im Sinne Kuhns gewertet werden, da das dynamische Paradigma nicht vorschnell aufgegeben wurde. Weiterhin konnten die zahlreichen statischen Ansätze nicht vereinheitlicht werden, sodass der Paradigmenwechsel auch aus diesem Grund ausblieb.

3.4 Paradigmenwechsel als Revolution

Kuhn zieht das Bild der Revolution zur Beschreibung des Paradigmenwechsels, welcher die vollständig kumulative Wissenschaftsentwicklung verhindert, heran. Mit dieser hat der Paradigmenwechsel das einleitende „Gefühl des Nichtfunktionierens“[1441] gemeinsam. Zentraler ist jedoch die auf den Paradigmenwechsel übertragbare Eigenschaft der Revolution, dass ihr Ausgang mehr durch (gewaltsame) Überredung bestimmt ist als durch politische Auseinandersetzung, da der institutionelle Rahmen fehlt.[1442] Cushing formuliert es so: „[P]aradigm debates often appear to have abandoned the standards of scientific evaluation in favor of emotional appeals.“[1443] Damit ist auch die Entscheidung zwischen zwei Paradigmen durch Überredung geprägt und nicht (zwingend) logisch nachvollziehbar.[1444] Dies soll aber nicht bedeuten, dass Theorien nur aufgrund von subjektiven, individuellen Gründen (Werten) akzeptiert werden. Es mag gute Gründe (allgemein anerkannte Werte), z.B. einen höheren Genauigkeitsgrad, für die Akzeptanz der neuen Theorie geben.[1445]

„Die normal-wissenschaftliche Tradition, die aus einer wissenschaftlichen Revolution hervorgeht, ist mit dem Vorangegangenen nicht nur unvereinbar, sondern oft sogar inkommensurabel“[1446], also nicht vergleichbar, da „[r]ivalisierende Paradigmen [...] unterschiedliche Arten von Fragen als legitim oder bedeutsam [erachten]“[1447]. Schon die Kommunikation zwischen Vertretern des alten und Vertretern des neuen Paradigmas ist schwierig, da die Anhänger ei-

---

1440 Vgl. Cushing (1989), S. 25.
1441 Kuhn (1976), S. 104.
1442 Vgl. Kuhn (1976), S. 105 f.
1443 Cushing (1989), S. 4.
1444 Vgl. Kuhn (1976), S. 106, 121 f., 159 und 161; Mattessich (1979), S. 256.
1445 Vgl. Kuhn (1976), S. 210 f.
1446 Kuhn (1976), S. 116, vgl. auch S. 160.
1447 Chalmers (2007), S. 95.

nes Paradigmas dieses auf Basis der jeweils eigenen Prämissen und Begriffe verteidigen.[1448] Der Entscheidung zwischen zwei Paradigmen (zwei Fragestellungen) liegt letztlich eine Wertung zugrunde, die außerhalb der Wissenschaft bestimmt wird.[1449] In dieser Hinsicht grenzt sich die Naturwissenschaft nach Kuhn nicht so sehr von anderen Disziplinen ab.[1450] Interpretation und beschreibende Beobachtung sind nach Kuhn erst wieder und nur im normalwissenschaftlichen Stadium, bei welchem der Rahmen für die Interpretation feststeht, möglich.[1451]

Abbildung 2 Gestaltwechsel nach Jastrow

Für Kuhn ruft jedes Paradigma eine bestimmte Wahrnehmung hervor und prägt damit das Bild der Natur.[1452] Er widerspricht der herrschenden Erkenntnistheorie, wenn er als Konsequenz der Revolution nicht eine reine Interpretationsänderung der feststehenden Beobachtungen sieht,[1453] sondern eine veränderte Wahrnehmung, eine andere Sicht der Dinge. Bildlich setzt er den Wissenschaftler in eine andere Welt.[1454] Als plastisches Beispiel der Folgen eines Paradigmenwechsels führt er mehrmals den Gestaltwechsel auf, insbesondere die in Abbildung 2 dargestellte Zeichnung Jastrows,[1455] welche je nach Betrachtungsweise eine Ente oder ein Kaninchen darstellt.[1456] So erkennen Wissenschaftler nach einer Revolution beim zweiten Hinsehen unter Heranziehung der alten Instrumente neue oder veränderte Elemente.[1457] Der Betrachtungswinkel der Forschergemeinschaft ändert sich mehrheitlich und führt zur Ausbildung von neuen erläuternden und vertiefenden Musterbeispielen. Diese Wahrnehmungsverschiebung erschwert den Vergleich zwischen vorausgegangenem und nachfolgendem Paradigma.[1458] Allerdings sind sich Wissenschaftler dieser Verschiebung nicht bewusst, sondern empfinden das alte Paradigma durchaus als falsch. Sie können nicht zwischen alternativen Wahrnehmungen wählen.[1459]

Die Charakteristika des Paradigmenwechsels machen deutlich, dass er nicht erzwungen werden kann. Ein Gegenvorschlag für ein neues Paradigma ist keine hinreichende Bedingung für

1448 Vgl. Kuhn (1976), S. 114 116.
1449 Vgl. Kuhn (1976), S. 122 und 163 f., auch S. 166; Chalmers (2007), S. 96.
1450 Vgl. Kuhn (1976), S. 220.
1451 Vgl. Kuhn (1976), S. 134 f. und 138–141.
1452 Vgl. Kuhn (1976), S. 122.
1453 Vgl. Kuhn (1976), S. 132–134.
1454 Vgl. Kuhn (1976), S. 21, 123 f., 129 und 161.
1455 Vgl. Jastrow (1899), S. 312.
1456 Vgl. Kuhn (1976), S. 98 und 123.
1457 Vgl. Kuhn (1976), S. 123 und 141 f. Der Wahrnehmungswandel geschieht aber auch bereits während der Ausbildung des Wissenschaftlers, indem z.B. eine fachbezogene Grafik schließlich in den Augen des Auszubildenden Sinn gewinnt, vgl. Kuhn (1976), S. 123 f.
1458 Vgl. Kuhn (1976), S. 124.
1459 Vgl. Kuhn (1976), S. 126 f. und 161.

den Wechsel. Es gibt keine von der Autorität der Forschungsgemeinschaft unabhängige Garantie für seine Durchführung. Noch dazu kann das neue Paradigma im Anfangsstadium eine umfassende Problemlösung für die Anomalie meist noch nicht bieten. Zu diesem Zeitpunkt bedarf es daher des Glaubens Einzelner an die zukünftige Leistungsfähigkeit des Paradigmas, und zwar entgegen den vermeintlich eindeutigeren und härteren Beweisen des alten Paradigmas. „Was geschieht, ist eine wachsende Verlagerung der fachwissenschaftlichen Bindungen und nicht die Bekehrung einer ganzen Gruppe."[1460] Das Heranwachsen neuer Generationen erhöht die Wahrscheinlichkeit des Wechsels, weil die Verankerung im alten Paradigma sinkt.[1461] Insofern stellt sich der Paradigmenwechsel als Prozess dar. Da dieser Prozess die Kommunikation zwischen verschiedenen Lagern bedingt, ist die Übersetzung zwischen beiden Sprachen nötig und schließlich förderlich für den Paradigmenwechsel.[1462]

Durch den Wechsel von einem Paradigma zum nächsten wird das alte Paradigma zwar verworfen. Diese Preisgabe geschieht aber, wie gezeigt, nicht Schritt für Schritt primär auf Basis eines Beweises der Falsifizierung des überkommenen Paradigmas durch Logik und neutrale Erfahrung, sondern enthält ein willkürliches Element. Damit zieht Kuhn die eindeutige Verbesserung der wissenschaftlichen Leistung beim Übergang zum nächsten Paradigma in Zweifel und sieht anscheinend keine zielgerichtete Annäherung an die Wahrheit.[1463] Nach Kuhn gibt es „also kein logisches Argument, das die Überlegenheit des einen Paradigmas über das andere beweist und das darüber hinaus einen vernunftgeleiteten Wissenschaftler zwingen könnte, den Wandel zu vollziehen"[1464].

Kuhn geht mit seiner Paradigmentheorie damit über die Feststellung der Werturteile im Entdeckungszusammenhang hinaus. Die Anschauung Kuhns propagiert eine völlig neue Dimension der Theorieabhängigkeit von Beobachtungen oder Experimenten, die den Falsifikationisten bereits durch das Basisproblem bewusst war. Folgt man Kuhn, ist der sich selbst bestätigende Zirkel zwischen Theorie und theorieabhängiger Beobachtung, welchen Popper befürchtete, unvermeidbar, „weil Anhänger verschiedener Paradigmatheorien nicht etwa bloß die gleichen Beobachtungen unterschiedlich interpretieren, sondern von vornherein verschiedene Beobachtungen machen"[1465]. Der Umgang mit Anomalien, sofern sie denn als solche wahrgenommen werden, ist deshalb keinesfalls so kritisch wie von Popper angenommen. Er muss es aber auch nicht sein, weil die Normalwissenschaft der natürliche Vorläufer der Revolution ist.

1460 Vgl. Kuhn (1976), S. 161 und 164–169 (Zitat S. 169).

1461 Vgl. Kuhn (1976), S. 155 und 161–163. Kritisch hierzu Lauth/Sareiter (2005), S. 135 f.

1462 Vgl. Kuhn (1976), S. 211–216.

1463 Vgl. Kuhn (1976), S. 161, 163, 182 und 184. Kuhn behauptet, dass es „weder um Beweis noch um Irrtum geht. Die Übertragung der Bindung von einem Paradigma auf ein anderes ist eine Konversion, die nicht erzwungen werden kann. Lebenslanger Widerstand [...] ist keine Verletzung wissenschaftlicher Normen, sondern ein Hinweis auf das Wesen der wissenschaftlichen Forschung selbst" (Kuhn (1976), S. 162).

1464 Chalmers (2007), S. 96.

1465 Keuth (1989), S. 125, vgl. auch S. 122 und 161.

Kuhn entzieht der wissenschaftlichen Methode somit ein Stück ihrer Rationalität, welche vor der Veröffentlichung seines Hauptwerks „Structure“ das Herz der Forschung bildete. Durch den nicht rational erklärbaren Vorgang beim Wechsel von Paradigmen und deren Inkommensurabilität setzt sich Kuhn dem Vorwurf des Relativismus in der Wissenschaft aus.[1466] Eine relativistische Grundhaltung bedingt, dass Erkenntnisse oder Werte jeweils nur im Zusammenhang mit bestimmten Bezugspunkten, z.B. einer historischen Situation oder einer psychischen Verfassung, Gültigkeit besitzen. Wer eine solche Grundhaltung vertritt, kann im Grunde nicht nach Wahrheit, Wissen oder Fortschritt streben.[1467] Kuhns Kritikern fehlt in seinem Werk die eindeutige Verwerfung falscher Hypothesen, die für den Fortschritt nötig ist.[1468] Kuhn selbst wehrte sich gegen diese Vorwürfe vehement.[1469]

Den Beginn der Revolution in der US-amerikanischen Rechnungslegung markiert potenziell die Gründung des FASB.[1470] Das Scheitern des APB macht deutlich, dass ein zufriedenstellender Umgang mit den bereits aufgezeigten Anomalien durch das vorherrschende dynamische Paradigma nicht gelang, sodass die Krise nicht normalisiert werden konnte. Die Einleitung der statischen Phase der Standardsetzung erfolgte mit dem Conceptual-Framework-Projekt, welches den Gewinn als (Netto-)Vermögensänderung definierte und somit die Wahrnehmung des Jahresabschlusses gegenüber der *revenue and expense view* veränderte. Dieser Paradigmenwechsel zur Statik kann nicht logisch erklärt werden, da das FASB auf Ansätze der *true income theories*[1471] und des *decision usefulness approach* zurückgriff, die schon Jahre zuvor existierten. Die personelle und organisatorische Umstrukturierung des Standardsetzers ist lediglich als ein die Revolution begünstigender Faktor anzusehen, da neue Generationen nicht mehr im alten Paradigma verhaftet sind. Sterling erläutert beispielsweise im Hinblick auf das Vorsichtsprinzip: „We were not born with the tendency and, therefore, find ourselves in sharp disagreement with the principle.“[1472] Die theoretische Begründung der Rechnungslegung und der Wunsch nach Eingrenzung der Ermessensspielräume, die im Rahmen der Periodisierung auftreten, können als gute Gründe für die Revolution angesehen werden und nehmen der Revolution zu einem gewissen Grad den subjektiven Charakter.

Die neben dem Conceptual Framework bestehenden älteren Verlautbarungen wurden seither verstärkt als Anomalie wahrgenommen und führten zu Überarbeitungsprojekten, die bis heute andauern. Im Laufe der Zeit entstanden weitere Anomalien durch neue Transaktionsarten. Leasingverträge, mezzanine Kapitalformen oder derivative Finanzinstrumente mussten erst in

---

1466 Vgl. Mattessich (1979), S. 258; Lauth/Sareiter (2005), S. 125 und 135; Chalmers (2007), S. 101–105.
1467 Vgl. Brockhaus (2006), Stichwort: Relativismus; Höffe (2008c), S. 259 f.
1468 Vgl. Chmielewicz (1994), S. 134 f. m.w.N.
1469 Vgl. Kuhn (1976), S. 216–218.
1470 Ähnlich Flamholtz (1979), S. 124.
1471 A.A. Hitz (2005), S. 32 und 41 f. Er spricht vom Decision-Usefulness-Paradigma und vernachlässigt somit Einflüsse der *true income theories*.
1472 Sterling (1970), S. 279.

das neue Paradigma integriert werden oder werden vielmehr noch immer eingebettet.[1473] Dies wird auch am Beispiel des ED/2010/6 zur Erfassung von Umsatzerlösen aus Kundenverträgen deutlich, der auf komplexe Vertragsgestaltungen und darauf zugeschnittene bilanzpolitische Maßnahmen reagiert.

Schließlich wird der nicht kumulative Charakter der Vorgänge durch die immer noch vorhandenen Befürworter der *revenue and expense view* belegt. Richard bestätigt, dass sich die Vertreter beider Bilanztheorien bei Konfrontationen missverstehen, da sie an ihrem eigenen Gedankengut festhalten.[1474] Folgt man Kuhn, kann der bilanztheoretischen Forschung somit nicht vorgeworfen werden, dass sie nicht in der Lage ist, endgültig und eindeutig eine überlegene Bilanztheorie zu bestimmen. Im Gegenteil, es ist innerhalb des Forschungsprozesses „normal“, Forschungsergebnisse aufgrund unterschiedlicher Wahrnehmungen zu diskutieren.

4 Grenzen der Übertragung der Paradigmentheorie auf die Rechnungslegung

4.1 Ausmaß des Paradigmenwechsels

Der Paradigmenwechsel in der US-amerikanischen Bilanzierung ist, gemessen an den Beispielen Kuhns (z.B. die kopernikanische Wende), recht unbedeutend.[1475] Die Bilanzierung oder besser gesagt die doppelte Buchführung wird beibehalten, sodass Außenstehende die Revolution nicht unbedingt wahrnehmen. Noch dazu sind die Ergebnisse beider Paradigmen oft ähnlich. Dies wird auch durch das Revenue-Recognition-Projekt bestätigt. Ob man den Übergang von der Dynamik zur Statik als Paradigmenwechsel kennzeichnet oder nicht, hängt daher von der inhaltlichen Reichweite des Begriffs ab. Folgt man einem weiten Verständnis des Begriffs, dann ist er im vorliegenden Fall als erfüllt anzusehen. Hierfür spricht, dass nach Kuhn das Ausmaß der Revolution gerade kein definierendes Kriterium ist. Es handelt sich beim Übergang von der *revenue and expense view* zur *asset and liability view* um einen Paradigmenwechsel auf niedriger Ebene.

Mit der weiten Auslegung des Paradigmenbegriffs ist jedoch grundsätzlich die Gefahr verbunden, dass womöglich jeder Umschwung in der Forschung als Paradigmenwechsel bezeichnet wird. Diesem Aspekt kann man nur mit einer engeren Auslegung des Paradigmenbegriffs begegnen. Eine enge Auslegung verhindert, dass der Paradigmenbegriff inflationär für jeden neuen Gedanken verwendet wird und er zu einer Art „Modevokabel“ verkommt.[1476]

1473 Vgl. Flamholtz (1979), S. 136; Power (2010), S. 203–205. Auch Chatfield betont die Zeitverzögerung zwischen Unternehmens- und Rechnungslegungsentwicklung: „Being established pragmatically, accounting techniques always seemed to be a step behind the latest corporate developments“ (Chatfield (1977), S. 278).

1474 Vgl. Richard (2005), S. 845.

1475 Aus diesem Grund lehnt Laughlin die Übertragung des Paradigmenbegriffs auf die Rechnungslegung ab, vgl. Laughlin (1981), S. 335.

1476 Vgl. Chmielewicz (1994), S. 137 f. (Zitat S. 138, im Original hervorgehoben); Röhl/Röhl (2008), S. 138.

Hakansson und Cushing können als Vertreter einer engeren Auslegung angesehen werden. Sie erkennen die Rechnungslegung nach der doppelten Buchführung insgesamt als Paradigma an.[1477] Cushing begreift Bilanztheorien als „theories or schools of thought that approach the same subject matter from incompatible viewpoints"[1478]. Es bedürfe jedoch eines Wechsels des behandelten Gegenstands (*subject matter*), um von einem Paradigmenwechsel sprechen zu dürfen.[1479] In ähnlicher Weise konstruiert Glautier breit angelegte, aufeinander folgende Rechnungslegungsparadigmen – ohne direkten Bezug zu Kuhn – in Abhängigkeit der Ausgestaltung des politischen Systems und beginnt seine Analyse bereits in der Antike. Als zentrales Charakteristikum des geltenden Paradigmas sieht auch er die Doppik.[1480] Gleichzeitig betont Cushing aber auch, dass ein Paradigmenwechsel auf mehreren Ebenen stattfinden kann,[1481] sodass auch bilanztheoretische Paradigmen mit eigenem Untersuchungsgegenstand nicht völlig abwegig erscheinen. Ein weiterer Nachteil der Gleichsetzung der doppelten Buchführung mit dem herrschenden Paradigma insbesondere durch Cushing besteht darin, dass er zwar einen Krisenzustand der doppelten Buchführung ausmacht, aber auf kein alternatives Paradigma verweisen kann.[1482]

Der in der vorliegenden Arbeit konstruierte Paradigmenwechsel von der Dynamik zur Statik bietet einen Mittelweg. Er wirkt einer ausufernden Interpretation entgegen, ohne den Begriff zu stark einzuengen. Es gelingt so, einen entscheidenden Umbruch für die rechnungslegende Fachwelt zu kennzeichnen. Dagegen würde beispielsweise ein Wechsel von den *true income theories* zum *decision usefulness approach* noch zu keinem Paradigmenwechsel führen, sondern aufgrund der inhaltlichen Überschneidungen der Ansätze lediglich zu einer Schärfung des bestehenden Paradigmas oder einer Korrektur, die sich innerhalb des Paradigmas vollzieht.

4.2 Einbeziehung nichtwissenschaftlicher Einrichtungen

Als gravierenderes Problem bei der Identifikation des Paradigmenwechsels von der Dynamik zur Statik in der Rechnungslegung der USA erweist sich die Tatsache, dass er nur konstruierbar scheint, wenn neben der bilanztheoretischen Wissenschaft weitere Institutionen in die Betrachtung einbezogen werden.[1483] Die Bilanztheoretiker selbst haben nicht alle die

1477 Vgl. Hakansson (1978), S. 722; Cushing (1989), S. 13.
1478 Cushing (1989), S. 13.
1479 Vgl. Cushing (1989), S. 13 f. und 25. Bemerkenswerterweise definiert er die disziplinäre Matrix der doppelten Buchführung nahezu identisch zu Wells, der diese disziplinäre Matrix auf die Dynamik zuschnitt.
1480 Vgl. Glautier (1983), S. 53–67; Cushing (1989), S. 7 f.
1481 Vgl. Cushing (1989), S. 12.
1482 Vgl. Cushing (1989), S. 20 f. und 32–36. Die Abschaffung hat sich zwanzig Jahre nach Cushing nicht bewahrheitet. So wird in dieser Arbeit die Ansicht vertreten, dass der Krisenzustand der doppelten Buchführung im Rahmen der Standardsetzung normalisiert wurde/wird.
1483 Insbesondere die neuere Literatur, ohne konkreten Bezug zu Kuhn, formuliert die Paradigmen der Rechnungslegung unter Einbeziehung der Standardsetzung. Flamholtz beschreibt explizit die *accounting policy* mithilfe von Kuhn, vgl. Flamholtz (1979), S. 124; kritisch zu Flamholtz vgl. Cushing (1989), S. 5. Vgl.

gleiche Wahrnehmung in Bezug auf den Jahresabschluss. Es gibt nach wie vor Vertreter der *revenue and expense view* sowie der *asset and liability view*, sodass auf dieser Ebene kein eindeutiges Paradigma besteht. Gerade wenn man den Bilanztheoretiker als Technologen begreift, ist die Durchsetzung eines Paradigmas auf Ebene der Wissenschaft nicht möglich, denn der Bilanztheoretiker zeigt explizit unterschiedliche Ziel-Mittel-Kombinationen auf.

Nach Moxter ist es aber die Aufgabe der Betriebswirtschaftslehre, Verfahren für die Praxis auf wissenschaftlichem Niveau bereitzustellen, sodass ein unmittelbarer Zusammenhang zwischen Wissenschaft und Praxis besteht.[1484] Ob ein bilanztheoretisches Paradigma fortbesteht oder nicht, hängt dann nicht bloß von der Einschätzung der Bilanztheoretiker ab. Die Beantwortung dieser Frage erfordert vielmehr auch die Berücksichtigung des Standardisierungsgremiums, das neben die Gruppe der bilanztheoretisch arbeitenden Wissenschaftler tritt. Der Paradigmenwechsel wird demnach nicht auf rein wissenschaftlicher Ebene formuliert, wie es in den Beispielen Kuhns der Fall ist. Denn finden sich in den relevanten Gesetzen oder Fachnormen zur Rechnungslegung Bestimmungen, die nach dem Willen des Standardsetzers dynamisch oder statisch auszulegen sind, wird zumindest ein Teil der Wissenschaftler diese bilanztheoretische Vorgabe akzeptieren und um ihre wissenschaftlich fundierte Interpretation ringen. Ein klar erkennbarer Paradigmenwechsel setzt damit aber voraus, dass im weiteren Verlauf der Standardsetzer der neuen Forschungsrichtung Nachdruck verleiht und daraus die Konsequenzen für seine tägliche Arbeit zieht. Somit gewinnt aufgrund der Anwendungsbezogenheit der bilanztheoretischen Wissenschaft die Standardsetzung an enormer Relevanz.

Beide, Wissenschaftler und Standardsetzer, verfolgen das Ziel der Gestaltung von Jahresabschlüssen durch die Formulierung von Regelungen zu ihrer Erstellung. Durchsetzungskompetenz und Letztentscheidungsgewalt hat aber nur der Standardsetzer, sodass eine Paradigmenbildung ohne Unterstützung des Standardsetzers nicht möglich erscheint. Die Paradigmenbildung fußt dann aber nicht zwingend, wie bei Kuhn, auf der inneren Überzeugung der Forschungsgemeinschaft, sondern wird von außen auferlegt. Die Einbeziehung des Standardsetzers verstärkt nun ihrerseits wiederum die Kontextabhängigkeit der Revolutionen, da er als politisches Gremium neben historischen Einflüssen auch Einflüssen der bilanzierenden Unternehmen, der Regierung und der Wirtschaftsprüfer ausgesetzt ist.

Die Einbeziehung der Standardsetzung in die Formulierung des Paradigmas wird ferner durch die Feststellung gestützt, dass Forschung, verstanden als Wissensgenerierung, nicht zwingend nur innerhalb des institutionellen Rahmens der Universität stattfindet, sondern auch aus der Praxis herrühren kann. Diese Art der Forschung wird insbesondere für die Betriebswirtschaftslehre hervorgehoben.[1485] So kann auch der Standardsetzer forschend tätig werden.

---

auch Hakansson (1978), S. 722; Glautier (1983), S. 51. Vgl. im Ergebnis auch Cushing (1989), S. 13, da er in der doppelten Buchführung ein Paradigma sieht.

1484 Vgl. Moxter (1957), S. 41 f.

1485 Vgl. Chmielewicz (1994), S. 16 f. m.w.N.

Hierbei ist insbesondere die Arbeit des jeweiligen Mitarbeiterstabs im Hintergrund der Boards zu nennen. Der Standardsetzer hat so gesehen die bilanztheoretische Funktion der Wissenschaft verstärkt mit übernommen, seitdem sich diese weitgehend der Empirie und modelltheoretischen Überlegungen zugewandt hat, welche die gesetzten Normen akzeptieren.[1486]

Da Kuhn Paradigmen ausschließlich innerhalb der Forschungsgemeinschaft erkennt, versuchen andere Autoren eine Anwendung der Paradigmentheorie im Bereich der Rechnungslegung auf rein wissenschaftlicher Ebene und lassen den Standardsetzer außen vor. Dennoch kommt auch in ihren Ansätzen die Vagheit des Paradigmenbegriffs zum Tragen. Sehr früh übertrugen Chambers und Sterling den Paradigmenbegriff auf die Rechnungslegung. Sie sahen einen Paradigmenwechsel in der Aufgabe des Versuchs, mithilfe des Jahresabschlusses den wahren Gewinn zu finden, zugunsten einer Betonung der Zweckausrichtung des Jahresabschlusses.[1487] In ähnlicher Weise sieht die American Accounting Association (AAA) auf akademischer Ebene die *true income theories* und den *decision usefulness approach* als alternative aufstrebende Paradigmen.[1488] Da sich in der Wissenschaft keiner der Ansätze eindeutig durchgesetzt hat und die Standardsetzung letztendlich beide Ansätze nutzt, wird dieser in erster Linie durch die AAA geprägten Auffassung in dieser Arbeit nicht gefolgt.[1489] Peasnell argumentiert darüber hinaus, dass die von der AAA vorgenommene Klassifikation nicht so trennscharf ist, dass ein Wissenschaftler jeweils eineindeutig nur den *true income theories* oder dem *decision usefulness approach* zugeordnet werden kann.[1490] Dieses Argument steht im Einklang mit dem in dieser Abhandlung höher angesiedelten Paradigmenwechsel von der Dynamik zur Statik, welcher sowohl die *true income theories* als auch den *decision usefulness approach* umfasst. Verschiedene Autoren wenden den Paradigmenbegriff auch jenseits der Bilanzierungsnormen an, sodass alle Forschungsrichtungen des Rechnungswesens berücksichtigt werden.[1491]

Letztlich ergeben sich parallel zur inhaltlichen Neuausrichtung der Standardsetzung zwei sehr weitläufige (wissenschaftliche) Paradigmen, wenn man berücksichtigt, dass in der Rechnungslegungsgeschichte methodologisch normative Ansätze von empirischen abgelöst wur-

---

1486 Vgl. zum Wandel der Forschungskonzeption in der Rechnungslegung Abschnitt III.B.3.1 (S. 151 154).

1487 Vgl. Chambers (1966), S. 373–376, der sich auf eine frühere Veröffentlichung von Kuhn bezieht. Vgl. auch Sterling (1967), S. 100.

1488 Vgl. AAA (1977), S. 43.

1489 Ebenso Hakansson (1978), S. 722 f.; Peasnell (1978), S. 218; Laughlin (1981), S. 337. Cushing (1989), S. 5 f. führt diesen Fehler der AAA darauf zurück, dass sie die Theorie von Kuhn nicht vollständig anwandte, sondern nur zeitpunktbezogen den Krisenstatus der Rechnungslegung erwähnt.

1490 Vgl. Peasnell (1978), S. 221–223.

1491 Vgl. die Darstellung von Butterworth/Falk (1986), S. 11–27. Vgl. auch Cushing (1989), S. 8 für eine Zusammenfassung ihrer Ideen sowie ergänzend Mattessich (1985), S. 677 und 679 f. Vgl. außerdem die Darstellung von Riahi-Belkaoui (2004), S. 329–361; vgl. ergänzend zu Riahi-Belkaoui Mattessich (1985), S. 678 f.

den.[1492] Allerdings verneinen beispielsweise Peasnell und Mouck die Existenz eines Paradigmas während der normativen Ära.[1493] Die Annahme der empirischen Methode ist nach Mouck kein neu geschaffenes Paradigma, sondern eine normalwissenschaftliche Ausdehnung des Paradigmas der Ökonomik auf die Rechnungslegung.[1494] Cushing erkennt in der Hinwendung der Rechnungslegungsforschung zur Empirie ebenfalls keinen Paradigmenwechsel, sondern ein Abwandern der Forscher in andere Disziplinen als Folge der Anomalie, dass keine allumfassende normative Bilanztheorie gefunden werden konnte.[1495] Diese Meinungen teilt der vorliegende Beitrag, wie anhand der vorigen Abschnitte deutlich wird und analog zu Wells, nicht.[1496]

4.3 Erschwerte Bedingungen für den Paradigmenwechsel

Die Annahme des Bestehens eines bilanztheoretischen Paradigmas in der US-amerikanischen Rechnungslegung im Sinne der Kuhn'schen Definition hat grundsätzlich weitreichende Folgen. Die Annahme müsste zur internen Konsistenz des Rechnungslegungssystems führen, da in der normalwissenschaftlichen Phase die Wahrnehmung des Jahresabschlusses und damit auch sein Sinn und Zweck nicht (mehr) in Zweifel gezogen wird. Mit anderen Worten müsste die Annahme eines Paradigmas mit der Umsetzung des bilanztheoretischen Ideals einhergehen. Dass dieses Ideal nicht erreicht ist, zeigte bereits der erste historisch-analytische Teil der vorliegenden Abhandlung in Kapitel II (S. 9 142).

Für die begrenzte Durchsetzung eines Paradigmas können mehrere Gründe angeführt werden. Als Folge der Einbeziehung des Standardsetzers findet der Paradigmenwechsel unter erschwerten Bedingungen statt. Im Unterschied zur Kuhn'schen Theorie wird die Revolution in der Rechnungslegung nicht nur dadurch gehemmt, dass der Standardsetzer an vergangenen Ansätzen festhält, sondern auch dadurch, dass er nicht bei null starten kann.[1497] Die Standardsetzung besteht – insbesondere bei den US-GAAP – aus einem umgangreichen Kanon von Bilanzierungsnormen, der sich nicht schlagartig vollständig ändern lässt. Die Überarbeitungsphase würde einen längeren Zeitraum in Anspruch nehmen. Während dieser Periode kann der Standardsetzer die Rechnungslegenden nicht einer Regelungslücke überlassen, sodass die alten Regelungen schrittweise durch neue ersetzt werden müssen. Zusätzlich ist die Rechnungslegung komplex und erfordert gut ausgebildete Bilanzierende, die die aktuellen Normen verstanden haben und anwenden können, damit sie planmäßig zu entscheidungsnützlichen

---

1492 Vgl. Mattessich (1992), S. 181 f.; Mattessich (2002), S. 193; im Ergebnis auch Danos (1977), S. 747. Auch für die Betriebswirtschaftslehre im Allgemeinen werden Paradigmenwechsel auf methodischer Ebene diskutiert, vgl. die Beiträge in Fischer-Winkelmann (1983).

1493 Vgl. Peasnell (1978), S. 219 f.; Mouck (1993), S. 37.

1494 Vgl. Mouck (1993), S. 38.

1495 Vgl. Cushing (1989), S. 26–30.

1496 Vgl. Wells (1976), S. 471.

1497 Vgl. Mattessich (1979), S. 266; Hitz (2005), S. 42. Vgl. auch Ijiri (1973), S. 24; Ijiri (1975), S. 31; Glautier (1983), S. 55.

Informationen führt. Auch der Rechnungslegungsadressat muss mit dem Gehalt der ihm gewährten Informationen gut vertraut sein. Soll dieses Informationskonstrukt nicht zerstört werden, muss sich der Umbau der Rechnungslegung auch aus diesem Grund behutsam vollziehen und über einen längeren Zeitraum erstrecken. Es ist daher schwierig, eine Grenze zwischen dem Ende der Revolution und dem Beginn der Normalwissenschaft zu ziehen.[1498] Anders formuliert kann man das eindeutige Vorherrschen eines Paradigmas anzweifeln.

Mit der Verabschiedung des Conceptual Framework in der US-amerikanischen Rechnungslegung in den 1980er Jahren wurden insbesondere die US-GAAP-Verlautbarungen der Vorgängerinstitutionen nicht abgeschafft. Dies zwingt den Standardsetzer dazu, bei der Entwicklung neuer Normen und bei der Überarbeitung bestehender Regelungen die regulatorischen „Altlasten" im Blick zu behalten. Diese Rücksichtnahme verleitet dazu, auch bei neuen Verlautbarungen nicht konsequent dem neuen Paradigma zu folgen. So wird beispielsweise die Idee des Realisationsprinzips in CON 5.83 f. aufrechterhalten. Auch Storey hebt hervor: „The revenue and expense view is still deeply ingrained in many accountants' minds, and their first reaction to an accounting problem is to think about 'proper matching of costs and revenues.' Time will be needed for them to become accustomed to thinking first about effects of transactions or other events on assets and liabilities [...]. Many will be able to make that adjustment only with difficulty"[1499]. Die Einschränkung des Paradigmenwechsels spiegelt sich auch in der methodischen Umstellung von der Induktion zur Deduktion wider, die nicht mit der nötigen Stringenz erfolgte. Dies wird z.B. anhand der fehlenden Verbindlichkeit des Conceptual Framework deutlich.

Schließlich ist zu bedenken, dass die Einbeziehung der praktischen Standardsetzung die zu betrachtende (Forscher-)Gemeinschaft wesentlich heterogener macht und sich vom Idealbild Kuhns entfernt. Die Revolution geschieht nicht idealtypisch aufgrund der inneren Überzeugung der Mehrheit des beteiligten Personenkreises. So ist das Erreichen einer vollständig normalwissenschaftlichen Phase beschränkt. Diese Feststellung korrespondiert mit dem auf US-amerikanischer und internationaler Ebene vorzufindenden bilanztheoretisch inkonsistenten Rechnungslegungssystem. Analog zu diesem Befund wird auch in den Sozialwissenschaften die Paradigmentheorie teils kritisch gesehen, da sich in diesem Bereich nicht immer ein Paradigma vollständig durchsetzt.[1500]

1498 Flamholtz sieht beispielsweise 1979 noch einen Krisenzustand, vgl. Flamholtz (1979), S. 124. Sie prophezeit einen Paradigmenwechsel für den Beginn des 21. Jahrhunderts: „By the first decade of the 21st Century it would seem imperative to develop an accounting framework geared to the needs of that time, rather than continuing with a paradigm derived from the Industrial Revolution of the 19th Century and geared to the problems of the 1930's" (Flamholtz (1979), S. 138). Vgl. auch Cushing (1989), S. 8 und 23.

1499 Storey (2007), S. 2.57.

1500 Vgl. Mattessich (1979), S. 262–265 für einen Überblick zu den Übertragungsmöglichkeiten der Paradigmentheorie in den Sozialwissenschaften. Mattessich erklärt die begrenzte Durchsetzung eines Paradigmas vor dem Hintergrund der begrenzten Geltungsdauer von Sozialgesetzen und dem Einfluss normativer Argumente, vgl. Mattessich (1979), S. 266.

Demgegenüber erläutert Mattessich, dass sich auch in den Naturwissenschaften zeitweise mehrere Paradigmen gleichzeitig halten, sodass man „auch in den Sozialwissenschaften der Hoffnung Ausdruck geben [kann], daß möglicherweise eines der koexistenten Paradigmen die anderen, wenn nicht verdrängen, so doch überleben könnte“.[1501] Die Existenz parallel existierender Paradigmen scheint nach diesem Verständnis keine Besonderheit der Bilanztheorie zu sein und muss auch nicht zwingend zu einem Übertragungsverbot des Kuhn'schen Paradigmenbegriffs auf diese Disziplin führen. Vor diesem Hintergrund lässt sich die Standardsetzung seit der Einführung des Conceptual Framework als sehr langsamer, da mit Hindernissen konfrontierter, normalwissenschaftlicher Prozess beschreiben. Die Entwicklung des Revenue-Recognition-Projekts bestätigt diese Tendenz. Hier wird statisches Gedankengut relativ konsequent auf den Bereich der Umsatzerlöse übertragen und somit normalwissenschaftlich/kumulativ fortentwickelt. Eine ähnliche Entwicklung ist auch in der bilanztheoretischen Forschung selbst vorstellbar.[1502]

4.4 Begrenzter Fortschritt

Kuhn, der Falsifikationen basierend allein auf Beobachtung und Beweis ablehnt, bestätigt dennoch den offensichtlichen Fortschritt der Naturwissenschaften, durch den sich diese meist von anderen (geistes-, sozial- oder nichtwissenschaftlichen) Disziplinen unterscheiden. Kuhn selbst weist zwar darauf hin, dass seine Beschreibung des wissenschaftlichen Fortschritts anhand von Paradigmenwechseln grundsätzlich nicht auf Naturwissenschaften beschränkt ist: „[D]ie in Frage stehenden Tätigkeiten [...] könnten dennoch Fortschritte erzielen wie die Wissenschaften. In der Antike und der Renaissance lieferten eher die Künste als die Wissenschaften die akzeptierten Paradigmen des Fortschritts.“[1503] Gleichwohl erwecken die Ausführungen des historischen Teils der Arbeit sowie die vorangegangenen Ausführungen zu den Grenzen der Übertragung der Paradigmentheorie auf die Rechnungslegung die Skepsis bezüglich des möglichen Fortschritts in der Bilanztheorie. Insbesondere die Einbeziehung der nichtwissenschaftlichen Einrichtungen in das Paradigmenmodell erschwert die vollständige Durchsetzung eines Paradigmas und begrenzt damit den erreichbaren bilanztheoretischen Fortschritt.

Die Leistungsfähigkeit der Naturwissenschaften bezüglich des Fortschritts ergibt sich bei Kuhn neben der Anerkennung von gemeinsamen Prinzipien in der normalwissenschaftlichen Phase auch aus dem Charakter des Berufsbilds. Naturwissenschaftler separieren sich stark von

---

1501 Vgl. Mattessich (1979), S. 267 (auch Zitat).

1502 Erst wenn bei einem zukünftigen Paradigmenwechsel abermals auf die dynamische Bilanztheorie zurückgegriffen wird, wird die Übertragung der Kuhn'schen Theorie (erneut) schwieriger. Ein solcher Fall wird von Kuhn (mangels historischer Beispiele in den Naturwissenschaften) nicht beschrieben. Allerdings sind die Naturwissenschaften auch nicht einer sich ständig ändernden Gesellschaft ausgesetzt. Vgl. auch Chmielewicz (1994), S. 238 f.

1503 Kuhn (1974), S. 236.

ihrer alltäglichen Umwelt. Dies fördert zum einen die Annahme gemeinsamer Prinzipien und zum anderen wird die externe Einflussnahme auf das eigene Forschungsfeld und auch auf die Wahl eines Paradigmas beschränkt.[1504] Diese Unabhängigkeit macht die wissenschaftliche Gemeinschaft in ihren Ansichten sehr stabil.[1505] Gerade diese Unabhängigkeit von der Praxis ist in einer anwendungsbezogenen Wissenschaft, wie der Rechnungslegungsforschung, aber gerade nicht vorstellbar und behindert den Fortschritt der Disziplin im Sinne einer einheitlichen Befürwortung einer Bilanztheorie. Es wird deutlich, dass für Kuhn die wissenschaftliche Gemeinschaft der zentrale und originäre Begriff ist, aus dem sich Paradigmata ableiten lassen.[1506] Es ist der spezielle Charakter der naturwissenschaftlichen Gemeinschaft, welcher den Unterschied der wissenschaftlichen Fortentwicklung zu anderen Disziplinen, wie der Rechnungslegung, erklärt.[1507]

Weiterhin ist die Ausbildung der Naturwissenschaftler regelmäßig auf den aktuellen Stand der Forschung ausgerichtet. „[Natur-]Wissenschaftlicher Fortschritt unterscheidet sich im Wesen nicht von Fortschritt auf anderen Gebieten, aber da hier konkurrierende Schulen, von denen jede der anderen Ziele und Normen in Frage stellt, meistens fehlen, ist es viel leichter, den Fortschritt einer normal-wissenschaftlichen Gemeinschaft zu erkennen als den anderer Gruppen.“[1508] Eine Auseinandersetzung mit früheren und/oder alternativen Ansichten, wie in anderen Disziplinen, unterbleibt. Die Lehrbücher basieren jeweils auf dem letzten gültigen Paradigma, d.h. sind normalwissenschaftlich ausgerichtet. Historische Hinweise finden sich nur am Rande. Der Verzicht auf die Darstellung der vergangenen Entwicklungslinien gelingt in den Naturwissenschaften, da diese nicht so sehr von ihrem historischen Kontext abhängen oder versuchen, ihn zu isolieren, weil er Subjektivität mit sich bringt. Auf diese Weise werden aber Definitionen, Gesetze und Ähnliches aus ihrem Bedeutungszusammenhang gerissen.[1509] Ein naturwissenschaftliches Lehrbuch suggeriert schließlich eine Geradlinigkeit oder Zielausrichtung in der Wissenschaft, die nach Kuhn nicht existiert. Er sieht in jenem Aufbau der Lehrbücher einen Grund für die Ignoranz der Revolutionen zugunsten eines kumulativen Wissenschaftsverständnisses.[1510]

Die Ausbildung in der normativen Rechnungslegung ist dagegen eher durch den Vergleich der konkurrierenden Schulen gekennzeichnet, da man sich zur Gleichwertigkeit verschiedener Schulen bekennt oder zumindest keine endgültige Überlegenheit einer Denkschule mit über-

---

1504 Vgl. Kuhn (1976), S. 175 f. und 179 f. Die Naturwissenschaften sind auch durch eine Fachsprache gekennzeichnet, die es Außenstehenden schwermacht, zu folgen. Auch das ist in der Rechnungslegung nicht umfassend möglich, vgl. Gilman (1939), S. 11 f.

1505 Vgl. Kuhn (1976), S. 180 f.

1506 Vgl. Kuhn (1976), S. 187 f., 189 f. und 191; Chalmers (2007), S. 97.

1507 Vgl. Kuhn (1976), S. 220 f.

1508 Kuhn (1976), S. 175, vgl. auch S. 174.

1509 Vgl. Kuhn (1976), S. 178.

1510 Vgl. Kuhn (1976), S. 147–154 und 176 f.; Chmielewicz (1994), S. 136.

zeugenden Argumenten herausarbeiten konnte.[1511] Es lässt sich für die Bilanztheorie noch nicht einmal ausschließen, dass auch der (erneute) Rückgriff zur Dynamik als Fortschritt gewertet werden muss, wenn dahinter die Anpassung an den wirtschaftlichen Kontext steckt. Diese Art des Fortschritts übersieht Sterling, wenn er konstatiert: „Accountants anticipated the ecology movement by some years; instead of disposing of issues, we recycle them."[1512] Ein markanter Fortschritt kann sich auch ergeben, wenn Ergebnisse aus verschiedenen Bilanztheorien aus der Erfahrung heraus sinnvoll und konsistent zu einem übergeordneten Ganzen kombiniert werden, um die einzelnen Sachverhalte abzubilden.[1513] Entsprechende Lösungsvorschläge wurden in Deutschland beispielsweise durch Schmidt (Organik) und Moxter (Ausschüttungsstatik) unterbreitet.[1514]

4.5 Unterschiedliche Forschungsebenen

Ein markanter Unterschied zwischen den von Kuhn besprochenen Naturwissenschaften und der Bilanztheorie ist weiterhin der bereits festgestellte Unterschied in den Forschungsebenen nach Chmielewicz.[1515] Die Naturwissenschaften bewegen sich grundsätzlich auf der Ebene der Wirtschaftstheorie während die Bilanztheorie als Wirtschaftstechnologie oder Wirtschaftsphilosophie zu kennzeichnen ist. Dieser fundamentale Unterschied in der Forschungsebene lässt (erneut) Zweifel an der sinnvollen Übertragung der Kuhn'schen Paradigmenvorstellung auf die Bilanztheorie aufkommen.[1516] Auch Laughlin als Gegner der Übertragung der Paradigmenwechsel auf die Rechnungslegung betont, dass die Bilanztheorie nicht auf Vorhersagen auf Grundlage von Ursache-Wirkungs-Beziehungen zielt.[1517] Im Gegenzug müssten für den empirischen Teil der Rechnungslegungsforschung die Übertragung der Kuhn'schen Theorie und die Annahme eines Paradigmas leichter sein als für die Bilanztheorie, weil die von Kuhn untersuchten Naturwissenschaften und die empirische Rechnungslegungswissenschaft auf identischen Forschungsebenen arbeiten.

Es gibt jedoch eine entscheidende Gemeinsamkeit von Kuhn'scher Paradigmenvorstellung und Bilanztheorie. Kuhn lehnt die rationale Falsifikation nach einer Beobachtung ab. Er verlässt zu einem gewissen Grad die objektiv-wertfreie Ebene und stellt die Korrespondenztheorie der Wahrheit infrage, indem er auch dem Paradigma und dem Paradigmenwechsel (der

---

1511 Vgl. Barth (2008), S. 1166. Der Autorin zufolge liegt der Schwerpunkt der Ausbildung in den USA sogar auf der älteren *revenue and expense view*.

1512 Sterling (1975), S. 28. Vgl. auch Basu/Waymire (2010), S. 125 f.

1513 Ähnlich Mautz (1977), S. 3 f.

1514 Vgl. Schmidt (1921); Moxter (1984a), S. 57 79 zur Organik. Vgl. Moxter (1986), S. 176; Moxter (1993a), S. 71 79; Hommel/Schmidt/Wüstemann (2004), S. S90 S93 zur Ausschüttungsstatik.

1515 Vgl. hierzu Abschnitt III.B (S. 144 168).

1516 Ähnlicher Ansicht Mattessich (1979), S. 263 und 266.

1517 Vgl. Laughlin (1981), S. 336. Aber selbst für empirische Untersuchungen in der Rechnungslegung zweifelt er die Qualität der Vorhersagen an: „[P]redictive conclusions were not predictions as such but rather the predictive accuracy was dependent on the ability of certain users to use the measures" (Laughlin (1981), S. 336, im Original mit Hervorhebungen).

Wahrnehmungsänderung) Werte zugrunde legt.[1518] Damit verschwimmen die (methodischen) Grenzen zwischen Theorie und Philosophie. Ein Tatsachendissens ist bei Kuhn nicht mehr zwingend zeitlich begrenzt, sondern ebenso wie der Normendissens gegebenenfalls nicht lösbar.[1519] Kuhn verneint den naturwissenschaftlichen Fortschritt im Sinne einer zielgerichteten Wahrheitsfindung und wendet sich so gegen eine grundlegende Zielsetzung der Wissenschaft.[1520] Er betont so eine Gemeinsamkeit mit anderen Disziplinen. Mattessich formuliert es drastisch: „Somit gibt es [...] nach Kuhn in der Wissenschaft keinen anderen Fortschritt als jenen des Modewechsels, dem wir in Kunst, Philosophie und Politik bereits begegnet sind.“[1521]

Verbindet man mit dem Wechsel von der *revenue and expense view* zur *asset and liability view* nach der FASB-Gründung eine normative, nicht werturteilsfreie Entscheidung, rückt die Übertragung des Paradigmenwechsels auf die Bilanztheorie wieder näher.[1522] Chmielewicz führt sogar als Beispiel für Kuhns Thesen an, dass sich Schmalenbach nicht gegen Schmidt und Rieger durchsetzen konnte.[1523] Möchte man an der (rationalen) Sonderstellung der Naturwissenschaften festhalten, passen Kuhns Ansichten sogar eher zum normativen Bereich als zu den Naturwissenschaften, bedenkt man, dass Letztere sich so vehement gegen die Irrationalität Kuhns wehrten und Kuhn versuchte, die Erklärung des Fortschritts zu retten.

5 *Zwischenergebnis*

Kuhns Thema in seinem Werk „Die Struktur wissenschaftlicher Revolutionen“ ist der Prozess, in dem wissenschaftliche Erkenntnisse erzielt werden. Er definiert den wissenschaftlichen Fortschritt neu. Seine These lautet, dass er sich nicht durch kontinuierliche Veränderung, sondern durch revolutionäre Prozesse vollzieht. Dabei ist die wissenschaftliche Revolution der Vorgang, bei dem bestehende Erklärungsmodelle abgelöst und durch andere substituiert werden: Er ersetzt die falsifizierende Methode von Popper durch Paradigmenwechsel im Nachgang einer normalwissenschaftlichen Phase, die nicht unmittelbar logisch durch einen Beweis erklärt werden können, sondern (auch) durch Werte bestimmt sind. Es vollzieht sich eine Wahrnehmungsänderung. Damit entziehen sich die Paradigmen einer unmittelbaren Vergleichbarkeit.

1518 Vgl. Laughlin (1981), S. 341. Werte sind bei Kuhn allerdings nicht ausdrücklich als Handlungsanweisungen oder Ausdruck von Prioritäten formuliert.

1519 Vgl. Chmielewicz (1994), S. 220 m.w.N.

1520 Vgl. Kuhn (1976), S. 182–184 und 217 f. „Der in diesem Essay beschriebene Entwicklungsprozeß geht von primitiven Anfängen *aus* – ein Prozeß, dessen aufeinander folgende Stadien durch ein zunehmend detailliertes und verfeinertes Verstehen der Natur charakterisiert sind. Aber nichts von dem, was gesagt worden ist [...] macht ihn zu einem Prozeß der Entwicklung auf etwas *hin*“ (Kuhn (1976), S. 182, Hervorhebungen auch im Original).

1521 Mattessich (1979), S. 256.

1522 Vgl. Cushing (1989), S. 10 f. Der Autor stellt die Sinnhaftigkeit der Unterscheidung zwischen Wissenschaft und anderen Disziplinen generell infrage.

1523 Vgl. Chmielewicz (1994), S. 137.

Folgt man der Ansicht Kuhns, ist die fehlende Benennung einer überlegenen Bilanztheorie nicht verwunderlich, da jede als Paradigma für eine andere Wahrnehmung des Jahresabschlusses steht. Die ausbleibende Falsifikation ist aus diesem Blickwinkel nicht zwingend unwissenschaftlich. Mit Kuhn lässt sich aber kaum erklären, warum pro Zeitabschnitt keine einheitliche Wahrnehmung unter den bilanztheoretischen Forschern besteht, denn nach Kuhn herrscht jeweils nur ein Paradigma vor. Eine fortschrittliche Annäherung an eine normalwissenschaftliche Forschungsphase gelingt nur unter Einbeziehung der praktischen Standardsetzung. Und dies würde zum einen implizieren, dass die aktuellen internen Inkonsistenzen über die Zeit verschwinden. Zum anderen würde den Standardsetzern die Intention der bilanztheoretischen Fundierung der US-GAAP und IFRS unterstellt was die Historie der Entwicklung der beiden Regelwerke nicht zwingend bestätigt. Die Vermutung, dass mithilfe der Ansichten Kuhns das Voranschreiten in Bilanztheorie und Standardsetzung, über die Technologie hinaus, erklärt und normalisiert, d.h. wissenschaftlich aufgewertet werden kann, wird nur begrenzt testiert. Die unzureichende Annahme eines Paradigmas und somit auch die schwierige Übertragung der Kuhn'schen Theorie auf die Rechnungslegung ist im Wesentlichen dem markantesten Unterschied zwischen den Naturwissenschaften und der Bilanztheorie geschuldet: Die Disziplinen bewegen sich auf unterschiedlichen Forschungsebenen.

D Objektivierung der Normenfindung in der Rechnungslegung

1 Infragestellung der Notwendigkeit intern konsistenter Rechnungslegungsvorschriften

Der grundsätzliche Vorteil eines intern konsistenten Rechnungslegungssystems, d.h. einer bilanztheoretischen Fundierung bestehend aus Prinzipien und konkretisierenden Einzelvorschriften, wird in der Vergleichbarkeit der Jahresabschlüsse gesehen. Der Nutzen, der aus der Befolgung eines bilanztheoretischen Paradigmas erwächst, sind die Reduzierung von Bilanzierungsalternativen und die daraus resultierende Vergleichbarkeit der Jahresabschlüsse in Bezug auf die Abbildung ähnlicher Sachverhalte.[1524] Dies führt zu einer Erhöhung der Rechtssicherheit und einer Verminderung bilanzpolitischer Anreize des Managements.[1525] Damit erhöhen sich weiterhin die Aussagekraft und Vergleichbarkeit von aus den Bilanzierungsdaten abgeleiteten Kennzahlen. Schließlich können neue Normen für neue Sachverhalte deduziert werden: Es bietet sich der Vorteil, dass neue unternehmerische Entwicklungen unmittelbar subsumiert werden können.[1526]

Um die Forderung nach interner Konsistenz und Vergleichbarkeit zu rechtfertigen, darf sie letztlich nicht nur ein Idealbild des Bilanztheoretikers und/oder der Standardsetzer sein. Sie

---

1524 Vgl. Wüstemann (1999), S. 166; Wüstemann/Wüstemann (2010b), S. 8 und 17.

1525 Vgl. Schipper (2003), S. 68; Benston/Bromwich/Wagenhofer (2006), S. 168; Wüstemann/Wüstemann (2010b), S. 19 f. m.w.N.

1526 Vgl. Chatfield (1977), S. 286.

muss sich vielmehr sinnvoll in den Normenfindungsprozess integrieren lassen und seiner Zielsetzung dienen. Ist dies nicht der Fall und die Forderung nach bilanztheoretischer Konsistenz wird weiter aufrechterhalten, so müsste man beispielsweise Watts/Zimmerman recht geben. Watts/Zimmerman beschreiben bilanztheoretische Konzepte nur als Rechtfertigungsmittel („excuses“[1527]) für politische Entscheidungen. Das Eigeninteresse von Politikern oder Lobbyisten lässt sich in ihren Augen durch Bilanztheorien, die auf das öffentliche Interesse ausgerichtet sind, verstecken.[1528]

Im vorangegangenen Teil der Arbeit war das Ziel einer intern konsistenten Rechnungslegung normativ vorgegeben. Es konnte mit der Forderung nach interner Konsistenz im Conceptual Framework (CON 8.QC22; IASB-Framework 2010, Rn. QC22) begründet werden. Die technologische Unterstützung der Standardsetzung aus der bilanztheoretischen Forschung war damit folgerichtig. Sie hatte die Aufgabe, adäquate Mittel für das Ziel „entscheidungsnützliche Informationen“ bereitzustellen. In diesem letzten Teil des vorliegenden Beitrags wird diese grundlegende Annahme gelockert, gerade weil an der ernsthaften Umsetzung dieses Ziels gemäß der historischen Analyse der US-amerikanischen und internationalen Rechnungslegung in Kapitel II der vorliegenden Abhandlung (S. 9 142) Zweifel bestehen und der Versuch der Übertragung der Paradigmentheorie in Abschnitt III.C der vorliegenden Arbeit (S. 169 196) ergab, dass sich kein bilanztheoretisches Paradigma durchsetzt. Die Vorgabe der internen Konsistenz der Bilanzierungsvorschriften zur Erhöhung der Vergleichbarkeit wird infrage gestellt. Daran knüpft sich einmal mehr die Frage nach der Positionierung des Bilanztheoretikers in der Rechnungslegungsforschung.[1529]

Hierzu beleuchtet dieser Abschnitt die Möglichkeiten der Normenfindung und -begründung und zeigt auf, welche Alternativen sich dem Standardsetzer und/oder dem Bilanztheoretiker bieten, um Werturteile in der internationalen und US-amerikanischen Rechnungslegung zu treffen, möglichst ohne sich dem Vorwurf der Willkürlichkeit auszusetzen. Anhand dieser Alternativen werden Rückschlüsse auf die Vorgehensweise des Standardsetzers, die nötige interne Konsistenz der Normen, die Zwecksetzung der Rechnungslegung und die Daseinsberechtigung des Bilanztheoretikers gezogen. Dabei ist nicht ausgeschlossen, dass die Standard-

---

1527 Watts/Zimmerman (1979), S. 275.

1528 Bilanztheoretische Argumente sind nach Watts/Zimmerman das Ergebnis eines Angebot-Nachfrage-Gleichgewichts: „Government regulation creates a demand for normative accounting theories employing public interest arguments, that is, for theories purporting to demonstrate that certain accounting procedures should be used because they lead to better decisions by investors, more efficient capital markets, etc.“ (Watts/Zimmerman (1979), S. 282, im Original mit Hervorhebungen). Vgl. auch Haller (1989), S. 64 f. Der Nachfrage nach dem Gut „Bilanztheorie“ steht ein entsprechendes Angebot gegenüber, das auf Vorteilen basiert, die der Bilanztheoretiker aus der Zusammenarbeit mit der Praxis erhält (z.B. Prestige, Aufträge), vgl. Watts/Zimmerman (1979), S. 286 f. Bilanztheorie ist aus dieser Perspektive nicht innovativ, sondern folgt den politischen Vorgaben, vgl. Watts/Zimmerman (1979), S. 288. Die Autoren führen als empirischen Beleg beispielsweise die bilanztheoretische Begründung der Abschreibung als Aufwand an, wie sie im Rahmen der staatlichen Begrenzung der Transportpreise infolge steigender Gewinne in der Eisenbahnindustrie in den USA aufkam, vgl. Watts/Zimmerman (1979), S. 290–293.

1529 Beispielsweise sehen auch Arthur Andersen & Co. Rechnungslegung als pragmatische Disziplin und lehnen bilanztheoretische Überlegungen als Selbstzweck ab, vgl. Arthur Andersen & Co. (1974), S. 14.

setzer die eine oder andere Alternative bereits (unbewusst) nutzen. Das Ziel der internationalen und US-amerikanischen Rechnungslegung   die Bereitstellung entscheidungsnützlicher Informationen   wird auf unterschiedliche Art und Weise gerechtfertigt oder relativiert.

Um eine gute und/oder gerechte Norm zu finden und eine willkürliche Normsetzung zu vermeiden, bedarf es einer objektivierenden Methode für den Normsetzer. Die Grundgesamtheit der möglichen Werturteile soll auf diese Weise eingeschränkt werden und es soll der Beleg erfolgen, dass der Umgang mit Werturteilen nicht automatisch in die Irrationalität führt.[1530] Die auf unterschiedliche Weise gefundene normative Gültigkeit erhöht zukünftig die Akzeptanz der Norm durch die betroffenen Personen und reduziert speziell in der Rechnungslegung bilanzpolitische Maßnahmen. Ethik und Rechtsphilosophie liefern verschiedene Ansätze zur Rationalisierung von Werturteilen. Sie werden im Folgenden vorgestellt und auf ihre Nützlichkeit sowie ihre Implikationen für die Rechnungslegung hin überprüft.[1531] Es handelt sich dabei um eine Auswahl, die die Bandbreite der Möglichkeiten zeigt. Die Arbeit erhebt in dieser Hinsicht nicht den Anspruch der Vollständigkeit.

2 Exkurs: Ökonomische Realität als Maßstab der Rechnungslegungsnormen

Der Erzeuger von Normen für die Rechnungslegung befindet sich scheinbar im Vorteil gegenüber anderen Juristen und Ethikern, da sein Betätigungsfeld nicht die abstrakte moralische Wertung, sondern die Abbildung der unternehmerischen Realität ist, wie dies auch der True-and-Fair-View-Grundsatz (oder *representational faithfulness*, *faithful representation*, *fair presentation*[1532]) suggeriert.[1533] Cushing betrachtet Rechnungslegung als „making sense out of the economic performance [...] [or] out of reality“[1534]. Diese Beziehung zur ökonomischen Realität wird auch bei den *true income theories* offensichtlich. Miller/Bahnson begründen hierzu passend einen Bezug zur Realität in der Statik, weil diese Bilanztheorie in ihren Augen auf erfahrungsunabhängige Allokationen, anders als die Dynamik, verzichtet.[1535]

Die Bilanztheorie kann sich somit auf einen realen Bezugspunkt beziehen, den es so in anderen Rechtsgebieten und bei moralischen Fragestellungen nicht unmittelbar gibt. Hierin kann

---

1530 Vgl. Kaufmann (2011b), S. 60. Vom Anweisungsgehalt der Norm wird hier abstrahiert, vgl. dazu Abschnitt III.B.3.1 (S. 151 154).

1531 Vgl. auch Hendriksen/van Breda (1992), S. 7.

1532 Vgl. CON 2.63–80; CON 8.QC12–QC16; IAS 1.15. Ein Beispiel: „financial information [...] must faithfully represent the phenomena that it purports to represent“ (CON 8.QC12). An dieser Stelle ist nicht *fair representation* auf Basis der US-GAAP gemeint. Diese Beziehung kann man aus dem US-amerikanischen Bestätigungsvermerk herauslesen, vgl. Mautz (1977), S. 14; Wüstemann (1999), S. 83. Vgl. auch Storey (2007), S. 2.71.

1533 Vgl. Berndt (2005), S. 142 f.; Macintosh (2009), S. 145. Berndt gibt als einfaches Beispiel an, dass der Gewinn sinken muss, wenn sich die reale wirtschaftliche Lage des Unternehmens verschlechtert. Ein weiteres Beispiel ist die körperliche Bestandsaufnahme bei der Inventur, vgl. Berndt (2005), S. 139 und 145 f.

1534 Cushing (1989), S. 9.

1535 „A [...] contribution of the asset/liability theory is its goal of developing and presenting empirical measures of assets and liabilities based on observations, thereby avoiding a priori assumptions, predictions, and allocations“ (Miller/Bahnson (2010), S. 428, im Original mit Hervorhebungen, vgl. auch S. 429).

eine Restriktion in der Formulierung von Normen, d.h. eine Objektivierung, gesehen werden. Die Realität wird zum Prüfstein der Norm. Beispielhaft ist hier das Scheitern der *proprietary theory* zu nennen, das erfolgte, weil ihre Annahmen nicht mit der unternehmerischen Realität übereinstimmten. Somit wirkt die Korrespondenztheorie der Wahrheit, welche zusammen mit einer realistischen Grundhaltung, also der Annahme einer beobachtungsunabhängigen und erfassbaren Außenwelt, die Bedingung für den Abbildungsanspruch des Standardsetzers ist, indirekt im normativen Bereich der Rechnungslegung.[1536] Immerhin ist die genaue Abbildung der Realität angestrebt, anstelle einer frei schöpferischen Interpretation wie in der Kunst.[1537]

Jedoch ist die Abbildung der unternehmerischen Realität nicht trivial, nicht eindeutig.[1538] Die unternehmerische Realität ist sehr viel schwammiger als die natürliche, wenn auch diese bereits mit dem Basisproblem zu kämpfen hat. Die abzubildenden Sachverhalte sind abstrakt und bieten Interpretationsspielräume. So stellt sich die Realität aus einzelnen Perspektiven unterschiedlich dar. Dies wird schon anhand von Statik und Dynamik deutlich, die auf denselben Daten basieren und doch jeweils eine eigene Realität präsentieren. Das Problem zeigt sich aber auch in Detailfragen und unabhängig von der bevorzugten Bilanztheorie. So lässt sich z.B. bei der Abbildung von Kundenbonusprogrammen darüber streiten, ob sie real eine separate Leistung des Unternehmens an den Kunden sind, der ein eigenständiger Anteil an den Umsatzerlösen zuzuweisen ist, oder ob sie eine Marketingmaßnahme darstellen, die bei vollständiger Umsatzrealisation gegebenenfalls zu einer Rückstellung für die zukünftigen Marketingausgaben führt.

Ein weiteres Abbildungsproblem sind notwendige Schätzungen im Rahmen der Rechnungslegung, die dazu führen, dass man nicht mehr von der Abbildung eines Faktums sprechen kann. Es ist umso ausgeprägter, je stärker die Relevanz der Abbildung vom Standardsetzer gegenüber der Verlässlichkeit bevorzugt wird.[1539] Zwei eingängige Beispiele sind die Bewertung einer Immobilie zum Fair Value oder die Evaluierung der Rückgabequote im Rahmen von Kaufverträgen. Der Fair Value einer Immobilie (z.B. einer Fabrikhalle) ist nicht zwingend am Markt ablesbar, sondern kann oft nur mithilfe von subjektiven Bewertungsverfahren, wie den DCF-Methoden, indirekt ermittelt werden. Und da bei der Evaluierung der Rückgabequote die endgültige Anzahl der Rückgaben erst in der Zukunft feststeht, bedient sich der Bilanzierende dort einer Schätzung auf Basis von Erfahrungswerten oder Branchenvergleichen. Weiterhin ist die abzubildende Umwelt sehr komplex. Die Rechnungslegung kommt nicht umhin, Vereinfachungen und Typisierungen vorzunehmen.

[1536] Vgl. Macintosh (2009), S. 142, 145–147 und 162 f. Fn. 9 auf S. 145 des Aufsatzes enthält Nachweise über nichtrealistische Ansichten in der Rechnungslegung.

[1537] Vgl. Sterling (1975), S. 29 f. Diese Sichtweise entspricht allerdings nicht dem ursprünglichen Selbstverständnis der US-amerikanischen Wirtschaftsprüfer, die ihre Tätigkeit durchaus als Kunst begriffen, vgl. Grady (1965), S. 49.

[1538] Vgl. ausführlich Berndt (2005), S. 147–152 und 159 f.

[1539] Vgl. IASB-Framework 2010, Rn. QC17 f.

Auseinandersetzungen mit dem Abschlussprüfer sowie die häufigen Standardänderungen von FASB und IASB belegen die Ernsthaftigkeit dieser Realitätsproblematik. Letztendlich besteht innerhalb der EU nicht einmal Einigkeit darüber, wie der in Art. 2 Abs. 3 der 4. EWG-Richtlinie festgelegte Ausdruck *true and fair view*[1540] zu konkretisieren ist, da nationale Interpretationen auf das europäische Verständnis wirken.[1541] Zu diesen Abbildungsschwierigkeiten, die in der Natur der unternehmerischen Realität liegen, gesellt sich die reale Bilanzpolitik. Sie beeinflusst oder verzerrt die Realität ex ante durch Sachverhaltsgestaltung, beispielsweise um buchmäßige Gewinne zu erhöhen.[1542]

Letztlich bestätigt auch die Möglichkeit zur buchmäßigen Bilanzpolitik (ex post), also der möglichen Beeinflussung der Abbildung der unternehmerischen Realität durch Ausnutzung von Ermessensspielräumen,[1543] dass das Ziel der genauen Abbildung der unternehmerischen Realität mithilfe der Normen auf einfachem Wege nicht erreicht werden kann und vielleicht gar nicht erreicht werden soll. Der ehemalige Vorsitzende der SEC, Levitt, beschrieb die bestehende Problematik 1998 in einer Rede drastisch: „Well, today, I'd like to talk to you about another widespread, but too little-challenged custom: earnings management. This process has evolved over the years into what can best be characterized as a game among market participants. [...] A game that runs counter to the very principles behind our market's strength and success." Das Spiel ist der Versuch, die (Gewinn-)Erwartungen der Unternehmensanalysten zu überbieten.[1544] Es führt zur Loslösung der berichteten Gewinnzahlen von der Realität.[1545] Die fehlende Abbildung der unternehmerischen Realität führt so grundsätzlich zu fehlerhaften Investitionsentscheidungen und Ressourcenallokationen, wenn man die grundsätzliche Entscheidungsrelevanz des Jahresabschlusses bejaht.[1546] Diese Fehler können nur geheilt werden, indem die Fähigkeit des Managements zur (geschickten) Bilanzpolitik als Qualitätsmerkmal begriffen wird.[1547]

Macintosh greift die These des Auseinanderdriftens von unternehmerischer Realität und bilanzieller Abbildung des Unternehmens auf. Er belegt sie anhand von zwei unterschiedlichen Theorieapplikationen. Zunächst nutzt er, zusammen mit Shearer/Thornton/Welker, die postmoderne These der Hyperrealität des Medienkritikers Baudrillard.[1548] Danach repräsentieren Simulacra (Zeichen, Bilder, Modelle oder Ähnliches) nicht mehr ein reales Objekt, sondern treten nur noch gegenseitig in Beziehung zueinander. Auf diese Weise simulieren sie en masse z.B. im Internet oder in Magazinen eine Realität und gehen ihr voraus – ermöglicht im

---

1540 Vgl. Europäische Wirtschaftsgemeinschaft (1978), S. 8.
1541 Vgl. beispielhaft Alexander (1993); Ordelheide (1993).
1542 Vgl. Wagenhofer/Ewert (2007), S. 240 f.
1543 Vgl. Wagenhofer/Ewert (2007), S. 241 243.
1544 Vgl. Levitt (1998) (auch Zitat); Nobes/Parker (2010), S. 250.
1545 Vgl. Macintosh (2009), S. 151.
1546 Vgl. Macintosh (2009), S. 143 und 144.
1547 Vgl. Macintosh (2009), S. 149.
1548 Vgl. Baudrillard (1983); Baudrillard (1994).

Wesentlichen durch die Computertechnik. In dieser Phase der Simulation, in der die Simulacra einen eigenständigen Wert haben, befindet sich die Gesellschaft aktuell.[1549] Gleiches gelte nach Macintosh auch für die Rechnungslegung.[1550] Er stellt z.B. den Jahresüberschuss als Simulation dar, weil diese Größe primär durch *earnings management* getrieben ist, das sich wiederum an den Erwartungen der Finanzanalysten orientiert.[1551] Konsequenterweise sieht Macintosh den Wert der Rechnungslegung nicht mehr in der Abbildung der unternehmerischen Realität, sondern in der Förderung von Interaktionen und Kommunikation durch stabile, institutionalisierte Informationen. Die inhaltliche Ausgestaltung der Rechnungslegungsstandards ist dann aber zweitrangig, solange die Art und Weise der Jahresabschlussberechnungen bekannt ist. Interne Konsistenz scheint nicht mehr erstrebenswert.[1552]

In einem zweiten Aufsatz erklärt Macintosh bilanzpolitische Maßnahmen anhand Frankfurts Abhandlung „On bullshit“[1553]. Der „bullshitter“[1554] (der Rechnungslegende) kümmert sich nicht um die Trennung von wahren und falschen Aussagen; er kennt vielmehr die Wahrheit nicht und will sie nicht kennen. Dies unterscheidet ihn negativ vom Lügenden. Dennoch suggeriert er nach außen, wie der Lügende, die Wahrheit seiner Aussage. An die Stelle der Suche nach der Wahrheit tritt so die (blinde) Einhaltung der Rechnungslegungsvorschriften.[1555] Dass die Ignoranz gegenüber dem Wahrheitsgehalt einer Aussage schließlich die Funktionalität der Gesellschaft beeinträchtigt (hier: Ressourcenallokation), erkennen sowohl Frankfurt als auch Macintosh und fordern deshalb die Eindämmung des *bullshit*.[1556]

Es ist fraglich, ob unter diesen Bedingungen die realistische Grundhaltung für die Rechnungslegung sinnvoll aufrechterhalten werden kann.[1557] Die Schätzprobleme und Interpretations-

---

[1549] Vgl. Macintosh et al. (2000), S. 27–29. Der Phase der Simulation gingen drei Phasen voraus, in denen die Simulacra zunächst einen realen Gegenstand adäquat repräsentierten (Feudalismus), ihn anschließend imitierten und verzerrten (ab Renaissance) und schließlich zur Realität wurden (industrielle Revolution), vgl. Macintosh et al. (2000), S. 14–16, 19, 21 und 24.

[1550] Nach Macintosh durchlief die Rechnungslegung die gleichen Phasen wie die Gesellschaft, vgl. Macintosh et al. (2000), S. 39 f. In der ersten Phase der Rechnungslegung, in der zwischen Kapital und Gewinn nicht konsequent getrennt wurde, spiegelte die Aufzeichnung des Kapitals die real vorhandenen Vermögenswerte wider, vgl. Macintosh et al. (2000), S. 19 f. Kennzeichen der zweiten Phase ist die Einführung der periodisierten Gewinnermittlung, sodass sich die Gewinnberechnung von der realen Kassenveränderung löste und diese reale Größe in verzerrter Weise imitierte, vgl. Macintosh et al. (2000), S. 21–23. Die dritte Phase entspricht der Etablierung und Durchsetzung der *revenue and expense view* in der ersten Hälfte des 20. Jahrhunderts, während der die Gewinnermittlung den eigentlichen realen Referenten absorbierte, vgl. Macintosh et al. (2000), S. 25–27.

[1551] Vgl. Macintosh et al. (2000), S. 29–39. Heute sei die Rechnungslegung Teil der hyperrealen Finanzwelt: „Contemporary accounting and finance seem to circulate on their own plane, parallel to but insulated from the material economy of labor and production“ (Macintosh et al. (2000), S. 39). Macintosh ist sich der Überzogenheit seiner Ausführungen bewusst, vgl. Macintosh et al. (2000), S. 44.

[1552] Vgl. Macintosh et al. (2000), S. 41–44. Die Frage „[i]s a particular accounting treatment or GAAP coherent with the rest of the extant accounting treatments or GAAPs?“ sei unter anderem nicht mehr relevant, vgl. Macintosh et al. (2000), S. 45 (auch Zitat).

[1553] Frankfurt (2005).

[1554] Frankfurt (2005), S. 21.

[1555] Vgl. Macintosh (2009), S. 154–160.

[1556] Vgl. Macintosh (2009), S. 160–162.

[1557] Vgl. zu diesem Themenbereich auch Alexander/Jermakowicz (2006), S. 134 137.

möglichkeiten lassen das Gefühl für wahre und falsche Aussagen schwinden. Es bestehen begründete Zweifel an der simplen Formulierung von Rechnungslegungsstandards zur Abbildung der von ihnen unabhängigen Realität. Der Abbildungsanspruch der Standardsetzer wird insofern relativiert. Der Rekurs auf die unternehmerische Realität nimmt den Standardsetzern somit nicht die (wertende) Entscheidung für die eine oder die andere Norm ab. Aufgrund der eingeschränkten Möglichkeit zur Bezugnahme auf die wahre und faire Abbildung des Unternehmensgeschehens werden nun philosophische Methoden zur Normenfindung vorgestellt.

3 Philosophische Strategien der Normenfindung als Maßstab der Rechnungslegungsnormen

3.1 Utilitarismus

Im Utilitarismus des Rechtsreformers Bentham[1558] aus dem 18. Jahrhundert ist der einzige Maßstab des Handelns das Glück aller tangierten Personen. Die Befürwortung einer Handlung konkretisiert sich so über die Gesamtbetrachtung ihrer absehbaren Folgen (sogenannter Konsequentialismus).[1559] Die Konsequenzen für jedes Individuum werden gleichberechtigt berücksichtigt.[1560] Auch gibt es bei Bentham keine qualitative Unterscheidung zwischen verschiedenen Arten des Glücks, wie sinnlicher und geistiger Lust.[1561] Dabei ist das Ergebnis nicht zwingend von einer Verteilungsgerechtigkeit geprägt.[1562] Der Gesamtnutzen, d.h. die Gesamtsumme des Glücks,[1563] ist für eine Gruppe mitunter am höchsten, wenn einige wenige Personen ein sehr hohes Maß an Glück haben, während andere nur ein geringes Niveau verzeichnen können. So ist der Utilitarismus durch Effizienzüberlegungen gekennzeichnet. Weiterhin bedingt die utilitaristische Haltung eine Vernachlässigung individueller und unveräu-

---

1558 Vgl. Bentham (1781).

1559 Vgl. Honderich (2005), Stichwort: *utilitarianism*; Birnbacher (2011), S. 95 f. und 98. Der Utilitarismus setzt als teleologischer Ansatz die vormoralische Prämisse, dass Glücklich sein, gut und damit erstrebenswert ist, vgl. Werner (2011a), S. 122; Hübenthal (2011), S. 61. In der Terminologie Webers ist der Utilitarismus eine Verantwortungsethik, deren Gegenstück die sogenannte Gesinnungsethik bildet. Letztere beurteilt Handlungen nicht nach den damit verbundenen Konsequenzen, sondern nach der Vereinbarkeit mit dem eigenen Gewissen, vgl. Werner (2011c), S. 544. Im Utilitarismus besteht jedoch nicht automatisch ein Handlungszwang, wenn gute Folgen absehbar sind. Genauso sind Handlungen mit (auch) schlechten Folgen nicht zwingend verboten, vgl. Birnbacher (2011), S. 95 und 96.

1560 Vgl. Birnbacher (2011), S. 96. Der jüngere Utilitarist Mill zitiert den älteren Bentham: „[E]verybody to count for one, nobody for more than one" (Mill (1962b), S. 319).

1561 Mill zitiert Bentham: „[Q]uantity of pleasure being equal, push-pin is as good as poetry" (Mill (1962a), S. 123). Im Unterschied zu Bentham macht Mill später beispielsweise einen qualitativen Unterschied zwischen sinnlicher und geistiger Lust, vgl. Birnbacher (2011), S. 98.

1562 Vgl. Rüthers/Fischer/Birk (2011), Rn. 380; Ellscheid (2011), S. 178 f.

1563 Vgl. Birnbacher (2011), S. 96. Die Gesamtsumme kann bei Bentham, anders als beim Durchschnittsnutzenutilitarismus, über Quantität und Qualität gesteigert werden, vgl. Birnbacher (2011), S. 100.

ßerlicher Freiheitsrechte des Einzelnen, weil das Individuum sich in den Dienst der Gruppe stellt.[1564]

Kernproblem des Utilitarismus ist die Bewertung des Glücksgrads, obwohl sich Bentham durchaus dem Versuch widmete, den mentalen Zustand des Glücks messbar und addierbar zu machen, um seine Vorstellungen im juristischen Bereich umsetzen zu können.[1565] Denn ohne eine kardinale Messung des Glücks lässt sich schlicht keine Aussage darüber treffen, ob sich die Gesamtsituation verbessert hat. Die Wohlfahrtsökonomik hat dieses Problem dadurch gelöst, dass sie eine ordinale Messung des Nutzens anstrebt. Auf diese Weise war es Pareto möglich, ein Optimum (ein Gleichgewicht) zu formulieren: Gesucht ist die gesellschaftliche Situation, in der es bei gegebenen Ausgangsbedingungen nicht möglich ist, die Wohlfahrt einer Person durch eine Re-Allokation der Ressourcen zu erhöhen, ohne gleichzeitig die eines anderen Individuums zu verringern. Interpersonelle Nutzenvergleiche sind hier nicht möglich. So gibt es grundsätzlich mehrere, auch extreme Allokationsmöglichkeiten, die zur Pareto-Effizienz führen.[1566]

Überträgt man den Utilitarismus auf die Rechnungslegung, müssen bei der Entscheidung für eine Rechnungslegungsnorm ihre Konsequenzen für die Gesamtheit der Betroffenen im Vordergrund stehen.[1567] Dabei ist die externe Rechnungslegung selbst als Institution nur sinnvoll, wenn sie im Vergleich zu einer Situation ohne externe Rechnungslegung zu einer Erhöhung des Gesamtnutzens führt. Die Standardsetzung wird insgesamt von Effizienzgesichtspunkten bestimmt. Zur Messung des Glücks ist zunächst die Beschränkung auf finanzielle Vorteile praktikabel, weil sich nichtfinanzielle Glückselemente jeder objektivierten Messbarkeit entziehen. In diesem Fall wird eine Rechnungslegungsnorm vorgezogen, wenn sie die finanzielle Gesamtsituation der Gruppe erhöht.[1568] Tatsächlich werden in den USA seit den 1970er Jahren die ökonomischen Konsequenzen der Standardsetzung berücksichtigt.[1569] Möchte man sich nicht auf die Evaluierung der mit einer bestimmten Bilanzierungsmethode verbundenen finanziellen Vor- und Nachteile beschränken und bezieht deshalb auch die mit ihr verbundenen nichtfinanziellen Konsequenzen ein, so ist zumindest die Bildung einer Rangordnung für unterschiedliche Nutzenniveaus nötig. Geht man ausschließlich von der Möglichkeit einer ordinalen Nutzenmessung aus, so ist eine Rechnungslegungsnorm einer anderen vorzuziehen,

---

1564 Utilitaristen begreifen dies nicht als Problem. Für sie bietet die Maximierung des Gesamtnutzens eine Ideallösung, die keine Frage mehr offenlässt, vgl. Ellscheid (2011), S. 180 f.

1565 Vgl. Honderich (2005), Stichwort: Bentham, Jeremy; Rüthers/Fischer/Birk (2011), Rn. 365 f.; Blackburn (2008), Stichwort: Bentham, Jeremy.

1566 Vgl. Feess (2004), S. 55 58; Varian (2011), S. 343 und 652. Kompensationszahlungen ermöglichen das Erreichen eines höheren Nutzenniveaus und damit eines neuen pareto-effizienten Zustands, vgl. Feess (2004), S. 56 und 245. Anwendungsfall des Pareto-Optimums ist die Edgeworth-Box, die zeigt, wie zwei Wirtschaftssubjekte miteinander frei und unbeschränkt tauschen können bis die Verteilung der Güter pareto-effizient ist, vgl. Feess (2004), S. 239 246; Varian (2011), S. 648 653.

1567 Vgl. Rüthers/Fischer/Birk (2011), Rn. 380.

1568 Vgl. Schmidt/Terberger (1997), S. 46 f.; Berndt (2005), S. 217; Blackburn (2008), Stichwort: *utilitarianism*.

1569 Vgl. Zeff (1978), S. 56; Wüstemann (1999); S. 36 f.

wenn dadurch eine Partei bessergestellt wird, ohne dass eine andere Partei schlechtergestellt wird.

Bei einer utilitaristischen Normenfindung ist die Definition der zu betrachtenden Gruppe schwierig. Es sind alle von der Rechnungslegung betroffenen Parteien zu identifizieren. Dies sind in einer engen Abgrenzung zunächst die Unternehmen als Bilanzersteller und die Investoren als Primäradressaten. Weiterhin können aber auch z.B. Angestellte, das Management selbst, der Staat oder Konkurrenten betroffen sein. Im internationalen Kontext potenziert sich schließlich das Problem der Gruppendefinition.

Die (freiwillige) Umsetzung des Utilitarismus in der Rechnungslegung ist aufgrund des bestehenden „Motivations- und Realitätsproblem[s]“[1570] schwierig. Für die Rechnungslegung erfordert eine solch selbstlose Grundhaltung das Eingreifen des Standardsetzers, da der Einzelne kaum seine eigenen Interessen zurücknehmen wird. Prinzipiell ist die Entscheidungsfindung für den Standardsetzer aber schwierig. Die Wissenschaft ist deshalb neben bilanztheoretischen Fragestellungen auch und gerade in Bezug auf die Nutzen- und Effizienzmessung gefragt.

Die weitreichende individuelle Akzeptanz der Rechnungslegungsnormen ist bei Anwendung des Utilitarismus gefährdet. Denn inhaltlich ist in der utilitaristischen Ethik die Konzentration auf entscheidungsnützliche Informationen für Investoren zwar vorstellbar und naheliegend (der Utilitarismus verlangt Nutzen), aber nicht zwingend. Die Gesamtsituation kann unter Umständen verbessert werden, indem die Investoren auf Informationen verzichten und die Unternehmen in hohem Maße z.B. Kosten einsparen. Als Extremfall ist sogar die einseitige Interessenvertretung der Unternehmen denkbar.[1571]

Geht man nicht vom soeben genannten Extremfall aus, bleibt die Frage nach der Relevanz intern konsistenter Rechnungslegungsnormen. Der Vorteil der Vergleichbarkeit geht sicherlich in den Normenfindungsprozess ein. Vergleichbare Jahresabschlussinformationen sind entscheidungsnützlich und bedeuten eine Effizienzsteigerung für die Primäradressaten. Mit vergleichbaren Daten ist die Entscheidung für eine Investitionsalternative leichter; sie verursacht geringere Kosten der Informationsbeschaffung und -auswertung. Die technologische Forschungsarbeit des Bilanztheoretikers und die sich anschließende Beratung des Standardsetzers behalten demnach ihre Sinnhaftigkeit. Den bilanztheoretischen Überlegungen stehen aber beispielsweise (andere) Kosten-Nutzen-Aspekte entgegen, die die Normenfindung durchaus mitbestimmen und gegebenenfalls zu einzelnen inkonsistenten Normen führen.[1572] Somit ist ein intern konsistentes Rechnungslegungssystem nicht zwingend zu erwarten. Ein bilanztheoretisches Paradigma wird nicht erreicht.

[1570] Rüthers/Fischer/Birk (2011), Rn. 380.

[1571] Vgl. Hendriksen/van Breda (1992), S. 221. Dieser Gedanke läuft wiederum darauf hinaus, dass die Rechnungslegung der Gruppe nicht helfen kann und somit vollends infrage gestellt wird.

[1572] Vgl. AAA (1977), S. 36 f.

3.2 Rawls' Urzustand

Als Antwort auf die Nachteile des Utilitarismus[1573] entwarf der ehemalige Utilitarist und politische Philosoph John Rawls 1971 ein deontologisch-ethisches[1574] Modell in der Rechtswissenschaft, das weniger auf die Maximierung des Glücks, sondern eher auf die Minimierung des Elends zielt.[1575] Rawls kritisiert am utilitaristischen Gedankengut, dass einzelne Glückszustände mitunter miteinander verrechnet werden, d.h., Gerechtigkeit entsteht nur, wenn sie das Wohlergehen aller Betroffenen maximiert. „In Konsequenz gebührt dem kollektiven Befriedigungsniveau die Priorität vor der individuellen Freiheit."[1576] Rawls akzeptiert dies nicht. Im Gegenteil: „Es ist mit der Gerechtigkeit unvereinbar, daß der Freiheitsverlust einiger durch ein größeres Wohl anderer gutgemacht werden könnte." Für Rawls ist die Freiheit des Einzelnen unverletzlich, was er mit dem Gerechtigkeitsgedanken begründet.[1577]

Um herauszufinden, was gerecht ist, macht Rawls ein Gedankenexperiment, indem er den Urzustand formuliert.[1578] Dieser Urzustand ist die faire Ausgangssituation, in der die Grundsätze der Gerechtigkeit festgelegt werden.[1579] Damit entwickelt Rawls ein vertragstheoretisches Modell. Im Urzustand soll zwischen verschiedenen Gerechtigkeitsvorstellungen rational und freiwillig gewählt werden.[1580] Als Ergebnis der Wahl ergeben sich   im Eigeninteresse der entscheidenden Parteien[1581]   seiner Ansicht nach folgende Gerechtigkeitsgrundsätze: „1. Jedermann soll gleiches Recht auf das umfangreichste System gleicher Grundfreiheiten haben, das mit dem gleichen System für alle anderen verträglich ist. 2. Soziale und wirtschaftliche Ungleichheiten sind so zu gestalten, daß (a) vernünftigerweise zu erwarten ist, daß sie zu jedermanns Vorteil dienen, und (b) sie mit Positionen und Ämtern verbunden sind, die jedem offen stehen."[1582] Rawls unterscheidet hier zwischen unverletzlichen immateriellen Grundgü-

---

1573 Vgl. Rawls (1975), S. 40.

1574 Vgl. Rawls (1975), S. 48; Werner (2011a), S. 125. Die deontologische Ethik ist mit dem kategorischen Imperativ Kants verbunden (vgl. Fn. 1636). Deontologische Ethiken bilden das Gegenstück zu teleologischen Ethiken (z.B. Utilitarismus). Für beide gibt es mehrere Konkretisierungen. Hier ist von entscheidender Bedeutung, dass die Deontologie keine Trennung zwischen dem vormoralisch Guten und dem moralisch Richtigen vornimmt. Anders gesagt ist das moralisch Richtige keine Funktion des vormoralisch Guten. Die Begriffe sind nicht deckungsgleich mit der Unterscheidung von Gesinnungsethik und Verantwortungsethik, aber den Handlungsfolgen kommt in den deontologische Ethiken tatsächlich eine geringere Bedeutung zu, vgl. Werner (2011a), S. 122 und 124 f.

1575 Vgl. Ellscheid (2011), S. 140 f.

1576 Vgl. Höffe (1992), S. 171 (auch Zitat).

1577 Vgl. Rawls (1975), S. 46 (auch Zitat).

1578 Vgl. Mieth (2011), S. 179.

1579 Vgl. Rawls (1975), S. 29 f. Deshalb Rawls' Slogan „Gerechtigkeit als Fairneß" als Titel des ersten Kapitels.

1580 Vgl. Mieth (2011), S. 179. Zu Rawls' Verhältnis zur klassischen Vertragstheorie nach Locke, Rousseau oder Kant vgl. Höffe (1992), S. 195   226. Rawls geht es in Abweichung zu den klassischen Theorien nicht mehr um die Erklärung und Legitimierung der staatlichen Herrschaft zugunsten der Aufhebung des Naturzustands, vgl. Mieth (2011), S. 179.

1581 Vgl. Mieth (2011), S. 180; Kersting (2011), S. 176.

1582 Rawls (1975), S. 81. Rawls knüpft „die Legitimität von Ungleichheiten in der Verteilung der über den Grundbedarf hinausgehenden Güter an die Bedingung […], dass sich aus ihr für die Schlechtergestellten gegenüber der Gleichverteilung ein Vorteil ergibt" (Werner (2011a), S. 125).

tern (1.) und materiellen Gütern (2.), bei denen eine Ungleichverteilung möglich ist.[1583] Rawls unterstellt, dass die Entscheidung für diese Gerechtigkeitsprinzipien in der unsicheren Situation des Urzustands rationalerweise anhand der Maximinregel gefällt wird.[1584]

Doch wodurch ist der Urzustand gekennzeichnet?[1585] Annahmegemäß sind sich die Menschen im Urzustand bewusst und einig, dass sich gesellschaftliche Zusammenarbeit lohnt. Ihre Interessen konfligieren insofern, als sie möglichst intensiv von der Zusammenarbeit profitieren möchten. Mit diesem Verteilungsproblem im Kopf sollen die Parteien diejenigen Gerechtigkeitsprinzipien rational und vernünftigerweise wählen, die „unbedingt, unter allen Umständen gelten"[1586] sollen sowie ihre anhand eines vernünftigen Lebensplans aufgestellten Ziele und Interessen vertreten.[1587] Egoistische Motive, die auf willkürlichen Ungleichheiten basieren, versucht Rawls auszuschalten. Das Modell beruht auf dem „Schleier des Nichtwissens"[1588]. Dieser Zustand entspricht dem Wissensstand einer Person, die ihren Platz in der Welt noch nicht kennt. Dabei kann sie weder ihren eigenen Status und ihre eigenen Talente noch die Funktionsweise und den Entwicklungsstand ihrer Gesellschaft einschätzen – ähnlich einem ungeborenen Kind.[1589] Im Urzustand verfügen die Entscheider aber dennoch über formale Fähigkeiten, welche eine rationale Wahl ermöglichen, sowie über eine Vernunft und einen Gerechtigkeitssinn, die zusammen moralische Urteile ermöglichen und auf natürliche Weise fördern.[1590] Rawls spricht jedem Menschen die Fähigkeit zu gerechtem Handeln und den obersten Wunsch nach gerechtem Handeln zu. „Der Urzustand kann demnach als Ausdruck unserer Fähigkeit, uns selbst und andere als freie und gleiche Vernunftwesen zu betrachten, verstanden werden."[1591]

1583 Vgl. Mieth (2011), S. 180. Zur Sicherstellung der Unterscheidung geht der erste Grundsatz dem zweiten voraus, vgl. Rawls (1975), S. 82. Mieth bezeichnet „das Streben nach Grundgütern [...] als den kleinsten gemeinsamen Nenner pluralistischer Interessen" (Mieth (2011), S. 181).

1584 Es wird diejenige Alternative gewählt, „deren schlechtestmögliches Ergebnis besser ist als das jeder anderen" (Rawls (1975), S. 178). Dahinter verbirgt sich ein Schutz gegen die Möglichkeit, dass gegebenenfalls der Feind den Platz in der Gesellschaft zuweisen wird, vgl. Rawls (1975), S. 177 f. Vgl. auch Mieth (2011), S. 181 f.

1585 Rawls begründet die Bedingungen des hypothetischen Urzustands nicht. Vielmehr verweist er auf ihre Plausibilität und faktische Anerkennung als Ergebnis eines „Überlegungs-Gleichgewicht[s]" (Rawls (1975), S. 38). „[E]ine Anzahl von Bedingungen für die Grundsätze, die wir [...] als vernünftig anzuerkennen bereit sind, [werden] in einer einzigen Vorstellung zusammengefaßt [...]. Diese Bedingungen spiegeln das wider, was wir als Einschränkungen für faire Regelungen der gesellschaftlichen Zusammenarbeit anzusehen bereit sind. In einer möglichen Betrachtungsweise ist also der Gedanke des Urzustands ein Darstellungsmittel, das die Bedeutung dieser Bedingungen zusammenfaßt und uns beim Ziehen der Folgerungen behilflich ist. Andererseits handelt es sich auch um eine intuitive Vorstellung, die ihre eigene Präzisierung nahelegt und uns zu einer deutlicheren Bestimmung des Standpunktes drängt, von dem aus wir moralische Beziehungen am besten verstehen können" (Rawls (1975), S. 39).

1586 Rawls (1975), S. 148.

1587 Vgl. Mieth (2011), S. 180 f. Rawls unterstellt, dass die gewählten Gerechtigkeitsprinzipien auch eingehalten werden, vgl. Rawls (1975), S. 169.

1588 Rawls (1975), S. 159.

1589 Vgl. Rawls (1975), S. 142, 159 und 165; Seelmann (2010), S. 176 f.; Mahlmann (2010), S. 161–165; Rüthers/Fischer/Birk (2011), Rn. 383 f.; Ellscheid (2011), S. 188–190.

1590 Vgl. Rawls (1975), S. 166; Mieth (2011), S. 180 f. und 183; Kersting (2011), S. 177.

1591 Mieth (2011), S. 183. Vgl. auch Rawls (1975), S. 285 und 288.

Übertragen auf den Normenfindungsprozess des IASB und FASB bedeutet Rawls' Urzustand zweierlei: Zum einen sind bei der Entscheidung für eine Norm alle real vorgegebenen Positionen zu vernachlässigen; zum anderen erfährt das Prinzip der Gerechtigkeit im Vergleich zum Utilitarismus eine starke Aufwertung. Die Außerachtlassung der individuellen Position des Entscheiders bedeutet hier, dass er nicht weiß oder ausblendet, ob er Manager, Investor, Wirtschaftsprüfer, Analyst oder Ähnliches ist. Er muss seine Stellung im Kapitalmarkt ignorieren. Damit wird die Frage aufgeworfen, ob IASB und FASB dieser Aufgabe gerecht werden können. Sowohl das CAP als auch das APB setzten sich aus hauptberuflichen Wirtschaftsprüfern zusammen, die zusätzlich unter starkem Mandanteneinfluss standen. Damals war keine neutrale Position im Sinne des Schleiers des Nichtwissens zu erwarten. Für IASB und FASB verbesserte sich insofern die Situation, als die Boardmitglieder im Wesentlichen hauptberuflich und zumindest formal unabhängig vom Berufsstand der Wirtschaftsprüfer agieren. Dennoch besteht ein Großteil des Boards aus ehemaligen Wirtschaftsprüfern, Unternehmensvertretern oder Angehörigen einer Börsenaufsicht.[1592] Ob sie vollständig von ihren früheren Rollen abstrahieren können, ist nicht garantiert. Hinzu kommt zumindest beim IASB eine Finanzierungsstruktur bestehend aus Spenden, die die Neutralität der Boardmitglieder ebenfalls nicht fördert.[1593]

Als Lösungsvorschlag für stärkere Annäherung an den Urzustand erscheint es bedenkenswert, die Normenfindung in die Hände des Bilanztheoretikers zu legen. Er ist als Wissenschaftler idealerweise unabhängig von wirtschaftlichen Einflüssen. Zudem verfügt er über das notwendige Fachwissen auf dem Gebiet der Rechnungslegung, ohne das er keine Rechnungslegungsnormen setzen könnte. Diese Notwendigkeit des Fachwissens ist ein Sachverhalt, der bei Rawls nicht zum Tragen kommt, weil es ihm um die Festlegung grundlegender (Menschen-)Rechte geht. Nachteilig ist für den Bilanztheoretiker jedoch der Übergang in den wertenden, normativen Bereich. An anderer Stelle der Arbeit wurde bereits deutlich gemacht, dass die Normsetzung, die Werturteile bedingt (hier: Festlegung der Gerechtigkeit) wissenschaftlich kaum anerkannt ist.

Es bleibt die Frage nach dem inhaltlichen Ergebnis des Gedankenexperiments. Dabei ist es nicht das Ziel, Adressaten des Jahresabschlusses und/oder Bilanzierer möglichst umfassend zufriedenzustellen. Solche einseitigen Begünstigungen sind unter dem Schleier des Nichtwissens nicht rational. Es sind vielmehr Regelungen gesucht, die als Ausgangsbasis für die Betroffenen den kleinsten gemeinsamen Nenner bilden und somit für unterschiedliche Positionen verträglich sind. Die Vergleichbarkeit der Normen, ihre interne Konsistenz, spielt insofern eine Rolle, als sie zu einer Gleichbehandlung ähnlicher Sachverhalte führt. Die Entscheider wissen im Urzustand nicht, welcher Branche sie potenziell angehören werden und in welche Richtung sich das Unternehmen entwickeln wird. Damit erscheint es fair und rational,

---

[1592] Vgl. stellvertretend IFRS Foundation/IASB (2011), S. 3.
[1593] Vgl. IFRS Foundation/IASB (2011), S. 6.

z.B. alle Vermögenswerte nach den gleichen Prinzipien zu bilanzieren. Die Lieferung dieser entscheidungsnützlichen Informationen kommt gleichzeitig den Adressaten entgegen.

Bilanztheoretische Überlegungen behalten damit auch hier ihre Relevanz, wobei an dieser Stelle offenbleiben muss, ob unter dem Schleier des Nichtwissens eher statische oder dynamische Gedanken zum Tragen kommen oder sogar einer dritten Bilanztheorie gefolgt wird. Es soll auch nicht ausgeschlossen werden, dass weitere Gerechtigkeitsüberlegungen den bilanztheoretischen Argumenten entgegenstehen und sie relativieren. Entscheidend ist, dass bilanztheoretische Argumente für Rawls' Urzustand ebenso wie für den Utilitarismus nicht entbehrlich sind.

3.3 Pragmatismus

Als Nächstes bietet sich die Philosophie des Pragmatismus zur Findung von Werturteilen an. Als Begründer des US-amerikanischen Pragmatismus können Peirce sowie nachfolgend James und Dewey im späten 19. Jahrhundert und beginnenden 20. Jahrhundert angesehen werden.[1594] Diese Philosophierichtung ist zwar in erster Linie bekannt für ihre Wahrheitskonzeption, hat aber auch und insbesondere bei James und Dewey ethische Implikationen: „The characteristic idea of philosophical pragmatism is that efficacy in practical application – 'What works out most effectively in practice' – somehow provides a standard for the determination of truth in the case of statements, rightness in the case of actions, and value in the case of appraisals."[1595]

Der Leitgedanke des Pragmatismus, die sogenannte pragmatische Maxime, geht auf Peirce zurück, die den „Bedeutungsgehalt eines Begriffs […] allein im Blick auf seine (möglichen) künftigen Konsequenzen (d. h. seine futurischen Gebrauchsweisen)", seine praktische Bewährung, klärt.[1596] Peirce argumentiert weiterhin, dass wir nicht grundsätzlich skeptisch gegenüber einer Aussage eingestellt sind, sondern an ihre Geltung glauben, bis sie unseren sozial normierten Erwartungen nicht mehr entspricht. Konkrete Zweifel führen schließlich zum pragmatischen Experimentieren, solange bis die (neue) Verhaltenssicherheit, die Gewohnheit, wiederhergestellt ist.[1597] Der Pragmatismus erinnert zunächst an die Formulierung technologischer Aussagen, die Ziel-Mittel-Relationen darlegen. Hier kommen aber abduktive Schlüsse zum Tragen, bei welchen, abweichend von der deduktiven Logik, von einer beobachteten Tatsache auf die naheliegende, die wahrscheinliche Folge geschlossen wird.[1598] „In matters of

---

[1594] Vgl. Mahlmann (2010), S. 140.

[1595] Honderich (2005), Stichwort: *pragmatism*. Vgl. auch Erny (2005).

[1596] Vgl. Nagl (1998), S. 24 f. und 29 (Zitat S. 24 f.); Peirce (1934b), Rn. 402.

[1597] Vgl. Nagl (1998), S. 32 f.; Honderich (2005), Stichworte: Peirce, Charles Sanders, *pragmatism*.

[1598] „The surprising fact, C, is observed; But if A were true, C would be a matter of course, Hence, there is reason to suspect that A is true" (Peirce (1934a), Rn. 189). Vgl. auch Nagl (1998), S. 26 f. Ein weiteres Beispiel: „If it looks like a duck, waddles like a duck, quacks like a duck […], we are perfectly entitled to stable the personal claim that it is a duck" (Honderich (2005), Stichwort: *pragmatism*). Vgl. auch

cognition and inquiry, pragmatism calls for a steadfast refusal to allow us to view the very best that we can possibly do as not being good enough.“[1599] Auch in der heutigen Rechtswissenschaft herrscht eine pragmatische Einstellung vor. Als anwendungsbezogene Wissenschaft betont sie die praktische Bewährung der juristischen Methode zur Urteilsbegründung und lässt sich nicht von der fehlenden „korrekte[n] Ableitung aus sicheren Fundamenten“ verunsichern.[1600]

James verändert die pragmatische Maxime von Peirce insofern, als er sie auf reale (nicht nur denkbare) und individuelle (nicht kollektiv einheitliche) Erfahrungen bezieht. Peirce begründete im Gegensatz zu James einen objektiveren Pragmatismus, der nach der pragmatischen Lösung für die abstrakte (Forscher-)Gemeinschaft und nicht für eine einzelne, wahrhaftige Person fragt.[1601] Der Pragmatismus nach James beurteilt somit Wahrheit, in Verkürzung der Gedanken Peirce', anhand der beliebigen Nützlichkeit der Akzeptanz einer Aussage. Nach James besteht gar kein Unterschied mehr zwischen Wahrheit und Nützlichkeit.[1602] Dewey erweiterte den Pragmatismus um eine gesellschaftlich-politische sowie pädagogische Dimension.[1603] Im Allgemeinen ist das pragmatistische Wahrheitsverständnis durch ein subjektives Element gekennzeichnet, das aber im Laufe der Zeit durch eine Vielzahl an Bewährungen bei unterschiedlichen Personen annahmegemäß abnehmen kann und sich der objektiven Korrespondenzwahrheit nähert.[1604]

Die pragmatistische Ethik ist schließlich, wie der Utilitarismus, konsequentialistisch ausgerichtet, weil sich die Beurteilung einer Norm an deren Folgen bemisst.[1605] Stärker als Peirce zieht James ethische Konsequenzen aus dem Pragmatismus, wobei er moralisches Experimentieren unterstützt und dabei utilitaristisch argumentiert.[1606] Nach Dewey „müssen [moralische

---

Honderich (2005), Stichwort: *abduction*. Zur Kritik an abduktiven Schlüssen vgl. Lauth/Sareiter (2005), S. 186 f.

1599 Honderich (2005), Stichwort: *pragmatism*.

1600 Vgl. Röhl/Röhl (2008), S. 609 (auch Zitat). Explizite Nachfolger des US-amerikanischen (Rechts-)Pragmatismus sind Rorty, Brandom und Putnam, vgl. Mahlmann (2010), S. 140.

1601 Vgl. Nagl (1998), S. 59 62; Honderich (2005), Stichwort: *pragmatism.*; Höffe (2008b), S. 247; Berndt (2005), S. 164.

1602 Vgl. Nagl (1998), S. 29 und 65 69; Berndt (2005), S. 163; Blackburn (2008), Stichwort: *pragmatic theory of truth*.

1603 Vgl. Honderich (2005), Stichworte: Dewey, John und *pragmatism*; Höffe (2008b), S. 248.

1604 Vgl. Berndt (2005), S. 165 f. und 215. Für den Pragmatismus ist es umstritten, ob die realistische Grundhaltung und die Korrespondenztheorie der Wahrheit aufzugeben sind. Das Wahrheitsverständnis des Pragmatismus scheint nicht mit der Korrespondenztheorie übereinzustimmen, weil es faktisch falsche Aussagen gibt, die aber prinzipiell zu nützlichen Handlungen führen, und faktisch wahre Aussagen, die zu unnützen Handlungen verleiten, vgl. Honderich (2005), Stichwort: *truth*; Berndt (2005), S. 163; Blackburn (2008), Stichwort: *pragmatic theory of truth*. Die gegenteilige Auffassung, dass die Korrespondenztheorie der Wahrheit sowie der Realismus im Pragmatismus erhalten bleiben, liest man bei Honderich (2005), Stichwort: *pragmatic theory of truth*. Habermas gibt beispielsweise unter Rückgriff auf Peirce die Korrespondenztheorie der Wahrheit auf, vgl. Dahms (1994), S. 371. Im Gegensatz zu Habermas ging es Peirce aber (wohl) nicht um die Auflösung des Realismus, vgl. Scheit (1987), S. 42 f. und 50–61; Honderich (2005), Stichwort: *pragmaticism*.

1605 Vgl. Oehler (2000), S. 24; Erny (2005), S. 303.

1606 Vgl. Nagl (1998), S. 70 73.

Regeln] als intellektuelle Instrumente verstanden werden, die getestet, bestätigt und verändert werden können im Blick auf die Konsequenzen, die durch ihre Befolgung bewirkt werden“[1607].

Eine pragmatisch-ethische Rechnungslegungsnorm würde die Funktionalität des Kapitalmarkts stützen und sich somit durch ihre praktische Bewährung auszeichnen. Die Befolgung des Pragmatismus erinnert an die dynamische Phase der Rechnungslegung in den USA, in der nicht nach der theoretischen Fundierung der Normen gefragt wurde, weil das System funktionierte.[1608] Argumentiert man an dieser Stelle nicht, wie James, rein utilitaristisch, sondern erinnert sich an Peirce' abduktive Schlüsse, so werden in einem solchen System keine überzogenen Ansprüche an die Begründung der Normen gestellt. Man hält sich an das Machbare und verzichtet auf größtmögliche Effizienz für die Gruppe, wie sie im Übrigen auch in der Technologie gefordert wird. Es erfolgt kein ständiges Streben nach der Erneuerung der Norm. Erst wenn eine verabschiedete Norm praktisch nicht mehr funktionstüchtig ist, wird eine Anpassung der Norm veranlasst. Einen ähnlichen pragmatischen Ansatz befürwortet Ijiri. Er verwirft nicht unmittelbar die Beurteilung einer Investition anhand der Amortisationsdauer ohne Berücksichtigung des Zinseffekts: „Instead of hastily concluding that businessmen are illogical and it is the academicians' job to teach them a correct method, we can start with an assumption that there may be a very good, rational reason for the widespread use of payback.“[1609] Gleichzeitig vertritt er die These, dass Verbesserungsvorschläge eher angenommen werden, wenn sie offensichtlich Fehler im bestehenden System korrigieren.[1610]

Der Pragmatismus spricht in der Rechnungslegung für einen Standardsetzer, der die Normen setzt und ihre praktische Funktionalität im Auge behält. Er wird Teil eines sich selbst regulierenden praktischen Rechnungslegungssystems, denn er reagiert statt zu agieren.[1611] Diese Einstellung spiegelt sich in den Agenden von IASB und FASB wider, wenn ein Projekt aufgrund von Eingaben aus der Praxis eingeleitet wird. Dabei bleibt es grundsätzlich fraglich, ab wann die Funktionalität nicht mehr gegeben ist, d.h., ab wann der Standardsetzer tatsächlich einschreiten muss. Weiterhin trägt die Standardsetzung aufgrund der Forderung nach konsensartiger praktischer Bewährung bei Peirce durchaus induktive Züge, wie sie in der US-amerikanischen Rechnungslegungshistorie zu finden sind.[1612]

[1607] Dewey (1984), S. 221 (Übersetzung von Nagl (1998), S. 126).
[1608] Vgl. Berndt (2005), S. 166.
[1609] Ijiri (1975), S. 26. Auch Bromwich/Macve/Sunder machen darauf aufmerksam, dass Rechnungslegungskonventionen im Prozess der Standardfindung nicht zu ignorieren sind, sondern die Deduktion ergänzen: „Instead of seeking to replace conventions with concepts, the Boards could seek a better understanding of how and why accounting conventions work, and which of them could be adapted to the current financial reporting environment in the light of relevant conceptual considerations“ (Bromwich/Macve/Sunder (2010), S. 362 f., im Original mit Hervorhebungen).
[1610] Vgl. Ijiri (1975), S. 28. Vgl. auch AAA (1977), S. 5 f. und 10.
[1611] Ähnlich Berndt (2005), S. 180 f.
[1612] Vgl. Berndt (2005), S. 170 172.

Der Begriff der entscheidungsnützlichen Informationen trägt die pragmatische Maxime in sich zumindest, wenn diese Informationen die Funktionalität des Kapitalmarkts unterstützen. Das Maß an Vergleichbarkeit, an interner Konsistenz, ist für diese entscheidungsnützlichen Informationen nicht zwingend sehr hoch. Es mag sein, dass eine befriedigende Vergleichbarkeit für das Funktionieren des Kapitalmarkts ausreichend ist. Wenn sich bis heute kein intern konsistentes Rechnungslegungssystem durchsetzte, obwohl die Vorteile für Wissenschaftler und Standardsetzer auf der Hand liegen, und der Kapitalmarkt dennoch funktioniert, so könnte dies dafür sprechen, dass die Mischung bilanztheoretischer Ansätze den Bedürfnissen der Kapitalmarktteilnehmer besser entspricht als ihre Trennung. Der Bilanztheoretiker weiß dann zwar (noch) nicht, wieso dies der Fall ist, aber die faktischen Gegebenheiten (fehlendes Marktversagen) fordern kein aktives, grundlegendes Eingreifen des Standardsetzers, sodass auch der Wissenschaftler dieses Faktum akzeptieren sollte, wenn er sich als Pragmatist versteht.

Offen ist, für wen die Informationen entscheidungsnützlich sein sollen und ob sich das Verständnis von Nützlichkeit von Kapitalmarktteilnehmer zu Kapitalmarktteilnehmer unterscheidet.[1613] Die Bewährung der Normen wird durchaus von einzelnen Beteiligten unterschiedlich definiert. Es kann geschehen, dass sich einzelne Interessengruppen behaupten, weil sie am lautesten Zweifel am Erfolg der Norm anmelden. Dieser Gedanke wird durch empirische Studien zu lobbyistischen Tendenzen bei verschiedenen Standardsetzern bestärkt.[1614] Bedeuten vergleichbare Rechnungslegungsnormen beispielsweise für die Anwender große Schwierigkeiten, werden sie die Funktionalität der Norm infrage stellen und versuchen, den Standardsetzer zu einer Reaktion zu bewegen, die die Vergleichbarkeit der Vorschriften zurückdrängt. Spätestens mit einem Bilanzskandal oder Ähnlichem wird der Standardsetzer aber darauf aufmerksam gemacht, dass die bisherige Funktionalität der Normen eventuell zu einseitig war.

Bilanztheoretische Fragestellungen behalten mithin auch in der pragmatistischen Ethik ihre Relevanz, wenn auch die bilanztheoretische Konsistenz der Funktionalität der Norm nachgelagert ist.[1615] Ist beispielsweise der Grund für eine mangelnde Funktionalität die fehlende Vergleichbarkeit der Normen, kann der Bilanztheoretiker unterstützend für den Standardsetzer tätig werden und somit helfen, den Handlungserfolg wiederherzustellen. Er gibt Impulse

---

[1613] Vgl. Berndt (2005), S. 194 200. James zufolge wäre die Entscheidungsnützlichkeit individuell zu bestimmen; Peirce zufolge wäre die Entscheidungsnützlichkeit auf einen Konsens zu stützen. Nach Berndt bedingt eine pragmatische Normsetzung in der Rechnungslegung auch verständliche und objektivierte Informationen, vgl. Berndt (2005), S. 200 214.

[1614] Vgl. Kurz (2009), S. 22–32 und 153–190. Kurz stellt übersichtlich Lobbyismustheorien sowie empirische Studien zur Einflussnahme auf den internationalen Standardisierungsprozess dar und führt eine eigene Studie durch. Vgl. auch Ordelheide (1997), S. 239–248. Der Autor vergleicht die Einflussnahme in den USA und in Deutschland.

[1615] Vgl. Berndt (2005), S. 169.

über die Formulierung von technologischen Aussagen, die exakt sind, da sie deduktiv abgeleitet und nicht abduktiv formuliert sind. Damit wird die Effizienz des Normensystems gestärkt.

3.4 Diskursethik

Akzeptanz und Anerkennung einer Norm lassen sich erhöhen, wenn man bei der Normsetzung bewusst und aktiv auf einen Konsens baut.[1616] Genau dort setzt seit den 1980er Jahren die deontologisch-ethische[1617] Diskursethik nach Habermas an.[1618] Sein Gesellschaftskonzept basiert auf der zwischenmenschlichen Kommunikation, sodass soziale Konflikte im Diskurs geregelt werden – im Gegensatz zur herrschenden Gesellschaft, die durch verzerrte Kommunikation gekennzeichnet ist.[1619]

Habermas' Diskurstheorie hat nicht nur Auswirkungen auf die Normsetzung. Er konstruiert sogar den Term „Wahrheit" als einen umfassenden Konsens zwischen Diskurspartnern (Konsenstheorie der Wahrheit) und nicht mehr als Korrespondenz mit der Umwelt.[1620] Zwar stellt auch Kuhn auf einen Konsens (unter Wissenschaftlern) ab, aber im Unterschied zu Habermas ersetzt Kuhn den Begriff der Wahrheit tendenziell durch den Konsens (normalwissenschaftliche Phase). Denn Kuhn bezweifelt, dass die Frage nach der Wahrheit beantwortet werden kann; Kuhn ist skeptisch, ob sich die Forschung der Wahrheit nähert, weil jegliche Erkenntnis theorieabhängig ist (Konsens anstatt Wahrheit).[1621] Bei Habermas wird der Begriff „Wahrheit" nicht fallen gelassen, sondern er wird als Konsens definiert.[1622] Diese Wahrheitskonzeption findet sich schon bei Peirce, der den Forschungsprozess als Mittel zur Zweifelbeseitigung, d.h. zur Konsensfindung und damit zur Wahrheitsfindung, beschreibt.[1623] Zu unterscheiden ist Habermas' Wahrheitsverständnis auch von der Sichtweise, nach welcher die Korrespondenzwahrheit über einen Konsens am besten erkannt werden kann, weil Zustimmung die Wahrscheinlichkeit der Wahrheit der Aussage erhöht (Wahrheit durch Konsens).[1624]

Habermas orientiert sich für seinen Wahrheitsbegriff an der pragmatischen Wende in der Philosophie, die sich von Bewusstsein und Erkenntnis abwendet, um sich der Sprache sowie de-

---

[1616] Vgl. Rüthers/Fischer/Birk (2011), Rn. 290d.

[1617] Vgl. Fn. 1574. Hier besteht eine Parallele zu Rawls' Urzustand.

[1618] Vgl. z.B. Habermas (1983). Vor Habermas formulierte Apel bereits 1967 diskurstheoretische Gedanken, vgl. Werner (2011b), S. 147.

[1619] Vgl. Scheit (1987), S. 87. Die Diskurstheorie ist die logische Fortsetzung des Positivismusstreits. Machte Habermas im Rahmen dieses Streits darauf aufmerksam, dass die Emanzipation der Gesellschaft das Resultat einer vernünftigen kritischen Reflexion sei, so konkretisierte er die Bedingungen dieser Reflexion schließlich in seiner späteren (dialektischen) Diskurstheorie, vgl. Dahms (1994), S. 370 f. und 394–400; Horster (2010), S. 21 f.

[1620] Vgl. Chmielewicz (1994), S. 99; Mahlmann (2010), S. 192; Rüthers/Fischer/Birk (2011), Rn. 586.

[1621] Vgl. Scheit (1987), S. 24, 27 und 109.

[1622] Vgl. Scheit (1987), S. 24 und 40 f.

[1623] Vgl. Scheit (1987), S. 45–47. Peirce: „[T]ruth is a matter of long-term convergence of opinion" (Honderich (2005), Stichwort: Peirce, Charles Sanders). Vgl. auch Mahlmann (2010), S. 141 und 191.

[1624] Vgl. Scheit (1987), S. 24 und 29–39 und 110.

ren Verwendung zuzuwenden (*linguistic turn*[1625]).[1626] Er sieht als Hintergrund einer auf Verständigung abzielenden (hermeneutischen[1627]) kommunikativen (Sprech-)Handlung die Anerkennungswürdigkeit von vier Geltungsansprüchen (Wahrheit, Wahrhaftigkeit, Verständlichkeit, Richtigkeit),[1628] die an die qualitativen Kriterien des *decision usefulness approach* erinnern. Ein Diskurs ist nötig, wenn es an der Akzeptanz der Wahrheit (theoretischer Diskurs) oder Richtigkeit (praktischer Diskurs) fehlt.[1629] Für Habermas sind eben nicht Erfahrungen intersubjektiv nachprüfbar, sondern nur Argumente.[1630] Der Zugang zur Wirklichkeit ist nur über Sprache möglich.[1631]

Später hat Habermas die Wahrheitsfindung durch Konsens revidiert; er hält nur noch die hier interessierende Richtigkeit über den Konsens für erreichbar.[1632] „So beruht die Geltung einer Norm auf dem Anspruch diskursiver Begründbarkeit: wir supponieren, daß die Subjekte sagen können, welcher Norm sie folgen und warum sie diese Norm als gerechtfertigt akzeptieren; damit unterstellen wir zugleich, daß Subjekte, denen wir diskursiv zeigen können, daß sie die beiden genannten Bedingungen nicht erfüllen, die entsprechende Norm fallen lassen und ihr Verhalten ändern würden."[1633] Habermas macht damit die Ethik zur verfahrensorientierten Diskursethik.[1634] „Eine moralische Argumentation dient dazu, das abhandengekommene Einverständnis über Normen und Handlungsrichtlinien zu reparieren. Sie bildet eine besondere Art kommunikativen Handelns, nämlich eine reflexive, in der die Teilnehmer den gestörten Konsens wiederherstellen."[1635] Habermas benennt zwar analog zur Kant'schen Ethik des kategorischen Imperativs[1636] ein allgemeingültiges Moralprinzip, grenzt sich aber gleichzeitig von jener Ethik ab, weil moralische Fragen nicht mehr vom Einzelnen allein und für sich

---

1625 Vgl. Honderich (2005), Stichwort: *linguistic turn*.

1626 Vgl. Greve (2009), S. 69; Werner (2011b), S. 147. Habermas' Ausführungen zum kommunikativen Handeln bauen auf der sprachwissenschaftlichen Pragmatik auf, welche „die Beziehung zwischen Zeichen und Zeichenbenutzern" analysiert, vgl. Brockhaus (2006), Stichwort: Pragmatik (auch Zitat).

1627 Vgl. Pinzani (2007), S. 89.

1628 Vgl. Habermas (1973), S. 220; Pinzani (2007), S. 94 und 97; Horster (2010), S. 34 f.

1629 Vgl. Pinzani (2007), S. 98 und 100; Greve (2009), S. 77–79.

1630 Vgl. Pinzani (2007), S. 101.

1631 Vgl. Scheit (1987), S. 40. Mit der Forderung nach einem wahrheitsbegründenden Konsens als Resultat des Diskurses steht Habermas in einer Linie mit der Erlanger Schule des Konstruktivismus. Diese sah ihr Ziel in der Bereitstellung einer Wissenschaftssprache, deren Begriffe interpersonal verifiziert sind. Die „Anerkennung [durch Dritte] ist das Kriterium der Wahrheit" (Röhl/Röhl (2008), S. 182, im Original hervorgehoben). Vgl. auch Pinzani (2007), S. 99 f. und 102 f.; vgl. ausführlich zur Wahrheitskonzeption des deutschen Konstruktivismus Scheit (1987), S. 61–72; vgl. kritisch zur Erlanger Schule Chmielewicz (1994), S. 260 f. und 297 m.w.N.

1632 Vgl. Pinzani (2007), S. 105 f.; Greve (2009), S. 85 f.

1633 Habermas/Luhmann (1971), S. 119 f., im Original mit Hervorhebungen.

1634 Vgl. Pinzani (2007), S. 138; Mahlmann (2010), S. 192.

1635 Pinzani (2007), S. 142.

1636 Der kategorische Imperativ ist das höchste Handlungsgebot, das unbedingt gültig ist. Es verlangt im Wesentlichen, jederzeit so zu handeln, dass der eigene Maßstab auch zum Maßstab der Gesetzgebung werden könnte, vgl. Höffe (2008a), S. 157; Rüthers/Fischer/Birk (2011), Rn. 598. Durch den Bezug zur Gesetzgebung verliert der kategorische Imperativ seine subjektive Komponente, weil die Schlussfolgerung nicht mehr von persönlichen Bedürfnissen des Handelnden abhängig ist, vgl. Ellscheid (2011), S. 185.

selbst beantwortet werden.[1637] Es ist die legitimierende Grundannahme der Diskursethik, dass a priori eine (moralische) Verpflichtung zum Diskurs besteht. „Wir sind dadurch, dass wir durch die Sprache auf Verständigung festgelegt sind, auch dazu verpflichtet, eine solche herbeizuführen. Missachten wir diese Pflicht, handeln wir den Grundlagen unseres Daseins zuwider.“[1638]

Damit der Konsens wahre/richtige (vernünftige) Aussagen hervorbringt, sind an den Diskurs Bedingungen geknüpft. So ersetzt Habermas „die Forderung nach der Begründung einer Aussage durch Regeln über die Begründungstätigkeit“[1639]. Mit diesem Verfahren sind somit keine inhaltlichen Moralvorstellungen, wie beispielsweise im Utilitarismus, verbunden.[1640] Habermas stellt aber mit der Diskurstheorie eine grundsätzlich real umsetzbare Anleitung bereit. Dies unterscheidet ihn von anderen Autoren, wie Rawls, die mithilfe von rein hypothetischen Situationen eine Normenbegründung versuchen. Habermas charakterisiert die ideale Sprechsituation wie folgt:

> „1. Alle potentiellen Teilnehmer eines Diskurses müssen die gleiche Chance haben, kommunikative Sprechakte zu verwenden, so daß sie jederzeit Diskurse eröffnen sowie durch Rede und Gegenrede, Frage und Antwort perpetuieren können.
>
> 2. Alle Diskursteilnehmer müssen die gleiche Chance haben, Deutungen, Behauptungen, Empfehlungen, Erklärungen und Rechtfertigungen aufzustellen und deren Geltungsanspruch zu problematisieren, zu begründen oder zu widerlegen, so daß keine Vormeinung auf Dauer der Thematisierung und der Kritik entzogen bleibt. [...]
>
> 3. Zum Diskurs sind nur Sprecher zugelassen, die als Handelnde gleiche Chancen haben, repräsentative Sprechakte zu verwenden, d. h. ihre Einstellungen, Gefühle und Intentionen zum Ausdruck zu bringen. [...]
>
> 4. Zum Diskurs sind nur Sprecher zugelassen, die als Handelnde die gleiche Chance haben, regulative Sprechakte zu verwenden, d. h. zu befehlen und sich zu widersetzen, zu erlauben und zu verbieten, Versprechen zu geben und abzunehmen, Rechenschaft abzulegen und zu verlangen usf.“[1641]

[1637] Vgl. Pinzani (2007), S. 142 f.; Fuchs-Goldschmidt (2008), S. 141 f.; Seelmann (2010), S. 155; Werner (2011a), S. 125; Werner (2011b), S. 140 f.

[1638] Fuchs-Goldschmidt (2008), S. 129. Zur Begründung des Moralprinzips der Diskursethik vgl. auch Werner (2011b), S. 141 144. Die Diskursethik verlangt jedoch keinen realen Diskurs um jeden Preis. „[E]s mag [...] gute Gründe dafür geben, in einer Situation allein für eine Entscheidung einzustehen und das Risiko des moralischen Irrtums [...] allein auf sich zu nehmen.“ Die Diskursethik fordert dann zumindest einen Diskurs als Gedankenexperiment, vgl. Werner (2011b), S. 146 (auch Zitat).

[1639] Rüthers/Fischer/Birk (2011), Rn. 587, vgl. auch Rn. 588. Vgl. Fuchs-Goldschmidt (2008), S. 118.

[1640] Vgl. Fuchs-Goldschmidt (2008), S. 123 und 128; Werner (2011b), S. 145. So lässt sich die Diskursethik mit anderen normativ-ethischen Ansätzen kombinieren, vgl. Werner (2011b), S. 145.

[1641] Habermas (1973), S. 255 f. Vgl. auch Seelmann (2010), S. 154 f. Vgl. kritisch zur vierten Bedingung Rüthers/Fischer/Birk (2011), Rn. 589.

Die sich schließlich durchsetzenden Argumente sind auf die praktische Vernunft zurückzuführen. Der Einzelne kann sich „in einem Prozess intersubjektiver Verständigung vergewissern [...], dass seine Gründe tatsächlich vernünftig sind“[1642]. Für den Bereich der Ethik fordert Habermas die Berücksichtigung und Akzeptanz aller Folgen und Nebenwirkungen einer Norm bei allen Diskursteilnehmern.[1643] Somit verhindert der ideale Diskurs individuell erfolgsorientiertes Handeln.[1644]

Habermas wendet das Konsensprinzip des kommunikativen Handelns auch auf den Bereich der demokratisch zustande gekommenen Rechtsnormen an.[1645] Er erläutert, dass die Konvergenz der Lebenswelten[1646] im historischen Prozess schrumpft und individuell erfolgsorientiertes Handeln zunimmt. Hier schafft das ebenfalls auf den Konsens ausgerichtete (positive) Rechtssystem Abhilfe.[1647] „Recht kompensiert durch seine sanktionsbewehrte Positivität mithin nach Habermas' Meinung die Überforderung der verständigungsorientierten, sprachlichen Lebenswelt, allein die Gesellschaftsintegration zu garantieren.“[1648] Habermas beschreibt einen idealen Ablauf der politischen Konsultation und Beschlussfassung.[1649] Er befürwortet ein deliberatives Demokratieverständnis, das die Öffentlichkeit in den Gesetzgebungsprozess einbindet und die Legitimität der Normen sichert.[1650] Die Kehrseite der deliberativen Demokratie ist die Aufhebung der strikten Trennung zwischen öffentlicher und privater Sphäre.[1651] Dabei wird das politische System zu einem spezialisierten Handlungssystem für die öffentliche Meinung.[1652] Er sieht die Öffentlichkeit – als Teil der Lebenswelt und Netzwerk für die Kommunikation von Meinungen[1653] – als den Bereich der Problemfindung, der diese Probleme über eine Schleuse an das politische System heranträgt. So besteht die Aufgabe des politischen Systems in der Problemlösung.[1654] Während für die Bildung der öffentlichen Meinung keine Zeitrestriktion besteht und somit der ideale Diskurs durchgeführt werden kann,[1655] unterliegt die Entscheidungsfindung im politischen System sehr wohl einer zeitlichen Beschränkung, da ein konkretes Problem einer Lösung bedarf. Deshalb führt Habermas dort eine

---

1642 Pinzani (2007), S. 102, vgl. auch S. 143–147. Vgl. Horster (2010), S. 37; Rüthers/Fischer/Birk (2011), Rn. 587. Die Vernunft ist nicht, wie bei Kant, eine Bewusstseinskategorie, sondern Teil der realen menschlichen Lebenswelt, vgl. Mahlmann (2010), S. 189.

1643 Vgl. Pinzani (2007), S. 140–147. Das sich ergebende Moralprinzip nennt Habermas Universalisierungsprinzip, vgl. Pinzani (2007), S. 141 f.; Werner (2011b), S. 148.

1644 Vgl. Fuchs-Goldschmidt (2008), S. 112 f.

1645 Vgl. Horster (2010), S. 61–66; Röhl/Röhl (2008), S. 186 f.; Fülbier/Weller (2009), S. 368 m.w.N.

1646 Der Konsens formt für Habermas die Lebenswelt des Einzelnen. Diese Lebenswelt ist der Komplementärbegriff zu dem des kommunikativen Handelns, d.h., die Lebenswelt reproduziert sich über das kommunikative Handeln. Sie stellt „den Hintergrundkonsens dar, der die soziale Integration kommunikativ handelnder Subjekte ermöglicht“, vgl. Fuchs-Goldschmidt (2008), S. 14 und 87–94 (Zitat S. 14).

1647 Vgl. Fuchs-Goldschmidt (2008), S. 14 f.

1648 Mahlmann (2010), S. 195.

1649 Vgl. Fuchs-Goldschmidt (2008), S. 15.

1650 Vgl. Mahlmann (2010), S. 196.

1651 Vgl. Fuchs-Goldschmidt (2008), S. 167 f.

1652 Vgl. Fuchs-Goldschmidt (2008), S. 16.

1653 Vgl. Fuchs-Goldschmidt (2008), S. 180.

1654 Vgl. Fuchs-Goldschmidt (2008), S. 171 f. und 175 f.

1655 Vgl. Fuchs-Goldschmidt (2008), S. 182.

Mehrheitsregel ein, die ein Zwischenergebnis des (fortlaufenden) Diskurses hervorbringt, dessen Gültigkeit durch die Überzeugung der Mehrheit durch die Minderheit limitiert ist.[1656]

Die ideale Sprechsituation ist weder durch Herrschaft und Zwang noch durch verständigungsfremde Motive gekennzeichnet.[1657] Sie ist tatsächlich ein Idealbild. Es ist unschwer zu erkennen, dass die Forderungen von Habermas in der Realität nicht zu erfüllen sind. Rüthers/Fischer/Birk drücken es drastisch aus: „Der ‚herrschaftsfreie Diskurs' ist eine Veranstaltung ausschließlich guter Menschen ohne Zeitdruck. Das ist erkennbar utopisch. Endlos diskutieren zu können, mag ein akademischer Traum sein, eine praktische Möglichkeit ist es nicht."[1658] Dies erkennt zwar auch Habermas, wie anhand der Mehrheitsregel für das politische System deutlich wird, er vernachlässigt aber die realen Folgen des Mehrheitsbeschlusses, die nicht rückgängig gemacht werden können und somit nicht auf einem Konsens basieren.[1659]

Die (bestehende) Demokratie behilft sich damit, dass sie nicht mehr die vernünftige Konsenslösung im idealen Sinne Habermas' anstrebt, sondern auf einen durch die Mehrheit tolerierten vernünftigen Kompromiss abzielt. Was vernünftig ist, wird durch die legitimierte Mehrheit definiert.[1660] Der Kompromiss stellt dabei den kleinsten gemeinsamen Nenner an Wertvorstellungen dar.[1661] Dabei sichern die Parlamentswahlen ein Mindestmaß an Anerkennung in der Bevölkerung.

Dennoch macht die Diskursethik deutlich, dass Werturteile und Normen in rationaler Weise diskutiert werden können und somit eine Annäherung an die ideale Sprechsituation möglich ist. Im Einzelfall ist sogar ein Konsens denkbar. Die diskursive Auseinandersetzung ist zentral, wenn man die eigene Einstellung kritisch hinterfragen möchte, um die Anschauungen anderer zu erfahren.[1662] Die Diskursethik fördert somit eine Verfahrensgerechtigkeit bei der Findung von (Gesetzes-)Normen, die im Übrigen auch im Grundgesetz verankert ist.[1663] Dabei sind die Forderungen von Habermas abzuschwächen, um sie real einsetzen zu können. Beispielsweise werden sie durch die Trennung von Begründungs- und Anwendungsdiskurs von Günther relativiert und damit der Realität näher gebracht. Der Begründungsdiskurs ent-

---

1656 Vgl. Fuchs-Goldschmidt (2008), S. 167. Die Konsenstheorie weckt auch Erinnerungen an den Begriff der herrschenden Meinung, welche in der Rechtswissenschaft gebildet wird, vgl. Fülbier/Weller (2009), S. 373.

1657 Vgl. Röhl/Röhl (2008), S. 184.

1658 Rüthers/Fischer/Birk (2011), Rn. 590. Vgl. Chmielewicz (1994), S. 260–265 m.w.N.; Pinzani (2007), S. 150; Röhl/Röhl (2008), S. 172 f. und 185; Greve (2009), S. 84. Ernüchternd äußern sich Röhl/Röhl in Bezug auf die Rechtstheorie: „Der diskurstheoretische Heiligenschein hilft der Demokratie wenig" (Röhl/Röhl (2008), S. 187, im Original mit Hervorhebungen). Habermas revidierte schließlich selbst, dass die ideale Sprechsituation eine notwendige Bedingung für einen gültigen Konsens ist, vgl. Greve (2009), S. 85.

1659 Vgl. Fuchs-Goldschmidt (2008), S. 169 f. Fuchs-Goldschmidt kommt zu der Einsicht, dass das deliberative Demokratiekonzept nicht verwirklicht ist, vgl. Fuchs-Goldschmidt (2008), S. 189–213.

1660 Vgl. Rüthers/Fischer/Birk (2011), Rn. 600 und 604.

1661 Vgl. Rüthers/Fischer/Birk (2011), Rn. 607 f.

1662 Vgl. Rüthers/Fischer/Birk (2011), Rn. 594 f. In die gleiche Richtung wirkt die internationale Rechtsvergleichung, vgl. Rüthers/Fischer/Birk (2011), Rn. 394.

1663 Vgl. Rüthers/Fischer/Birk (2011), Rn. 375–377 und 388.

scheidet über die Gültigkeit einer Norm bei gegebenem Umweltzustand. Er wird so unter eine Ceteris-paribus-Bedingung gesetzt und berücksichtigt nur absehbare Folgen und Nebenwirkungen. Der Anwendungsdiskurs entscheidet nur über die Angemessenheit einer Norm in einer bestimmten Situation und im Vergleich zu anderen (begründeten) Normen. Diese konkreten Merkmale einer Anwendungssituation braucht der Begründungsdiskurs nicht zu antizipieren.[1664] Allerdings ist auch in dieser abgeschwächten Form fraglich, ob die Überwindung eigener Präferenzen, die sich aufgrund der soziokulturellen Prägung gebildet haben, zugunsten eines Konsenses gelingt.[1665]

Übertragen auf die Rechnungslegung bedeutet die Diskursethik eine Legitimation der Rechnungslegungsnormen anhand des Diskurses. Dabei sind grundsätzlich alle betroffenen Personen einzubeziehen. Zwar kann die Konsenstheorie auch für die Rechnungslegung die Problematik der Normenbegründung nicht vollständig und abschließend überwinden. Sie macht dennoch deutlich, dass es möglich ist, aktiv auf die Normsetzung einzuwirken und mithilfe einer Verfahrensverbesserung auf die Richtigkeit der Norm zu schließen.[1666] Damit gleicht sie z.B. den Nachteil des Pragmatismus aus, der sich den Rückmeldungen aus der Praxis hingibt. Die Diskursethik belegt, wie wichtig der Diskurs ist, um unterschiedliche Gesichtspunkte, unterschiedliche Wertungen, kennenzulernen und gegeneinander abzuwägen. Sie beachtet insbesondere, dass auch und in erster Linie den leisen Stimmen Gehör zu verschaffen ist. Die konsensorientierte Rechnungslegung ist jedoch nicht mit einer induktiven Ermittlung der Normen aus den Kaufmannsgepflogenheiten zu verwechseln. Die Präferenzen der Anwender sind nur ein Inputfaktor unter vielen im Diskurs.

Zwar fehlt dem IASB oder dem FASB die demokratische Legitimation, wie sie einem Parlament gegeben ist, und ein alle Interessengruppen umfassender Diskurs erscheint nicht durchführbar, doch können diese Nachteile tendenziell durch den *due process* geheilt werden. Dazu müssen die Rückmeldungen aus allen Interessengruppen kommen und die einzelnen Gruppen müssen idealerweise über gleiche Zeitkontingente sowie finanzielle Mittel zur Teilnahme am Diskurs verfügen, den gleichen Sachverstand aufweisen sowie gleichermaßen von Seiten der Boards ernst genommen werden.[1667] Trotz der geringen Chance auf einen breiten Normenkonsens, da „Wirkungsfeststellung, Gesamtwertung und Entscheidung [nicht] [...] in einer

---

1664 Vgl. Günther (1988), S. 53, 171, 259, 266, 298 und 304; Wang (2004), S. 75 f.; Pinzani (2007), S. 150–152; Werner (2011b), S. 148 f. Habermas sieht im Gesetzgebungsverfahren einen Begründungsdiskurs und in Gerichtsverfahren letztendlich einen Anwendungsdiskurs, vgl. Horster (2010), S. 63; Röhl/Röhl (2008), S. 188.

1665 Vgl. Rüthers/Fischer/Birk (2011), Rn. 606 f.

1666 Vgl. Ellscheid (2011), S. 162 f. Auch Staunton befürwortet den Dialog, um einen Fortschritt in der Rechnungslegung zu erreichen, vgl. Staunton (2008), S. 132.

1667 Vgl. Pellens/Obermüller/Rüthers (2010), S. 469. In dieser Hinsicht äußert sich beispielsweise Teitler-Feinberg (2008) positiv zum *due process*. Vgl. auch Wüstemann (1999), S. 39–41; Kurz (2009), S. 78–81. Faktisch steigt seit den 1990er Jahren die Anzahl der *comment letters* an, wobei die Gruppe der Jahresabschlussersteller am stärksten vertreten ist, vgl. Pellens/Obermüller/Rüthers (2010), S. 466.

homogenen Gruppe erfolgen"[1668], sollte im Diskurs das Endziel in der Erlangung eines echten Konsenses und nicht im mehrheitlichen Kompromiss liegen, um die normative Gültigkeit und Akzeptanz der Standards zu erhöhen. Vorteil einer konsensorientierten Rechnungslegung ist schließlich der geringe Anreiz zur Bilanzpolitik, da der Normenanwender in den Entscheidungsprozess mit einbezogen wurde. Deutschland könnte für einen Rechnungslegungsdiskurs insofern als Vorbild dienen, als in der Bundesrepublik traditionell ein reger Austausch über Rechnungslegungsthemen stattfindet.[1669]

Die Diskurstheorie legt eine unparteiische Haltung im Diskurs nahe, um offen zu sein für neue (vernünftige) Argumente. Die einzelnen Beteiligten werden jedoch kaum eine unparteiische Haltung einnehmen. Es bieten sich Kampfstrategien an, die zum eigenen Vorteil nicht alle Vor- und Nachteile einer Norm aufdecken.[1670] So muss der Standardsetzer nach Möglichkeit die (vernünftige) unparteiische Haltung einnehmen. Der Bilanztheoretiker kann zusätzlich als Mediator fungieren. Er ist zwar nicht unmittelbar am Prozess der Rechnungslegung beteiligt, doch kann auch er die Rolle des Unparteiischen einnehmen und zwischen den Interessengruppen oder zwischen Board und Interessengruppen vermitteln sowie neue rationale (bilanztheoretische) Denkanstöße geben.[1671] Im Rahmen seiner Mediatorfunktion kann der Bilanztheoretiker bei internationalen Diskursen, wie sie zwingend bei Diskursen über die IFRS auftreten, helfen, Übersetzungsschwierigkeiten zu überwinden. Denn die formal korrekte Übersetzung muss nicht zwingend den gleichen Bedeutungsgehalt haben wie das Wort der Originalsprache. Dies führt zu Missverständnissen, die die Kommunikation behindern.[1672]

Das inhaltliche Ergebnis des Diskurses ist nicht unmittelbar vorherzusehen. Ob der Konsens in der (wie auch immer konkretisierten) Entscheidungsnützlichkeit der Informationen liegt oder sie nur teilweise erreicht wird, bleibt offen. Es erscheint aber naheliegend, dass die Vergleichbarkeit der Rechnungslegungsnormen im Diskurs thematisiert wird. Daher sind auch in dieser Normenbegründungsstrategie bilanztheoretische Aussagen wertvoll. Bilanztheoretische Überlegungen können im Normsetzungsdiskurs aufklärend wirken und ihn korrigieren. Ijiri stellt beispielsweise infrage, ob der Adressat überhaupt sinnvoll weiß, was er von der Rechnungslegung erwartet und fordert. Wenn nicht, erscheint eine wohlbedachte Unterstützung aus der Wissenschaft heraus relevant, indem der Wissenschaftler auf technologischer Ebene vergleichbare Standards entwirft.[1673] Die Deduktion wirkt somit einer (einseitigen) Berück-

---

[1668] Chmielewicz (1994), S. 234.

[1669] Vgl. Ordelheide (1999), S. 112.

[1670] Vgl. Chmielewicz (1994), S. 274 f. Weitere Strategien blenden z.B. Wirkungen je nach Bedarf aus oder geben Werturteile als Tatsachen aus, vgl. Chmielewicz (1994), S. 265–276.

[1671] Vgl. Barth (2008), S. 1169; Neumann (2011), S. 399 f. Unter Beibehaltung der Korrespondenztheorie können andere Rechnungslegungswissenschaftler auch empirische Untersuchungen durchführen und somit einen wissenschaftstheoretischen Unterbau für die Standardsetzung bereitstellen.

[1672] Vgl. Evans (2004). Die Autorin verdeutlicht die Problematik an den Begriffspaaren „GoB/GAAP" sowie „Vorsicht/*prudence*". Außerdem beleuchtet sie den Ausdruck *true and fair view*, der keine einheitliche Übersetzung kennt.

[1673] Vgl. Ijiri (1973), S. 22 f. Vgl. auch Littleton (1953), S. 132 136; Ordelheide (1997), S. 238 f. und 247.

sichtigung bestimmter Interessen entgegen.[1674] Aufgrund ihrer deduktiven Ausrichtung stellen Bilanztheorien weiterhin sicher, dass der Diskurs nicht ausschließlich um bestehende Bilanzierungsvorschriften kreist. Sie wirken horizonterweiternd.

Damit ist aber nicht garantiert, dass das Ergebnis des Diskurses eine völlig konsistente Rechnungslegung im Sinne der Statik, Dynamik oder einer dritten Bilanztheorie sein wird, sondern es wird möglicherweise unterschiedliche bilanztheoretische/paradigmatische Elemente enthalten.[1675] Denn es besteht die Gefahr, dass sich deduktive Ansätze weit von den Präferenzen der betroffenen Personen entfernen.[1676] Der Konsens bestimmt das gewünschte Maß an Vergleichbarkeit und interner Konsistenz. So ist beispielsweise die indirekte Bewertung der Leistungsverpflichtungen im zukünftigen Standard für die Bilanzierung von Umsatzerlösen aus Kundenverträgen aufgrund von pragmatischen Erwägungen eventuell inkonsistent mit statischen Vorgaben in anderen Standards. Allerdings wird die Vergleichbarkeit in dem Sinne verbessert, dass der zukünftige Revenues-Standard einen weiteren Anwendungsbereich als IAS 18 hat, sodass ein großer Teil von Verträgen vergleichbar bilanziert wird.

Ein hohes Maß an Vergleichbarkeit und damit ein hohes internes Konsistenzniveau der Normen erhöht zwar grundsätzlich die Verständlichkeit der Rechnungslegung, ist aber kein zwingendes Element des Rechnungslegungssystems wie das aktuelle US-amerikanische und international gültige Regelungswerk zeigen. Die Funktionsfähigkeit hängt auch – und ganz entscheidend – von dem Grad ab, zu dem die jeweiligen Normen von den Kapitalmarktteilnehmern akzeptiert werden. Intern konsistente Regelungen können aufgrund mangelnder Sachkunde der von der Rechnungslegung betroffenen Individuen oder aus anderen außerhalb der Rechnungslegung liegenden Gründen mehrheitlich als weniger erstrebenswert angesehen werden als (punktuell) inkonsistente Bestimmungen. Ist dies der Fall, ist ein intern konsistentes Regelwerk nicht zwingender Wunsch der betroffenen Personenkreise. Dies zeigte Schulte mithilfe eines systemtheoretischen Ansatzes für Frankreich.[1677]

4 Zwischenergebnis

Sowohl die Bilanztheoretiker als auch das IASB und das FASB streben nach der inneren Widerspruchslosigkeit der Rechnungslegungsnormen. Dieser Abschnitt stellte die Frage, ob diese interne Konsistenz in Verbindung mit einer deduktiven Ableitung von Bilanzierungsnormen im Rahmen von Normenfindungsstrategien der Ethik und Rechtsphilosophie wie dem Utilitarismus, Rawls' Urzustand, dem Pragmatismus und der Diskursethik tatsächlich von Bedeutung ist.

[1674] Vgl. Boyle (2010), S. 301.
[1675] Vgl. Marton/Wagenhofer (2010), S. 5–10.
[1676] Vgl. AAA (1977), S. 33 f.; Ryerson (2011), S. 24.
[1677] Vgl. Schulte (2010), S. 172–175.

Die vorgestellten Methoden zum Treffen von Werturteilen begrüßen bilanztheoretische Argumente, sodass bilanztheoretische Forschung in Form der Wirtschaftstechnologie, also der Bereitstellung von Mittel-Ziel-Vorgaben,[1678] nicht überflüssig erscheint, sondern im Gegenteil wertvolle Argumente liefert und Handlungsalternativen bereitstellt. Diese neutrale/beratende Funktion ist von den Standardsetzern angesichts ihres Mehrpersonenkontexts, ihrer begrenzten Ressourcen und Beeinflussbarkeit explizit gewünscht.[1679] Und nicht nur die Standardsetzer profitieren; das Aufzeigen unterschiedlicher Vorgehensweisen in der Bilanzierung schult jede mit der Rechnungslegung betraute Person.[1680] Schließlich erkennt Mattessich: „In the wake of mounting criticism of business practices [...] many normative and particularly ethical questions have arisen [...] [what] suggests that normative issues [...] can no longer be pushed to the fringe.“[1681] Ob die Tendenz in den einzelnen Normenfindungsprozessen zur Statik, Dynamik oder einer dritten Bilanztheorie geht, muss an dieser Stelle offenbleiben. Grundsätzlich lässt sich Vergleichbarkeit mit jeder Bilanztheorie erreichen,[1682] wenn auch das Niveau je nach Objektivierungsgrad gegebenenfalls variiert.

Die Strategien der Normenbegründung führen jedoch nur bedingt zu intern konsistenten Rechnungslegungssystemen, weil die Vergleichbarkeit der Jahresabschlussinformationen nicht bei jeder Methode umfassend und gleichermaßen berücksichtigt wird.[1683] Vorteile, die aus der Offenheit einer Vorschrift und damit der Zurückdrängung der Vergleichbarkeit erwachsen, sind beispielsweise die Reduzierung von Typisierungen und die Chance für das Management individuell zu berichten.[1684] Die Standardsetzer können aufgrund dieser Argumentation ihren Anspruch einer intern konsistenten Rechnungslegung relativieren. Sollte der Bilanztheoretiker weiterhin sein Ideal, die Forderung nach vollkommener interner Konsistenz und nach Durchsetzung eines bilanztheoretischen Paradigmas   egal, ob es statisch, dynamisch oder vollkommen neu[1685] ausgerichtet ist   verfolgen und beispielsweise im Diskurs vertreten, muss er dennoch die begrenzte Erreichung dieses Ziels tolerieren.

[1678] In ähnlicher Weise fordern Miller/Bahnson für normative Theorien die klare Definition ihrer Zielsetzung und damit die Priorisierung der Adressateninteressen, vgl. Miller/Bahnson (2010), S. 424.

[1679] Vgl. Barth (2008), S. 1169; Barth (2010), S. 120; Singleton-Green (2010), S. 134 f. Vgl. auch Chmielewicz (1994), S. 259. Um die Relevanz für den Standardsetzer zu sichern, erscheinen grundsätzlich die Kriterien von Schipper (in etwa Aktualität, Vollständigkeit, Eindeutigkeit der Schlussfolgerung und Klarheit der Antwort) für empirische Forschungsprojekte adäquat, vgl. Schipper (1994), S. 63 f. Fülbier/Hitz/Sellhorn übertragen die Kriterien von Schipper auf den technologischen/normativen Bereich und ergänzen sie um die Offenlegung der Evaluierungskriterien, vgl. Fülbier/Hitz/Sellhorn (2009), S. 468 i.V.m. S. 470–472. Trotz des Kriteriums der Aktualität werden in der Literatur Forschungsprojekte vor und nach Standardsetzung als relevant erachtet, vgl. Fülbier/Hitz/Sellhorn (2009), S. 456 und 467.

[1680] Auch Miller/Bahnson sehen eine Funktion der Bilanztheorien in der kritischen und visionären Ausbildung des Rechnungslegungsnachwuchses, vgl. Miller/Bahnson (2010), S. 421.

[1681] Mattessich (1995a), S. 261, vgl. auch S. 272.

[1682] Vgl. AAA (1977), S. 1.

[1683] Auch Durocher/Gendron identifizieren die Notwendigkeit der Vergleichbarkeit als Mythos, vgl. Durocher/Gendron (2011), S. 254.

[1684] Vgl. Alexander/Jermakowicz (2006), S. 150; Wüstemann/Wüstemann (2010b), S. 17 f. m.w.N.

[1685] Eventuell entsteht ein neues bilanztheoretisches Mischkonstrukt, ein neues Paradigma, wie die Ausschüttungsstatik des HGB. Zur Entwicklung der Ausschüttungsstatik vgl. beispielhaft Moxter (1993a), S. 71–79.

Die unvollkommene bilanztheoretische Konsistenz bedeutet aber nicht, dass das Rechnungslegungssystem seinen Systemcharakter verliert. Der Leitgedanke des Systems wird ein anderer. So sind die Normen des Utilitarismus auf die Maximierung des Gesamtnutzens gerichtet, die aus Rawls' Urzustand abgeleiteten Normen auf die Gerechtigkeit, die Normen des Pragmatismus auf ihre Funktionalität, und schließlich die Normen der Diskursethik auf ihre Akzeptanz. Zu Vergleichbarkeit führen diese Zielausrichtungen jedoch nicht zwingend und die Paradigmenbildung muss auf einer entsprechenden anderen Basis beurteilt werden.

E Fazit zur wissenschaftstheoretischen Analyse

Die wissenschaftliche Analyse hat gezeigt, dass von der bilanztheoretischen Forschung nicht zu erwarten ist, dass sie eine überlegene Bilanztheorie formuliert und alle anderen verwirft. Der klassische wissenschaftliche Fortschritt ist nicht möglich. Das Forschungsgebiet der Bilanztheorie sind Normen, die sich einer Wahrheitsprüfung entziehen und demnach nicht als faktisch falsch klassifiziert, d.h. falsifiziert werden können. Folgt man den Ansichten Kuhns, ist die eindeutige Falsifizierung einer Theorie schon nicht für die Naturwissenschaften möglich. Der Begriff „Fortschritt" muss für die bilanztheoretische Forschung weiter interpretiert werden. Verbesserungen können in der Ausdifferenzierung einer Bilanztheorie, in der Anpassung einer Bilanztheorie an Umweltveränderungen oder in der Formulierung einer neuen Bilanztheorie gesehen werden.

Was die Bilanztheorie bieten kann, ist das technologische Aufzeigen von alternativen Normensystemen, die unterschiedlichen Zwecken dienen. Das Nebeneinander unterschiedlicher Bilanztheorien deutet daher nicht auf eine fehlende Wissenschaftlichkeit oder ineffiziente Arbeitsweise der Disziplin hin. Im Gegenteil: Akzeptiert man, dass die Vorgabe des Rechnungslegungszwecks ein Werturteil voraussetzt, können divergierende Bilanztheorien Ausdruck einer funktionierenden Begleitung der Standardsetzung sein. Diese technologischen Aussagen stehen neben empirischen Untersuchungen sowie hermeneutisch-interpretativen Auslegungen für gesetzte Standards.

Mehr als eine Chance auf interne Konsistenz kann die Bilanztheorie nicht bieten. Die Umsetzung obliegt aufgrund der Werturteilsproblematik, mit Ausnahme von Rawls' Urzustand, den Standardsetzern. Dass die vollständige Integration einer in sich geschlossenen Bilanztheorie in das Regelwerk eines Standardsetzers bisher nicht erfolgte, wurde bereits in der historischen Untersuchung in Kapitel II (S. 9 142) gezeigt. Die verschiedenen philosophischen Strategien zur Normenfindung legen nahe, dass vollkommene interne Konsistenz, d.h. ein großer bilanztheoretischer Fortschritt, auf Ebene der Standardsetzung nicht zu erwarten ist, weil absolute Vergleichbarkeit nicht zwingend in der Normenfindung von Bedeutung ist.

Dennoch revidieren die Ergebnisse des zweiten Teils der Arbeit die Hypothese des historischen Teils. Die Bilanztheorie ist nicht lediglich Selbstzweck. Sie wird in der aktuellen Normenbegründung mehr gebraucht, als es in der Historie der Fall war und ist. Damit plädiert die vorliegende Abhandlung für ein gegenseitiges Verständnis verschiedener Forschungsrichtungen (technologische Bilanztheorie, hermeneutisch-interpretative Auslegung von Normen, empirische Fragestellungen und Ähnliches), da alle ihre Existenzberechtigung im Entwicklungsprozess der Rechnungslegungsstandards haben.

IV Thesenförmige Zusammenfassung

1. Die *proprietary theory* greift das primäre Charakteristikum der statischen Bilanztheorie, die Messung der (Netto-)Vermögensänderung, zur Begründung der doppelten Buchführung auf. Sie schaut durch die Unternehmung hindurch auf den Eigentümer und ermittelt sein (Netto-)Vermögen. Die nachfolgende *entity theory* verdeutlicht aber, dass sich moderne Unternehmen von ihren Eigentümern emanzipieren, und stellt Eigen- und Fremdkapitalgeber gleichberechtigt nebeneinander. Die Theorie geht damit auf das in der Praxis der damaligen Zeit wachsende Bedürfnis nach der Veröffentlichung von Umsatz- und Gewinndaten ein. Mit der Formulierung der *proprietary theory* und der *entity theory* ist jedoch keine Bilanztheorie im engeren Sinne gegeben, denn beide Theorien beleuchten den Charakter des Unternehmens und weniger den Sinn und Zweck des Jahresabschlusses. Gleichzeitig besteht im beginnenden 20. Jahrhundert in den USA (noch) keine öffentlich-rechtliche Verpflichtung zur Erstellung, Veröffentlichung und Prüfung des Jahresabschlusses, was eine uneinheitliche Bilanzierungspraxis zur Folge hatte. Beide Aspekte zusammengenommen verdeutlichen, dass am Anfang des 20. Jahrhunderts in den USA nicht von einer bilanztheoretischen Fundierung der Rechnungslegung gesprochen werden kann. Intern konsistente Bilanzierungsvorschriften gab es nicht.

2. Die Weltwirtschaftskrise von 1929 markiert das Ende der freiwilligen und unregelmäßigen Finanzberichterstattung der kapitalmarktorientierten Unternehmen. Der an der damaligen Bilanzierungspraxis orientierte Standardisierungsprozess des AICPA war zunächst durch die Reduzierung von Bilanzierungsalternativen sowie den Einsatz prüfbarer Bilanzierungsmethoden gekennzeichnet. Dem entsprach eine Kombination aus Realisationsprinzip und Vorsichtsprinzip, deren herausragende Konsequenzen die Bewertung zu historischen Kosten und die Gewinnrealisation im Liefer- und Leistungszeitpunkt waren. Eine unverzerrte stichtagsbezogene Reinvermögensermittlung ließ sich damit nicht erreichen. Trotz der vorhandenen dynamischen Prinzipien erhob die Standardsetzung damals jedoch (noch) keinen Anspruch auf eine bilanztheoretisch begründete Normsetzung. Nur Paton/Littleton ergänzten 1940 die *revenue and expense view* um eine Zielsetzung. Mithilfe der Periodisierung sollte die Performance des Unternehmens gemessen werden, um primär die Managementleistung beurteilen zu können. Im Ergebnis reagierte die bilanztheoretische Wissenschaft auf die Praxis. Dennoch behinderte der regelbasierte Ansatz des Standardsetzers CAP bis zur Mitte des 20. Jahrhunderts trotz dynamischer Bilanzierungsansätze die bilanztheoretische Fundierung und interne Konsistenz der Rechnungslegung in den USA.

3. Da der auf den Einzelfall gerichtete Regelungsansatz des CAP nicht die erhoffte Vereinheitlichung der Rechnungslegung erbrachte, sollte das APB als sein Nachfolger stärker deduktiv in Bezug auf die Standardsetzung ausgerichtet werden. Die Chance zur Einfüh-

rung eines bilanztheoretischen Ansatzes in der Rechnungslegungspraxis erhielten insbesondere Sprouse/Moonitz zu Beginn der 1960er Jahre, die im Auftrag des APB arbeiteten und, wie andere Autoren auch, eine statische Rechnungslegungskonzeption befürworteten. Diese deduktiv geprägten *true income theories* greifen auf den ökonomischen Gewinn zurück und finden so zum „wahren" Gewinn, der sich als (Netto-)Vermögensänderung ergibt und nicht auf dem unpräzisen Begriff der Realisation beruht. Als problematisch erwies sich die mangelnde Praktikabilität der von den historischen Kosten abweichenden Bewertungskonzeptionen. Die theoretisch anspruchsvolle *asset and liability view* war der Bilanzierungspraxis nicht zu vermitteln und blieb zunächst ohne direkten Einfluss auf die Standardsetzung. Mit dem Rückfall in induktive Strukturen verhinderte das APB die Berücksichtigung der Ideen von Sprouse/Moonitz sowie ähnlicher Weiterentwicklungen der statischen Bilanztheorie in der Standardsetzung. In der Folge blieben die US-GAAP weiterhin durch intern inkonsistente Einzelregelungen bestimmt.

4. Mit dem Aufkommen des *decision usefulness approach* erfolgte eine Neuausrichtung der US-amerikanischen Rechnungslegungsforschung. Dieser Ansatz gibt den Anspruch der Ermittlung des wahren Gewinns auf und definiert den Jahresabschluss stattdessen als ein Mittel, das auf Adressaten zugeschnittene Informationen zur Unterstützung von Investitionsentscheidungen liefert. Die Autoren des *decision usefulness approach* untersuchen deshalb das Entscheidungsverhalten der Adressaten und definieren Qualitätsmerkmale für die berichteten Daten. Erst nachgelagert und untergeordnet erfolgt die Entscheidung für Dynamik oder Statik, wobei die bilanztheoretischen Ansätze dieser Zeit die Statik ausbauten. Gleichzeitig begünstigte der *decision usefulness approach* die Entwicklung empirischer Forschungsansätze, um die Entscheidungsmodelle der Adressaten zu bestimmen. Der Standardsetzer APB reagierte nicht auf die neuen Forschungsergebnisse, zumal auch die Autoren des *decision usefulness approach* von den Anschaffungs- und Herstellungskosten abweichende Bewertungskonzeptionen für Aktiva kontrovers diskutierten. So blieb auch bis zum Beginn der 1970er Jahre eine bilanztheoretische Fundierung der praktischen Rechnungslegung ausgeschlossen.

5. Zu Beginn der 1970er Jahre brach die Standardsetzung unter der Leitung des AICPA zusammen. Der vom Berufsstand unabhängige Nachfolger FASB ergriff die Möglichkeit zur Änderung der Grundidee der US-GAAP, indem er im Conceptual Framework (auch) die statische Bilanztheorie, vorwiegend in Präzisierung des *decision usefulness approach*, etablierte. Diese Deduktionsbasis war allerdings weder vollständig noch wurde sie umgehend und konsequent umgesetzt. Vielmehr zeigt sich eine langsame, graduelle Verschiebung von der Dynamik hin zur Statik mit der Überarbeitung der Einzelstandards. Diesen Weg geht das FASB gemeinsam mit dem IASB. Die teilweise Einführung der Statik kann plausibel als ein Reflex auf wirtschaftliche Veränderungen, z.B. komplexe Vertragsstrukturen, beschrieben werden. Ein Beispiel hierfür ist ED/2010/6 zur Gewinnrealisierung bei Kundenverträgen aus dem Jahr 2010. Gleichzeitig macht der Entwurf aber auch beispiel-

haft deutlich, wie schwierig die ganzheitliche Umsetzung des statischen Ansatzes ist. Aktuell sind *revenue and expense view* und *asset and liability view* in den IFRS und US-GAAP vermischt, worunter die interne Konsistenz der beiden Rechnungslegungssysteme leidet. Am ernsthaften Wunsch nach bilanztheoretischer Fundierung bestehen demnach auch nach Einführung der Rahmenkonzepte Zweifel.

6. Aufgrund des begrenzten bilanztheoretischen Fortschritts entsteht der Eindruck, dass die Standardsetzung in den USA und international in weiten Teilen ohne bilanztheoretische Fundierung auskommt. Intern konsistente Vorschriften, die sich die Standardsetzer vorgeblich wünschen, sind aus diesem Blickwinkel eher ein Produkt des Zufalls als planvolle Zielerreichung. Vor diesem Hintergrund muss man nach der Sinnhaftigkeit der bilanztheoretischen Forschung in Bezug auf US-GAAP und IFRS fragen. Die bilanztheoretische Forschung scheint hier ihren Anwendungsbezug zu verlieren. Die Historie der Standardsetzung erklärt jedoch noch nicht, warum die bilanztheoretische Forschung (ebenso) nicht in der Lage ist, ein überlegendes bilanztheoretisches Konzept für US-GAAP und IFRS vorzugeben. Statik und Dynamik halten sich nebeneinander.

7. Der zentrale Grund für die fehlende Vorgabe einer überlegenen Bilanztheorie aus der bilanztheoretischen Forschung liegt im Forschungsgegenstand. Das Forschungsgebiet der Bilanztheorie sind Normen. Damit unterscheidet sie sich grundsätzlich von empirischen Wissenschaften. Jene schließen mithilfe von Theorien aus (Natur-)Beobachtungen auf (Natur-)Gesetze. Es sind Ursache-Wirkungs-Zusammenhänge maßgebend, welche anhand von Fakten überprüft werden und somit (vorübergehend) wahr sein können oder falsifiziert werden. Normen können nicht faktisch wahr oder faktisch falsch sein. Sie beschreiben keinen Ist-Zustand, sondern sie haben einen Anweisungscharakter basierend auf einer Präferenz/einem Werturteil. Diese Anweisungen kann man ausschließlich als richtig anerkennen oder ablehnen. Ein Fortschritt im Sinne der Verwerfung einer veralteten Theorie ist nicht möglich. Was die bilanztheoretische Forschung im Sinne der Wirtschaftstechnologie leisten kann und muss, wenn das Ziel der internen Konsistenz der IFRS und US-GAAP ernsthaft besteht, ist die Bereitstellung adäquater Bilanzierungsvorschriften (Mittel) für einen bestimmten Jahresabschlusszweck (Ziel). Der von außen vorgegebene Zweck vermeidet größtenteils eigene Werturteile, die nach herrschender Meinung wissenschaftlich nicht anerkannt sind. Mit Statik und Dynamik sind ausformulierte, alternative intern konsistente Systeme vorhanden. Die bilanztheoretische Forschung erfüllt damit ihren wissenschaftlichen Auftrag und die mangelnde interne Konsistenz der US-GAAP und IFRS ist ihr nicht zuzurechnen.

8. Kuhns These lautet, dass sich wissenschaftlicher Fortschritt nicht durch kontinuierliche Veränderung, sondern durch revolutionäre Prozesse vollzieht. Solche Paradigmenwechsel können nicht unmittelbar logisch erklärt werden, sondern es ereignet sich eine Wahrnehmungsänderung. Damit entziehen sich die Paradigmen einer unmittelbaren Vergleichbar-

keit. Folgt man der Ansicht Kuhns, ist die fehlende Benennung einer überlegenen Bilanztheorie nicht verwunderlich, da jede als Paradigma für eine andere Wahrnehmung des Jahresabschlusses steht. Weiterhin steht die wertende Entscheidung für eine Bilanztheorie nicht mehr diametral der wertfreien Falsifizierung einer Ist-Aussage gegenüber. Mit Kuhn lässt sich aber kaum erklären, warum pro Zeitabschnitt keine einheitliche Wahrnehmung unter den bilanztheoretischen Forschern besteht, denn nach Kuhn herrscht jeweils nur ein Paradigma vor.

9. Verschiedene philosophische Methoden zum Treffen von Werturteilen (Utilitarismus, Rawls' Urzustand, Pragmatismus, Diskursethik) begrüßen bilanztheoretische Argumente, sodass bilanztheoretische Forschung in Form der Wirtschaftstechnologie nicht überflüssig ist, sondern im Gegenteil wertvolle Argumente liefert und Handlungsalternativen bereitstellt. Die Aussage der These 6 wird somit revidiert. Die Strategien der Normenbegründung führen allerdings zu einer Relativierung des Anspruchs an Rechnungslegungsvorschriften nach interner Konsistenz und deduktiver Ermittlung, wie er sowohl von Bilanztheoretikern als auch von Standardsetzern gerne formuliert, aber selten oder nur sehr langsam und unvollständig erreicht wird, weil Vergleichbarkeit der Jahresabschlussinformationen nicht bei jeder Methode ausführlich und gleichermaßen berücksichtigt wird.

Literaturverzeichnis

AAA, Committee on Concepts and Standards (1957): Accounting and Reporting Standards for Corporate Financial Statements : 1957 Revision. In: The Accounting Review, 32. Jg. (1957), S. 536–546.

AAA, Committee on Concepts and Standards (1964a): Accounting for Land, Buildings, And Equipment : Supplementary Statement No. 1 Long-Lived Assets. In: The Accounting Review, 39. Jg. (1964), S. 693–699.

AAA, Committee on Concepts and Standards (1964b): A Discussion Of Various Approaches To Inventory Measurement : Supplementary Statement No. 2 Inventory Measurement. In: The Accounting Review, 39. Jg. (1964), S. 700–714.

AAA, Committee on Concepts and Standards for External Financial Reports (1977): Statement on Accounting Theory and Theory Acceptance, Evanston, IL 1977.

AAA, Committee to Prepare a Statement of Basic Accounting Theory (1966): A Statement of Basic Accounting Theory, Evanston, IL 1966.

AAA, Concepts and Standards Research Study Committee (1965): The Realization Concept. In: The Accounting Review, 40. Jg. (1965), S. 312–322.

AAA, Executive Committee (1936): A Tentative Statement of Accounting Principles Affecting Corporate Reports. In: The Accounting Review, 11. Jg. (1936), S. 187–191.

AAA, Executive Committee (1941): Accounting Principles Underlying Corporate Financial Statements. In: The Accounting Review, 16. Jg. (1941), S. 133–139.

AAA, Executive Committee (1948): Accounting Concepts And Standards Underlying Corporate Financial Statements. In: The Accounting Review, 23. Jg. (1948), S. 339–344.

AICPA, Study Group on Establishment of Accounting Principles (1972): Establishing Financial Accounting Standards, Report der Wheat Study Group, New York, NY 1972.

AICPA, Study Group on the Objectives of Financial Statements (1973): Objectives of Financial Statements, Report der Trueblood Study Group, New York, NY 1973.

Albert, Hans (1968): Traktat über kritische Vernunft, Tübingen 1968.

Albrecht, Peter (2003): Zum fairen Wert der Aktienanlagen eines Lebensversicherungsunternehmens aus ökonomisch-statistischer Perspektive. In: Zeitschrift für die gesamte Versicherungswissenschaft, 92. Jg. (2003), S. 389–419.

Alexander, David (1993): A European true and fair view? In: European Accounting Review, 2. Jg. (1993), S. 59–80.

Alexander, David / Eberhartinger, Eva (2010): The European Union Endorsement Process for International Financial Reporting Standards: A Telos-Based Analysis. In: Accounting in Europe, 7. Jg. (2010), S. 37–62.

Alexander, David / Jermakowicz, Eva (2006): A True and Fair View of the Principles/Rules Debate. In: Abacus, 42. Jg. (2006), S. 132–164.

Alexander, Sidney S. (1962): Income Measurement in a Dynamic Economy. In: Baxter, W[illiam] T. / Davidson, Sidney (Hrsg.): Studies in Accounting Theory, 2. Aufl., London 1962, S. 126–200.

Altmann, Jörn (2009): Volkswirtschaftslehre : Einführende Theorie mit praktischen Bezügen, 7. Aufl., Stuttgart 2009.

Antoni, Manfred (1983): Vor einem Paradigmawechsel: Betriebswirtschaftslehre als Kulturwissenschaft. In: Fischer-Winkelmann, Wolf F. (Hrsg.): Paradigmawechsel in der Betriebswirtschaftslehre?, Spardorf 1983, S. 54–78.

Arthur Andersen & Co. (1972): Objectives of Financial Statements for Business Enterprises, ohne Ort 1972.

Arthur Andersen & Co. (1974): Accounting Standards for Business Enterprises Throughout the World, ohne Ort 1974.

Baetge, Jörg / Kümmel, Jens (2003): Unternehmensbewertung in der externen Rechnungslegung. In: Richter, Frank / Schüler, Andreas / Schwetzler, Bernhard (Hrsg.): Kapitalgeberansprüche, Marktwertorientierung und Unternehmenswert : Festschrift für Prof. Dr. Dr. h.c. Jochen Drukarczyk zum 65. Geburtstag, München 2003, S. 1–17.

Ball, Ray / Robin, Ashok / Wu, Joanna Shuang (2003): Incentives versus standards: properties of accounting income in four East Asian countries. In: Journal of Accounting & Economics, 36. Jg. (2003), S. 235–270.

Ballwieser, Wolfgang (1993): Die Entwicklung der Theorie der Rechnungslegung in den USA. In: Wagner, Franz W. (Hrsg.): Ökonomische Analyse des Bilanzrechts : Entwicklungslinien und Perspektiven, Sonderheft 32, Zeitschrift für betriebswirtschaftliche Forschung, 45. Jg. (1993), S. 107–138.

Ballwieser, Wolfgang (2010): Germany. In: Previts, Gary J. / Walton, Peter / Wolnizer, Peter (Hrsg.): A Global History of Accounting, Financial Reporting and Public Policy : Europe, Bingley 2010, S. 59–88.

Barlev, Benzion / Haddad, Joshua R. (2003): Fair Value Accounting and the Management of the Firm. In: Critical Perspectives on Accounting, 14. Jg. (2003), S. 383–415.

Barth, Mary E. (2008): Global Financial Reporting: Implications for U.S. Academics. In: The Accounting Review, 83. Jg. (2008), S. 1159–1179.

Barth, Mary E. (2010): Comments on Panellists. In: Abacus, 46. Jg. (2010), S. 120–127.

Basu, Sudipta / Waymire, Gregory B. (2010): Sprouse's What-you-may-call-its: Fundamental Insight or Monumental Mistake? In: The Accounting Historians Journal, 37. Jg. (2010), S. 121–148.

Baudrillard, Jean (1983): Simulations, New York, NY 1983.

Baudrillard, Jean (1994): Simulacra and Simulation, Ann Arbor, MI 1994.

Bedford, Norton M. / Ziegler, Richard E. (1975): The Contributions of A. C. Littleton to Accounting Thought and Practice. In: The Accounting Review, 50. Jg. (1975), S. 435–443.

Behrens, Gerold (1983): Grenzen der empirischen, verhaltenswissenschaftlichen Betriebswirtschaftslehre. In: Fischer-Winkelmann, Wolf F. (Hrsg.): Paradigmawechsel in der Betriebswirtschaftslehre?, Spardorf 1983, S. 80–100.

Beisse, Heinrich (1984): Zum Verhältnis von Bilanzrecht und Betriebswirtschaftslehre. In: Steuer und Wirtschaft, 61. Jg. (1984), S. 1–14.

Beisse, Heinrich (1990): Rechtsfragen der Gewinnung von GoB. In: Betriebswirtschaftliche Forschung und Praxis, 42. Jg. (1990), S. 499–514.

Beisse, Heinrich (1994): Zum neuen Bild des Bilanzrechtssystems. In: Ballwieser, Wolfgang et al. (Hrsg.): Bilanzrecht und Kapitalmarkt : Festschrift zum 65. Geburtstag von Professor Dr. Dr. h.c. Dr. h.c. Adolf Moxter, Düsseldorf 1994, S. 3–31.

Bennett, Bruce / Bradbury, Michael / Prangnell, Helen (2006): Rules, Principles and Judgments in Accounting Standards. In: Abacus, 42. Jg. (2006), S. 189–204.

Benston, George J. / Bromwich, Michael / Wagenhofer, Alfred (2006): Principles- Versus Rules-Based Accounting Standards: The FASB's Standard Setting Strategy. In: Abacus, 42. Jg. (2006), S. 165–188.

Benston, George J. et al. (2007): The FASB's Conceptual Framework for Financial Reporting: A Critical Analysis. In: Accounting Horizons, 21. Jg. (2007), S. 229–238.

Bentham, Jeremy (1781): An Introduction to the Principles of Morals and Legislation, ohne Ort 1781 (Nachdruck Kitchener, ON 2000).

Berndt, Thomas (2005): Wahrheits- und Fairnesskonzeptionen in der Rechnungslegung, Stuttgart 2005.

Bevis, Herman W. (1965): Corporate financial reporting in a competitive economy, New York, NY 1965.

Bieker, Marcus (2006): Ökonomische Analyse des Fair Value Accounting, Frankfurt am Main 2006.

Bierman, Harold (1963): Measurement and Accounting. In: The Accounting Review, 38. Jg. (1963), S. 501–507.

Birnbacher, Dieter (2011): Utilitarismus. In: Düwell, Marcus / Hübenthal, Christoph / Werner, Micha H. (Hrsg.): Handbuch Ethik, 3. Aufl., Stuttgart/Weimar 2011, S. 95–107.

Blackburn, Simon (2008): The Oxford Dictionary of Philosophy, 2. Aufl., Oxford 2008.

Blaufus, Kay (2005): Fair Value Accounting : Zweckmäßigkeitsanalyse und konzeptioneller Rahmen, Wiesbaden 2005.

Böckem, Hanne (2000): Die Durchsetzung von Rechnungslegungsstandards : Eine kapitalmarktorientierte Untersuchung, Frankfurt am Main 2000.

Böcking, Hans-Joachim (1988): Bilanzrechtstheorie und Verzinslichkeit, Wiesbaden 1988.

Böcking, Hans-Joachim (1998): Zum Verhältnis von Rechnungslegung und Kapitalmarkt: Vom „financial accounting" zum „business reporting". In: Ballwieser, Wolfgang / Schildbach, Thomas (Hrsg.): Rechnungslegung und Steuern international, Sonderheft 40, Zeitschrift für betriebswirtschaftliche Forschung, 50. Jg. (1998), S. 17–53.

Böcking, Hans-Joachim (2003): Corporate Governance und Transparenz : Zur Notwendigkeit der Transparenz für eine wirksame Unternehmensüberwachung. In: von Werder, Axel / Wiedmann, Harald (Hrsg.): Internationalisierung der Rechnungslegung und Corporate Governance : Festschrift für Professor Dr. Klaus Pohle, Stuttgart 2003, S. 247–277.

Böcking, Hans-Joachim / Dutzi, Andreas (2003): Corporate Governance und Value Reporting : Verbesserung der Corporate Governance durch wertorientierte Unternehmensberichterstattung? In: Seicht, Gerhard (Hrsg.): Jahrbuch für Controlling und Rechnungswesen 2003, Wien 2003, S. 213–239.

Böcking, Hans-Joachim / Dutzi, Andreas / Müßig, Anke (2004): Ökonomische Funktion des Prüfungsausschusses im deutschen Corporate Governance-System. In: Betriebswirtschaftliche Forschung und Praxis, 56. Jg. (2004), S. 417–440.

Böcking, Hans-Joachim / Gros, Marius (2010): Internationalisierung der Rechnungslegung und Corporate Governance. In: Grundmann, Stefan et al. (Hrsg.): Festschrift für Klaus J. Hopt zum 70. Geburtstag am 24. August 2010 : Unternehmen, Markt und Verantwortung, Band 1, Berlin 2010, S. 413–430.

Böcking, Hans-Joachim / Lopatta, Kerstin / Rausch, Benjamin (2005): Fair Value-Bewertung versus Anschaffungskostenprinzip – ein Paradigmenwechsel in der Rechnungslegung? In: Bieg, Hartmut / Heyd, Reinhard (Hrsg.): Fair Value : Bewertung in Rechnungswesen, Controlling und Finanzwirtschaft, München 2005, S. 84–105.

Boyle, Paul (2010): Discussion of 'How do conceptual frameworks contribute to the quality of corporate reporting regulation?'. In: Accounting and Business Research, 40. Jg. (2010), S. 301–302.

Brief, Richard P. (1987): Corporate Financial Reporting at the Turn of the Century. In: Journal of Accountancy, 163. Jg. (1987), S. 142–157.

Brockhaus (2006): Enzyklopädie in 30 Bänden, 21. Aufl., Leipzig/Mannheim 2006.

Bromwich, Michael / Macve, Richard / Sunder, Shyam (2010): Hicksian Income in the Conceptual Framework. In: Abacus, 46. Jg. (2010), S. 348–376.

Buchheim, Regine / Knorr, Liesel / Schmidt, Martin (2008a): Anwendung der IFRS in Europa: Das neue Endorsement-Verfahren. In: Zeitschrift für internationale und kapitalmarktorientierte Rechnungslegung, 8. Jg. (2008), S. 334–341.

Buchheim, Regine / Knorr, Liesel / Schmidt, Martin (2008b): Anwendung der IFRS in Europa: Die Auswirkungen des neuen Endorsement-Verfahrens auf die Rechnungslegung. In: Zeitschrift für internationale und kapitalmarktorientierte Rechnungslegung, 8. Jg. (2008), S. 373–379.

Bullen, Halsey G. / Crook, Kimberley (2005): Revisiting the Concepts : A New Conceptual Framework Project. Online verfügbar unter http://www.fasb.org/cs/BlobServer?blobcol=urldata&blobtable=MungoBlobs&blobkey=id&blobwhere=1175818825710&blobheader=application%2Fpdf, zuletzt aktualisiert am 27.07.2005, zuletzt geprüft am 28.02.2012.

Butterworth, John E. / Falk, Haim (1986): Financial Reporting – Theory and Application to the Oil and Gas Industry in Canada, Hamilton, ON 1986.

Bynum, William F. / Porter, Roy (Hrsg.) (2006): The Oxford Dictionary of Scientific Quotations, Oxford 2006.

Camfferman, Kees / Zeff, Stephen A. (2007): Financial Reporting and Global Capital Markets : A History of the International Accounting Standards Committee 1973 – 2000, Oxford et al. 2007.

Canning, John B. (1929a): Some Divergences of Accounting Theory from Economic Theory. In: The Accounting Review, 4. Jg. (1929), S. 1–8.

Canning, John B. (1929b): The Economics of Accountancy : A Critical Analysis of Accounting Theory, New York, NY 1929.

Carcello, Joseph V. (2007): Financial Accounting Regulations and Organizations. In: Carmichael, D[ouglas] R. / Whittington, O. Ray / Graham, Lynford (Hrsg.): Accountants' Handbook, Volume One: Financial Accounting and General Topics, 11. Aufl., Hoboken, NJ 2007, S. 1.1–1.34.

Carey, John L. (1969): The Rise of the Accounting Profession : From Technician to Professional, 1896 – 1936, Band 1, New York, NY 1969.

Carey, John L. (1970): The Rise of the Accounting Profession : To Responsibility and Authority, 1937 – 1969, Band 2, New York, NY 1970.

Caspari, Volker (2008): Alfred Marshall (1842–1922). In: Kurz, Heinz D. (Hrsg.): Klassiker des ökonomischen Denkens, Band 1: Von Adam Smith bis Alfred Marshall, München 2008, S. 326–347.

Chalmers, Alan F. (2007): Wege der Wissenschaft : Einführung in die Wissenschaftstheorie, 6. Aufl., Berlin/Heidelberg/New York 2007.

Chambers, Raymond J. (1955): Blueprint for a Theory of Accounting. In: Accounting Research, 6. Jg. (1955), S. 17–25.

Chambers, R[aymond] J. (1960): Measurement and Misrepresentation. In: Management Science, 6. Jg. (1960), S. 141–148.

Chambers, Raymond J. (1965): The Development of Accounting Theory. In: Chambers, Raymond J. / Goldberg, L. / Mathews, R. L. (Hrsg.): The Accounting Frontier : in honour of Sir Alexander Fitzgerald, Melbourne 1965, S. 18–35.

Chambers, Raymond J. (1966): Accounting, Evaluation and Economic Behaviour, Englewood Cliffs, NJ 1966 (Nachdruck Houston, TX 1974).

Chambers, Raymond J. (1979): Canning's The Economics of Accountancy – After 50 Years. In: The Accounting Review, 54. Jg. (1979), S. 764–775.

Chatfield, Michael (1977): A History of Accounting Thought, 2. Aufl., Huntington, NY 1977.

Chmielewicz, Klaus (1994): Forschungskonzeptionen der Wirtschaftswissenschaft, 3. Aufl., Stuttgart 1994.

Christensen, John (2010): Conceptual frameworks of accounting from an information perspective. In: Accounting and Business Research, 40. Jg. (2010), S. 287–299.

Chua, Wai F. (1986): Radical Developments in Accounting Thought. In: The Accounting Review, 61. Jg. (1986), S. 601–632.

Colson, Robert H. et al. (2010): Response to the Financial Accounting Standards Board's and the International Accounting Standards Board's Joint Discussion Paper Entitled Preliminary Views on Revenue Recognition in Contracts with Customers. In: Accounting Horizons, 24. Jg. (2010), S. 689–702.

Cook, J. Michael (1987): The AICPA at 100: Public Trust and Professional Pride. In: Journal of Accountancy, 163. Jg. (1987), S. 370–380.

Crane, Peter / Conaghan, Joanne (Hrsg.) (2009): The New Oxford Companion to Law, Oxford 2009.

Cushing, Barry E. (1989): A Kuhnian Interpretation of the Historical Evolution of Accounting. In: The Accounting Historians Journal, 16. Jg. (1989), S. 1–41.

Dahms, Hans-Joachim (1994): Positivismusstreit : Die Auseinandersetzungen der Frankfurter Schule mit dem logischen Positivismus, dem amerikanischen Pragmatismus und dem kritischen Rationalismus, Frankfurt am Main 1994.

Danos, Paul (1977): A Revolution in Accounting Thought?: A Comment. In: The Accounting Review, 52. Jg. (1977), S. 746–747.

Davidson, Sidney (1987): Some Significant Standards. In: Journal of Accountancy, 163. Jg. (1987), S. 130–135.

Davidson, Sidney / Anderson, George D. (1987): The Development of Accounting and Auditing Standards. In: Journal of Accountancy, 163. Jg. (1987), S. 110–127.

Demski, Joel S. (1973): The General Impossibility of Normative Accounting Standards. In: The Accounting Review, 48. Jg. (1973), S. 718–723.

Demski, Joel S. (1976): An Economic Analysis of the Chambers' Normative Standard. In: The Accounting Review, 51. Jg. (1976), S. 653–656.

Dewey, John (1984): The Quest for Certainty. In: Dewey, John: The Later Works, 1925 1953, Band 4, hrsg. v. Jo Ann Boydston, Carbondale/Edwardsville 1984 (Nachdruck des Originals aus dem Jahr 1929).

Dichev, Ilia D. (2008): On the balance Sheet-Based Model of Financial Reporting. In: Accounting Horizons, 22. Jg. (2008), S. 453–470.

Dicksee, Lawrence R. (1905): Auditing : A Practical Manual for Auditors, Authorized American Edition, New York, NY 1905 (Nachdruck New York, NY 1976).

Döllerer, Georg (1959): Grundsätze ordnungsmäßiger Bilanzierung, deren Entstehung und Ermittlung. In: Betriebs-Berater, 14. Jg. (1959), S. 1217–1221.

DRSC (2010): Comment Letter No. 370 zu ED/2010/6. Online verfügbar unter http://www.fasb.org/cs/BlobServer?blobcol=urldata&blobtable=MungoBlobs&blobkey =id&blobwhere=1175821618970&blobheader=application%2Fpdf, zuletzt aktualisiert am 22.10.2010, zuletzt geprüft am 28.02.2012.

Durocher, Sylvain / Gendron, Yves (2011): IFRS: On the Docility of Sophisticated Users in Preserving the Ideal of Comparability. In: European Accounting Review, 20. Jg. (2011), S. 233–262.

Dutzi, Andreas (2005): Der Aufsichtsrat als Instrument der Corporate Governance : Ökonomische Analyse der Veränderungen im Corporate-Governance-System börsennotierter Aktiengesellschaften, Wiesbaden 2005.

EAA (2007): Programme and Collected Abstracts : European Accounting Association, 30th Annual Congress, 25–27 April 2007, Lisbon, Lissabon 2007.

EAA (2008): Programme and Collected Abstracts : European Accounting Association, 31st Annual Congress, 23–25 April 2008, Rotterdam, Rotterdam 2008.

EAA (2009): Programme and Collected Abstracts : European Accounting Association, 32nd Annual Congress, 12–15 May 2009, Tampere, Tampere 2009.

EAA (2010): Programme and Collected Abstracts : European Accounting Association, 33rd Annual Congress, 19–21 May 2010, Istanbul, Istanbul 2010.

Edwards, Edgar O. / Bell, Philip W. (1961): The Theory and Measurement of Business Income, Berkeley/Los Angeles, CA 1961.

Edwards, James D. / Miranti, Paul J. (1987): The AICPA: A Professional Institution in a Dynamic Society. In: Journal of Accountancy, 163. Jg. (1987), S. 22–38.

Ellenbürger, Frank / Kölschbach, Joachim (2010): Vor einem großen Schritt hin zu neuen Bilanzierungsstandards, Teil 1. In: Versicherungswirtschaft, 65. Jg. (2010), S. 1230–1232.

Ellscheid, Günter (2011): Strukturen naturrechtlichen Denkens. In: Kaufmann, Arthur / Hassemer, Winfried / Neumann, Ulfrid (Hrsg.): Einführung in Rechtsphilosophie und Rechtstheorie der Gegenwart, 8. Aufl., Heidelberg et al. 2011, S. 148–213.

Erchinger, Holger / Melcher, Winfried (2010a): Die Bilanzierung von Umsatzerlösen de lege ferenda : Aktuelle Entwicklungen vor dem Hintergrund des IASB Exposure Draft Revenue Recognition (Teil 1). In: Zeitschrift für internationale und kapitalmarktorientierte Rechnungslegung, 10. Jg. (2010), S. 434–442.

Erchinger, Holger / Melcher, Winfried (2010b): Die Bilanzierung von Umsatzerlösen de lege ferenda : Aktuelle Entwicklungen vor dem Hintergrund des IASB Exposure Draft Revenue Recognition (Teil 2) (Fortsetzung von KoR 2010 S. 442). In: Zeitschrift für internationale und kapitalmarktorientierte Rechnungslegung, 10. Jg. (2010), S. 488–493.

Erny, Nicola (2005): Konkrete Vernünftigkeit : Zur Konzeption einer pragmatistischen Ethik bei Charles S. Peirce, Tübingen 2005.

Euler, Roland (2002): Paradigmenwechsel im handelsrechtlichen Einzelabschluss: Von den GoB zu den IAS? In: Betriebs-Berater, 57. Jg. (2002), S. 875–880.

Evans, Lisa (2004): Language, translation and the problem of international accounting communication. In: Accounting, Auditing & Accountability Journal, 17. Jg. (2004), S. 210–248.

Evans, Lisa (2005): Editorial: Accounting History in the German Language Arena. In: Accounting, Business and Financial History, 15. Jg. (2005), S. 229–233.

FASB (1976a): FASB Discussion Memorandum : an analysis of issues related to Conceptual Framework for Financial Accounting and Reporting: Elements of Financial Statements and Their Measurement, Stamford, CT 1976.

FASB (1976b): Scope and Implications of the Conceptual Framework Project, Stamford, CT 1976.

FASB (2010a): Protokoll zum Roundtable Meeting am 4. November 2010, Thema: Projekt Revenue Recognition, 9.00 – 12.00 Uhr. Online verfügbar unter http://www.fasb.org/cs/ContentServer?site=FASB&c=Document_C&pagename=FASB%2FDocument_C%2FDocumentPage&cid=1176158080388#summary, zuletzt aktualisiert am 23.12.2010, zuletzt geprüft am 28.02.2012.

FASB (2010b): Protokoll zum Roundtable Meeting am 4. November 2010, Thema: Projekt Revenue Recognition, 13.00 – 16.00 Uhr. Online verfügbar unter http://www.fasb.org/cs/ContentServer?site=FASB&c=Document_C&pagename=FASB%2FDocument_C%2

FDocumentPage&cid=1176158080444#summary, zuletzt aktualisiert am 23.12.2010, zuletzt geprüft am 28.02.2012.

FASB (2010c): Protokoll zum Roundtable Meeting am 23. November 2010, Thema: Projekt Revenue Recognition, 9.00 – 12.00 Uhr. Online verfügbar unter http://www.fasb.org/cs/ContentServer?site=FASB&c=Document_C&pagename=FASB%2FDocument_C%2FDocumentPage&cid=1176158080473#summary, zuletzt aktualisiert am 23.12.2010, zuletzt geprüft am 28.02.2012.

Feess, Eberhard (2004): Mikroökonomie : Eine spieltheoretisch- und anwendungsorientierte Einführung, 3. Aufl., Marburg 2004.

Fischbach, Rainer / Wollenberg, Klaus (2007): Volkswirtschaftslehre 1 : Einführung und Grundlagen mit Lösungen, 13. Aufl., München 2007.

Fischer, Daniel T. (2010): Der Standardentwurf „Revenue from Contracts with Customers" (ED/2010/6). In: Praxis der internationalen Rechnungslegung, 6. Jg. (2010), S. 231–233.

Fischer, Norbert / Iannaconi, Teresa E. / Lechner, Harald W. (2001): United States – Individual Accounts. In: Ordelheide, Dieter / KPMG (Hrsg.): Transnational Accounting, Band 3, 2. Aufl., Houndmills et al. 2001, S. 2851–2986.

Fischer, Norbert et al. (2001): United States – Group Accounts. In: Ordelheide, Dieter / KPMG (Hrsg.): Transnational Accounting, Band 3, 2. Aufl., Houndmills et al. 2001, S. 2987–3054.

Fischer-Winkelmann, Wolf F. (Hrsg.) (1983): Paradigmawechsel in der Betriebswirtschaftslehre?, Spardorf 1983.

Fisher, Irving (1906): The Nature of Capital and Income, New York, NY 1906 (Nachdruck New York, NY 1965).

Fisher College of Business (2011a): Biographischer Eintrag zu Edgar O. Edwards in „The Accounting Hall of Fame" der Ohio State University. Online verfügbar unter http://fisher.osu.edu/departments/accounting-and-mis/the-accounting-hall-of-fame/membership-in-hall/edgar-o.-edwards/, zuletzt aktualisiert am 19.10.2011, zuletzt geprüft am 28.02.2012.

Fisher College of Business (2011b): Biographischer Eintrag zu Henry Rand Hatfield in „The Accounting Hall of Fame" der Ohio State University. Online verfügbar unter http://fisher.osu.edu/departments/accounting-and-mis/the-accounting-hall-of-fame/membership-in-hall/henry-rand-hatfield/, zuletzt aktualisiert am 19.10.2011, zuletzt geprüft am 28.02.2012.

Fisher College of Business (2011c): Biographischer Eintrag zu William A. Paton in „The Accounting Hall of Fame" der Ohio State University. Online verfügbar unter http://fisher.osu.edu/departments/accounting-and-mis/the-accounting-hall-of-fame/mem

bership-in-hall/william-a.-paton/, zuletzt aktualisiert am 19.10.2011, zuletzt geprüft am 28.02.2012.

Fisher College of Business (2011d): Biographischer Eintrag zu Robert Raymond Sterling in „The Accounting Hall of Fame" der Ohio State University. Online verfügbar unter http://fisher.osu.edu/departments/accounting-and-mis/the-accounting-hall-of-fame/membership-in-hall/robert-raymond-sterling, zuletzt aktualisiert am 19.10.2011, zuletzt geprüft am 28.02.2012.

Flamholtz, Diana (1979): The Structure of Scientific Revolutions and its Implications for the Development of Accounting Policy. In: Coffman, Edward N. (Hrsg.): The Academy of Accounting Historians Working Paper Series, Volume II, Working Papers 21–40, Richmond, VA 1979, S. 124–141.

Flesher, Dale L. / Previts, Gary J. / Flesher, Tonya K. (1996): Profiling the New Industrial Professionals: The First CPAs of 1896-97. In: Business and Economic History, 25. Jg. (1996), Heft 1, S. 252–266.

Forschner, Maximilian (2008): Norm. In: Höffe, Otfried (Hrsg.): Lexikon der Ethik, 7. Aufl., München 2008, S. 229 f.

Frankfurt, Harry G. (2005): On bullshit, Princeton, NJ 2005.

Franks, Julian / Mayer, Colin (1995): Ownership and Control. In: Siebert, Horst (Hrsg.): Trends in Business Organization: Do Participation and Cooperation Increase Competitiveness? : International Workshop, Tübingen 1995, S. 171–195.

Fuchs-Goldschmidt, Inga (2008): Konsens als normatives Prinzip der Demokratie : Zur Kritik der deliberativen Theorie der Demokratie, Wiesbaden 2008.

Fülbier, Rolf Uwe / Hitz, Jörg-Markus / Sellhorn, Thorsten (2009): Relevance of Academic Research and Researchers' Role in the IASB's Financial Reporting Standard Setting. In: Abacus, 45. Jg. (2009), S. 455–492.

Fülbier, Rolf Uwe / Weller, Manuel (2009): Normative Rechnungslegungsforschung im Abseits? : Einige wissenschaftstheoretische Anmerkungen. In: Journal for General Philosophy of Science, 39. Jg. (2009), S. 351–382.

Gäfgen, Gérard (1974): Theorie der wirtschaftlichen Entscheidung : Untersuchungen zur Logik und Bedeutung des rationalen Handelns, 3. Aufl., Tübingen 1974.

Gassen, Joachim / Fischkin, Michael / Hill, Verena (2008): Das Rahmenkonzept-Projekt des IASB und des FASB: Eine normendeskriptive Analyse des aktuellen Stands. In: Die Wirtschaftsprüfung, 61. Jg. (2008), S. 874–882.

Gebhardt, Günther / Naumann, Thomas K. (1999): Grundzüge der Bilanzierung von Financial Instruments und von Absicherungszusammenhängen nach IAS 39. In: Der Betrieb, 52. Jg. (1999), S. 1461–1469.

Gerbaulet, Christian (1999): Reporting Comprehensive Income : Die Bestrebungen des FASB, des ASB sowie des IASC, Wiesbaden 1999.

Gilman, Stephen (1939): Accounting Concepts of Profit, New York, NY 1939 (Nachdruck New York, NY 1956).

Glautier, Michel W. E. (1983): Searching for Accounting Paradigms. In: The Accounting Historians Journal, 10. Jg. (1983), S. 51–68.

Glautier, Michel W. E. / Underdown, Brian / Morris, Deigan (2011): Accounting : Theory and Practice, 8. Aufl., Harlow et al. 2011.

Goncharov, Igor / Zimmermann, Jochen (2007): Do Accounting Standards Influence the Level of Earnings Management? Evidence from Germany. In: Die Unternehmung, 61. Jg. (2007), S. 371–388.

Gore, Pelham (1992): The FASB Conceptual Framework Project 1973 – 1985 : An analysis, Manchester/New York 1992.

Grady, Paul (1965): Inventory of Generally Accepted Accounting Principles for Business Enterprises, APB Accounting Research Study No. 7, New York, NY 1965.

Greve, Jens (2009): Jürgen Habermas : Eine Einführung, Konstanz 2009.

Gros, Marius (2010): Rechnungslegung in Deutschland und den USA : Implikationen für eine zweckadäquate Fortentwicklung der deutschen Rechnungslegungskonzeption, Wiesbaden 2010.

Gros, Marius / Unrein, Daniel (2010): Zum Stand der Konvergenz von IFRS und US-GAAP : Eine Analyse der aktuellen Ergebnisse. In: Zeitschrift für internationale und kapitalmarktorientierte Rechnungslegung, 10. Jg. (2010), S. 461–469.

Günther, Klaus (1988): Der Sinn für Angemessenheit : Anwendungsdiskurse in Moral und Recht, Frankfurt am Main 1988.

Gutting, Garry (1980): Paradigms and Revolutions : Appraisals and Applications of Thomas Kuhns Philosophy of Science, Notre Dame, IN 1980.

Gynther, Reginald S. (1967): Accounting Concepts and Behavioral Hypotheses. In: The Accounting Review, 42. Jg. (1967), S. 274–290.

Habermas, Jürgen (1973): Wahrheitstheorien. In: Fahrenbach, Helmut (Hrsg.): Wirklichkeit und Reflexion : Walter Schulz zum 60. Geburtstag, Pfullingen 1973, S. 211–265.

Habermas, Jürgen (1983): Moralbewußtsein und kommunikatives Handeln, Frankfurt am Main 1983.

Habermas, Jürgen / Luhmann, Niklas (1971): Theorie der Gesellschaft oder Sozialtechnologie : Was leistet die Systemforschung?, Frankfurt am Main 1971.

Hakansson, Nils H. (1978): Where We Are in Accounting: A Review of „Statement on Accounting Theory and Theory Acceptance". In: The Accounting Review, 53. Jg. (1978), S. 717–725.

Haller, Axel (1989): Die Grundlagen der externen Rechnungslegung in den USA, Stuttgart 1989.

Hansen, Palle (1962): The Accounting Concept of Profit : An Analysis and Evaluation in the Light of the Economic Theory of Income and Capital, Kopenhagen/Amsterdam 1962.

Hatfield, Henry R. (1909): Modern Accounting : Its Principles and some of its Problems, New York, NY 1909 (Nachdruck New York, NY 1976).

Hatfield, Henry R. (1927): Accounting : Its Principles and Problems, New York, NY 1927 (Nachdruck Lawrence, KS 1971).

Healy, Paul M. / Wahlen, James M. (1999): A Review of the Earnings Management Literature and Its Implications for Standard Setting. In: Accounting Horizons, 13. Jg. (1999), S. 365–383.

Heilbron, John L. (Hrsg.) (2003): The Oxford Companion to the History of Modern Science, Oxford 2003.

Hendriksen, Eldon S. / van Breda, Michael F. (1992): Accounting Theory, 5. Aufl., Boston, MA et al. 1992.

Hicks, John R. (1946): Value and Capital : An Inquiry into some fundamental Principles of Economic Theory, 2. Aufl., Oxford 1946 (Nachdruck Oxford 1953).

Hitz, Jörg-Markus (2005): Rechnungslegung zum fair value : Konzeption und Entscheidungsnützlichkeit, Frankfurt am Main 2005.

Höffe, Otfried (1992): Ethik und Politik : Grundmodelle und -probleme der praktischen Philosophie, 4. Aufl., Frankfurt am Main 1992.

Höffe, Otfried (2008a): Kategorischer Imperativ. In: Höffe, Otfried (Hrsg.): Lexikon der Ethik, 7. Aufl., München 2008, S. 157 f.

Höffe, Otfried (2008b): Pragmatismus. In: Höffe, Otfried (Hrsg.): Lexikon der Ethik, 7. Aufl., München 2008, S. 247 f.

Höffe, Otfried (2008c): Relativismus. In: Höffe, Otfried (Hrsg.): Lexikon der Ethik, 7. Aufl., München 2008, S. 258–260.

Homburger, Richard H. (1961): Measurement in Accounting. In: The Accounting Review, 36. Jg. (1961), S. 94–99.

Hommel, Michael (2009): Rückstellungen für Abbruchverpflichtungen nach dem BilMoG. In: Seicht, Gerhard (Hrsg.): Jahrbuch für Controlling und Rechnungswesen 2009, Wien 2009, S. 69–92.

Hommel, Michael / Dehmel, Inga (2011): Unternehmensbewertung case by case, 6. Aufl., Frankfurt am Main 2011.

Hommel, Michael / Franke, Florian / Rößler, Bettina (2008): Die bilanzielle Behandlung des Minderheitengoodwill gemäß Bilanzrechtsmodernisierungsgesetz, IAS 27 und IFRS 3. In: Der Konzern, 6. Jg. (2008), S. 157–166.

Hommel, Michael / Schmidt, Achim / Wüstemann, Sonja (2010): Rückstellungsbewertung nach ED/2010/1 – ein Standardsetter auf unsicheren Pfaden. In: Betriebs-Berater, 65. Jg. (2010), S. 557–561.

Hommel, Michael / Schmidt, Reinhard H. / Wüstemann, Jens (2004): Adolf Moxter und die Grundsätze ordnungsgemäßer Rechnungslegung : Kontinuität und Zukunft eines Forschungsleitbildes. In: IDW (Hrsg.): Wirtschaftsprüfung und Zeitgeist : Prof. Dr. Dr. h. c. mult. Adolf Moxter zum 75. Geburtstag, Sonderheft, Die Wirtschaftsprüfung, 57. Jg. (2004), S. S84–S98.

Hommel, Michael / Schmitz, Stefanie (2011): ED/2010/6: Revenue from Contracts with Customers – Die Umsatzrealisation unter Kontrolle? In: Die Wirtschaftsprüfung, 63. Jg. (2011), S. 17–24.

Hommel, Michael / Schmitz, Stefanie / Wolf, Sandra (2007): IFRIC D21 „Real Estate Sales“ – Die Percentage-of-Completion-Methode vor dem Aus? In: Die Wirtschaftsprüfung, 60. Jg. (2007), S. 1012–1020.

Hommel, Michael / Wich, Stefan (2004): Die Bilanzierung von Entfernungsverpflichtungen gemäß HGB und SFAS 143 in der kritischen Betrachtung. In: Zeitschrift für internationale und kapitalmarktorientierte Rechnungslegung, 4. Jg. (2004), S. 16–28.

Honderich, Ted (Hrsg.) (2005): The Oxford Companion to Philosophy, 2. Aufl., Oxford 2005.

Horkheimer, Max / Adorno, Theodor W. (1969): Dialektik der Aufklärung : Philosophische Fragmente, Frankfurt am Main 1969 (Nachdruck Frankfurt am Main 2003).

Horn, Christoph (2008a): Gesinnung. In: Höffe, Otfried (Hrsg.): Lexikon der Ethik, 7. Aufl., München 2008, S. 107 f.

Horn, Christoph (2008b): Verstehen. In: Höffe, Otfried (Hrsg.): Lexikon der Ethik, 7. Aufl., München 2008, S. 330–332.

Horn, Christoph (2008c): Wert. In: Höffe, Otfried (Hrsg.): Lexikon der Ethik, 7. Aufl., München 2008, S. 344 f.

Horngren, Charles T. (1965): How Should We Interpret the Realization Concept? In: The Accounting Review, 40. Jg. (1965), S. 323–333.

Horster, Detlef (2010): Jürgen Habermas : Eine Einführung, Darmstadt 2010.

Hübenthal, Christoph (2011): Einleitung zu den teleologischen Ansätzen. In: Düwell, Marcus / Hübenthal, Christoph / Werner, Micha H. (Hrsg.): Handbuch Ethik, 3. Aufl., Stuttgart/Weimar 2011, S. 61–68.

Hütten, Christoph / Fink, Christian (2011): § 36 Segmentberichterstattung (Operating Segments). In: Lüdenbach, Norbert / Hoffmann, Wolf-Dieter (Hrsg.): Haufe IFRS Kommentar : Das Standardwerk, 9. Aufl., Freiburg i. Br. et al. 2011.

IDW (2010): Comment Letter No. 58 zu ED/2010/6. Online verfügbar unter http://www.fasb.org/cs/BlobServer?blobcol=urldata&blobtable=MungoBlobs&blobkey=id&blobwhere=1175821482858&blobheader=application%2Fpdf, zuletzt aktualisiert am 13.10.2010, zuletzt geprüft am 28.02.2012.

IFRS Foundation / IASB (2011): Who we are and what we do. Online verfügbar unter http://www.ifrs.org/NR/rdonlyres/1D35BB5F-6E59-446F-9861-A84F9288CBB4/0/Who_we_areJuly11.pdf, zuletzt aktualisiert am 24.11.2011, zuletzt geprüft am 28.02.2012.

Ijiri, Yuji (1973): A Priori Research in Accounting: A Critique. In: Dopuch, Nicholas / Revsine, Lawrence (Hrsg.): Accounting Research 1960–1970: A Critical Evaluation, Urbana, IL 1973, S. 20–25.

Ijiri, Yuji (1975): Theory of Accounting Measurement, Sarasota, FL 1975.

Ikäheimo, Seppo / Taipaleenmäki, Jani (2010): The divergence and convergence of financial accounting and management accounting : Institutional analysis of the U.S., Germany and Finland. In: Die Betriebswirtschaft, 70. Jg. (2010), S. 349–368.

Jaedicke, Robert K. / Sprouse, Robert T. (1965): Accounting Flows: Income, Funds, and Cash, Englewood Cliffs, NJ 1965.

Jaensch, Günter (1972): Ökonomischer Gewinn oder einkommenstheoretisches Modell? In: Zeitschrift für betriebswirtschaftliche Forschung, 24. Jg. (1972), S. 540–546.

Jaensch, Günter (1973): Zur Brauchbarkeit des kapitaltheoretischen Ansatzes für die Erfolgsermittlung von Unternehmungen. In: Zeitschrift für betriebswirtschaftliche Forschung, 25. Jg. (1973), S. 693–696.

Jastrow, Joseph (1899): The Mind's Eye. In: Appletons' Popular Science Monthly, 54. Jg. (1899), S. 299–312.

Kaufmann, Arthur (2011a): Rechtsphilosophie, Rechtstheorie, Rechtsdogmatik. In: Kaufmann, Arthur / Hassemer, Winfried / Neumann, Ulfrid (Hrsg.): Einführung in Rechtsphilosophie und Rechtstheorie der Gegenwart, 8. Aufl., Heidelberg et al. 2011, S. 1–25.

Kaufmann, Arthur (2011b): Problemgeschichte der Rechtsphilosophie. In: Kaufmann, Arthur / Hassemer, Winfried / Neumann, Ulfrid (Hrsg.): Einführung in Rechtsphilosophie und Rechtstheorie der Gegenwart, 8. Aufl., Heidelberg et al. 2011, S. 26–147.

Kersting, Wolfgang (2011): Kontraktualismus. In: Düwell, Marcus / Hübenthal, Christoph / Werner, Micha H. (Hrsg.): Handbuch Ethik, 3. Aufl., Stuttgart/Weimar 2011, S. 163–178.

Keuth, Herbert (1989): Wissenschaft und Werturteil : Zu Werturteilsdiskussion und Positivismusstreit, Tübingen 1989.

King, Darwin L. / Case, Carl J. (2003): The Evolution of the United States Audit Report. In: Academy of Accounting and Financial Studies Journal, 7. Jg. (2003), S. 1–16.

Kinney, William R., Jr. (1986): Empirical Accounting Research Design for Ph.D. Students. In: The Accounting Review, 61. Jg. (1986), S. 338–350.

Korte, Hermann (2011): Einführung in die Geschichte der Soziologie, 9. Aufl., Wiesbaden 2011.

KPMG (2006): US-GAAP : Rechnungslegung nach US-amerikanischen Grundsätzen, Grundlagen der US-GAAP und SEC-Vorschriften, 4. Aufl., Berlin 2006.

KPMG (2010): New on the Horizon: Revenue from contracts with customers. Online verfügbar unter http://www.kpmg.com/Global/en/IssuesAndInsights/ArticlesPublications/New-on-the-Horizon/Documents/new-on-the-horizon-revenue-from-contracts-with-customers-13-july-2010.pdf, zuletzt aktualisiert am 13.07.2010, zuletzt geprüft am 28.02.2012.

Kroner, Matthias / Leuchtenstern, Sylvia / Ranker, Daniel (2010): Reformierung der Leasingbilanzierung : Wo geht die Reise hin? (Teil 1). In: Zeitschrift für internationale und kapitalmarktorientierte Rechnungslegung, 10. Jg. (2010), S. 532–539.

Kubin, Konrad W. (1989): Die Konzernrechnungslegung in den USA. In: Sonnemann, Erik (Hrsg.): Rechnungslegung, Prüfung, Wirtschaftsrecht und Steuern in den USA, Wiesbaden 1989, S. 95–120.

Kuhlewind, Andreas-Markus (1997): Grundlagen einer Bilanzrechtstheorie in den USA, Frankfurt am Main et al. 1997.

Kuhn, Thomas S. (1974): Bemerkungen zu meinen Kritikern. In: Lakatos, Imre / Musgrave, Alan (Hrsg.): Kritik und Erkenntnisfortschritt : Abhandlungen des Internationalen Kolloquiums über die Philosophie der Wissenschaft in London 1965, Band 4, Braunschweig 1974, S. 223–269.

Kuhn, Thomas S. (1976): Die Struktur wissenschaftlicher Revolutionen, 2. Aufl., Frankfurt am Main 1976.

Kuhn, Thomas S. (2000): A Physicist Who Became a Historian for Philosophical Purposes: A Discussion between Thomas S. Kuhn and Aristides Baltas, Kostas Gavroglu, and Vassiliki Kindi. In: Kuhn, Thomas S.: The Road since Structure : Philosophical Essays, 1970–1993, with an Autobiographical Interview, hrsg. v. James Conant und John Haugeland, Chicago, IL 2000, S. 255–323.

Küpper, Hans-Ulrich / Mattessich, Richard (2005): Twentieth Century Accounting Research in the German Language Area. In: Accounting, Business and Financial History, 15. Jg. (2005), S. 345–410.

Kurz, Gerhard (2009): Das IASB und die Regulierung der Rechnungslegung in der EU : Eine Analyse von Legitimation und Lobbying, Frankfurt am Main 2009.

Küting, Karlheinz / Dawo, Sascha (2003): Anwendungsfälle der fair value-Bewertung bei nicht finanziellen Vermögenswerten im Rahmen der International Financial Reporting

Standards (IFRS). In: Zeitschrift für internationale und kapitalmarktorientierte Rechnungslegung, 3. Jg. (2003), S. 228–241.

Küting, Karlheinz / Lauer, Peter (2009): Der Fair Value in der Krise. In: Betriebswirtschaftliche Forschung und Praxis, 61. Jg. (2009), S. 547–567.

Küting, Karlheinz / Weber, Claus-Peter / Pilhofer, Jochen (2002): Umsatzrealisation als modernes bilanzpolitisches Instrumentarium im Rahmens des Gewinnmanagements (earnings management) : Analyse vor dem Hintergrund der Fälle Comroad und Xerox. In: Finanz Betrieb, 4. Jg. (2002), S. 310–329.

Larenz, Karl (1991): Methodenlehre der Rechtswissenschaft, 6. Aufl., Berlin/Heidelberg/New York 1991.

Laubach, Wolfgang / Findeisen, Klaus-Dieter / Murer, Alexander (2010): Leasingbilanzierung nach IFRS im Umbruch – der neue Exposure Draft „Leases". In: Der Betrieb, 63. Jg. (2010), S. 2401–2410.

Laughlin, Richard C. (1981): On the Nature of Accounting Methodology. In: Journal of Business Finance & Accounting, 8. Jg. (1981), S. 329–351.

Lauth, Bernhard / Sareiter, Jamel (2005): Wissenschaftliche Erkenntnis : Eine ideengeschichtliche Einführung in die Wissenschaftstheorie, 2. Aufl., Paderborn 2005.

Lee, T. A. (2000): The golden age of Raymond John Chambers, professional accountant and university educator 1917 to 1999: a memorial. In: Accounting and Business Research, 31. Jg. (2000), S. 71–74.

Leffson, Ulrich (1987): Die Grundsätze ordnungsmäßiger Buchführung, 7. Aufl., Düsseldorf 1987.

Lennard, Andrew (2010): The Case for Entry Values: A Defence of Replacement Cost. In: Abacus, 46. Jg. (2010), S. 97–103.

Lepenies, Wolf (1985): Die drei Kulturen : Soziologie zwischen Literatur und Wissenschaft, München et al. 1985 (Nachdruck Frankfurt am Main 2002).

Leuz, Christian / Nanda, Dhananjay / Wysocki, Peter D. (2003): Earnings management and investor protection: an international comparison. In: Journal of Financial Economics, 69. Jg. (2003), S. 505–527.

Levitt, Arthur (1998): The „Numbers Game", Vortrag vom 28.09.1998, Veranstalter: Center for Law and Business, New York University. Online verfügbar unter http://www.sec.gov/news/speech/speecharchive/1998/spch220.txt, zuletzt aktualisiert am 28.09.1998, zuletzt geprüft am 28.02.2012.

Lindahl, Erik (1933): The Concept of Income. In: Frank Cass & Co. Ltd. (Hrsg.): Economic Essays in Honour of Gustav Cassel, London/Edinburgh 1933, S. 399–407 (Nachdruck London/Edinburgh 1967).

Littleton, A[nanias] C. (1953): Structure of Accounting Theory, Urbana, IL 1953 (Nachdruck Menasha, WI 1966).

Lorenz, Karsten (2010): IFRS Exposure Draft „Leases“: Abschaffung des wirtschaftlichen Eigentums bei Leasingverhältnissen? In: Betriebs-Berater, 65. Jg. (2010), S. 2555–2560.

Lücke, Wolfgang / Hautz, Uwe (1973): Bilanzen aus Zukunftswerten : Ein theoretischer Beitrag zum Inhalt und Aufbau von Planbilanzen, Wiesbaden 1973.

Lüdenbach, Norbert / Hoffmann, Wolf-Dieter (2011): § 1 Rahmenkonzept (Framework). In: Lüdenbach, Norbert / Hoffmann, Wolf-Dieter (Hrsg.): Haufe IFRS Kommentar : Das Standardwerk, 9. Aufl., Freiburg i. Br. et al. 2011.

Lühn, Michael (2010): Neukonzeption der Umsatzrealisation nach IFRS durch ED/2010/6 „Revenue from Contracts with Customers“. In: Praxis der internationalen Rechnungslegung, 6. Jg. (2010), S. 273–279.

Luttermann, Claus (1999): Bilanzrecht in den USA und internationale Konzernrechnungslegung, Tübingen 1999.

Macintosh, Norman B. (2009): Accounting and the Truth of Earnings Reports: Philosophical Considerations. In: European Accounting Review, 18. Jg. (2009), S. 141–175.

Macintosh, Norman B. et al. (2000): Accounting as simulacrum and hyperreality: perspectives on income and capital. In: Accounting, Organizations and Society, 25. Jg. (2000), S. 13–50.

MacNeal, Kenneth (1939): Truth in Accounting, Philadelphia, PA 1939 (Nachdruck Lawrence, KS 1970).

Mahlmann, Matthias (2010): Rechtsphilosophie und Rechtstheorie, Baden-Baden 2010.

Marton, Jan / Wagenhofer, Alfred (2010): Comment on the IASB Discussion Paper ‘Preliminary Views on Revenue Recognition in Contracts with Customers’. In: Accounting in Europe, 7. Jg. (2010), S. 3–13.

Masterman, Margaret (1974): Die Natur eines Paradigmas. In: Lakatos, Imre / Musgrave, Alan (Hrsg.): Kritik und Erkenntnisfortschritt : Abhandlungen des Internationalen Kolloquiums über die Philosophie der Wissenschaft in London 1965, Band 4, Braunschweig 1974, S. 59–88.

Mattessich, Richard [V.] (1972): Methodological Preconditions and Problems of A General Theory of Accounting. In: The Accounting Review, 47. Jg. (1972), S. 469–487.

Mattessich, Richard [V.] (1975): Zur Klärung des Problems der „Wertfreiheit von Wissenschaften“: Ein Lösungsversuch im Wege der Systemanalyse. In: Zeitschrift für betriebswirtschaftliche Forschung, 27. Jg. (1975), S. 133–149.

Mattessich, Richard [V.] (1979): Konfliktresolution in der Wissenschaft : Zur Anwendung der Methode von Thomas Kuhn, Sneed und Stegmüller in den Sozial- und Wirtschaftswissenschaften. In: Dlugos, Günter (Hrsg.): Unternehmungsbezogene Konfliktforschung : Methodologische und forschungsprogrammatische Grundfragen, Bericht über die Tagung in Berlin im April 1978, Stuttgart 1979, S. 253–272.

Mattessich, Richard [V.] (1985): Forschungsprogramme und Paradigmen im Rechnungswesen unter Betonung der Agency-Informationsanalyse. In: Ballwieser, Wolfgang / Berger, Karl-Heinz (Hrsg.): Information und Wirtschaftlichkeit, Wissenschaftliche Tagung des Verbands der Hochschullehrer für Betriebswirtschaft e. V. an der Universität Hannover 1985, Wiesbaden 1985, S. 677–714.

Mattessich, Richard [V.] (1992): On the history of normative accounting theory: paradigm lost, paradigm regained? In: Accounting, Business & Financial History, 2. Jg. (1992), S. 181–198.

Mattessich, Richard [V.] (1995a): Conditional-normative Accounting Methodology: Incorporating Value Judgments and Means-end Relations of an Applied Science. In: Accounting, Organizations and Society, 20. Jg. (1995), S. 259–284.

Mattessich, Richard [V.] (1995b): Critique of Accounting : Examination of the Foundations and Normative Structure of an Applied Discipline, Westport, CT 1995.

Mattessich, Richard V. (2002): Accounting Schism or Synthesis? A Challenge for the Conditional-Normative Approach. In: Canadian Accounting Perspectives, 1. Jg. (2002), S. 185–216.

Mattessich, Richard / Küpper, Hans-Ulrich (2003): Accounting Research in the German Language Area – First Half of the 20th Century. In: Review of Accounting and Finance, 2. Jg. (2003), Heft 3, S. 106–137.

Mautz, R[obert] K. (1977): Chapter 1: Accounting Concepts and Principles and Auditing Standards and Opinions. In: Davidson, Sidney / Weil, Roman L. (Hrsg.): Handbook of Modern Accounting, 2. Aufl., New York, NY et al. 1977, S. 1–23.

May, George O. (1943): Financial Accounting : A Distillation of Experience, New York, NY 1943 (Nachdruck Lawrence, KS 1972).

May, George O. (1950): Business Income. In: The Accountant, 123. Jg. (1950), S. 315–323.

Mieth, Corinna (2011): Rawls. In: Düwell, Marcus / Hübenthal, Christoph / Werner, Micha H. (Hrsg.): Handbuch Ethik, 3. Aufl., Stuttgart/Weimar 2011, S. 179–190.

Mill, John S. (1962a): Bentham. In: Mill, John S.: Utilitarianism, On Liberty, Essay on Bentham : together with selected writings of Jeremy Bentham and John Austin, hrsg. v. Mary Warnock, London/Glasgow 1962, S. 78 125 (Nachdruck des Originals aus dem Jahr 1859).

Mill, John S. (1962b): Utilitarianism. In: Mill, John S.: Utilitarianism, On Liberty, Essay on Bentham : together with selected writings of Jeremy Bentham and John Austin, hrsg. v.

Mary Warnock, London/Glasgow 1962, S. 251 321 (Nachdruck des Originals aus dem Jahr 1861).

Miller, Paul B. W. / Bahnson, Paul R. (2010): Continuing the Normative Dialog: Illuminating the Asset/Liability Theory. In: Accounting Horizons, 24. Jg. (2010), S. 419–440.

Moonitz, Maurice (1960): The Changing Concept of Liabilities. In: Journal of Accountancy, 109. Jg. (1960), S. 41–46.

Moonitz, Maurice (1961): The Basic Postulates of Accounting, APB Accounting Research Study No. 1, New York, NY 1961.

Moonitz, Maurice (1962): Should we discard the income concept? In: The Accounting Review, 37. Jg. (1962), S. 175–180.

Moonitz, Maurice (1970): Three Contributions to the Development of Accounting Principles Prior to 1930. In: Journal of Accounting Research, 8. Jg. (1970), S. 145–155.

Moonitz, Maurice (1974): Obtaining Agreement on Standards in the Accounting Profession, Sarasota, FL 1974.

Moonitz, Maurice (1978): Three Contributions to the Development of Accounting Thought, New York, NY 1978.

Moran, Michael (2010): The political economy of regulation: does it have any lessons for accounting research? In: Accounting and Business Research, 40. Jg. (2010), S. 215–225.

Mouck, Tom (1993): The „Revolution“ in Financial Reporting Theory: A Kuhnian Interpretation. In: The Accounting Historians Journal, 20. Jg. (1993), S. 33–57.

Moxter, Adolf (1957): Methodologische Grundfragen der Betriebswirtschaftslehre, Opladen 1957.

Moxter, Adolf (1977): Bilanztheorien. In: Albers, Willi et al. (Hrsg.): Handwörterbuch der Wirtschaftswissenschaft (HdWW), Band 1, Stuttgart et al. 1977, S. 670–686.

Moxter, Adolf (1980): Die handelsrechtlichen Grundsätze ordnungsmäßiger Buchführung und das neue Bilanzrecht. In: Zeitschrift für Unternehmens- und Gesellschaftsrecht, 9. Jg. (1980), S. 254–276.

Moxter, Adolf (1982): Betriebswirtschaftliche Gewinnermittlung, Tübingen 1982.

Moxter, Adolf (1983): Wirtschaftliche Gewinnermittlung und Bilanzsteuerrecht. In: Steuer und Wirtschaft, 60. Jg. (1983), S. 300–307.

Moxter, Adolf (1984a): Bilanzlehre : Band I: Einführung in die Bilanztheorie, 3. Aufl., Wiesbaden 1984.

Moxter, Adolf (1984b): Das Realisationsprinzip – 1884 und heute. In: Betriebs-Berater, 39. Jg. (1984), S. 1780–1786.

Moxter, Adolf (1986): Ulrich Leffson und die Bilanzrechtsprechung. In: Die Wirtschaftsprüfung, 39. Jg. (1986), S. 173–177.

Moxter, Adolf (1987): Zum Sinn und Zweck des handelsrechtlichen Jahresabschlusses nach neuem Recht. In: Havermann, Hans (Hrsg.): Bilanz- und Konzernrecht, Festschrift zum 65. Geburtstag von Dr. Dr. h. c. Reinhard Goerdeler, Düsseldorf 1987, S. 361–374.

Moxter, Adolf (1993a): Entwicklung der Theorie der handels- und steuerrechtlichen Gewinnermittlung. In: Wagner, Franz W. (Hrsg.): Ökonomische Analyse des Bilanzrechts : Entwicklungslinien und Perspektiven, Sonderheft 32, Zeitschrift für betriebswirtschaftliche Forschung, 45. Jg. (1993), S. 61–84.

Moxter, Adolf (1993b): Grundsätze ordnungsmäßiger Buchführung – ein handelsrechtliches Faktum, von der Steuerrechtsprechung festgestellt. In: Der Präsident des Bundesfinanzhofs (Hrsg.): 75 Jahre Reichsfinanzhof – Bundesfinanzhof : Festschrift, Bonn 1993, S. 533–544.

Moxter, Adolf (2004): Gewinnrealisierung nach den IAS/IFRS: Erosion des HGB-Realisationsprinzips. In: Zeitschrift für Vergleichende Rechtswissenschaft, 103. Jg. (2004), S. 268–280.

Moxter, Adolf (2007a): Über Bilanztheorien. In: Kirsch, Hans-Jürgen / Baetge, Jörg (Hrsg.): Rechnungslegung und Wirtschaftsprüfung : Festschrift zum 70. Geburtstag von Jörg Baetge, Düsseldorf 2007, S. 405–417.

Moxter, Adolf (2007b): Bilanzrechtsprechung, 6. Aufl., Tübingen 2007.

Murray, Dennis (2010): What Are the Essential Features of a Liability? In: Accounting Horizons, 24. Jg. (2010), S. 623–633.

Myers, John H. (1959): The Critical Event and Recognition of Net Profit. In: The Accounting Review, 34. Jg. (1959), S. 528–532.

Nagl, Ludwig (1998): Pragmatismus, Frankfurt am Main/New York 1998.

Nau, Heino H. (1996): „Zwei Ökonomien“ : Die Vorgeschichte des Werturteilstreits in der deutschsprachigen Ökonomik. In: Nau, Heino H. (Hrsg.): Der Werturteilsstreit : Die Äußerungen zur Werturteilsdiskussion im Ausschuß des Vereins für Sozialpolitik (1913), Marburg 1996, S. 9–64.

Nelson, Carl L. (1973): A Priori Research in Accounting. In: Dopuch, Nicholas / Revsine, Lawrence (Hrsg.): Accounting Research 1960–1970: A Critical Evaluation, Urbana, IL 1973, S. 3–19.

Nerlich, Christoph (2007): Entwicklung einer Auslegungsmethodik für IFRS im EU-Kontext, Düsseldorf 2007.

Neumann, Ulfrid (2011): Wissenschaftstheorie der Rechtswissenschaft. In: Kaufmann, Arthur / Hassemer, Winfried / Neumann, Ulfrid (Hrsg.): Einführung in Rechtsphilosophie und Rechtstheorie der Gegenwart, 8. Aufl., Heidelberg et al. 2011, S. 385–400.

Nobes, Christopher (1986): Financial Reporting by Multinational Groups: A Few of the Questions and Fewer Answers, vorgetragen auf dem Symposium on International Financial Accounting Research, University of Glasgow, 1985. In: Nobes, Christopher: Issues in international accounting, New York/London 1986, S. 85–114.

Nobes, Christopher / Parker, Robert (2010): Comparative International Accounting, 11. Aufl., Harlow 2010.

o. Autor (1987a): Trueblood Committee: Objectives of Financial Statements. In: Journal of Accountancy, 163. Jg. (1987), S. 101.

o. Autor (1987b): Wheat Committee: Establishing Financial Accounting Standards. In: Journal of Accountancy, 163. Jg. (1987), S. 134–135.

o. Autor (1987c): Financial Accounting Standards Board. In: Journal of Accountancy, 163. Jg. (1987), S. 164–165.

Oberbrinkmann, Frank (1990): Statische und Dynamische Interpretation der Handelsbilanz : Eine Untersuchung der historischen Entwicklung, insbesondere der Bilanzrechtsaufgabe und der Bilanzrechtskonzeption, Düsseldorf 1990.

O'Brien, Patricia C. (2009): Changing the Concepts to Justify the Standards. In: Accounting Perspectives, 8. Jg. (2009), S. 263–275.

Oehler, Klaus (2000): Zur Ersten Vorlesung: Die pragmatistische Konzeption der Philosophie. In: Oehler, Klaus (Hrsg.): Pragmatismus : Ein neuer Name für einige alte Wege des Denkens, Berlin 2000, S. 17–31.

Ohlson, James A. et al. (2010): A Framework for Financial Reporting Standards: Issues and a Suggested Model. In: Accounting Horizons, 24. Jg. (2010), S. 471–485.

Ohlson, James A. et al. (2011): Accounting for Revenues: A Framework for Standard Setting. In: Accounting Horizons, 25. Jg. (2011), S. 577–592.

Olsen, Lori / Weirich, Thomas R. (2010): New Revenue-Recognition Model. In: The Journal of Corporate Accounting & Finance, 22. Jg. (2010), Heft 1, S. 55–61.

Ordelheide, Dieter (1993): True and fair view : A European and a German perspective. In: European Accounting Review, 2. Jg. (1993), S. 81–90.

Ordelheide, Dieter (1997): Regulierung der Rechnungslegung – Ökonomische 'Zwänge' und kulturelle Unterschiede. In: Engelhard, Johann (Hrsg.): Interkulturelles Management : Theoretische Fundierung und funktionsbereichsspezifische Konzepte, Wiesbaden 1997, S. 235–259.

Ordelheide, Dieter (1999): Germany. In: McLeay, Stuart (Hrsg.): Accounting Regulation in Europe, Houndmills et al. 1999, S. 99–146.

Oser, Peter (2010): Das neue deutsche Bilanzrecht für den Konzernabschluss : Überblick über die Neuerungen im Konzernbilanzrecht durch das Bilanzrechtsmodernisierungsgesetz (1. Teil). In: Der Schweizer Treuhänder, 84. Jg. (2010), S. 118–123.

Ott, Konrad (2011): Prinzip / Maxime / Norm / Regel. In: Düwell, Marcus / Hübenthal, Christoph/Werner, Micha H. (Hrsg.): Handbuch Ethik, 3. Aufl., Stuttgart/Weimar 2011, S. 474–480.

Oversberg, Thomas (2007): Paradigmenwechsel in der Bilanzierung von Leasingverhältnissen : Eine Einführung in das aktuelle IASB/FASB-Leasingprojekt. In: Zeitschrift für internationale und kapitalmarktorientierte Rechnungslegung, 7. Jg. (2007), S. 376–386.

Paton, William A. (1922): Accounting Theory : With Special Reference to the Corporate Enterprise, New York, NY 1922 (Nachdruck Whitefish, MT 2010).

Paton, William A. (1961): „Deferred Income" – A Misnomer. In: Journal of Accountancy, 112. Jg. (1961), S. 38–40.

Paton, William A. / Littleton, Ananias C. (1940): An Introduction to Corporate Accounting Standards, ohne Ort 1940 (Nachdruck ohne Ort 1965).

Peasnell, K[enneth] V. (1978): Statement of Accounting Theory and Theory Acceptance: A Review Article. In: Accounting and Business Research, 8. Jg. (1978), S. 217–225.

Peasnell, Kenneth [V.] / Whittington, Geoffrey (2010): The Contribution of Philip W. Bell to Accounting Thought. In: Accounting Horizons, 24. Jg. (2010), S. 509–518.

Peirce, Charles S. (1934a): Lecture VII: Pragmatism and Abduction. In: Peirce, Charles S.: The Collected Papers of Charles Sanders Peirce, Band 5: Pragmatism and Pragmaticism, hrsg. v. Charles Hartshorne, Paul Weiss und A[rthur] W. Burks, Camebridge, MA 1934, Rn. 180–212 (Nachdruck des Originals aus dem Jahr 1903).

Peirce, Charles S. (1934b): How to Make our Ideas Clear. In: Peirce, Charles S.: The Collected Papers of Charles Sanders Peirce, Band 5: Pragmatism and Pragmaticism, hrsg. v. Charles Hartshorne, Paul Weiss und A[rthur] W. Burks, Camebridge, MA 1934, Rn. 388–410 (Nachdruck des Originals aus dem Jahr 1878).

Pelger, Christoph (2009): Entscheidungsnützlichkeit in neuem Gewand: Der Exposure Draft zur Phase A des Conceptual Framework-Projekts. In: Zeitschrift für internationale und kapitalmarktorientierte Rechnungslegung, 9. Jg. (2009), S. 156–163.

Pellens, Bernhard / Obermüller, Philipp / Rüthers, Torben (2010): Fünf Jahre IFRS-Abschlüsse in der Europäischen Union : Bestandsaufnahme und Perspektive der Rechnungslegungsharmonisierung. In: Der Schweizer Treuhänder, 84. Jg. (2010), S. 464–471.

Perry, James / Nöelke, Andreas (2005): International Accounting Standard Setting: A Network Approach. In: Business and Politics, 7. Jg. (2005), S. 1–32.

Pinzani, Alessandro (2007): Jürgen Habermas, München 2007.

Popper, Karl R. (1957): Die offene Gesellschaft und ihre Feinde, Band I: Der Zauber Platons, Bern 1957.

Popper, Karl R. (2005): Logik der Forschung. In: Popper, Karl R.: Gesammelte Werke in deutscher Sprache, Band 3, hrsg. v. Herbert Keuth, 11. Aufl., Tübingen 2005 (deutsche Erstausgabe: Wien 1934).

Power, Michael (2010): Fair value accounting, financial economics and the transformation of reliability. In: Accounting and Business Research, 40. Jg. (2010), S. 197–210.

Previts, Gary J. (1980): A Critical Evaluation of Comparative Financial Accounting Thought in America 1900 to 1920, New York, NY 1980.

Previts, Gary J. / Merino, Barbara D. (1998): A History of Accountancy in the United States : The Cultural Significance of Accounting, Columbus, OH 1998.

Rapp, Friedrich (1992): Fortschritt : Entwicklung und Sinngehalt einer philosophischen Idee, Darmstadt 1992.

Rawls, John (1975): Eine Theorie der Gerechtigkeit, Frankfurt am Main 1975.

Reichenbach, Hans (1983): Erfahrung und Prognose. In: Reichenbach, Hans: Gesammelte Werke, Band 4, hrsg. v. Andreas Kamlah und Maria Reichenbach, Braunschweig/Wiesbaden 1983 (Übersetzung des englischen Originals aus dem Jahr 1938).

Reichenbach, Hans (1999): Grundzüge der symbolischen Logik. In: Reichenbach, Hans: Gesammelte Werke, Band 6, hrsg. v. Andreas Kamlah und Maria Reichenbach, Braunschweig/Wiesbaden 1999 (Übersetzung des englischen Originals aus dem Jahr 1938).

Revsine, Lawrence (1973): Replacement Cost Accounting, Englewood Cliffs, NJ 1973.

Riahi-Belkaoui, Ahmed (2004): Accounting Theory, 5. Aufl., London 2004.

Richard, Jacques (2005): The concept of fair value in French and German accounting regulations from 1673 to 1914 and its consequences for the interpretation of the stages of development of capitalist accounting. In: Critical Perspectives on Accounting, 16. Jg. (2005), S. 825–850.

Ritsert, Jürgen (2009): Einführung in die Logik der Sozialwissenschaften, 3. Aufl., ohne Ort 2009.

Roberts, Alfred R. (1987): The 'Other' Public Accounting Organizations. In: Journal of Accountancy, 163. Jg. (1987), S. 41–42.

Rohatschek, Roman / Schausberger, Daniela (2011): Die Auswirkungen des *revenue-recognition*-Projekts auf die Bilanzierung von Produktgarantien. In: Zeitschrift für internationale Rechnungslegung, 6. Jg. (2011), S. 323–328.

Röhl, Klaus F. / Röhl, Hans C. (2008): Allgemeine Rechtslehre : Ein Lehrbuch, 3. Aufl., Köln 2008.

Rose, Uwe (2008): Thomas S. Kuhn: Verständnis und Mißverständnis : Zur Geschichte seiner Rezeption, Saarbrücken 2008.

Rückle, Dieter (1993): Bilanztheorie. In: Chmielewicz, Klaus / Schweitzer, Marcell (Hrsg.): Handwörterbuch des Rechnungswesens, Band 3 der Enzyklopädie der Betriebswirtschaftslehre, 3. Aufl., Stuttgart 1993, Sp. 249–261.

Rüthers, Bernd / Fischer, Christian / Birk, Axel (2011): Rechtstheorie mit Juristischer Methodenlehre, 6. Aufl., München 2011.

Ryan, Bob / Scapens, Robert W. / Theobald, Michael (2002): Research Method and Methodology in Finance and Accounting, 2. Aufl., London 2002.

Ryerson, Frank (2011): Will a New Revenue Model Defer Revenues on Standard Warranties? In: The CPA Journal, 81. Jg. (2011), Heft 1, S. 24–27.

Saito, Shizuki (1983): Asset Revaluation and Cost Basis: Capital Revaluation in Corporate Financial Reports. In: The Accounting Historians Journal, 10. Jg. (1983), S. 1–23.

Sanders, Thomas H. / Hatfield, Henry R. / Moore, Underhill (1938): A Statement of Accounting Principles, ohne Ort 1938 (Nachdruck ohne Ort 1968).

Schefold, Bertram (1991): Einleitung zur Neuausgabe von Irving Fishers „The Nature of Capital and Income". In: Schefold, Bertram et al. (Hrsg.): Irving Fishers „The Nature of Capital and Income" : Vademecum zu einem Klassiker der amerikanischen Nationalökonomie, Düsseldorf 1991, S. 5–29.

Schefold, Bertram (1996): The German Historical School and the Belief in Ethical Progress. In: Brady, Neil F. (Hrsg.): Ethical Universals in International Business, Berlin/Heidelberg/New York 1996, S. 173–196.

Scheit, Herbert (1987): Wahrheit, Diskurs, Demokratie : Studien zur ‚Konsensustheorie der Wahrheit', Freiburg i. Br. 1987.

Schildbach, Thomas (2009a): Fair-Value-Bilanzierung und Unternehmensbewertung. In: Betriebswirtschaftliche Forschung und Praxis, 61. Jg. (2009), S. 371–388.

Schildbach, Thomas (2009b): Fair value-Statik und Information des Kapitalmarktes. In: Betriebswirtschaftliche Forschung und Praxis, 61. Jg. (2009), S. 581–598.

Schipper, Katherine [A.] (1994): Academic Accounting Research and the Standard Setting Process. In: Accounting Horizons, 8. Jg. (1994), S. 61–73.

Schipper, Katherine [A.] (2003): Principles-Based Accounting Standards. In: Accounting Horizons, 17. Jg. (2003), S. 61–72.

Schipper, Katherine A. et al. (2009): Reconsidering Revenue Recognition. In: Accounting Horizons, 23. Jg. (2009), S. 55–68.

Schmalenbach, Eugen (1911/1912): Die Privatwirtschaftslehre als Kunstlehre. In: Zeitschrift für handelswissenschaftliche Forschung, 6. Jg. (1911/1912), S. 304–316.

Schmalenbach, Eugen (1919): Grundlagen dynamischer Bilanzlehre. In: Zeitschrift für handelswissenschaftliche Forschung, 13. Jg. (1919), S. 1–50, 65–101.

Schmalenbach, Eugen (1962): Dynamische Bilanz, 13. Aufl., Köln/Opladen 1962.

Schmidt, Fritz (1921): Die organische Bilanz im Rahmen der Wirtschaft, Leipzig 1921 (Nachdruck Wiesbaden 1979).

Schmidt, Fritz (1929): Die organische Tageswertbilanz, 3. Aufl., Leipzig 1929 (Nachdruck Wiesbaden 1951).

Schmidt, Reinhard H. / Terberger, Eva (1997): Grundzüge der Investitions- und Finanzierungstheorie, 4. Aufl., Wiesbaden 1997.

Schmidt-Salomon, Michael (2001): Das „Münchhausentrilemma" oder: Ist es möglich, sich am eigenen Schopfe aus dem Sumpf zu ziehen? In: Engel, Gerhard (Hrsg.): Schwerpunkt: Hans Alberts Kritischer Rationalismus, Sonderheft 5, Aufklärung und Kritik, 8. Jg. (2001), S. 42–51.

Schneider, Dieter (1963): Bilanzgewinn und ökonomische Theorie. In: Zeitschrift für handelswissenschaftliche Forschung, 15. Jg. (1963), S. 457–474.

Schneider, Dieter (1973): Renaissance der Bilanzheorie? In: Zeitschrift für betriebswirtschaftliche Forschung, 25. Jg. (1973), S. 29–58.

Schneider, Dieter (2002): Bilanztheorien, analytische. In: Ballwieser, Wolfgang / Coenenberg, Adolf G. / von Wysocki, Klaus (Hrsg.): Handwörterbuch der Rechnungslegung und Prüfung, Band 8 der Enzyklopädie der Betriebswirtschaftslehre, 3. Aufl., Stuttgart 2002, Sp. 427–440.

Schreiber, Rupert (1962): Logik des Rechts, Berlin/Göttingen/Heidelberg 1962.

Schreiber, Susanne (2007): Der Asset-Liability-Approach : Zum Einfluss dieser bilanztheoretischen Konzeption auf den Ansatz von immateriellen Gütern nach US-GAAP. In: Wirtschaftswissenschaftliches Studium, 36. Jg. (2007), S. 572–577.

Schulte, Muriel (2010): Systemdenken im deutschen und französischen Handelsbilanzrecht : Ein systemtheoretischer Beitrag zur internationalen Rechnungslegung, Wiesbaden 2010.

Schweinberger, Stefan / Horstkötter, Markus (2010): Zur Bilanzierung von Versicherungsverträgen gemäß den Vorschlägen des ED/2010/8. In: Zeitschrift für internationale und kapitalmarktorientierte Rechnungslegung, 10. Jg. (2010), S. 546–553.

SEC (2011): The Investor's Advocate: How the SEC Protects Investors, Maintains Market Integrity, and Facilitates Capital Formation. Online verfügbar unter http://www.sec.gov/about/whatwedo.shtml, zuletzt aktualisiert am 24.10.2011, zuletzt geprüft am 28.02.2012.

Seelmann, Kurt (2010): Rechtsphilosophie, 5. Aufl., München 2010.

Siebert, Henning (1996): Grundlagen der US-amerikanischen Rechnungslegung : Ziele und Inhalte der Verlautbarungen der SEC und des FASB sowie ihre Unterschiede zum deutschen Bilanzrecht, Köln 1996.

Siegel, Theodor et al. (1999): Stille Reserven und aktienrechtliche Informationspflichten. In: Zeitschrift für Wirtschaftsrecht, 20. Jg. (1999), S. 2077–2085.

Simon, Hermann Veit (1886): Die Bilanzen der Aktiengesellschaften und der Kommanditgesellschaften auf Aktien, Berlin/Leipzig 1886.

Simon, Hermann Veit (1899): Die Bilanzen der Aktiengesellschaften und der Kommanditgesellschaften auf Aktien, 3. Aufl., Berlin 1899.

Singleton-Green, Brian (2010): The Communication Gap: Why Doesn't Accounting Research Make a Greater Contribution to Debates on Accounting Policy? In: Accounting in Europe, 7. Jg. (2010), S. 129–145.

Sonnemann, Erik (1989): Institutionelle und konzeptionelle Grundlagen der externen Rechnungslegung in den USA. In: Sonnemann, Erik (Hrsg.): Rechnungslegung, Prüfung, Wirtschaftsrecht und Steuern in den USA, Wiesbaden 1989, S. 17–52.

Sprague, Charles E. (1907): The Philosophy Of Accounts, New York, NY 1907 (Nachdruck Lawrence, KS 1972).

Spranger, Eduard (1996): Die Stellung der Werturteile in der Nationalökonomie. In: Nau, Heino H. (Hrsg.): Der Werturteilsstreit : Die Äußerungen zur Werturteilsdiskussion im Ausschuß des Vereins für Sozialpolitik (1913), Marburg 1996, S. 122–146 (Nachdruck des Originals aus dem Jahr 1914).

Sprouse, Robert T. (1965): Observations Concerning the Realization Concept. In: The Accounting Review, 40. Jg. (1965), S. 522–526.

Sprouse, Robert T. (1966): Accounting for What-you-may-call-its. In: Journal of Accountancy, 122. Jg. (1966), S. 45–53.

Sprouse, Robert T. (1978): The Importance of Earnings in the Concepual Framework : Focus on asset/liability, revenue/expense and nonarticulated views. In: Journal of Accountancy, 145. Jg. (1978), S. 64–71.

Sprouse, Robert T. (1979): Prospects for Progress in Financial Reporting. In: The Financial Analysts Journal, 35. Jg. (1979), S. 56–60.

Sprouse, Robert T. (1987): Robert T. Sprouse on Financial Reporting. In: Accounting Horizons, 1. Jg. (1987), S. 87–90.

Sprouse, Robert T. (1988): Robert T. Sprouse on Financial Reporting. In: Accounting Horizons, 2. Jg. (1988), S. 121–127.

Sprouse, Robert T. / Moonitz, Maurice (1962): A Tentative Set of Broad Accounting Principles for Business Enterprises, APB Accounting Research Study No. 3, New York, NY 1962.

Starbatty, Nikolaus (2005): Fair Value Accounting in der US-amerikanischen Rechnungslegung : Analyse des SFAS 133, Wiesbaden 2005.

Staubus, George J. (1961): A Theory of Accounting to Investors, Berkeley, CA 1961 (Nachdruck Lawrence, KS 1971).

Staubus, George J. (2010a): Maurice Moonitz: The Consummate Professional. In: Accounting Horizons, 24. Jg. (2010), S. 703–712.

Staubus, George J. (2010b): The Theory Deficit in Accounting, Working Paper, Stand: 31.12.2010. Online verfügbar unter http://ssrn.com/abstract=1733240, zuletzt aktualisiert am 31.12.2010, zuletzt geprüft am 28.02.2012.

Staunton, J. J. (2008): Multiple Dimensions of Accounting in the Development of GAAP. In: Abacus, 44. Jg. (2008), S. 109–135.

Sterling, Robert R. (1967): A Statement of Basic Accounting Theory: A Review Article. In: Journal of Accounting Research, 5. Jg. (1967), S. 95–112.

Sterling, Robert [R.] (1970): Theory of the Measurement of Enterprise Income, Lawrence, KS et al. 1970.

Sterling, Robert R. (1975): Toward a Science of Accounting. In: The Financial Analysts Journal, 31. Jg. (1975), S. 28–36.

Stoll, Edgar (1983): Paradigmalosigkeit als Paradigma der Betriebswirtschaftslehre : Zur Begründung des vorparadigmatischen Theoriestatus der Betriebswirtschaftslehre. In: Fischer-Winkelmann, Wolf F. (Hrsg.): Paradigmawechsel in der Betriebswirtschaftslehre?, Spardorf 1983, S. 544–578.

Storey, Reed K. (1959): Revenue Realization, Going Concern and Measurement of Income. In: The Accounting Review, 34. Jg. (1959), S. 232–238.

Storey, Reed K. (1964): Accounting Principles: AAA and AICPA. In: Journal of Accountancy, 117. Jg. (1964), S. 47–55.

Storey, Reed K. (2007): The Framework of Financial Accounting Concepts and Standards. In: Carmichael, D[ouglas] R. / Whittington, O. Ray / Graham, Lynford (Hrsg.): Accountants' Handbook, Volume One: Financial Accounting and General Topics, 11. Aufl., Hoboken, NJ 2007, S. 2.1–2.120.

Subcommittees of the Committee on Accounting Procedure of the American Institute of Accountants (1941): Reports on „An Introduction to Corporate Accounting Standards" and „A Statement of Accounting Principles". In: Journal of Accountancy, 71. Jg. (1941), S. 48–62.

Sutton, David / van Zijl, Tony / Cordery, Carolyn J. (2010): Twentieth Century Academic Accounting's Role in the Failure to Develop a Coherent Theory of Accounting, Working Paper, Stand: 14.07.2010. Online verfügbar unter http://ssrn.com/abstract=1761660, zuletzt aktualisiert am 06.07.2010, zuletzt geprüft am 28.02.2012.

Sweeney, Henry W. (1936): Stabilized Accounting, New York, NY 1936 (Nachdruck New York, NY et al. 1964).

Swieringa, Robert J. (2011): Robert T. Sprouse and Fundamental Concepts of Financial Accounting. In: Accounting Horizons, 25. Jg. (2011), S. 207–220.

Teitler-Feinberg, Evelyn (2008): Der Due Process des IASB : Seine Umsetzung, aufgezeigt am Vorgehen des Standard Settings-Verfahrens zu IFRS 3 und dem Projekt für Private Entities. In: Zeitschrift für internationale Rechnungslegung, 3. Jg. (2008), S. 545–551.

Tobin, James (1991): Irving Fishers „The Nature of Capital and Income“. In: Schefold, Bertram et al. (Hrsg.): Irving Fishers „The Nature of Capital and Income“ : Vademecum zu einem Klassiker der amerikanischen Nationalökonomie, Düsseldorf 1991, S. 59–68.

Tucker, James J. (1987): Government Oversight in 1917: The Shape of Things to Come. In: Journal of Accountancy, 163. Jg. (1987), S. 73–76.

van Mourik, Carien (2010): The Equity Theories and Financial Reporting: An Analysis. In: Accounting in Europe, 7. Jg. (2010), S. 191–211.

Van Tendeloo, Brenda / Vanstraelen, Ann (2005): Earnings Management under German GAAP versus IFRS. In: European Accounting Review, 14. Jg. (2005), S. 155–180.

Varian, Hal R. (2011): Grundzüge der Mikroökonomik, 8. Aufl., München 2011.

Wagenhofer, Alfred / Ewert, Ralf (2007): Externe Unternehmensrechnung, 2. Aufl., Berlin/Heidelberg/New York 2007.

Wagner, Franz W. (1993): Theorie und Praxis der Rechnungslegung: Lehren aus drei Jahrzehnten. In: Wagner, Franz W. (Hrsg.): Ökonomische Analyse des Bilanzrechts : Entwicklungslinien und Perspektiven, Sonderheft 32, Zeitschrift für betriebswirtschaftliche Forschung, 45. Jg. (1993), S. 1–10.

Wang, Peng-Hsiang (2004): Kohärenz und Revision : Ein Vorschlag zur Lösung der Günther-Alexy-Kontroverse. In: Kreuzbauer, Günther / Augeneder, Silvia (Hrsg.): Der juristische Streit : Recht zwischen Rhetorik, Argumentation und Dogmatik, Stuttgart 2004, S. 75–85.

Watrin, Christoph (2001): Internationale Rechnungslegung und Regulierungstheorie, Wiesbaden 2001.

Watts, Ross L. / Zimmerman, Jerold L. (1978): Towards a Positive Theory of the Determination of Accounting Standards. In: The Accounting Review, 53. Jg. (1978), S. 112–134.

Watts, Ross L. / Zimmerman, Jerold L. (1979): The Demand for and Supply of Accounting Theories: The Market for Excuses. In: The Accounting Review, 54. Jg. (1979), S. 273–305.

Weber, Max (1988): Die „Objektivität“ sozialwissenschaftlicher und sozialpolitischer Erkenntnis. In: Weber, Max: Gesammelte Aufsätze zur Wissenschaftslehre, 7. Aufl., hrsg. v. Johannes Winckelmann, Tübingen 1988, S. 146–214 (Nachdruck des Originals aus dem Jahr 1904).

Weiner, Joseph L. (1929): Balance-sheet Valuation in German Law. In: Journal of Accountancy, 48. Jg. (1929), S. 195–206.

Wells, M[urray] C. (1976): A Revolution in Accounting Thought? In: The Accounting Review, 51. Jg. (1976), S. 471–482.

Wells, M[urray] C. (1977): A Revolution in Accounting Thought?: A Reply. In: The Accounting Review, 52. Jg. (1977), S. 748–750.

Werner, Micha H. (2011a): Einleitung zu den deontologischen Ansätzen. In: Düwell, Marcus / Hübenthal, Christoph / Werner, Micha H. (Hrsg.): Handbuch Ethik, 3. Aufl., Stuttgart/Weimar 2011, S. 122–127.

Werner, Micha H. (2011b): Diskursethik. In: Düwell, Marcus / Hübenthal, Christoph / Werner, Micha H. (Hrsg.): Handbuch Ethik, 3. Aufl., Stuttgart/Weimar 2011, S. 140–151.

Werner, Micha H. (2011c): Verantwortung. In: Düwell, Marcus / Hübenthal, Christoph / Werner, Micha H. (Hrsg.): Handbuch Ethik, 3. Aufl., Stuttgart/Weimar 2011, S. 541–548.

Whittington, Geoffrey (1980): Pioneers of Income Measurement and Price-Level Accounting: a Review Article. In: Accounting and Business Research, 10. Jg. (1980), S. 232–240.

Whittington, Geoffrey (2008): Fair Value and the IASB/FASB Conceptual Framework Project: An Alternative View. In: Abacus, 44. Jg. (2008), S. 139–168.

Whittington, Geoffrey (2010): Measurement in Financial Reporting. In: Abacus, 46. Jg. (2010), S. 104–110.

Wich, Stefan (2009): Entfernungsverpflichtungen in der kapitalmarktorientierten Rechnungslegung der IFRS, Wiesbaden 2009.

Windal, Floyd W. (1961): The Accounting Concept of Realization. In: The Accounting Review, 36. Jg. (1961), S. 249–258.

Wojcik, Karl-Philipp (2008): Die internationalen Rechnungslegungsstandards IAS/IFRS als europäisches Recht, Berlin 2008.

Wüstemann, Jens (1999): Generally Accepted Accounting Principles : Zur Bedeutung und Systembildung der Rechnungslegungsregeln der USA, Berlin 1999.

Wüstemann, Jens / Kierzek, Sonja (2007): Normative Bilanztheorie und Grundsätze ordnungsmäßiger Gewinnrealisierung für Mehrkomponentenverträge. In: Zeitschrift für betriebswirtschaftliche Forschung, 59. Jg. (2007), S. 882–913.

Wüstemann, Jens / Wüstemann, Sonja (2010a): Umsatzerlöse aus Kundenverträgen nach IFRS – Neuausrichtung an der Erfüllung von Verpflichtungen in ED/2010/6. In: Betriebs-Berater, 65. Jg. (2010), S. 2035–2040.

Wüstemann, Jens / Wüstemann, Sonja (2010b): Why Consistency of Accounting Standards Matters: A Contribution to the Rules-Versus-Principles Debate in Financial Reporting. In: Abacus, 46. Jg. (2010), S. 1–27.

Yamaji, Hidetoshi (2005): Accounting discourse as a process of implanting a social consciousness into the public mind : A re-reading of American accounting theories as mythology. In: Critical Perspectives on Accounting, 16. Jg. (2005), S. 137–150.

Zeff, Stephen A. (1966): The American Accounting Association : Its first 50 Years, Fiftieth Anniversary, 1916–1966, Upper Saddle River, NJ 1966.

Zeff, Stephen A. (1972): Forging Accounting Principles in five Countries: A History and an Analysis of Trends, Champaign, IL 1972.

Zeff, Stephen A. (1978): The Rise of "Economic Consequences". In: Journal of Accountancy, 146. Jg. (1978), S. 56–63.

Zeff, Stephen A. (1982): Truth in Accounting: The Ordeal of Kenneth MacNeal. In: The Accounting Review, 57. Jg. (1982), S. 528–553.

Zeff, Stephen A. (1987): Leaders of the Accounting Profession: 14 Who Made A Difference. In: Journal of Accountancy, 163. Jg. (1987), S. 46–71.

Zeff, Stephen A. (1999): The Evolution of the Conceptual Framework for Business Enterprises in the United States. In: The Accounting Historians Journal, 26. Jg. (1999), S. 89–131.

Zeff, Stephen A. (2000): John B. Canning: A View of His Academic Career. In: Abacus, 36. Jg. (2000), S. 4–39.

Zeff, Stephen A. (2005a): The Evolution of U.S. GAAP: The Political Forces Behind Professional Standards. In: The CPA Journal, 75. Jg. (2005), Heft 1, S. 19–27.

Zeff, Stephen A. (2005b): The Evolution of U.S. GAAP: The Political Forces Behind Professional Standards. In: The CPA Journal, 75. Jg. (2005), Heft 2, S. 19–29.

Zülch, Henning / Pronobis, Paul (2009): Bevorstehender Paradigmenwechsel in der Darstellung eines IFRS-Abschlusses : Die angedachten Änderungen im Rahmen des Konvergenzprojekts Financial Statement Presentation (Phase B) von IASB und FASB. In: Zeitschrift für internationale und kapitalmarktorientierte Rechnungslegung, 9. Jg. (2009), S. 555–565.

Verzeichnis der Verlautbarungen von Standardisierungsgremien

Accounting Principles Board

Opinion No. 6	Status of Accounting Research Bulletins	New York, NY 1965
Opinion No. 16	Business Combinations	New York, NY 1970
Opinion No. 17	Intangible Assets	New York, NY 1970
Statement No. 4	Basic Concepts and Accounting Principles Underlying Financial Statements of Business Enterprises	New York, NY 1970

AICPA / New York Stock Exchange

Audits of Corporate Accounts : Correspondence between the Special Committee on Cooperation with Stock Exchanges of the American Institute of Accountants and the Committee on Stock List of the New York Stock Exchange, 1932–34, New York, NY 1934 (teilweise abgedruckt in Zeff (1972), S. 237–247).

FASB

Aktuelle Verlautbarungen:

CON 5	Recognition and Measurement in Financial Statements of Business Enterprises	Norwalk, CT 1984
CON 6	Elements of Financial Statements – a replacement of FASB Concepts Statement No. 3 (incorporating an amendment of FASB Concepts Statement No. 2)	Norwalk, CT 1985
CON 7	Using Cash Flow Information and Present Value in Accounting Measurements	Norwalk, CT 2000
CON 8	Conceptual Framework for Financial Reporting – Chapter 1, The Objective of General Purpose Financial Reporting, and Chapter 3, Qualitative Characteristics of Useful Financial Information (a replacement of FASB Concepts Statements No. 1 and No. 2).	Norwalk, CT 2010
FASB ASC	Accounting Standards Codification 2011, 4 Bände	Norwalk, CT 2012

Veraltete Verlautbarungen:

CON 1	Objectives of Financial Reporting by Business Enterprises	Norwalk, CT 1978
CON 2	Qualitative Characteristics of Accounting Information	Norwalk, CT 1980
CON 3	Elements of Financial Statements of Business Enterprises	Norwalk, CT 1980
FAS 2	Accounting for Research and Development Costs	Norwalk, CT 1974
FAS 5	Accounting for Contingencies	Norwalk, CT 1975
FAS 33	Financial Reporting and Changing Prices	Norwalk, CT 1979
FAS 87	Employers' Accounting for Pensions	Norwalk, CT 1985
FAS 89	Financial Reporting and Changing Prices	Norwalk, CT 1986
FAS 96	Accounting for Income Taxes	Norwalk, CT 1987
FAS 115	Accounting for Certain Investments in Debt and Equity Securities	Norwalk, CT 1993
FAS 133	Accounting for Derivative Instruments and Hedging Activities	Norwalk, CT 1998

Federal Reserve Board

Uniform Accounts. In: Federal Reserve Bulletin, 3. Jg. (1917), S. 270–284 (abgedruckt in Moonitz (1978), S. 1–15).

IASB/IASC

Aktuelle Verlautbarungen:

2011 International Financial Reporting Standards IFRS (RED book), 2 Bände, London 2011.

Zukünftige Verlautbarungen:

ED/2010/5	Presentation of Items of Other Comprehensive Income, Proposed amendments to IAS 1, May 2010	London 2010
ED/2010/6	Revenues from Contracts with Customers, June 2010	London 2010
ED/2010/6	Revenues from Contracts with Customers, Basis for Conclusions, June 2010	London 2010
ED/2010/8	Insurance Contracts, July 2010	London 2010
ED/2010/9	Leases, August 2010	London 2010

Veraltete Verlautbarungen:

F.	Framework for the Preparation and Presentation of Financial Statements 1989	London 1989
IAS 6	Accounting Response to Changing Prices	London 1977
IAS 12	Income Taxes	London 1996
IAS 15	Information Reflecting the Effects of Changing Prices	London 1981
IAS 16	Accounting for Property, Plant and Equipment	London 1982
IAS 17	Accounting for Leases	London 1982
IAS 18	Revenue Recognition	London 1982
IAS 19	Employee Benefits	London 1998
IAS 22	Accounting for Business Combinations	London 1983
IAS 39	Financial Instruments: Recognition and Measurement	London 1998
IAS 40	Investment Property	London 2000
IAS 41	Agriculture	London 2000

Gesetzesverzeichnis

AktG: Aktiengesetz vom 6. September 1965 (BGBl. I 1965, S. 1089), das zuletzt durch Art. 2 Abs. 49 des Gesetzes vom 22. Dezember 2011 (BGBl. I 2011, S. 3044) geändert worden ist.

BGB: Bürgerliches Gesetzbuch in der Fassung der Bekanntmachung vom 2. Januar 2002 (BGBl. I 2002, S. 42 und 2909; BGBl. I 2003, S. 738), das zuletzt durch Art. 1 des Gesetzes vom 27. Juli 2011 (BGBl. I 2011, S. 1600) geändert worden ist.

HGB: Handelsgesetzbuch vom 10. Mai 1897 in der im Bundesgesetzblatt Teil III, Gliederungsnummer 4100-1, veröffentlichten bereinigten Fassung, das zuletzt durch Art. 2 Abs. 39 des Gesetzes vom 22. Dezember 2011 (BGBl. I 2011, S. 3044) geändert worden ist.

SA 1933: Securities Act vom 27. Mai 1933, kodifiziert in: U.S.C., Title 15, Chapter 2A, Subchapter I.

SEA 1934: Securities Exchange Act vom 6. Juni 1934, kodifiziert in: U.S.C., Title 15, Chapter 2A.

Sherman Antitrust Act: Sherman Antitrust Act vom 2. Juli 1890, kodifiziert in: U.S.C., Title 15, Chapter I, §§ 1–7.

VOB/B: Vergabe- und Vertragsordnung für Bauleistungen, Teil B: Allgemeine Vertragsbedingungen für die Ausführung von Bauleistungen in der Fassung der Bekanntmachung vom 31. Juli 2009 (BAnz., 61. Jg. (2009), Nr. 155, S. 3549, Nr. 155a, S. 1 80; BAnz., 62. Jg. (2010), Nr. 36, S. 940).

Verzeichnis amtlicher Schriften

Bundestag (2008): Drucksache des Deutschen Bundestages 16/10067 vom 30.07.2008: Gesetzentwurf der Bundesregierung : Entwurf eines Gesetzes zur Modernisierung des Bilanzrechts (Bilanzrechtsmodernisierungsgesetz – BilMoG), S. 1–124.

Europäische Gemeinschaft (2002): Verordnung (EG) Nr. 1606/2002 des Europäischen Parlaments und des Rates vom 19. Juli 2002 betreffend die Anwendung internationaler Rechnungslegungsstandards, IAS-Verordnung. In: ABl. EG Nr. L 243 vom 11. September 2002, S. 1–8.

Europäische Wirtschaftsgemeinschaft (1978): Vierte Richtlinie 78/660/EWG des Rates vom 25. Juli 1978 aufgrund von Artikel 54 Absatz 3 Buchstabe g) des Vertrages über den Jahresabschluß von Gesellschaften bestimmter Rechtsformen, In: ABl. EG Nr. L 222 vom 14. August 1978, S. 11–31.

SEC (1938): Accounting Series Release (ASR) No. 4 vom 25. April 1938: Administrative Policy on Financial Statements, abgedruckt als Sec. 101 der Codification of Financial Reporting Policies in: SEC (Hrsg.): 2003 SEC Guidelines : Rules and Regulations, New York, NY 2003, S. FRR17.

SEC (1970): Accounting Series Release (ASR) No. 150 vom 20. Dezember 1973: Statement of Policy on the Establishment and Improvement of Accounting Principles and Standards, abgedruckt als Sec. 101 der Codification of Financial Reporting Policies in: SEC (Hrsg.): 2003 SEC Guidelines : Rules and Regulations, New York, NY 2003, S. FRR17 f.

SEC (2011): Regulation S-X: kodifiziert in: CFR, Title 17: Commodity and Securities Exchanges, Part 210: Form and Content of and Requirements for Financial Statements, Securities Act of 1933, Securities Exchange Act of 1934, Public Utility Holding Company Act of 1935, Investment Company Act of 1940, Investment Advisers Act of 1940, and Energy Policy and Conservation Act of 1975, Online verfügbar unter http://ecfr.gpoaccess.gov/cgi/t/text/text-idx?c=ecfr&sid=20c66c74f60c4bb8392bcf9ad6fccea3&rgn=div5&view=text&node=17:2.0.1.1.8&idno=17, zuletzt aktualisiert am 24.02.2012, zuletzt geprüft am 28.02.2012.